創元
アーカイブス

壺イメージ療法

その生いたちと事例研究

成瀬悟策 監修
田嶌誠一 編著

JN206839

創元社

復刊にあたって
～壺イメージ療法のその後の展開～

九州大学名誉教授　田嶌誠一

はじめに

　本書がなんと32年ぶりに復刊の運びとなった。今回の復刊にあたって、読者の参考になるのではないかと私が思うことを述べ、本療法の考案者および本書の編者としての責を果たすこととしたい。

　本書は、1984年に1泊2日で開催された壺イメージ療法を適用した事例の研究会の記録を主としたものである。本書は初版であえなく絶版となったものの、編者の私が言うのもなんだが、一部の臨床家からは大変な関心と支持をいただいたように思う。その後アマゾン等でかなりの長期にわたって、本書が入手困難で尋常ではない高値（私がたまたま見たのがなんと6万7千円の値がついていた）を呼んでいたのはそのことと関係しているものと考えられる。

　本書は異色の本、際立った特徴のある本だと言ってよいだろうと私は考えている。第1に、壺イメージ療法というわが国で生れた臨床技法についての書であることである、第2に幾人かの臨床家が壺イメージ法という比較的簡単な手続きからなる臨床技法を同じく適用した事例をもっぱら検討していることである。第3に、通常は揃うことがありえない異なる学派の著名な先生方が一堂に会してそれらの事例について議論していただき、その議論までも掲載されているということである。

　そういう特徴のおかげで、壺イメージ療法を学びたいという方だけでなく、読者次第ではいろいろな視点から関心を持っていただけるものと思う。本書の読み方は少なくとも3通りはあると思う。第1は、文字通り、壺イメージ療法そのものに関心を持って読んでいただく。第2は、壺イメージ療法そのものにというよりもそこに含まれる視点から自分の臨床への刺激を受けようとして読んでいただく。第3は、本書の事例と議論から自分の臨床への刺激を求めて読んでいただくことである。

議論のすばらしさ

　本書を今読み返してみて、議論して下さった先生方のおかげで、現在から見ても非常に水準の高いものになっていると私は思う。この会での議論は、素晴らしいものであった。本書の「討論」をお読みいただければ、それがおわかりいただけよう。思えば、学派等がどうであれ、若いものを育ててやろうという懐の深さを先生方が持っておられたことがこうした議論を可能にしたものと思う。師の成瀬悟策先生をはじめ諸先生方に改めて深く感謝したい。

　休憩時間にも会話がはずんだし、夜の懇親会も会話がはずみ、たいそう楽しく盛り上った。興味深い会話が目白押しであった。そちらもすべて録音しておけばよかったと悔やまれることである。

　私の当時の記憶から、そのほんのいったんをご紹介しておこう。

　休憩時間に、中井久夫先生が「東京のビジネスガールの間では、"今日あたしカプちゃんだから"という表現があって、カプはカプセルのことで、そう言うと"今日はあたしはカプセルに入ってひきこもっておきたいからそっとしておいて"ということらしい。」といったことを言われていたのが印象に残っている。なお、昔はOLのことをビジネスガール（BG）と呼んでいた。

　懇親会では、当時神戸大学教授であった中井久夫先生が、酔って「神戸はね、日本じゃありませんよ。」と言われると、村瀬孝雄先生が「そんなこと言わないで下さい。神戸はね、僕の最初の日本なのですから。オーストラリアで生れ、神戸港に入港し、僕が最初に見た日本は神戸なんだから。」と楽しげに応じられたのを覚えている。ちなみに、後に中井先生は、『ヘルメス』誌（岩波書店）に「神戸の光と影」（1985年）という一文を書かれている。

　懇親会では、最後まで残って飲んでいたのが、中井先生と私である。他の先生方とは（多少とも）面識があったが、私は中井久夫先生とは実はこの会が初対面であった。そう、一度もお会いしたことがないのに、こういう会においでいただきたいと厚かましいお願いをしたのである。かつて私が壺イメージ法の事例を心理臨床学会で発表し、イメージ面接等で著名な水島恵一先生にコメンテーターを務めていただいたことがあり、その際、水島先生から「あなたの発想は中井久夫先生の枠づけ法と似ている」と言われた。そこで、壺イメージ療法の最初の論文として紀要論文（1984）を書いた際に、お送りし

たところ、丁寧なご返事をいただいたことがあった。そのため、一度もお会いしたことがないにもかかわらず、厚かましくもお願いしてみようと思い立ったのである。

　飲んだ勢いで、本にサインをお願いしたところ、即座に最近ご自分で訳されたという次のギリシャ詩を添えて、サインして下さった。

　　「海の神秘は浜で忘れられ、深みの記憶は泡に消え、

　　　されど、想ひ出の珊瑚は突如紫の火花を放つ」

　　　　　　　　　　　　　　　――イェヨルヨス・セフェリス

と書いて、「壺的でしょ」とおっしゃった。私はすっかり魅了されてしまった。それは今でも私の宝物である。後にこの詩を含むギリシャ詩の訳詩集が出版され、中井先生はそれで翻訳賞を受賞された。

　なお、討論とコメントに参加いただいた先生方は、いずれも当時すでに著名であったが、当然ながらその後もさらにすばらしい業績をあげておられる。また、事例発表の方々もその後は、さまざまな展開をしておられる。なにしろ、本書の最初の出版から30年以上経っているのである。ここでそれらをご紹介することはできないが、ネットにいろいろ出ているので、検索してみながら本書を読むというのもお勧めの読み方である。

3回の予定を1回でやめることに

　実は、当時は、こういう会を3回やるつもりで、すでになんとか実現できそうなメドはある程度たっていた。第1回を「壺イメージ療法」、次の年に第2回を「イメージ療法」、そのまた翌年に第3回を「ノンバーバル技法」というテーマで同様の会を開催しようと考えていたのである。壺イメージ療法という特殊な技法にはじまり、だんだんと枠を拡げて議論していくというつもりであった。その折には、私が九州大学の大学院生時代に学んだ前田重治先生や村山正治先生にもご参加いただきたいものだと勝手に考えていた。

　しかし、この1回でやめることにした。壺イメージ療法のこの研究会は

私にとって忘れ難いものとなった。「学問的幸せ」を感じたといってよい。にもかかわらず1回でやめてしまったのは、同時に不安も感じたからである。こんなことを続けたら、私はこの領域で身の丈をこえて有名になってしまうのではないかと思った。そうなると、私はダメになると思ったのである。当時33歳の私は、いわば「生意気ざかり」であった。討論をお読みいただければおわかりいただけると思うが、当時すでに著名な先生方、そうそうたる先生方に議論していただいたことで、先生方の臨床家としての深みを思い知ることとなり、翻って自分の身の丈に思い至ったのである。私は有名になりたくないわけではないが、身の丈をこえて有名になりたいわけではなかったのである。もっともっと臨床経験を積むことを優先させた方がよいと考えたのである。

壺イメージ療法のその後の展開

　その後も壺イメージ法は私の主たる臨床技法であり続け、いくつかの学会等から依頼されて、たびたび実習を含めたワークショップを行うようになった。また、日本心理臨床学会では、数年にわたって毎年「壺イメージ」をテーマとした自主シンポを行ったりもした。そこでは、いろいろな方々によるさまざまな事例が発表された。本書をお読みいただければおわかりいただけると思うが、壺イメージ法は大変効果的な技法であり、時に劇的な効果をあげることができる。この技法でなければ、あるいはこの技法だから効果をあげることができたと思うことも少なくない。実際、現在でも、幾人かの臨床家が日々の臨床実践で使っておられ、また日本心理臨床学会の学会誌『心理臨床学研究』などに適用事例の論文がいくつも報告されている。また、聞くところによれば、臨床心理士の資格試験にも出題されたことが一度ならずあるという。こうしたことから、壺イメージ療法はその後もわが国の心理臨床において、細々とではあるが一定の命脈を保ってきたと言ってよいだろう。

　壺イメージ療法および私のイメージ論のその後の展開については、下記の書を参照していただきたい。

　『心の営みとしての病むこと —— イメージの心理臨床』（田嶌誠一著　岩波書店　2011）

『**現実に介入しつつ心に関わる** —— 多面的援助アプローチの実際［展開編］』
（田嶌誠一編著　金剛出版　2016）

　『**心の営みとしての病むこと** —— イメージの心理臨床』は、壺イメージ療法を含む私の臨床的イメージ論のいわば集大成である。成瀬門下の例にもれず、若い頃は私も動作法をかなり熱心に実践してきた。その後、私は動作法の熱心な実践者ではなくなったものの、動作法を全くやらなくなったわけではない。ただ、動作だけでなく、「動作・身体とイメージ」という視点が重要だと考えるようになっていたのである。私がそして、動作法や壺イメージ療法の経験から、私のイメージと身体論の集大成として、理論的に整理してみた。それは「イメージ体験の深まりと拡がり」という視点から論じたもので、身体を「現実感覚的身体」「主観感覚的身体」「超個的（トランスパーソナル）身体」に分けて見る視点からイメージ体験の深まりを、イメージを「個人内イメージ」「個人間共有イメージ」「共同体共有イメージ」とに分けて見る視点から、イメージ体験の拡がりを捉えた論である。動作をも含めた私の臨床的イメージ論のまとめでもあり、動作法と他の心理療法との橋渡しも意識したものである。あまり注目されてはいないようだが、自分の臨床経験をもとに私なりの論を展開できたことに満足している。

　『**現実に介入しつつ心に関わる** —— 多面的援助アプローチの実際［展開編］』では、私以外の臨床家による壺イメージ療法の実践や展開もいくつか掲載されている。また、かなり侵襲性の低い技法として私が考案した「壺イメージ描画法」についても述べているし、壺イメージ療法の最新の教示例も掲載されている。

　私の壺イメージ療法の影響を強く受けつつ、熟練の臨床家がさらに独自の展開をした成果のまとまった著作としては、以下の2つがある。

　ひとつは、松木繁氏による『**催眠トランス空間論と心理療法** —— セラピストの職人技を学ぶ』（遠見書房　2017）であり、いまひとつは福留留美氏による『**実践 イメージ療法入門** —— 箱庭・描画・イメージ技法の実際』（金剛出版　2016）である。

　松木氏も福留氏も壺イメージ療法に習熟し、「その経験で、単に壺イメー

ジ法というひとつの技法を習得したというに留まらず、自分の臨床全体が変わった」というようなことを、図らずも別々の機会に私に語られたのを覚えている。それは、私にとっても励まされる思いであった。その後二人とも、壺イメージ法を実践しつつも、独自の道を歩んでおられるのはうれしいことである。

「イメージ療法ハンドブック」など

　海外について見てみよう。監修の成瀬悟策先生の序にあるように、壺イメージ療法の論文を国際イメージ学会の機関誌である「Journal of Mental Imagery」に投稿し、「"Tsubo" Imagery Therapy」(Tajima, S. & Naruse, G., 1987) が掲載された。後にそれが米国のイメージ療法のハンドブック『Handbook of Therapeutic Imagery Technique』(2002) に1章をさいて収録された。この本は、わが国でも成瀬悟策先生の監訳で翻訳された（『イメージ療法ハンドブック』誠信書房　2003)。私はこの時「Tsubo Imagery Psychotherapy」の章の訳を担当することとなった。自分の書いた英文の訳を担当するという珍しい経験をした。

　また、「Annual Review of Psychology」誌の「PSYCHOLOGY IN JAPAN」(Misumi, J. & Peterson, M.F., 1990) という論文の中で「"Tsubo" Imagery Therapy」が紹介された。

　さらに、中国では『心理魔法壺――心理解析新理念』(中国華僑出版社 2014) という本が出版されている。一種の描画法のようであるが、これも壺イメージ療法の影響を受けたものとのことである。

　なお、本書第1章で紹介したH・ロイナーの「誘導感情イメージ」については、その後下記の翻訳が出ている。

　『覚醒夢を用いた子どものイメージ療法――基礎理論から実践まで』(H・ロイナーら著、岡田珠江ら訳　創元社　2009)

安全弁と悩み方などの体験様式

　壺イメージ療法が効果的である一方、強調しておきたいのは、そこに含まれる視点は壺イメージ療法でのみ有効なものでは決してない。壺イメージ療

法のキーワードは、なんといっても「安全弁」と「体験様式」（体験の仕方）と「（容器または入れ物の）イメージ」である。これらは心理臨床や精神科臨床において（さらにはさまざまな対人援助専門職において）大変重要な視点であると私は考えている。にもかかわらず、わが国では、なおそれらの視点が十分に浸透しているとは言い難いように思われる。逆に言えば、なお役割を終えていないように思われる。それは本書の復刊の（私にとっての）主な意義のひとつである。

　例をあげよう。たとえば、「安全弁」というのは、人が他者や環境に脅かされることを防ぐ機能をはたすものであり、人の内的心理的なものだけでなく、インターパーソナルなものからネットワークや社会的なものに至るまでのさまざまな水準で機能しうるものである。そして、壺イメージ療法においてのみ必要な視点ではなく、心理臨床や精神科臨床において重要なものである。人と人とが脅かされずに交流するための基盤となるものであり、トラウマを抱えた人の心理療法や愛着に大きな課題のある方や重篤な病理を抱えたデリケートな心理状態にある人たちの心理療法においては、とりわけ重要である。それがうまく働けば悩み方などの体験様式の変化に確実に反映される。にもかかわらず、それについての配慮や技法的工夫が、現在もなお不十分であることが多いのではないかと私には思われる。壺イメージ療法を実践するつもりがない方々も通常の心理療法や心理臨床においても、どのように「安全弁」に配慮するか、どのように「安全弁」がうまく機能しうるように技法の工夫をするのかということをぜひとも考えていただきたい。

　このことは、「体験様式」「イメージ」という視点についても同様である。

　本書の出版を機に心理士や精神科医などの対人援助職に安全弁や安心・安全のアセスメント、体験様式、イメージなどの視点がさらに強く自覚され、何らかの形で活用されることを私は願っている。本書はそのために大いに参考になるものと思われる。

壺イメージ療法の習得のために

　ここで、壺イメージ療法そのものを習得したいという方々にぜひとも述べておきたいことがある。本書で述べた壺イメージ療法は安全弁に配慮した技

法ではあるが、いやそうであるが故に逆説的に侵襲的な技法である。安全弁に配慮しているが故に、心の深いところにアクセス可能となるからである。そのため、適切な配慮と学習なしに適用すれば、かえって混乱を引き起こしかねない。まずは以下の点に留意していただきたい。

壺イメージ療法は、基本的にひとりで実施する方法ではない（フォーカシングとは類似した点が多いが、その点では大きく異なる技法である）。専門家で壺イメージ療法を使ってみたい方は、まずは「壺イメージ描画法」を実践して習熟していただき、その後壺イメージ療法に進んでいただきたい。壺イメージ療法に習熟していない場合は、まずは「壺イメージ描画法」を試み、その感触で壺イメージ療法の適応を見立て、壺イメージ療法を実施するようにしていただきたい。

なお、壺イメージ描画法は『心の営みとしての病むこと ―― イメージの心理臨床』（岩波書店　2011）に掲載されている。また、壺イメージ療法の最新の教示と手続きは『現実に介入しつつ心に関わる ―― 多面的援助アプローチの実際［展開編］』（田嶋誠一編著　金剛出版　2016）に掲載されている。

また、壺イメージ療法の適用にあたっては、暴力被害のリスクなど本人の現実の生活が脅かされていないかどうかをアセスメントして、そのリスクが非常に少なく安心・安全であること確認したうえで適用していただきたい。すなわち、後にも述べるように、「安心・安全のアセスメント」をしたうえで適用していただきたいのである。

「内面探求型アプローチ」、「ネットワーク活用型アプローチ」、「システム形成型アプローチ」

私の臨床現場は、病院や外来相談室から学生相談やスクールカウンセリングが中心となった。私自身は学生相談はもちろんのこと、スクールカウンセリングでも壺イメージ法を使ってきた。しかし、当然ながらそれだけでは難しい事例が多くなり、壺イメージ療法などの個人心理療法を主とする「内面探求型アプローチ」から「ネットワーク活用型アプローチ」へ，さらには「システム形成型アプローチ」へと展開していった。

そのこととも関係していると思うが、強調しておきたいのは、「内面探求

型アプローチ」を否定して「ネットワーク活用型アプローチ」へと移ったわけでも、「ネットワーク活用型アプローチ」を否定して「システム形成型アプローチ」へと移ったわけでもないということである。そうではなく、「ネットワーク活用型アプローチ」は「内面探求型アプローチ」を含むものであり、同様に「システム形成型アプローチ」は「ネットワーク活用型アプローチ」を含むものである。決して前を否定して次に進むということではなく、否定でなく包含していくものである。

　なお、そうした展開については、下記にまとめられている。

　『**現実に介入しつつ心に関わる**── 多面的援助アプローチと臨床の知恵』（田嶌誠一著　金剛出版　2009）

　『**その場で関わる心理臨床**── 多面的体験支援アプローチ』（田嶌誠一著　遠見書房　2016）

安心・安全のアセスメントを

　この15年ほどになるが、児童養護施設等における暴力問題に取り組んでいる。

　昨今では、児童養護施設に関わる専門家が飛躍的に増大しつつある。私が所属する日本臨床心理士会でも、従来の「医療領域専門委員会」等に加えて、「社会的養護領域専門員会」が新設されたのもそういう動向のあらわれであろう。愛着やトラウマ、箱庭療法などそれぞれの専門性を携えて関わっておられるし、さまざまなアプローチがそこで試みられている。しかし、ぜひとも、施設の子どもたちが、暴力被害にあっていないか、安心・安全に暮らせているかにいつも注意を払っていただきたい。反応性愛着障害や発達障害等のアセスメントよりも「安心・安全のアセスメント」を優先させていただきたい。そして、心理療法を行うにも、壺イメージ療法で重視してきた「安全弁」という視点からの面接を工夫していただきたい。

　なにを当たり前のことをと思われたかもしれない。しかし、このことは不思議なほど、専門家に見落とされているのである。暴力や威圧があふれている可能性が極めて高い児童養護施設等で、安心・安全のアセスメントなしに心理療法やさまざまなアプローチが実施されているのが現状であり、そのこ

とを私は大変危惧している。

児童養護施設等での私の仕事は以下に収められている。

『児童福祉施設における暴力問題の理解と対応 —— 続・現実に介入しつつ心に関わる』（田嶋誠一著　金剛出版　2011）

3つのアプローチに共通したもの —「安心・安全」

壺イメージ法は面接室という枠の中で展開される、イメージ面接という枠に、さらに壺（または容れ物）という形でさらに枠を重ねて安全弁として活用しようとするものである。この心の内面にいわば「枠に枠を重ねる」ことをやってきた私が、その一方で面接室の外に出ていくという方向で臨床を展開していったのは（一見すると見かけ上の）矛盾に見えるかもしれない。しかし、それは、実はそうではない。「枠に枠を重ねる」「安全弁」という視点が、面接室の外に出ていくことを支えたのである。

あるいは、私がバラバラなことをやってきたように見られているかもしれない。しかし、そうではなく、内面探究型アプローチ、ネットワーク活用型アプローチ、システム形成型アプローチの3つに共通しているのは、実は「安心・安全」ということである。内面の安心・安全、関係における安心・安全、システム形成による安心・安全の実現であったと言ってよいと思う。安全弁ないし（今風に言えば）セーフティネットを幾重にも重ね、活用して、人のこころを抱えていくための工夫と実践をしてきたのだとも言えよう。

このように見てみると、これまでの私の実践と研究は、心理臨床を安心・安全という視点から見直していく歩みであったとも言えよう。もっとも、最初からそう考えてきたわけでは決してないが、それでもそれはある種の必然性があったように思う。多くの人々にとって当たり前に保障され、自明のものである安心・安全というものが、護りの弱い家庭で育った私にとってはそうではなく、安心・安全というものに私のセンスがより開かれていたからではないかと考えている。

さらに言えば、「安心・安全」をキーワードとする臨床の動向は国際的にもすでに始まっており、ターネルらのサインズ・オブ・セイフティ・アプローチ（Turnel & Edwards, 1999）やサークル・オブ・セキュリティ・プログラム（北

川　2012）といった流れは、私とはいささか異なる視点からではあるが、それに関係したものであると言えよう。また、最近では安全と絆こそが変革を起こすとする「ポリヴェーガル理論」（ポージェス　2018）が注目を集めつつある。

心理臨床の課題 —— 過酷な現実への支援

　これまでの心理臨床や精神科臨床は、そのほとんどがいわば「コトが終わってからの心のケア」を対象としてきた。災害被害にしても犯罪被害にしても、それがいかに過酷なものであれ、それそのものは終わった後に関わるのが常である。心理的には決して終わってないにしても、である。これまでは、安心・安全というものはすでに当然実現され保障されているもの、自明のものだと考えてきたのではないだろうか。しかし、現代は、過酷な現実が終わっていない、なおも現在進行中である場合にどう関わるかが問われ始めていると私は思う。過酷な現実にはいろいろなものがあるだろうが、その代表的なものは暴力（含．性暴力）であると言ってよいだろう。深刻ないじめや施設の暴力、児童虐待などはそうした過酷な現実の代表的なものであろう。

　心理臨床や精神科臨床が、心理的安心・安全（内的安心・安全）はもちろんのこと、現実の安心・安全（外的安心・安全）にどのように貢献するのかが問われている。そうした課題においても、本書で展開した「安全弁」や「体験様式」という視点が大いに貢献できるものと私は考えている。

「体験の支援」と「システム形成」

　心理臨床や精神科臨床などの対人援助では「体験の支援」が重要であると私は考えている。私は面接室での内面探究型アプローチにおいてはもちろんのことであるが、それだけではなく生活場面においてもその人にどのような体験が必要かを見立て支援してきた。そこでは、「心のケア」という視点だけでは極めて不十分で、「安心・安全のアセスメント」、「安全弁」と「体験の蓄積・整理・活用」という視点が重要である。

　そして、こうしたアプローチを長年にわたってくりかえし、くりかえし実践していくと、その先に「システム（仕組み）の形成」の必要性が見えてく

ることがある。その実践は社会運動とは異なる形の社会的貢献になるものと思われる。

　私が実践してきた臨床活動の全体をざっくりとまとめて述べれば、このようなことになるものと思われる。そうした全体像の一部として、またその原点として壺イメージ療法をみていただきたいと願っている。

用語について

　本書では、ほんのいくつかであるが、現在では使われていない語も見受けられる。そこで、「分裂病」は「統合失調症」に修正した。その他にも、「境界例」および「ボーダーライン」は「境界性パーソナリティ障害」、「登校拒否（児）」は「不登校（児）」と呼ばれるようになっているが、時代の雰囲気を大事にしたいとの思いから、そのままとした。また、本書で私のイメージ療法のキーワードである「受動的探索的構え」は、その後「受容的探索的構え」（『イメージ体験の心理学』講談社　1992）と呼ぶことにしている。

おわりに

　こうして復刊できたのは、執筆者の方々に快くご許可いただいたおかげである。深く感謝申し上げます。ただ、大変残念なのは、当時の執筆者のうち村瀬孝雄先生と栗山一八先生がすでに亡くなられていたことである。復刊の許可をいただきました両先生のご遺族様に深く感謝申し上げるとともに、両先生のご冥福をお祈り申し上げます。なお、復刊にあたっては、創元社編集部の渡辺明美氏と橋本隆雄氏にこまやかにお世話いただきました。深く感謝申し上げます。

2019年4月

序：壺イメージ療法シンポジウムに寄せて

九州大学　成 瀬 悟 策

　ついさきごろ福岡で開催された国際イメージ学会議に田嶌誠一君が提出したワークショップは参会者の間に非常に大きな関心を呼び起こした。ちょうどその直前、アメリカで有名なイメージ専門雑誌 Journal of Mental Imagery に彼の論文〈壺イメージ療法〉が英文で掲載されたので、その読者たちは、田嶌君の方法を知っており、少なからぬ期待を抱いて参加してきたからである。

　イメージを心理療法に用いて有効なことはリエボールやジャネー、ブロイエルなど、フランスで催眠療法が盛んになった19世紀末葉から20世紀初頭にかけて、広く知られていた。フロイトが〈夢解釈〉を重視したのもその流れの中でのことである。その後も催眠関係の分野では伝統的に、非言語的心理療法の代表として、イメージ、殊に視覚イメージを中心とする面接、治療法の開拓・適用が国際的に進められてきた。

　我が国では第二次大戦以後の催眠研究の発展に伴い、むしろ諸外国に先駆けて、早くからイメージとイメージ療法の研究が進み、催眠に頼らないでもイメージ体験が得られる技法も開発され、それによる治療効果も、言語的療法に比べて著しいケースがいくつも報告されてきた。にもかかわらず、催眠以外の分野、殊に精神分析をはじめとして洞察中心の治療をする人たちや言語理解を重んじるカウンセリングの関係者の間には、こうしたイメージを心理療法に用いることに批判的で、危険性を論ずる人もあった。たとえイメージなどは全く経験したこともない人でありながら、その人の発言に影響力があるというこの国特有の風土の故に、イメージ療法はあまり一般的には行なわれない時期があった。しかしこの10年ほどの間に急速に抵抗や批判が消え、最近ではかえって無批判的に受け入れられ、イメージのイメージさえも曖昧

なままに、何でもかんでもイメージ、イメージと言われるほどに過熱・流行のおそれさえも見え始めた。

　イメージを用いると、言葉ではとても通じないような体験が表出されると同時に、それに拠って初めて自らの体験を深め、生き生きとさせていくことができやすくなる、といってよい。全く無感動で冷静なイメージだけが現れることもあるが、強い情動を伴うダイナミックなものが現れることもある。フロイトのアブリアクション（abreaction）の例でも解るように、多くの場合、強い感情的イメージほど、それが出現した後ではクライエントが安定を取り戻しやすいので、どうすればそんな強い情動と生き生きしたイメージを体験できるかが、私たちの研究の中心課題であった。

　ところが、さまざまなケースにあたるうちに解ったのは、そうした強烈なイメージ表出が有効なのは殆どが神経症のクライエントであって、ボーダーラインや分裂病（以下、統合失調症とする）などの患者では、どうもあまりに強い情動体験がその後に尾をひいて、無用の興奮を呼び、安定を妨げる場合があるということである。かえって有害のおそれがあるというので、イメージを用いることを一時中断したほどである。

　それまで田嶌君はもっぱら自由イメージによる治療で幾多の素晴らしい成果をあげてきていたが、こうした状況に早くから気づいていたので、イメージ療法を神経症レベルだけでなく、もっと重篤なクライエントにも安全かつ効果的なものにするための工夫をさらに凝らし始めていた。

　ドイツのロイナーによるGAIの向こうを張って修士論文でイメージ・ドラマ法を考案した増井武士君は、その頃ジェンドリンのフォーカシングについて、その技法を実用品として使いやすい形にしようと腐心していた。彼はフォーカシングのステップとしてしかみられていなかった〈間を置く〉という心遣いに注目し、その中で用いられている技法が単独で治療に使えるのではないかと考えた。そしてクライエントの〈問題〉をイメージの中の箱や抽き出しの中に〈しまっておく〉という技法を実地に適用し、その効果のあることを証明した。

　同じ頃、田嶌君は、あるクライエントがイメージの中で自発的に壺を浮かべることを経験し、それが治療の進展に思いがけない効果をもつことに注目

していた。増井君の〈しまっておく〉容れ物にこの壺が格好のものに思われたところから、この度のシンポジアムのストーリーは始まることになる。この着想をもとにしてさまざまに試みたところ、これまでどおり神経症圏のクライエントはもちろんのこと、重篤なケースを含むかなり広範な事例に望ましい効果をあげ得るものという予測ができるまでになった。

　研究会でその経験を聞いた私は、これならいけると直観した。陶器という材質と壺という形は、それをどのようなものに見立てるにせよ不安や恐怖、その他さまざまな気持ちをしまうには格好のものであるし、その壺はしっかりと蓋をかぶせれば勝手には出てきにくい。安心である。同時に、蓋を開けて覗くこともできれば、中へ入ってみることもできる。精神分析理論に拠るまでもなく、壺中の天地はまさにさまざまな懐かしい体験を蘇らせてくれよう。壺の内壁のもつ多彩な感覚的イメージはさらに豊富な体験を生み出させるに違いない。いくつもの壺にそれぞれレッテルを貼ったり、自分との距離を遠近さまざまに置きながら、自分自身の意思でその対応を選び、決めることができる。

　彼のアイデアを聞いたその日の研究会では、みんなのイメージがふくらみ、ディスカッションもことのほか生き生きしていたことを思い出す。

　それ以来、田嶌君の心理療法に対する取組みの態度はますます明確なものになっていった。九州大学から広島修道大学に移ってからも臨床的な検証が熱心に続けられると同時に、何人かの仲間ができて共同研究なども進んでいるとは聞いていた。だが、広島修道大学から助成金を頂いたからシンポジアムをやりたいと言ってきたのには驚いた。助成金ばかりか、彼のために出席してやろうという方々が何人もいらっしゃるというからである。そのなかには、臨床的な仕事の評価にことのほか厳しい村瀬孝雄さん、鋭いセンスの持ち主の倉戸ヨシヤさん、診療に多忙な名医・栗山一八さんなどからの御快諾をも頂いているというのである。とくに、私の密かに畏敬するさる精神医学者が〈我が国精神医学の宝です〉と激賞して止まない中井久夫さんから、積極的御参加の御返事を頂いたというのである。いくらできるとはいえ、まだまだ若いし、考えを公表するには早すぎるという私の偏見はものの見事に覆されたわけである。

二日間のシンポジアムにおける討論はまさに活気に溢れ、創造性豊かな、示唆に富んだものであった。司会者である私の存在など殆ど気づかないくらい、みんなディスカッションにのりにのった。私もこれに似た会合の司会をいくつも持ったが、今回のものは、まさに近来稀にみる素晴らしいシンポジアムだったといってよい。

　このような大成功といえるシンポジアムが持てたのは、その主題である〈壺イメージ〉のアイデアの卓抜なこと、技法的によく練られていること、ケースの扱いが優れていることなどの理由が挙げられるには違いない。しかし、御参加頂いた先生方の皆さんどなたからも、この面白い発想の〈壺イメージ療法〉の優れた点に注目しながら、田嶌誠一という若い臨床家を将来性のあるものとして育ててやろうというお気持ちで御協力頂けたお陰であるということには誰も異存のないところである。

　壺イメージ療法は、この国で生まれ、そして今まさに育ちつつある数少ない我が国独自の心理療法である。冒頭に述べたように国際的な専門雑誌に英文論文として掲載され、専門の国際学会議にワークショップとして提議され、国際的に知られるものになりつつある。創始者である田嶌君を始め共同研究者の方々には、この会合での提案に基づき、更に創意・工夫を凝らし、国際的水準からみて恥ずかしくないものに磨きあげていって頂きたい。また御参加頂いた先生方には、今後ともに今回同様の御助言を賜りながら彼らの成長を見守って頂ければありがたい。

　このような若い研究者の新しい試みを公刊するという英断により独創的な研究を伸ばし、研究者を育てようとされている創元社の皆様方に敬意を表し、ここに深く感謝申し上げる次第である。

昭和62年7月5日
　　第3回国際イメージ学会議
　　　の主催を無事に了えた日

編者はしがき

　本書は1984年11月3日〜4日に広島で開かれた「壺イメージ療法」に関する研究会の記録をもとにしたものである。各発表につき討論の時間をとり、成瀬悟策先生の司会のもとで、特にお願いして参加いただいた討論者の先生方を中心に、参加者全員で討論するというシンポジウム形式をとった。参加メンバーは以下の通りである。

司会者

成瀬悟策	九州大学教育学部	教授

発表者(五十音順)

伊藤研一	大正大学カウンセリング研究所	講師
栗山一八	栗山医院	院長
田嶌誠一	広島修道大学人文学部	助教授
冨永良喜	兵庫教育大学学校教育学部	助手
松木　繁	安本音楽学園臨床心理研究所	所長代理

討論者(五十音順)

倉戸ヨシヤ	鳴門教育大学学校教育学部	教授
栗山一八	栗山医院	院長
中井久夫	神戸大学医学部	教授
増井武士	産業医科大学医学部	助教授
村瀬孝雄	東京大学教育学部	教授

　なお、他に大森郁代、吉良文江（共に九州大学教育学部研究生）、吉良安之（九州大学教育学部助手）、柴山謙二（熊本大学教育学部講師）、鈴木康之（広島大学教育学部院生）、平野潔（琉球大学医学部助手）の各氏が参加された。

本書に掲載の討論の記録はその際のテープ録音をおこしたものであり、各発表とコメントは会の終了後に原稿を書いていただいたものである。そのため、発表者の原稿の中には会での討論で教えられたことが一部とり入れられている。この点について討論者の先生方に感謝すると共に、読者にもお断りしておきたい。また事例については、本人の秘密保持のために事例の理解にさしつかえのない程度にいずれも若干改変されているということをお断りしておきたい。

　人が技法を駆使するのは、その人が器用だからではない。壺イメージは、もとより患者さんに教えられたものではあるが、また私の不器用さから生まれたものでもある。そのため、この技法は私にとってはいくら有用なものであっても、他の治療者にとって役立つものであるとは思っていなかった。ところが、学会や研究会などでこの方法について、2、3度発表したところ、その後、思いがけないことに、私の発表を聞かれた幾人かの方が日常の臨床の中で活用しておられるということを知った。それなら、ケースを持ちよってお互いの経験を一緒に検討する機会をいずれもてたらなあと漠然と考えていた。たまたま、編者が勤務する広島修道大学の総合研究所から研究費がいただけることになったので、研究会を開くことを思い立った。どうせやるなら、日頃私たちの尊敬する先生方に討論をお願いできないだろうかと考え、ものは試しとお願いしてみたところ、なんという幸運であろうか、意外にもこのように何人もの先生が快く御参加下さった。私自身、こんなに恵まれた形で実現しようとは思ってもいなかった。おかげで、実に豊かな時を過ごすことができたし、また壺イメージという技法がどうというよりも、もっと深いところで糧を得ることができたように思う。そして、それは発表者全員に共通する思いであろう。

　司会をしていただいた成瀬悟策先生、討論者として参加いただいた倉戸ヨシヤ先生、栗山一八先生、中井久夫先生、増井武士氏、村瀬孝雄先生に深く感謝したい。また、研究費をいただいた広島修道大学総合研究所に深く感謝したい。

　本書は、壺イメージを読者に「セールス」しようという意図から編まれたわけではない。治療法というものは、それが既製のものであれ、新たに編み

出されたものであれ、ひとりの治療者がそれをわがものとして身につけていく時、その中で獲得される「内容」はさまざまでも、その過程は類似したものであると思われる（いや、「内容」も一般に言われるほどには違っていないのかもしれない）。つまり、いかなる学派の心理療法を学び実践しようとも、結局それは自分流の心理療法をつくりあげるという作業なのだといえよう。だとすれば、私が壺イメージに出会い、それを身につけてきた過程やその中で考えたことは、自分流の心理療法を模索しておられる方々に、参考となるような何らかの「刺激」を与えることができるだろうし、また心理療法に従事する多くの方々と共有しうる部分がかなりあるのではないだろうか。

　なるほど本書は特殊な技法をテーマにしたものである。しかし、それはいわば「衣」であって、実はそれを通して心理療法一般の問題を論じようとしたものである。そんなわけで、本書がイメージに関心のある方々だけでなく、種々の学派や異なるオリエンテーションの心理療法家の目にとまることを願っている。御批判、御教示を賜わりたい。

　壺イメージが生まれ、本書の出版に至るまでには、その名をすべて記すことはできないほど沢山の感謝しなければならない方々がおられる。

　まず、我々に豊かな経験を提供して下さった多くのクライエントないし患者さんに深く感謝したい。また、事例の秘密保持のために名前を記すことは控えさせていただくが、本書掲載の事例のうち一部は精神科医の方々や看護スタッフの皆さんに大変お世話になった。深く感謝したい。

　ぜひとも名前をあげて感謝しなければならないのは、本書監修の労もおとりいただいた恩師成瀬悟策先生である。私が先生から受けた影響は測りしれないが、とりわけ教えられたことは「自分の頭で考える」（言うは易く為すは困難なことである）ということであったように思う。

　また、私が九州大学教育学部で学んでいた頃に御指導いただき、現在もなおいろいろ教えていただいている前田重治先生、村山正治先生、増井武士氏、神田橋條治先生に深く感謝したい。

　さらに、会のお世話をしてくれた当時広島修道大学の学生であった小川昭君、松島義典君、甲斐慈子さん、テープ記録の聞きとり作業を手伝ってくれた川内昭宏君、そして清書と校正を手伝ってくれた森下美和さんに深く感謝

したい。

　最後に、本書の出版にあたっては、中井久夫先生と創元社編集部の高橋輝次氏に大変お世話になった。お二人に深く感謝したい。

　1987年　秋

田　嶌　誠　一

壺イメージ療法 目次

第3部 コメント篇 ……………………………………………… 347

装幀　鷺草デザイン事務所

第1部
イメージ療法と壺イメージ療法

心理療法に利用されるイメージ技法にはさまざまなものがあるが、論文の中で相互に引用しあうことが少ないためか、その全体像を把握するのが困難な領域でもある。そこで第1部では、イメージ技法を私なりの視点で概観し、次いで壺イメージが生まれた経過をいくつかの事例に即して述べ、最後にそれらの経験から考えたり思いついたりしたことを論じてみたい。

（編者）

第1章

心理療法におけるイメージ技法

「……髪の長い女の人が赤ん坊にお乳飲ましてる……（女の人の）下の方はわからない……髪は長くて、前の方にたらしてる……赤ん坊に乳首を含ませている……［女の人の］顔は……よく見えないですね……［見ようとすると］だんだん後ろ向きになる……顔だけ後ろ向きになる……赤ん坊はよく見えるんだけど……女の人がこっちを向いた、般若の顔みたい……お面かな？〈見ててどんな気持？〉うーん、あんまり［気持］いいもんじゃないですね……どうして、こんなものが見えるのかな（首をかしげる）……」（〈 〉内は治療者の発言である）。

これはある患者が軽い弛緩状態下で閉眼して、イメージに注意を向けた時、自発的に浮かんだイメージである。

また、ある患者は、対面法による言語的面接の中で、「自分でもわからないけど、何か胸にモヤモヤした気持がある」と訴えた。そこで、閉眼するように求め、〈その胸のモヤモヤを感じていると、何かが浮かんできます〉と教示したところ、次のようなイメージが浮かんだ。

「親とケンカしているのが見える。お父さんはガミガミ怒っている。お母さんはそばでオロオロしている。私はお父さんに何か言ってる……庭に雨が降っている……すごくイヤな気分……真暗な中に雨が降っている→（略）→お父さんなんか嫌いです！……お父さんなんか死んでしまえばいい……いやなことはすぐお母さんにおしつけて、自分は怒るとすぐ灰皿なんかを投げる……」

このあと患者は「父のことにあんなにこだわりがあったとは思ってもいなかった」と述べた。人が精神内界に注意を向け浮かんでくるイメージに対し

て受動的で探索的な心的構えがとれると、本人が意識的に作りあげたものではなく、本人にとっても多かれ少なかれ意外という印象を与えるイメージが体験されるようになる。

広義には、すべての心理療法はイメージ療法であるといえるが、狭義にはイメージ療法とは、このような種々の条件下で思い浮かべた視覚的イメージを利用した心理療法の総称である。それらには自発的イメージを中心としたものや何らかの指定イメージを用いたものまで実にさまざまな技法が考案されている。その依拠する理論的立場も精神分析的なものから行動療法的なものにまで及び、あげくは立場のはっきりしないものに至るまで多彩である。これらのさまざまな技法について網羅的に紹介することが本書の目的ではないので、それらのうち壺イメージ療法を論じるうえで特に関係が深いと考えられるものについて述べてみたい。

1．精神分析

心理療法におけるイメージ利用の歴史は、催眠同様非常に古いものであると推測される。しかし、公式に報告されたものはといえば、ロイナー（Leuner, H., 1969）によれば、フロイトとブロイアー（Freud & Breuer, 1895）のアンナ・Oのケースが最初であるという。[1] そこではいわゆる催眠カタルシス法が用いられ、過去の記憶の回復が起こったわけであるが、それらの多くはイメージの形をとったとされている。

その後、周知のように、フロイトは催眠を放棄し、前額圧迫法を経て、自由連想法を確立するに至った。この前額圧迫法では、イメージ想起を促すといった面も大きく、彼が当時視覚的イメージに相当な関心をもっていたことがうかがわれるし、実際、患者は種々のイメージを報告している。

すなわち、フロイトは自由連想法を確立する過程において、催眠を捨て、そして更にイメージを捨てたといえよう。[3] そして、その後精神分析では、心のそのような領域は、視覚的イメージに代わって、ファンタジーや夢という形でとり扱われることとなった。

もっとも、フロイトの後継者たちのなかに、視覚的イメージの治療的利用

に関心をもった人がいなかったわけではない。このことはあまり知られていないようなので、簡単に紹介しておこう。

まず、フェレンツィ（Ferenczi, S.,〔1923〕1950）は、ファンタジーを思い浮かべることが苦手な患者に対して、場面を視覚化させることを試み、それを推奨している。また、同じ頃クラーク（Clark, L. P., 1925）は、「境界分裂病者（borderline schizophrenics）」といった重篤例に対してファンタジー法を適用し、その有効性を報告している。

キュービー（Kubie, L.）の名は、わが国でもよく知られているが、彼がイメージ法の研究を行なっていたことはあまり知られていない。キュービー（1943）は、長期の精神分析で成功しなかった患者に対して、ジェイコブソンの漸進弛緩法（Jacobson, E., 1943）を併用したイメージ法の適用によって効果をあげることができるということを見出した。

また、催眠分析の流れのなかでは、イメージ技法は、「催眠夢」——すなわち、催眠下で夢を見るように暗示される —— という形で適用された（ウォルバーグ Wolberg, L. R., 1945；シュネック Schneck, J. M., 1953；フライターク Freytag, F. F., 1961；セイザードート Sacerdote, P., 1968）。

さらに比較的最近の研究としては、レイハー（Reyher, J., 1963, 1978）のものがある。彼は「自然浮上的除覆法（emergent uncovering）」と称する方法を試みている。彼の方法は、いわばイメージ連想法とでもいうべきものであり、そこでは患者は心に浮かんだことを何でも想像することからはじめるように勧められ、その後はイメージの中でさまざまな場面が浮かび、流れるのにまかせるように求められる。彼によれば、このような方法によって、幼児期の外傷的体験にすみやかに到達できるとしている。

こうした研究はいずれも散発的なものに留まり、精神分析の領域ではあまり注目されなかったようである。夢やファンタジーに並々ならぬ関心を注いできた精神分析において、覚醒夢ともいうべきメンタル・イメージがこれまでほとんど注目されなかったことは、筆者には不可解なことのように思われる。

視覚的イメージについていえば、自由連想中に生起した視覚的イメージを報告したケース研究（ライスター，Leister, E. P., 1980）が比較的最近のInternational Journal of Psychoanalysis に掲載されているが、そこでは、視覚

的イメージは自由連想への抵抗としての意義を有していたと考察されている。自由連想中に生起する視覚的イメージを主として防衛ないし抵抗の産物として理解し、患者が何故そのようなイメージを浮かべるに至ったかという、その由来を分析することにもっぱら関心を向けるならば、それらは分析されるべき素材としては有用であるにせよ、それ自身に治療的意義は見出しにくい。しかし、筆者は、後に述べるように、ファンタジーにせよ、視覚的イメージにせよ、主体がそれに対してどのような心的構えをとるかによって、もっぱら防衛に役立ったり、逆に治療的、創造的なものとなったりするものと考えている。従って、自由連想中に生起する視覚的イメージも、患者がある心的構えのもとで「here and now（今、ここで）」で体験することができれば、それは治療的なものとなろう。従って、先のライスターの考察は筆者にとってはあまりにも一面的すぎるように思われる。

　アメリカの精神分析では、自我心理学が発展し、ファンタジーそのものよりも自我機能が主な関心となり、また治療モードも特別な場合を除けば、大勢は自由連想法から対面法へと移行し、「ファンタジーを不必要に深く探究しすぎないように」（ラングス，Langs, R., 1972）なってきたという。精神分析において、イメージ技法がはやらないのは、あるいはこのようなことが関係しているのかもしれない。

　要約すれば、次のようなことになろう。フロイトは無意識を発見し、初期には視覚イメージに関心を示したものの、まもなく自由連想法へと移行した。彼自身は、次に述べるユング（Jung, C. G.）のように「イメージの治癒力、創造力」といったものを特に強調してはおらず、彼以後、視覚イメージの治療的利用を実践した人たちがいたが、精神分析内部ではほとんど注目されなかった、といえよう。

　ひょっとしたら、イメージ技法は精神分析においてはもっとさりげない形で命脈を保っているといえるのかもしれない。例えば、筆者の記憶では、フロム（Fromm, E.）は患者に「あなたのお父さんはどんな人ですか？」と問うことと「お父さんを思い浮かべてごらん」と（いうようなことを）言ってみることとの違いに注目し、後者を推奨していたと思う。このような問いかけをしたり、また比喩を用いたりして患者の内的イメージに注意を向けさせ、そ

れを膨らませるような面接として、命脈を保っているといえるのかもしれない。

2．ユング心理学

フロイトは、神経症は意識に受け入れがたい性的衝動や攻撃衝動が無意識の中に抑圧された結果生じるものと考えた。そして、彼の有名な「エスありしところ自我あらしめよ」という言葉に代表されるように、そうした衝動は分析され、自我の統制下に置かれるべきものと考えた。それに対して、ユングは無意識の中にそうした暗い面を認めつつも、また創造的、治癒的な面も認め、いわば無意識の智恵を借りることを主張した。もっとも無意識といっても、具体的にはそれが生み出す —— 夢、絵画、視覚的イメージといった —— 何らかの形のイメージをとり扱うわけであるから、ユングはイメージの創造力、治癒力を認めたといってよいだろう。

彼はこうしたイメージの力を引きだすために、しばしば夢分析を用いたが、それに加え「能動的想像（active imagination）」という視覚的イメージを利用した技法もまた開発した。この技法の定義や説明を彼は明確には述べていないが、例えば、閉眼して「老賢者」のイメージや夢の中に登場した重要な人物のイメージとの対話を、その内容を筆記しつつ行なうといったやり方で、無意識と交流する方法である。河合（1977）によれば、書くほうに意識が傾くと空想が進まなかったり、陳腐な内容になってしまったりするし、空想のほうに没入しすぎると筆記ができなくなってしまうが、成功すると大きな収穫を得ることができるという。

誤解されやすいことだが、能動的想像といっても、意識的積極的にイメージを想像し作りあげていくわけではなく、あくまでも受動的にイメージを浮かべかつ展開させるのである。このことに関連して、彼はファンタジー（fantasy）と想像（imagination）とを区別し、次のように述べている。「ファンタジーは多かれ少なかれ作り話であり、個人的なことや意識的期待の表面に留まる。しかし、能動的想像ではその言葉が示すように、イメージはそれ自身の生命を持っており、象徴的事象は —— もちろん、意識的理性が妨害しないなら

ばの話だが —— それ自身の論理に従って展開するということを意味している」（ユング，1935）。

　彼はこの方法が、分析において、無意識の「ガス抜き (deflating)」をして、成熟を早めるという点で夢よりも優れていることを認めたが、反面、無意識の力に圧倒される危険性があるという理由から、自分自身や、自我の強い患者あるいは分析の後期にといった具合に、かなり限定して用いた。彼はイメージの危険性もよく知っていたのである。

　ユング派では、イメージは夢分析や絵画や箱庭などを介して取り扱われることが多く、この能動的想像という技法は治療者の自己分析や教育分析などに用いられてはいるものの、ユング派の分析治療で用いられることは少ないようだ。もし、筆者の浅学のための誤解であれば、ユング派の方々にお許しいただくと共に、その成果の御紹介をお願いしたい。なお、箱庭療法や絵画療法については第4章で論じる予定である。

　本書の枠組から要約すれば、ユングはいわばイメージの治癒力、創造力とでもいうべきものに注目し、視覚イメージを利用した技法を考案したものの、一般的には夢分析、絵画、箱庭などが用いられ、（視覚的）イメージ技法は限定されたものであった、といえよう。

　ついでにいえば、筆者はユングの有名な「普遍的無意識」や「元型的イメージ（または原始心像）」などの概念について、正しいと言い切ることもできなければ、かといって神秘的すぎるとか不可解であるとして否定し去ることもできない。臨床家の中には、こうした考えの人が実際には多いのではないだろうか。

　しかし、普遍的無意識や原始心像といった概念は、それが実在するか否か、正しいか否かにかかわりなく、筆者は、少なくとも以下の意義を有していると思う。すなわち、治療者が普遍的無意識という概念を思い浮かべることは、治療者が患者個人に攻撃的感情を抱くのをある程度防ぐし、個人的母親像をこえた「グレート・マザー（太母）」という元型的イメージを仮定することは、治療者が患者の母親に対して非難的になるのをある程度防ぐであろう。このようにユングの概念は、それが正しいか否かは別にしても、治療者がとるべき態度をイメージ的に伝達しやすい形で構成されていると筆者には感じられ

るのである。

3. 誘導イメージ

　フロイトは視覚的イメージを治療に積極的に利用することを考えなかった
し、ユングはそれに注目したものの、かなり限定された用い方をしていた。
また精神分析の立場からのイメージ利用は、伝統的精神分析の枠組内で散発
的に試みられたものであり、しかも分析治療の素材を得るというニュアンス
が強かった。

　アメリカでは、イメージ技法が少し前まではそれほど発展しなかったのに
対して、ヨーロッパでは、「誘導イメージ」と呼ばれる一連の技法が発達し
たが、それはイメージ中の体験それ自身を中心的治癒要因として考えている
という点がひとつの特徴である。従って治療の一部にイメージ・テクニック
が用いられるというよりも、それが治療全体の中で中心的役割を担っている
ことになる。

　これらのイメージ・テクニックが主にヨーロッパで発展した背景には、ア
メリカとヨーロッパにおける想像やファンタジーや白昼夢などの捉え方の違
いが関係しているように思われる。アメリカでは白昼夢には否定的な意味が
つきまとっていて、子どもの悪しき習慣が大人にまでもち越されたもので、
感情的な障害の徴候とみなされる傾向があった（シンガー Singer, J. L., 1975）し、
また心理学の領域では、内省などの主観的事象を排除した行動主義心理学が
発展した。それに対してヨーロッパではバシュラール（Bachelard, G., 1943他）
の人間の想像力に関する一連の著作やサルトル（Sartre, J. P., 1940）の『想像
力の問題』といった著作にみられるように、人間の内的主観的経験に比較的
肯定的関心を寄せる伝統があったものと思われる。このような違いは、アメ
リカとヨーロッパの精神的文化的風土の違いを反映しているものと思われる
が、それはおそらくユング心理学がヨーロッパでは受け入れられ、アメリカ
では少し前まではあまり受け入れられなかったことと同様のものであろう。

　この誘導イメージの代表的なものとしては、デスワーユ（デゾワーユ）の「誘
導覚醒夢（Guided Waking Daydream）」（Desoille, R., 1959, 1961, 1965〔1966〕）、フ

レティニとヴィレルの「夢療法（Oneirotherapy）」（Fretigny & Virel, 1968）、ロイナーの「誘導感情イメージ（Guided Affective Imagery）」（Leuner, H., 1969, 1977, 1983）の三つがあげられる。

　これら三つの技法に先立って、ヨーロッパでは、ジャネー（Janet, P.）、カスラン（Caslant, E.）、ハピッヒ（Happich, C.）、ドーデ（Daudet, L.）、ギレリー（Guillery, M.）などの研究があるが、本稿ではその名を記すのみとしたい。

　彼らの研究は、ユングやフロイトの研究から出発したものではないが、背景には両者の影響が認められる。これらの技法は、「イメージの力」を認め、とりわけ視覚的イメージを利用することによって、それを引き出すことを意図したのだといえよう。

　誘導イメージの基本的やり方は、それ程複雑なものではない。患者は横臥位の軽い弛緩状態下で閉眼して視覚的イメージを浮かべるように求められる。そして、浮かんだイメージとそれに伴う感情について治療者に話をしながら「イメージの旅」を行なうように求められる。誘導覚醒夢と誘導感情イメージにおいては、最初の場面（＝これを、デスワーユは「出発イメージ」と呼び、ロイナーは「標準イメージ場面」と呼んでいる）は指定し、その後はイメージが自由に展開するに任せる。夢療法においては、何らかの指定イメージを用いたり、カスランやデスワーユが行なったようなイメージの中で空へ向って上昇したり、地下へ下降したりすることもあるが、基本的にはフリー・イメージが用いられる。

　ここで重要なことは、患者が意識的積極的にイメージを作りあげていくことを抑え、いわば「受動的」な心的構え ── 筆者は単に「受動的」というよりも「『受動的で探索的な』心的構え」と言う方がよいと考えている ── でイメージを思い浮かべるということである。

　治療者はそのようなイメージの旅の同伴者として、必要に応じて、患者がイメージと感情を明確化するのを促進するような質問を行なう。そのようにしてイメージが展開してくると、途中でそのような展開を妨げるさまざまな障害物にぶつかったりすることが多い。例えば、恐ろしい怪物に出会って圧倒されたり、大きな岩が行く手をふさいでいたりといった具合である。患者が独力でこうした事態をのりきれない時、治療者は患者がそれを切り抜けら

れるように援助する。例えば、怪物と闘うための「魔法の杖」があると暗示したり、武器を探すように勧めたりするのである。

　デスワーユは、海底の洞窟で怪物と出会った患者の例をあげている。治療者はまず患者に、その怪物に洞窟の中を散歩させてくれるように言わせ、それから、海岸に一緒に出てくるように頼ませた。海岸で、治療者は患者に魔法の杖で怪物を叩くようにすすめ、患者が叩くと、その怪物はタコに変身した。そして、治療の終わり頃にはタコは人間に変身し、患者と一緒に海を見ながら山登りをした（シンガー〔1974〕より引用）。

　逆に、イメージの中で患者がこれまでに体験したことのないようなgoodな体験をすることもある。デスワーユによれば、これはイメージ中で上昇との関係で起こりやすいという。

　このように、イメージ中で障害に出会ったり、危機的場面に直面することや逆にこれまでにないgoodな体験をすることは、現実の体験ではなくイメージ中での出来事ではあるものの、それを体験している患者にとっては、ほとんど「現実」である。従って、それは患者にとって強烈なインパクトをもち、症状や問題の軽減ないし消失の契機となることが多い。

　三つの方法は以上のような共通点をもっているが、またそれぞれに独自の特徴も有している。以下それを中心に述べてみたい。

１．誘導覚醒夢

　フランスの技師デスワーユによるもので、三つの方法のなかでは最も早く考案された。夢療法が基本的にはフリー・イメージを用いつつも、指定イメージが用いられることもあり、誘導感情イメージでは逆に基本的には指定イメージを用いつつもフリー・イメージが用いられることもあるのに対して、本法は必ず指定イメージが用いられる。その指定イメージは六つあり、精神分析やユング心理学の象徴解釈理論にもとづいて、それぞれ独自の目的を持つとされているが、表1-1はそれを示したものである。

　このように一見して精神分析やユング心理学の影響を受けていると思われる場面選択とその意味付与である。あまりに場面の象徴的意味をあらかじめ考えすぎているというのが筆者の感想である。実際、ユング派でもフロイト

表1-1　誘導覚醒夢における出発イメージ場面

場　　　面	目　　　的
１．男性は剣、女性は壺（vessel）。	１．その人自身の人格特徴に直面することに関係している。
２．海の底または地下へ降りていく。	２．抑圧されたものに直面することに関係している。
３．洞窟の中を降りていって、男性は女の魔法使いを、女性は男の魔法使いを見つける。	３．異性の親と関係している。
４．３と逆に同性の魔法使いを見つける。	４．同性の親と関係している。
５．洞窟の中で伝説の竜または怪物を見つける。	５．社会の圧迫と関係している。
６．（男女共に）森の奥深くの眠れる森の美女のいる城。	６．エディプス・コンプレックスに関係している。

派でも、ある象徴に一義的にある意味を自動的に付与することは強く戒められているし、フロイトやユングがきけば苦笑するのではないだろうか。もちろん、筆者はそれらの象徴的意味はないとか全く考慮しなくてもよいなどと主張するつもりはない。筆者の経験からいえば、例えば「洞窟」の中では本人が直面したくないものが出現しやすいという印象をもってはいる。ただ、その意味というものはあくまでも個人的なものであり、過度の一般化はしない方がよいといいたいのである。こういったからといって、筆者は指定イメージを用いることを批判しているというふうに誤解しないでいただきたい。ただその指定したイメージに対して、過度に一般化された意味をあらかじめ付与していることを批判しているにすぎないのである。

　デスワーユの技法の中心をなすもののひとつには、イメージの中で「上昇する」、「下降する」といった垂直次元の運動方向を患者に指示するということがあげられる。例えば、剣を持って上昇するとか海の底へ下降するといった具合にである。この技法を彼はその師カスランから受けついだものと考えられるが、さらに彼は上昇は充足感、安らぎ、平和、幸福、恍惚といったgoodな感情をひきおこしやすく、下降は不快や恐怖といった感情と関係しているということを見出した。

　誘導覚醒夢には、先にも述べたように、明らかに精神分析やユング心理学の影響が認められる。実際、デスワーユは初期にはこの方法をそうした立場から説明しようとした。しかし、次第にパブロフ（Pavlov）理論に傾倒し、それによって説明されるべきものと主張するようになった。すなわち、感情は第二信号系 —— つまり言語 —— による刺激（とその結果誘発されるイメージ）によってひきおこされた条件反射であり、誘導覚醒夢による治療は、患者を脱条件づけることで力動的ステレオタイプ[4]（dynamic stereotype）から解放し、新しいパターンを条件づけることであると考えた。そして、「抵抗」に代って「制止」を、「無意識」に代わって「一時的結合の樹立の失敗」といった条件反射学の用語を使うことを提案している。

　彼のこのような主張は —— 現在でも依然そうであるが —— 当時の条件反射学の現状からはあまりにかけ離れていたため、フレティニとヴィレル（1968）から「（デスワーユは）条件反射学については非常に浅学であった」と批判されている。デスワーユは、先に述べた上昇・下降の力学（＝イメージの中での上昇、下降がもたらす効果）についても、彼流の条件反射学的説明（例えばデスワーユ，1965参照）を試みている。それは日の出（＝上昇）と日没（＝下降）とに関係づけたものであり、フレティニとヴィレルはその説明には無理があると指摘しているが、確かに筆者からみても上等なものとは思えない。

　しかし、筆者の印象では、彼はおそらく、行動療法でいう「脱感作」や新しい行動の（象徴的な形での）「学習」といったものと類似の現象が生起することに気づいていたものと思われる。例えば、患者はイメージ中に、恐ろしい怪物や苦手な人物に直面し、それに対抗できるようになったり、うまく取り扱えるようになるということが時々起こる。また、彼は高速道路での運転恐怖を示した女性のケースを報告している（デスワーユ，1965〔1966〕）。高速道路での運転と連合した恐怖を脱条件づけるために、彼は、その女性に、彼女が治療者を隣に乗せ、リラックスして話しながら運転している場面をイメージさせた。このようなやり方は、行動療法の「内潜条件づけ」（covert conditioning）のなかの「内潜消去法」（コーテラ，Cautela, J. R., 1971）とほとんど同じやり方である。ここでつけ加えておきたいのは、先に筆者が「脱感作」、「学習」というカッコつきの表現をあえてとったのは、行動療法のイメージ

理解、とりわけウォルピー（Wolpe, J.）のそれを不適切であると考えているためであり、その点については、後に論じるつもりである（p.77参照）。このように、その後の行動療法の発展やリュウバ（Leuba, C., 1940, 1941）のイメージ条件づけの研究、成瀬・小保内（1952, 1955他）のイメージの融合と分解に関する一連の研究、そしてキング（King, D. L., 1978, 1979）のイメージ形成の条件づけ理論、さらには最近の認知心理学におけるイメージ研究などが発展してきていることを考えれば、フレティニとヴィレルのいうように、デスワーユの主張を彼が「浅学であった」ということで片づけられるべきではなく、鋭い問題提起といえる面もあったと思われる。筆者としては、学習理論がイメージ現象を今後どのように理解していくかに期待したい。

2．夢療法

　フランスの精神科医フレティニと心理学者ヴィレルの共同研究によって生まれたものである。彼らの研究は、1968年刊のその著、"L'Imagerie Mentale: Introduction à l'onirothérapie"（邦訳　渡辺・湯原訳「夢療法入門」金剛出版）にまとめられており、それは当時最も包括的なイメージ療法の研究書であったといえよう。

　夢療法は次の三つの段階から成る。

　1）対話段階：病歴の聴取や分析的解釈などを含む、イメージ・セッション以外での話し合い。

　2）夢幻段階：十分な弛緩によるイメージ・セッション。

　3）成熟段階：患者が面接と面接の間の日常生活のなかで面接経験を吟味、統合していく段階。

　もちろんその中心をなすのは夢幻段階である。

　ヴィレルは約2年間、デスワーユのスーパーヴィジョンを受けていたためか、彼らの方法はデスワーユの影響をかなり受けている。しかし、デスワーユが指定イメージを用いたのに対して、彼らは基本的にはフリー・イメージや患者自身が選んだ出発イメージを用い、また必要に応じて指定イメージを利用する。

　彼らによれば、指示的にならざるをえないのは次のような場合であるとい

う。第一に、患者がその性質とか教育のために未成年の依存状態にある場合。第二に、精神衰弱者の場合のように、最初から視覚的想像力と心的活力に欠ける場合。第三に、患者の関心領域が強迫的な心配事で閉塞されている場合。第四は、逆に患者が自分の夢幻思考の豊かさ、より正確には速さの犠牲となっている場合。第五に、患者がイメージ（概して決定的なイメージ）の湧出するのを認めたのに、しばしの反応時間の後、そのイメージを遠ざけたり、無視したりするように見える場合。

　夢療法で重視されるのは、身体的に、すなわち彼らのいう「想像的身体自我」として参入したイメージであり、これを「夢劇」ないし「第二段階のイメージ」と呼んでいる。これは、自由なメンタル・イメージの脈絡の中でしか展開しないが、かといって、自然に到達することは稀であり、何らかの手続きが必要とされるという。例えば、イメージの中で秘密にみちた場所（教会の地下室、ピラミッドなど）に入りこませたり、イメージの中の椅子に腰かけさせ想像的身体の目を閉じさせたりというようなことが行なわれる。なお、この夢劇の中で出現するイメージは記憶（イメージ）であるとされている。

　彼らの研究のきわだった特徴のひとつは、彼らがさまざまの生理心理学的研究を行なったことである。夢療法中の患者を測定した結果、アルファ波が豊富に出現し、かつそれは治療者の声以外の音など外部刺激に対して非反応的となることを見出した。このような実験結果から夢療法中の患者の状態は睡眠とも覚醒とも区別され、かつ催眠や自律訓練法とも類似してはいるが異なる状態であるということを彼らは主張している。彼らのこの見解は興味深いものである。しかしイメージとは実験的手法によって捉えるにはあまりに移ろいやすくデリケートな現象である。実際、彼らのように臨床的イメージについてではないがイメージ想起時の生理心理学的研究が数多くなされてきたが、その結果は一貫したものであることの方が少ない。従って、彼らの研究結果も、より精密な形で再検討される必要があろう。

　理論的には、彼らは特定の理論によらないこととし、基本的には精神分析やユング心理学に依拠しつつも、人類学や発達心理学などもとり入れた折衷的立場をとっている。彼らの研究の詳細については訳書を参照されたい。

3．誘導感情イメージ

　精神分析の訓練を受けたドイツの精神科医ロイナーの方法である。フリー・イメージを用いないわけではないが、基本的には、それぞれ独自の意味をもつとされている次の10個の標準イメージ場面を指定することから開始される。表1-2は、この10個の標準イメージとその意味をまとめたものである。これらの標準イメージのうち、①〜③は主にイメージの訓練として用いられ、④〜⑩は順々にケースに応じて数回ずつ行なわれる。このような意味解釈については、筆者はデスワーユの誘導覚醒夢の場合と同様に一般化のしすぎであると考えている。

　また、彼は彼のいうシンボル・ドラマのために次のような技法を考案している。

　①内的ペースメーカー

　治療過程すなわちイメージの展開のコントロールを患者自身の心に任せるための技法である。そのために、イメージの中に、患者をガイドしてくれる

表1-2　誘導感情イメージにおける標準イメージ場面

場　　面	意　　味
1．草原	1．多義的
2．山	2．野心のレベル、競争や成功の機会についての感情
3．草原の中に小川を探し、源へさかのぼるか、海へ下る。	3．神経症者は何の障害物もなしにたどりつくことは出来ない。
4．家	4．人のパーソナリティのシンボル
5．親しい人物が草原に現れる。	5．（特に触れられていない）
6．女性：車が壊れたので車を捜しながら淋しい道を歩いている。男性：バラの茂み	6．性的場面
7．ライオン	7．攻撃性
8．尊敬する人物	8．自我理想
9．暗い森または洞窟	9．神経症的パターンとそれに伴う感情で取り入れられたものを象徴
10．沼	10．深く抑圧されたもの

親切で象徴的な像を出現させる。それは例えば、馬・象・らくだなどの動物であるかもしれないし、妖精や母親であるかもしれない。

②直　面

森や洞窟の中などから出現する本人にとって恐ろしい危険な象徴的イメージを取り扱うための一方法である（ロイナー，1955）。例えば、攻撃的なヘビが出現した場合、治療者は患者に逃げてもいけないし、闘ってもいけない、そしてその目をにらみつけ、ヘビの目や頭や口などの各部分の特徴とそれに対する感情などについて詳細に語るように励まされる。この技法の勘所は、恐ろしい生物の目を見つづけるということであり、そのことによって、その生物を中性化し、その生物の存在が知らせるメッセージや意味を発見することである。

この技法は患者の中に激しい情動をひきおこすので、熟練した治療者によってのみ用いられるべきである、とされている。

③食物を与えること

本人にとって危険な恐ろしい象徴的イメージ像を直面よりも穏やかにとり扱うための技法である。そのイメージに対して、食物を与えるのであるが、ここでのポイントはただ食べさせるだけでなく、うまくすすめて食べすぎさせることである。これが成功すると、典型的にはその生物は攻撃性を失い、眠りこんでしまうという。

④和　解

これは攻撃的な恐ろしい象徴的イメージに話しかけたり、身体に触ったりして親しみを示すことで仲良くなろうとする技法である。これは直面、食物を与えることと組み合わせて用いられることが多い。

直面、食物を与えること、和解という三つの技法の適用に際して、患者自身がそうすることに抵抗を示す場合も多いので、治療者は患者を励ましたり、促したりすることが必要となることもある。

⑤疲れきらすことと殺すこと

この技法は、成功すれば優れた効果をもたらすが、治療者からの患者自身への攻撃であると受けとられる危険性があるため、誘導感情イメージの中では最も危険なものとされている。

自動車事故にあったことをきっかけとして、心気症となり、自分は死ぬのではないかと感じて苦しんでいた34歳の既婚女性の例をロイナー（1969）はあげている。彼女のイメージの中で「死」が出現したが、その「死」を疲れきらすために田舎の方へ走らせた。「死」が休みたがって腰をおろそうとしたり、とうもろこし畑に隠れようとしたりしたが、そのたびにせきたて続けた。その結果、「死」は人々の笑いものになり、ついに小川にたどりついて、その中に落ちてしまい、小川の水は「死」の骨を溶かした。このイメージの翌日に、患者の死の恐怖は消失し、発症以来初めて起きあがって家事をはじめた。

　⑥魔法の液体

　元気を回復するために、また、精神身体的な痛みや苦痛を緩和するために、種々の液体を飲んだり、患部にすりこんだりする。先の「小川」の標準イメージ中の水を利用したり、大地から湧き出る冷水、牛の乳、母乳などが用いられる。

　ロイナーの研究の特徴としては、彼がこの方法を長い間成人の神経症者に適用しつづけたことに加え、子どもや青年期の患者へ積極的に適用したことがあげられる。彼によれば、誘導感情イメージは、遊戯療法はもはや適さず、かといって成人向きの対話による分析にはまだ早い年齢——すなわち7、8歳から思春期の終わり頃まで——にはとりわけ適していると主張している（ロイナー，1983）。

　誘導感情イメージにおいては、「カタシミック・イメージ（catathymic imagery）」すなわち、感情や情動を伴って、またはそれに関係して起こるイメージが重視される。弛緩状態でイメージを体験するうちに、ある種の変性意識状態となり、そのような状態下でこのような感情や情動が高揚することが、治療の最も基本的な構成要素であり、それは決して単なるカタルシスとしては説明できない、とロイナーは主張している。

　彼は、この方法を精神分析における「ねいすの作業」と「夢の作業」とを組み合わせるものであり、従って精神分析の枠組で最もよく理解しうるもので、いかなる点でも力動的精神療法の基本的ねらいと矛盾するものではないと考えている。

　詳しく見ていくと、興味深い点がいろいろあるが、煩雑となるためごく大雑把な記述となったが、以上が誘導イメージの概要である。

　三者の理論的立場がそれぞれひどく異なっていることに、読者は驚かれたのではないだろうか。デスワーユは条件づけ理論に依拠し、フレティニとヴィレルは一定の立場をとらぬことにし、精神分析、ユング心理学的観点を採用しつつも人類学や発達心理学、神話学などもとり入れた折衷的立場をとり、ロイナーは精神分析的立場をとっている。このように相当食い違った立場をとっているわけだが、ここで彼らの理論的立場に深入りして、その正否を問うよりも、むしろ、これだけ異なる立場をとりながら、大筋では類似した方法で実践され、しかもそれぞれが優れた成果を収めてきているという点を筆者は指摘したい。この一見奇妙に思える事実は、誘導イメージという治療法が、治療者のよって立つ理論的立場にたいして関係なしに、方法としては類似した効果をあげうるという面があるということを示しているものである、と筆者は考えている。というのは、これらの方法は、解釈を殆んど与えず、あくまでも本人自身の体験に沿って面接を進めてゆく、という点で共通しているからである。

　すなわち、すでに述べたように、イメージ中の「here and now（今、ここで）」の体験そのものを主要な治癒要因であると考えている。そして、それはどのような体験であるかといえば、ロイナーはカタシミック・イメージ、すなわち感情と一致したイメージが重要であるとしているし、デスワーユは上昇・下降によって達成される感情体験を重視しているし、フレティニとヴィレルは想像的身体自我として参入した第二段階のイメージであるとしている。その表現するところに若干の違いはあっても、意味するところは、感情的身体的体験を重視しているといえよう。そして、そのような体験は、患者がイメージの動きに対して受動的で探索的な構えをとることによって、治癒に向かう「イメージの自律的運動」が発揮されることによって得られる体験なのである。

　加えて、その際治療者は、そこに現れた種々のイメージについて、たとえそれが治療者にとって分析的に容易に解釈しうるイメージであっても、実際場面ではほとんど解釈を与えないという点も三者に共通している。このこと

は、次のような説明で納得してもらえるかと思う。

　例えば、「化け物」が出現し、それを治療者は母親であると考えたとしよう。しかしそのような場合、基本的には、患者に「それはあなたのお母さんではないだろうか」と解釈したりしないで、その代わりに、化け物をイメージの中でじっくり体験してもらうのである。すると、解釈を与えなくとも自然に、どこか母親に似ていると本人に感じられるようになったり、あるいは、その化け物の顔が母親に変わったりするのである。

　精神分析の正式な訓練を受けたというロイナーにしても、そう考えているのである。治療者の側から言語的に解釈を与えることは、イメージの自律性にとって障害となることが多いからであろう。イメージの中で時には治療者が積極的に介入することもある。しかし、それとても、治癒に向かうイメージの自律的運動が停滞した場合やイメージの自律性を促進するための働きかけなのである。

　デスワーユとロイナーは、彼らが採用している指定イメージにあまりにも一般化された意味をあらかじめ付与しすぎていると、筆者は先に批判したが、それとても、その解釈を患者に与えるわけではないので、臨床的にはその弊害は少ないものと考えられるのである。

　また、転移に関しても三者はほぼ類似の見解に達している。すなわち、転移という概念の重要性を認めつつも、転移を分析することが必要なことは稀であるという点で一致している。

4. 行動療法

　行動療法においても最近ではいろいろな形でイメージが使用されるようになってきた。ウォルピーの「系統的脱感作」（ウォルピー，1958）やコーテラの「内潜条件づけ」（コーテラ，1971）などがその代表的なものである。ここでは、行動療法のイメージ技法のなかでもとりわけ広く利用されている系統的脱感作を中心に述べてみたい。

　周知のようにこの方法は患者にとって不安や恐怖を最も少なくひきおこす場面から順にイメージさせ、生起した不安や恐怖を筋弛緩によって抑制する

というものである。そして、順により強く不安や恐怖をひきおこす刺激場面をイメージするように移行していく。このようにして、最後には最も恐ろしいまたは最も不安をひきおこすイメージ場面に対しても不安や恐怖が起こらなくなるというもので、最終的には現実的な刺激に対しても不安や恐怖が起こらなくなることを狙うものである。この方法はすでに多くの適用例があり、優れた治療効果を有していることは広く認められている。

　この方法の原理は、創始者ウォルピーによれば、不安や恐怖を起こす刺激に対して、弛緩状態を拮抗条件づけ、これを強化することによって不安反応を抑制しようとするものであるとされている。筆者はウォルピーのこの説明は不適切であると考えているが、それについては後に述べる予定である（p.96参照）。

　また、系統的脱感作法では、イメージは現実刺激の代理として用いられる。ウォルピーによれば、例えば火事の場面などといった現実には起こせなかったり、起こすのが困難な刺激があるためイメージを利用することを思いついたという。従って、この方法においては、イメージはあくまでも現実の代理であり、いわば現実よりはおちるが、類似した反応が起こせるから用いるのだということなのである。そのため、現実脱感作法などという技法も生まれることとなる。筆者はイメージを現実の代理と考えるよりも、もっと本質的なものと考える方がよいのではないかと考えている。すなわち、現実場面ないし現実刺激が即患者の不安や恐怖を引き起こすのではなく、患者の内的イメージの媒介によって不安や恐怖が生起すると考える方がよいのではないだろうか。そのため、視覚的イメージを思い浮かべることが有効なのではないだろうか。筆者はイメージを単なる現実の代理というより、それ自身を条件刺激として考える方が適当ではないかと考えている。なお、インプローシブ法を考案したスタンプフルとレーヴィス（Stampfl & Levis, 1967）は、イメージを条件刺激として機能すると考えている。

　春木（1979）も指摘しているように行動療法で用いられるイメージは「現実の模写としてのイメージ」である。ところが、誘導イメージの項で述べたように、そこでは「怪物」、「黒い物体」などの象徴的イメージが出現し、脱感作と類似の現象が生起する（藤原・成瀬, 1973：シンガー, 1974）。このこと

からもわかるように、象徴的イメージは、行動療法や行動理論に必ずしも無縁とは思えない。象徴的イメージとそれにまつわる現象を学習理論がどのように捉えるかということは筆者にとって興味のあるところである。

5．自律訓練法

　周知のように自律訓練法は、催眠状態で被験者が体験する重感や温感などの内的経験に注目したシュルツ（Schulz, J. H.）が考案した方法で、彼の原法は標準練習、黙想練習、特殊練習の三つから成っている（シュルツ，1932；シュルツ・成瀬，1963）。このうち、視覚的イメージと関係が深いのは黙想練習である。黙想練習は、標準練習をマスターした人が行なう上級練習であるとされており、次のようなものから成っている。

　①自発的色彩心像視　　②選択的色彩心像視　　③具体的心像視

　④抽象概念心像視　　　⑤特定情動体験　　　　⑥人物心像視

　⑦無意識からの応答

　これらは自律訓練状態、すなわちルーテ（Luthe, W.）のいう自律性状態で何らかの視覚的イメージを浮かべる練習がその主要部分を成している。

　筆者の印象では、自律訓練法ではどうもイメージを浮かべている当人の体験よりも、むしろ視覚的イメージそのものを鮮明に浮かべることが強調されすぎているように感じられる。

　この他にもいろいろな立場からのたくさんのイメージ技法がある。しかし、これ以上それに立ち入ることはやめておこう。イメージ技法を網羅して紹介することが本書の主たる目的ではないからである。

注1）フレティニとヴィレル（1968）によれば、ジャネーは1898年に、水晶球を凝視するというイメージ技法が臨床的に有効であると報告しているという。従って、明白な形の臨床的イメージ技法という点からいえば、ジャネーのこの研究が最も古い報告であると言えるかもしれない。

注2）例えばフロイト（1895）は、『ヒステリー研究』のなかで、ルーシー・R.「……私が押さえるのをやめた瞬間に、あなたは何かが思い浮かんで、頭にひらめくでしょうから……」と教示したと述べているし、同じく〈ヒステリーの心理療法〉の項では「こうしてずっと押さえているあいだに、まちがいなく、思い出が心像となって目のあたりに見えたり、ふと念頭に浮かんだりするはずです」と教示するのだと述べている。このようにイメージ（とりわけ記憶イメージ）に相当な強調があったことは明らかであるし、また実際患者はしばしば豊富な視覚的イメージを報告したらしく、エリザベート・フォン・R嬢の場合などは「まるで1ページ1ページが眼前を通りすぎていく長い絵巻物を読んでいるようなぐあいであった」という。

　　また、フロイトは〈ヒステリーの心理療法〉のなかで、ヒステリー患者が浮かんだ視覚的イメージについて説明を進めていくのに応じて、視覚像が不明瞭になってくることがあり、それは「患者は像を言語に移すことによって、それをいわばとりこわすのである」として、そのような場合、患者の注意を再度そのイメージに向けさせることを勧めている。

注3）さらにいえば、閉眼と身体接触も捨てたというべきか。

注4）今泉（1980）によれば、生体の内外からの刺激が一定に繰り返されると、大脳皮質における興奮と制止の構成や配分が一定となり自動的な傾向を強めてくるが、これを力動的ステレオタイプという。人間でいえば習慣的な生活様式はこの力動的ステレオタイプによるものである。

　　今泉恭二郎　1980　条件反射理論「精神医学総論Ⅱb」（現代精神医学大系）中山書店　所収

注5）このことは、神田橋（1979）がライクロフト（Rycroft, c.）の「想像と現実」（岩崎学術出版社刊）の訳者あとがきの中で、「……精神分析理論、ことに自我論、自我心理学に関する部分の大半は、学習理論によって説明する方が滑らかで自然であると感じるようになっていった」と述べていることに通じるものかもしれない。

（田嶌　誠一）

参　考　文　献

Bachelard, G. 1943 L'air et les Songes, Essai sur l'imagination du mouvement. Paris:

Jose Corti.（1968　宇佐見英治訳「空と夢」　法政大学出版局）

Cautela, J. R. 1971 Covert conditioning. Jacobs, A. & Sachs, L. B.（Eds.）The Psychology of Private Events. New York: Academic Press.

Clark, L. P. 1925 The phantasy method of analyzing narcisstic neuroses. Psychoanalytic Review, XIII, 225-232.

Désoille, R. 1959 Apersu sur la Technique du Rêve Eveillé Dirigé. L'evolution psychiatrique, 575-583.

Désoille, R. 1961 Théorie et pratique du Rêve Eveillé Dirigé. Genève: Mont-Blanc.

Désoille, R. 1965（1966）Directed daydream（Translated by Frank Haronian）. Psychosynthesis Research Foundation.

Ferenczi, S. 1923（1950）Further Contribution to the Theory and Technique of Psychoanalysis. London: Hogarth.

Frétigny, R. et Virel, A. 1968 L'imagerie Mentale: Introduction à l'onirothérapie. Genève: Mont-Blanc.

Freud, S. & Breuer, J. 1895 Studien über Hysterie.（1974　懸田・小此木訳「ヒステリー研究」　フロイト著作集 7　人文書院）

Freytag, F. F. 1961 Hypnosis and Body Image. New York: Julian Press.（1969　前田重治・蔵内宏和・秋本辰雄訳「催眠分析の基礎」　岩崎学術出版社）

藤原勝紀・成瀬悟策　1973　行動療法における象徴的減感作（Symbolic Desensitization）について　九州大学教育学部紀要，17，1，17-24.

春木　豊　1979　行動療法におけるイメージ　成瀬悟策編　催眠シンポジアム IX「心理療法におけるイメージ」　誠信書房　Pp. 132-147.

Jacobson, E. 1938 Progressive Relaxation. Chicago: Chicago University Press.

Jung, C. G. 1935（1976）The symbolic life（Tr. by R.F.C.Hull）Collected Works, Vol. 18. Princeton: Princeton Press.

神田橋條治　1979　読者のために（ライクロフト著「想像と現実」の訳者による解説）　岩崎学術出版社　Pp. 199-210.

河合隼雄　1977　無意識の構造　中央公論社.

King, D. L. 1978 Image theory of conditioning, memory, forgetting, functional similarity, fusion and dominance. Journal of Mental Imagery, 2, 47-62.

King, D. L. 1979 Conditioning: An image approach. New York: Gardner Press.

Kubie, L. 1943 The use of induced hypnotic reveries in the recovery of repressed amnesic data. Bulletin of Menninger Clinic, 7, 172-183.

Langs, R. 1972 The Technique of Psychoanalytic Psychotherapy Vol. 1. New York:

Jason Aronson.

Leister, E. P. 1980 Imagery and transferece in the analytic process. International Journal of Psychoanalysis, 61, 411-419.

Leuba, C. 1940 Images as conditioned sensations. Journal of Experimental Psychology, 26, 345-357.

Leuba, C. 1941 The use of hypnosis for controlling variables in psychological experiments. Journal of Abnormal and Social Psychology, 36, 271-274.

Leuner, H. 1955 Symbolkonfrontation, ein nicht-interpretierendes Vorgehen in der Psychotherapie. Schweizer Archive für Neurologie und Psychiatrie, 75, 23-49.

Leuner, H. 1969 Guided Affective Imagery（GAI）: A method of intensive psychotherapy. American Journal of Psychotherapy, 23, 4 -22.

Leuner, H. 1977 Guided Affective Imagery: An account of its development. Journal of Mental Imagery, 1, 73-92.

Leuner, H. 1983 Guided Affective Imagery with Children and Adlescents. New York: Plenum.

成瀬悟策・小保内虎夫　1952　半睡および後催眠幻覚状態における心像の分解と融合　心理学研究, 22, 175-188.

成瀬悟策・小保内虎夫　1955　後催眠幻覚状態における心像の分解と融合　Ⅳ, 継次的に現われる心像の相互作用　心理学研究, 25, 246-255.

Reyher, J. 1963 Free imagery: An uncovering procedure. Journal of Clinical Psychology, 19, 454-459.

Reyher, J. 1978 Emergent uncovering psychotherapy: The use of imagoic and linguistic vehicles in objectifying psychodramatic processes. In Singer, J. L. and Pope, K. S.（Eds.）The Power of Human Imagination: New methods in psychotherapy. New York: Plenum, Pp. 51-92.

Sacerdote, P. 1968 Induced dream. American Journal of Clinical Hypnosis, 10, 167.

Sartre, J. P. 1940 L'imaginaire.（1955　平井啓之訳「想像力の問題」　人文書院）

Schneck, J. M. 1953 The therapeutic use of self-hypnotic dream. Journal of Clinical and Experimental Hypnosis, 1, 28-31.

Schultz, J. H. 1932 Das Autogene Training. Stuttgart: George Thieme.

シュルツ, J. H.・成瀬悟策　1963「自己催眠」誠信書房

Singer, J. L. 1974 Imagery and Daydream Methods in Psychoterapy and Behavior Modification. New York: Academic Press.

Singer, J. L. 1975 The Inner World of Daydreaming. New York: Harper & Row.（1981

小山睦央・秋山信道訳「白昼夢・イメージ・空想」 清水弘文堂）

Stampfl, T. G. & Levis, D. J. 1967 Essentials of implosive therapy: A learning-theory-based-psychodramatic behavior therapy. Journal of Abnormal Psychology.

Wolberg, L. R. 1945 Hypnoanalysis. New York: Grune and Stratton.

Wolpe, J. 1958 Psychotherapy by Reciprocal Inhibition. Stanford: Stanford University Press.（1977　金久卓也監訳「逆制止による心理療法」　誠信書房）

第2章

イメージの治癒力
── フリー・イメージによる面接経験から ──

　イメージ技法を網羅することが主たる目的ではないにもかかわらず、前章でながながと述べてきたのは、これらがいずれも視覚的イメージを利用しているという点のみならず、共通した治癒原理を活用したものであると筆者が考えているためである。この中には行動療法（の系統的脱感作法）も含まれていることに注目していただきたい。これらに共通した治癒原理とは何か、それが本章のテーマである。

1．日本におけるイメージ技法

　わが国でも、イメージ技法についての研究は少なからずあり（例えば、成瀬, 1959, 1968；高橋・小保内, 1960；水島, 1967, 1968；栗山, 1969, 1979；増井, 1971, 1977；藤岡, 1974；藤原・成瀬, 1973；藤原, 1980；山上他, 1975；柴田・坂上, 1977；大山・柴田, 1984；田嶌・成瀬, 1978；Tajima & Naruse, 1987；田嶌, 1980a, b, 1983a；藤縄, 1980；渡辺, 1980, 1984；鶴, 1981；他）、そのなかには単なる追試に留まらぬ優れた研究も見うけられる。

　わが国におけるイメージ技法は、催眠下でのイメージ面接を論じた成瀬（1959）の研究にはじまるといってよいだろう。彼はその著書『催眠面接の技術』の中で、催眠夢法、映画法、光体凝視法、心像連想法、自我像法などの一連の「心像誘導法」を論じた。

　また、水島恵一と栗山一八はフリー・イメージによる面接の研究を行なった。水島のイメージ面接では、クライエントは閉眼し、浮かんでくるイメージを浮かんでくるままに、そして流れるままに「夢を見ながら語っていくように」指示される。そして、治療者はイメージの世界の中で共感的に応答し、

これがイメージ過程を促進することになるとされている。栗山が時として、催眠下でイメージ面接を行なうことがあるという点を除けば、両者はほぼ同様のやり方であると考えてさしつかえなかろう。両者はこのようなイメージ面接の中で発揮される「イメージの自律的運動」に治療的意義を認めているものである。

2. フリー・イメージによる治療事例 —— 対人恐怖症 ——

　著者自身は、九州大学で学び、成瀬悟策の指導のもとに増井武士（産業医科大学助教授）にイメージ面接の手ほどきを受けながら、フリー・イメージによる面接を行なってきた（田嶌・成瀬, 1978；田嶌, 1980a, b）ので、その経験を述べることから入っていこう。以下に述べるのは、著者に多くのことを学ばせてくれた事例である。なお、第3章でもそうだが、ここではイメージ面接に至るまでの経過もある程度述べることにしたい。というのは、筆者はイメージ療法というものはイメージ導入に至るまでの面接を切り離して考えるわけにはいかないと考えているからである。そんなわけで、やや冗長な記述となるかもしれないが、お許しいただきたい。

1. イメージ面接に至るまで

　患者（またはクライエント）は、不安、不眠、記憶力低下その他性格上の悩みや多彩な心気症的訴えを伴う対人恐怖の20代の男性である。

　数回の面接で知りえたことは、大体次のようなことであった。

　彼は小さい頃から気が弱く、外で遊ぶのが恐くて、家にこもりがちであった。父親は、頑固で、ケチで、わがままで、学歴コンプレックスが強く、そのためか、現在の仕事（中小企業の会社員）に不満らしく、ガラの悪い連中とつきあうことが多く、しばしば母親や本人にあたり散らしたり、殴ったりした。母親は神経質で、気が弱く、父親の横暴さには、「恐い！恐い！」といって泣き叫び、子どもをかばうような余裕はなかったようである。おそらく本人のおどおどした態度が誘発したものと思われるが、幼稚園時代は他の子どもからいじめられ、また、学齢期になるとよく不良に脅されたという。

　二人兄弟で2歳下の弟は理数系が得意でそれを重視する父親にはかわいがられていたが、本人は記憶力に自信をもっており、英語、社会などの暗記ものが得意で、父親には好かれていなかったようで、いろいろな点で弟と差別されてきたという。

　中学卒業後、彼は将来文科系の大学へ進むために、普通高校へ進学することを希望したが、父親の強硬な反対にあい、父親のすすめる工業高校へ進んだならば、そこを卒業後は本人の希望通りに文科系の大学へ行かせてやるといわれ、奮起して苦手な数学も得意の記憶力で問題集を暗記するというやり方でのり切り、翌年父親の希望通りに合格した。

　ところが合格後、父親から「大学へ行きたければ、卒業後に独力で勝手に行け」と以前の約束を反故にされたため、折角合格して入学した学校で次第にやる気がなくなり、とりわけ数学が全くついていけなくなり、その頃より不眠がちとなり、また本人の唯一の支えである記憶力が低下してきたような感じが始まった。

　そのため、これは大変だと本で覚えた自律訓練法の練習を開始した。自律訓練をやると重感・温感はよく出るが（むしろ出すぎる位である）、肝心の記憶力はますます低下し、「頭がしびれて首に何かモノが入っているみたいにカチンカチンに」なる。担任の先生に訴えても理解してはくれず、そのため普通高校へ転校。病院を受診し心理療法を受けたこともあるが、その治療者に、〈あなたがそう思い込んでいるだけだ〉と言われ、それに反発して中断。高校は何とか卒業したものの進路の問題で父親とトラブルが絶えず、加えて、両親の間でも離婚問題が起きており、彼はこれらの問題に嫌気がさして家を出て、住み込みのアルバイトをしつつ自活することになった。この頃では、記憶力も相当低下し、頭がボーッとして本も読めず、対人関係も過敏となり、恐くて他人を避ける生活となっていた。「自律訓練をやると頭がしびれ、記憶力はますます低下していくように感じられる」にもかかわらず、やめることができずに続けており、この頃には1日数時間行なうこともある、「自律訓練嗜癖」とでもいいうるような状態であった。

　そのような状況で、筆者の面接が始まったわけだが、初回面接での彼は治療者と視線を合わせずうつむいており、時々こちらの顔をうかがうようにチ

ラッと見ながら、落ちつかぬ様子で多弁となり、早口でまくしたてた。その
ほとんどは父親への aggression に費やされ、面接を時間通りに終了するのが
困難であった。筆者には、いかにも不安が強く神経質であるという印象であ
り、また強迫的傾向も感じられた。

　自律訓練法も独習したほどであるから、彼は催眠や心理療法についても詳
しく、初回から催眠（暗示）による治療を強く要求した。筆者は催眠、とく
に催眠暗示による治療を強く求めてくる人に対しては、〈あなたの場合には
多分催眠は効果がないのではないか〉と言いつつ、しぶしぶ試みるといった
対応をすることが多い。彼は自律訓練に代わる「魔法の道具」を希求してお
り、催眠暗示にそれを求めているように思われたので、〈自律訓練も催眠も
効果がないであろう〉ことを説明し、とりあえず、自律訓練をしばらくやめ
てみることを提案した。このことは彼に激しい抵抗をひきおこした。「自律
訓練をやめるなんてとんでもないことだ」と彼は言い、筆者は〈一緒にいろ
いろ考えてみよう〉と提案したが、「自分のことを話すのは嫌だ、恥ずかしい」
と答えた。このことから、「魔法の道具」を求めることは彼が自分の精神内
界に注意を向けずにすますという機能も担っていることがうかがわれた。

　ところが、自律訓練法をやめるなど、とんでもないことだ、やめたら自分
はどうなってしまうかわからないと思いつつも、しぶしぶやめてみたところ
意外に大丈夫であった。この経験は彼に自己の内面に注意を向け、治療者に
語るようになるきっかけとなったものと思われる。例えば、彼は以前は「（他
の症状が治せないなら）記憶力さえ戻ればいい。先生は催眠でそれさえ治して
くれればいいんです」と語っていたが、治療者の問いかけに答えて、「記憶
力が戻ってもダメです。もっといろんなものが［自分の心の中に］あるみた
い。本当は中学の頃から、記憶力だけではこの先の勉強はもうどうにもなら
ないとはうすうすわかっていたけど、修正できなかった。だけど、記憶力だ
けが安住の場だったんです」としみじみと語った。

　面接時間は、相変わらず父親への aggression を語ることにほとんど費やさ
れてはいたものの、このように自分の精神内界へ少し注意を向けはじめた
——すなわち「内界志向的構え」（田嶌, 1983a）が形成されはじめた——頃、
イメージ面接を提案し、行なうこととなった。

2．イメージ面接の経過

　当初は視覚的イメージを浮かべること自体が困難であり、チラリと浮かんでは消えるといったふうに、断片的なものに留まっていた。そこで、自宅での練習期を経て、イメージ面接が本格的に開始されたのは、面接開始から約5カ月後であった。

　この間も、父親へのaggressionは衰える様子もなく、えんえんと続いてはいたものの、状態は面接開始時とくらべ、本が少し読めるようになったり、対人関係も割合楽になるなど、改善してきていた。

　それから約5年間、イメージを中心とした面接が進められたが、その経過のすべてをここで紹介することはできないので、要約して述べてみたい。読者は彼が、通常の面接時間は父親へのaggressionをえんえんと語ることに費やされていたということを念頭において以下のイメージ面接の経過を読み進んでいただきたい。筆者自身は父親イメージが比較的初期に出現するものと予期していたにもかかわらず、そうはならなかったからである。また、イメージ面接後、次回までに絵を描いてくるように求めたので、その絵の一部を提示しながら、述べてみることにしたい。

〔第1期〕

　自宅でのイメージを浮かべる練習では割合浮かびやすくなったものの、面接場面では浮かびにくかった。例えば、「白い花」、「川原」、「小石」、「くずれた山の斜面」などが断片的に浮かんではすぐに消えていった。いずれも本人の自我関与は低く、浮かんだイメージをニュートラルに観察するという感じであった。しかし次第にまとまったイメージが浮かぶようになった。

〔第2期〕

　女性イメージがよく出現し、それは後に母親像であると推測された。例えば、第24回では図2-1のように「顔がのっぺら」な女性が登場し、本人によれば髪が母親と似ていたという。また第25回では、ほら穴の中を降りていくと地底に不気味な沼があり、その横に、女性が座っており、近づいてみると、その女性は化け物のような顔をしていた（図2-2）。ずっと後にも母親イメージが出現するが、この時期では母親であるという認知はまだうすく、また上記のように象徴的なイメージとしてしか出現していない。

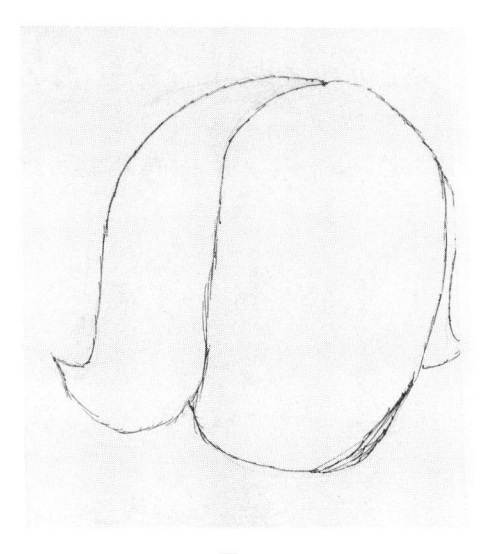

このように象徴的母親イメージが中心となっていることは、それ以前の面接や、イメージ面接後の対面法による面接ではほとんど父親のことが話題になっているのにくらべて対照的であり、非常に興味深い。

〔第3期〕

図2-1

このような母親の象徴的イメージから一転して父親がよく出現するようになった。（母親イメージはこの後、長い間中心的なものではなくなる時期が続いた。）しかし父親に対する嫌悪感と恐怖感が強く、なかなかじっくりと眺めるということが困難であった。これに対して、治療者は励ましたり、支持

図2-2

図2-3

したりした。そして次第に父親の出現に耐えられるようになり、第36回では、図2-3のように「突然、山の上から大きな岩が転がってきて、家も墓もつぶしてしまう」場面が現れた。このイメージは、患者がシンボリックな形でaggression を表現しうるようになったと同時に、またこのような形でしか表現できないということを示している。

　その後、「父親殺し」が進行していく。第39回では「父親の上にカミソリが浮いている」イメージが浮かび、第40回では「母親と二人で父親を日本刀で斬りつけたり、岩で頭を砕く」イメージ（図2-4）へと変化した。

　この頃のイメージ内容の変化は大体次のように要約できよう。すなわち、道具を用いたり、背後や側面から攻撃したり、母親の手を借りて攻撃したりしていたのが、後になるに従って、正面から直接対決するというように変化していった。また、イメージ中に自分が登場し、その自分が父親と闘っているのを眺めていたのが、イメージを浮かべている自分がそのままイメージの中へ没入して、直接父親と対決するようになった。

　対面法の面接では、「オヤジを殺してやりたい」などと生々しく感情が表現されているように筆者には見えたにもかかわらず、イメージ中でこのよう

図2-4

に、父親と対決できるようになるまでには約 1 年 2 カ月を要したということは注目すべきことである。

〔第 4 期〕

　父親への aggression がイメージ中でも充分に表現され父親との対決が可能になった後、次いで一転して回想場面が続き、自己のみじめさ、さみしさといった感情に沈潜するようになった。例えば、図2-5のように小さい頃ザリガニをとりに行き、帰りが遅くなり、父親に殴られた場面や小学校で先生に怒られている場面をはじめ、みじめな思いをしたさまざまな場面が浮かんでいた。この時期のイメージは、想像イメージというよりも経験イメージが優位である点が特徴的である。

〔第 5 期〕

　第60回では、「レンゲ園に横になっている」イメージが浮かび、これは彼が過去に求めて得られなかった「安定」のテーマであると考えられる。これをきっかけに、自分の甘えたい気持に気づくようになり、それに呼応するかのようにイメージも母親が中心となった。ここでは第 2 期と異なり、象徴的な形ではなく、はっきりと母親の姿をとっており、第67回では、図2-6のように、洞窟の中で「肩からシトシト水滴をたらしながら、ぞっとするような青い顔で立ちすくんでいる母親」のイメージが出現した。彼によればこの

図2-5

図2-6

　ような母親イメージと対した時の「こわさ」は父親イメージに対する時とは
比較にならぬほど「どうしようもない感じ」であるといい、母親に対する幼

児の絶望的無力感を連想させるものであった。

「甘えたい気持」や「甘えられなかった恨み」などが表現され、イメージ中では「母殺し」が進行した。例えば第87回では「橋のらんかんにもたれている母親の首を空中に浮かぶ刀が切断」してしまったり（図2-7）、第90回では、「母親の髪をつかんで頭を岩にたたきつける」イメージが出現した。そのたびに「胸にポッカリ穴があいた」気持となったが、「身体の中に熱いものが満たされていく感じ」（第95回）が現れ、次いで「身体の中がどっしりして」きたり（第100回）「おなかがゆったりした感じ」（第110回）が体験されるようになってきた。

この頃から、女性への関心がめばえ、恋をするようになった。すなわち、「母親殺し」──「母親からの分離」──「異性への関心の芽ばえとその高揚」といった経過をたどったこととなる。この頃には、当初の多彩な症状は何かの折に時々出現することはあっても、ほとんど消失または軽減していた。

ここで重要なことは、「母親殺し」といっても、イメージの中で映像としての母親殺しは進行したものの、本人の体験レベルでは「甘えられなかった恨み」を体験しつつも、結局、「自分はお母さんを完全に殺しきることはで

図2-7

きない」、「切り捨てることはできない」という感情をもつに至ったという点である。

　このような経過をたどったイメージ面接は、要約すれば結局「父殺し」、「母殺し」のテーマであったといえよう。河合（1975）は日本人と西洋人の自我のあり方について論じ、西洋人の自我は父殺し、母殺しを経て確立されるが、日本人はそうではないと述べているが、おそらく本患者が、上記のような認識 ── すなわち、「自分には母を殺しきれない」という自覚 ── を持つに至ったことは、このことと関係しているものと考えられる。河合は、従来の日本人の自我のあり方でもなく、西洋流の自我確立でもない第三の道を模索する必要があることを論じているが、「『母を殺しきれない』ということに気づくこと」もそのひとつの道ではないだろうか。

　話がやや脇道にそれてしまったが、いずれにせよ、患者に父殺しや母殺し、とくに後者を行なうように治療者の側が患者に無理強いをしないことが重要であろう。

3．イメージの治癒力

1．イメージの自律的運動様式

　このケースにおけるイメージ面接は、「父殺し」、「母殺し」がテーマであった。しかし、こうしたテーマはなにも治療者が指示したり誘導したりしたわけでも、患者が意識的に作りあげたものでもなく、患者がイメージに受動的に注意を向けることで、自然に展開していったものである。通常これが、「イメージの自律的運動様式」とか「イメージの力」とか呼ばれる現象である。先に紹介した水島も栗山もそれに注目したわけであるが、より明確にそれを論じたのは藤岡（1974）である。彼はイメージ界は意志の力によるものではない独自の自律的運動様式を備えており、日常の意識から離れることによって、それが発現しやすくなるものであると論じた。

　筆者も、藤岡のこのような主張には賛成である。しかし、藤岡の主張は認めたうえでのことだが、筆者の印象では、このイメージの自律性ないしイメー

ジの自律的運動様式というコトバは誤解を招きやすい面を有しているように思われる。例えば、イメージ面接において、本人が意識的に作りあげたわけではないイメージがどんどん展開していきながら治癒につながらぬ場合もあるからである。もちろん、藤岡がこういうものを指してイメージの自律的運動様式と呼んだのでないことは明らかである。そうなると、このイメージの自律的運動様式というものをもう少し明らかにしてみることが必要となろう。そのために、先述のケースを参考にして考察してみよう。

2.「イメージ内容」と「イメージの体験様式」

　本ケースでは、例えば最初「化け物のような顔をしていた女性」が母親に変わったり、恐くてイメージが浮かぶのがやっとであった父親に対決できるようになったりといった具合にイメージの内容がさまざまに変化していった。そして、筆者は、「父殺し」、「母殺し」がこのケースのテーマであったと、先に述べた。確かにイメージ内容の変化に注目すれば、そういうことになろう。このような象徴の意味解釈については、これまで、精神分析やユング心理学が多大の貢献をしてきた。そして、そういう興味深いテーマが展開されればされるほど、我々は —— と、筆者自身を振り返ってみてそう思うのだが —— つい、そのテーマの内容、すなわちイメージ内容に目を奪われやすくなる傾向がある。そして、この傾向は、イメージ面接に限らず、心理療法の初心者に顕著である。

　しかし、ここで見落とされやすくかつ重要なことは、そうしたイメージ（内容）が本人にどのように体験されているかということである。ひとくちにイメージを浮かべる（または浮かぶ）といっても、同一のイメージ（内容）でもさまざまな浮かべ方（浮かび方）がある。例えば、イメージを浮かべてそれを傍観者的に眺めている場合もあろう。また、そのイメージ場面に自分がすっかり没入してしまっていることもあろう。その他いろいろな浮かべ方、浮かび方があるのである。

　この「どのようにイメージを浮かべるか（浮かぶか）」という側面を、ここでは「イメージの体験様式」と呼ぶことにすれば、本ケースのイメージ面接においては、先述のようにイメージ内容が変化しているのみならず、「イメー

ジの体験様式」または「イメージと自己の間の体験的距離」（田嶌, 1983a）もまた一定の法則で変化しているのである。いや、むしろ「父殺し」、「母殺し」というテーマが充分に展開しうるためには、そのような体験様式の変化が必要であったといえよう。

　このような体験様式の法則的変化は本ケースに限らず、成功したイメージ面接一般に見られるものである。筆者は 8 〜 9 年程前にこのことに気づき、研究会や学会のワークショップやシンポジウムなどで 2、3 度発表したことがあるものの、まだ書いたことはないので、典型的にはそれがどのように変化していくかということをこのケースに即してみてみることにしよう。なお、この体験様式の変化については、経験的には知られていたものの、明確に論じられたことがないため、ある程度筆者自身の造語を混じえて述べることにならざるをえない。大体次のような経過であったと筆者は考えている。

イメージ拒否、イメージ拘束

　本ケースでは、心理療法開始時には、「自分のことを話すのはいやだ、恥ずかしい」と語ったり、イメージ面接を開始しても断片的に浮かびパッと消えてしまうというふうに、自らのイメージ界に注意を向けること自体に拒否的であったと考えられる。イメージの体験以前の問題であり、厳密に言えば「イメージの体験様式」と言いうるのかどうか疑問であるが、重要なことなので記しておく。

　なお、イメージという視点でみれば「イメージ拒否」という表現になるが、一般の心理療法の概念としては、ある点に注意が固定していたり、もっぱら外界に注意が向いており、精神内界へ注意が向かわない —— すなわち「注意固定的」または「外界志向的」であり、「内界志向的構え」（田嶌, 1983a）が形成されていない —— 状態であるといえよう。

　また、拒否的でない場合でも、イメージ界はそれまでにその人が日常生活を営む中で作りあげてきた習慣的運動様式に強く拘束されているため、なかなかイメージが自由にならない。藤岡（1974）が「イメージの世界の運動には慣性がある」と述べているのはこのことである。患者に限らず、我々は多かれ少なかれ、いわば「イメージ不自由」の状態にあるといえよう。

イメージ観察

　イメージ面接の開始時は、浮かんだイメージは「白い花」、「川原」といった断片的なものであり、また本人との関わりはうすく、そのイメージを傍観者的にただ眺めているというものであった。これは視覚的イメージとそれを浮かべ眺めている自分との間の体験的距離があるとでも表現しうるような体験のしかたである。

イメージ直面

　例えば、恐い父親のイメージに耐えて対峙しているような時や、「化け物のような顔をした女性」と対峙しているような場合があげられる。先の「イメージ観察」の時のように傍観者的に観察しているだけではなく、ある程度その場面に没入しはじめており、何らかの（必ずしも不快なものとは限らないが）感情が体験されはじめているものの、まだ「イメージの動き」に充分に身を任せるには至っていない。このような事態はイメージの動きに身を任せた結果生じる不快さの予感のためであることもあろうし、またそれまでに習慣的に固定されてきたイメージないしはイメージの体験様式に制約され、それに引き戻されるためであることもあろう。すなわち、次の「イメージ体験」にくらべ、イメージ場面またはそれが引き起こす感情に没入しかけていながらもそれに対する「抵抗」があり、いわば視覚的イメージと自分の間に何かある種の「無理」がまだ見られるのが特徴である。そのような無理は、いろいろな形でイメージ内容にも反映されることがある。イメージが一時浮かばなくなったり、不鮮明になったりすることもあれば、人の姿が下半身しか見えなかったり、顔がのっぺらぼうという具合に部分的視覚化困難なイメージとなることもある（田嶌，1980b）。また、唐突にイメージ場面や像が別のものへ「とんでしまったり」する。さらに、さまざまな身体反応や身体症状も出現しやすい。「イメージ面接においても『抵抗』は現れる」（田嶌・成瀬，1978）と通常いわれるのはこのことである。

イメージ体験

　イメージ場面の中に没入し、いわば、視覚的イメージとそれを浮かべ眺

ている自分との間の体験的距離がほとんどなくなっている状態である。本人にとって、それはイメージの中の出来事というより、ほとんど現実ともいえる体験であり、また身体を巻き込んだ、五感に対して開かれた全体的体験である。画然とは分けられないが、一応、次の二つの局面に分けられる。第一は、視覚的イメージを中心としたドラマが進行し、それに伴って種々の感情が体験される場合である。第二は、そうしたドラマの後訪れることが多いが、視覚的イメージは「一枚の絵」的であったり、むしろ副次的、添えもの的あるいは稀にはほとんどイメージ・レスとなり、ある感情が体験されるようになる場合である。

　本ケースでいえば、第一のものは、父殺し、母殺しのドラマとそれに伴う感情体験がそうであり、第二のものは、そうしたドラマの展開後に生まれた「みじめさ」、「さみしさ」、「甘えたい気持」、（レンゲ園で横になっているイメージの中で体験された）「落ち着いた気持」や「身体の中に熱いものが満たされていくような」体験などがそれにあたるであろう。

　いずれにせよ、その中で感じられる感情は、これまでに全く感じられなかった感情や充分には感じられなかった感情である。またこうした体験は、幾人かの研究者が指摘しているように、身体をも巻き込んだ全体的体験であると考えられる。

　これはおそらくはフレティニとヴィレルが「第二段階のイメージ」と呼び、ロイナーが「カタシミック・イメージ」と呼んだものに相当するものと考えられる。また、藤原（1980）が三角形イメージを利用した彼の方法を「三角形イメージ体験法」（傍点筆者）と呼んだのは、この局面の重要性に注目したためであると思われる。ただ、フレティニとヴィレルは「第二段階のイメージは記憶（イメージ）である」としているが、筆者のいう「イメージ体験」は必ずしもそうではない。

　というのは、例えば、この「イメージ体験」という局面では、筆者が「象徴的達成」、「象徴的解決」あるいは「象徴的コントロール」と呼んでいる現象がしばしば生起する。すなわち、患者が抱えている悩みや問題の象徴的表現レベルでの解決やコントロールが示され、それを契機に症状、問題の消失または軽減に至ることがある。すなわち、「化け物」を取り扱えるようにな

ることが、その人の対人関係の困難さを解消ないし、軽減するといった場合が例としてあげられる。また、後の冨永論文 (第8章) では夜尿症児の壺イメージの中で、「壺が逆さ (それは討論の中で、中井が指摘しているように膀胱を連想させる) になっても中の液がこぼれない」というイメージが出現しているのもその好例であるといえよう。但しここで重要なことは、このような象徴的イメージが「イメージ観察」レベルではなく、「イメージ体験」レベル ―― すなわち、身体をも巻き込んで全体的体験として ―― で生起した時、重要な展開が起こるものと考えられるということである。同様のことは箱庭療法や遊戯療法などの中でも起こっているようである。もちろんこういうイメージは記憶イメージとは考えられないのである。

　この「イメージ体験」において、もしくはその直後に何らかの洞察が生じることがある。例えば、「化け物」が母親の顔となり、「ああ！　あれはお母さんだったんだ！」と洞察したりする。しかし、その一方で例えば、先述の象徴的解決においては、少なくともこのように明確に言語化しうるような類の洞察は生じないことが多いが、それにもかかわらず症状や問題が消失することがある (おそらく箱庭療法や遊戯療法でもそうであろう)。どうも明白に言語化しうるような形の「洞察」というものは治癒に必ずしも必須であるとは限らないようだ。

　筆者には、認知的ニュアンスの強い「洞察」という語よりも、感覚的ニュアンスのある「気づき」という語の方がピッタリくる感じがする。そして、この気づきには明確な言語化の非常に困難な感覚的レベルのものから、ある程度の言語化が可能なレベルのものまでさまざまなレベルがあると考えるのがよいと思う。

イメージ吟味

　イメージ面接の中で得られたイメージ体験について、それらを言語的に把握したり、位置づけたり、相互に関連づけたりといった具合にさまざまな吟味を行なうことをいう。その意義は、言語ないし概念レベルとイメージ (体験) レベルとをつなぐ作業であるといえようし、また、イメージの流れの「かじとり」の役割を有しているようである。こうしたプロセスは、これまでに述

べたどの体験様式のイメージ中においても、またはイメージ後の対面法面接においても、多少とも生起するものである。

　本ケースについていえば、「ひとことでいえば……さみしさですね」とか「これら（のイメージ場面）に共通しているのは……みじめさです」と述べたり、「どうして、母親が（イメージの中に）出てくるとこんな感じ（＝「どうしようもない感じ」）になるんだろう」とつぶやいたりしている。

イメージ受容

　あるテーマに関するイメージが「生気」や「呪縛力」を失い、それにまつわる感情をゆったりと受け止められるようになったり、また新たに生起したpositiveな感じを受容できるようになる。

　すなわち、当初は苦悶を伴っていた感情もゆったりと受け止められるようになる。本ケースでいえば、例えばイメージの中で父親を攻撃しながら声高に罵っていた彼が、その後ある時、小さな声でポツリと「父が……憎いですねぇ」とつぶやいて沈黙した。また、その後、「身体の中が暖かくなる感じ」や「おなかがゆったりとした感じ」や「女性への関心」などが出現し、それらをゆったりと受容するようになった。このようなことは言葉で適切に表現することは困難であり、「イメージ受容」という語のニュアンスから察してもらう他はないが、最も近い既製の表現は森田正馬のいう「あるがまま」や河野良和のいう「すなおでありのまま」（河野，1978）であるといえようか。

　しかし、この「あるがまま」という表現だけでは新たなpositiveな体験の生起とその受容を十分に表現しえてはいないと考えられる。本ケースでいえば、例えば「身体の中が暖かくなる感じ」や「おなかがゆったりとした感じ」などの受容がそれにあたる。

　以上が筆者のいうイメージの体験様式である。誤解のないようにいえば、これらはいずれも抽象的な概念ではなく、あくまでも本人の体験に即した記述なのである。

3．心的構え ——「イメージの自律的運動様式」の発現を支えるもの ——

それではどのようにして、このような体験様式の変化を引き出すことが可能となるのかといえば、先述のように、それはイメージ界に受動的・探索的に注意を向けることによってであると考えられる。ここではその「心的構え」について今少し考察してみることにしたい。

筆者は、少なくとも次の三つの心的構えを区別しておくことが有用であると考えている。

a. 外界志向的構え

患者またはクライエントは、最初はある特定のことがらに注意が固定している。そして通常は治療者に自分の症状や問題を訴えるということにもっぱら注意が向いている。また、人によっては、それらの症状や問題が現在の周囲の環境や他者によって引き起こされたものであると固く信じて疑わず、もっぱらそれを非難することに終始する。このように治療者や外界や他者にもっぱら注意が向いている状態を「外界志向的構え」と呼んでおこう。

b. 内界志向的構え

外界志向的構えのままでは通常、心理療法は進展しえない。誤解のないように言えば、治療者と共に面接を進めていくわけであるから、ある程度外界志向的であるのは必要なことだと言える。ただ、もっぱら外界志向的である場合、心理療法が進展しえないと言いたいのである。

だからといって、慌てたり、性急な「解釈」を与えたりすることはない。彼らは悩みや症状の相談のために面接を受けているわけであるから、外界志向的であるのは当然であり、また無理からぬことであるといえよう。彼らの語ることに耳を傾け共感しつつ聴いていくと、彼らは次第に自分の精神内界へある程度目を向け始める。このように自己の精神内界へ心が向かうことを「内界志向的構え」と呼ぶことができよう。

共感しつつ、じっくり話を聴いてみても、いつまでももっぱら外界志向的であったり、もともと外界志向的でありがちな病理水準 —— 例えば、境界例レベルがそうである —— の人たちに対する時、外界志向的構えから内界志向的構えへの移行のため治療者側の工夫が必要となる。また、先にも述べたように、浮かんでくるイメージがパターン化されすぎていたり、現実制約

が強すぎる内容であったりといった具合に、イメージ界の習慣的運動様式にあまりにも強く拘束されていると考えられる場合も、それを変化させたり、解放したりするための工夫が必要となる。そのために、イメージ導入に先立って、患者の固定的習慣的反応パターンをある程度壊しておくことが必要なこともある。おそらく、そのような固定的習慣的反応パターンとイメージ界の習慣的運動様式とは相互に支え合い強化しあっているためであろう。また、デスワーユ方式のように、イメージ中で上昇することを練習したり、洞窟の中を降りて行き地底の国へ行ってみたり、あるいは魔法の国やおとぎの国へ行ってみるように教示したりすることもある。本ケースも内界志向的構えの形成に手間どった例であるから、参考にされたい。

このような変化のための種々の工夫の重要性を筆者は最近ますます感じるようになってきている。

ついでにいえば、イメージ面接の失敗例には、筆者の観察によれば、あまりにも外界志向性が強固である段階で、イメージ面接を導入したためである場合が多いようである。

内界志向的構えには二種類ある。積極的なそれと、受動的なそれであり、イメージ面接で必要とされるのは基本的には後者である。とはいえ、単に受動的というより「受動的で探索的」と表現した方がよい、というのが筆者の印象である。

本ケースでは、対面法による面接では、当初より感情をこめて（と一見そう思われただけなのかもしれないが）「オヤジを殺してやりたい」などと表現されつづけていたにもかかわらず、イメージ面接でそれが表現されるには1年数カ月を要した。このことは、治療者に訴えるという「他者志向的レベル」と「内界志向的レベル」ないし「自己志向的レベル」との違いによるものと考えられる。そしてこのケースではイメージ面接を導入したことが「内界志向的」または「自己志向的」となるきっかけをもたらしたものと考えられる。

c. 自己志向的構え

内界志向的構え、とくに受動的・探索的なそれが形成されると、イメージはまるで生き物のように動きはじめる。そして、本人がふと恐くなったり、不快な気持が襲ってきたり、またそういう感情が明確に感じられる前にイメー

ジ場面がとんでしまったりする。そこをのりきり、受動的探索的な内界志向的構えが維持されると、次第に自己の中心的なものに触れる（と筆者は考えている）身体をも巻き込んだ全体的体験が生じる。そのような体験を充分に受容するような心的構えをここでは「自己志向的構え」と呼んでおこう。これが内界志向的構えと異なるのは、自己の中核へと向かい、かつ単に精神内界のみならず身体的なものに対しても充分に開かれた構えであるという点にある。

4. 治療者―患者関係

　「内界志向的構え」ないし「自己志向的構え」は安定した治療者―患者関係に支えられて形成されるものであり、従って、イメージ面接においても治療者―患者関係は大変重要なものである。しかし、イメージ面接においては、〈誘導イメージ〉の項で述べたように、系統的に転移を分析することが必要なことは稀である。

　イメージ面接における治療者―患者関係は次のような比喩によってよく示されるように思う。患者は、小舟の上から海中へ潜っていく潜水夫であり、治療者は彼が安心して潜れるように舟上にいて、空気を送りこんだり、命綱をしっかりと守る役である。イメージ面接においては、命綱についての不安が強い人の場合は頻繁にそれについて話し合ったり、また種々の配慮をしたりする必要があるが、それほどその不安が強くない人にとっては、時々またはたまにとりあげるだけでよい。一般に重篤例ほど前者であるといえよう。

　いずれにせよ、中井も第3部のコメントのなかで指摘しているように通常の面接にくらべ、転移はマイルドになるといえよう。もっとも境界例などの場合、マイルドになるとはいえそれでも相当に激烈なものであることは、後のケース報告を参照して理解されたい。また、イメージ面接が患者によって、治療者の「逃げ」や「はぐらかし」として認知されるような場合はその限りではなかろう。加えて、治療が長期にわたる場合も例外となる場合があろう。

　神経症圏の患者で、あまりにも「転移反応」が激しかったり、転移を頻繁にとり扱わざるをえない場合には、まず次の二つの可能性を思い浮かべる方がよいくらいである。第一には、それが真の転移反応ではなく、治療者側の

相当大胆な取り扱いの失敗に対するreactionすなわち技法の誤りに対するreactionである可能性。第二に、神経症圏という診断が誤っている可能性を考慮してみるとよい。なお、このことは、週1～2回程度の通常の面接でも頭においておくと役に立つことがあると思う。

　イメージ面接は転移を和らげるし、系統的な転移分析が必要であることは少ない。だからこそイメージ・セラピストは転移分析に習熟しておく必要があると思う。治療者側の転移からの「逃げ」としてのイメージ面接が行なわれないためにも。

5．共通の治癒原理 ──「イメージの体験様式の変化」──

　以上が「イメージの体験様式」および「心的構え」であり、もちろん厳密な区分ではないが、本ケースに限らず、一般のイメージ面接はほぼこのような経過をたどるものと筆者は考えている。すなわち、1セッションの中でも小刻みにこういう変化が起こっており、また治療の全体的経過にもあてはまるものであると考えられる。本ケースでは「父殺し」、「母殺し」といったテーマごとに、それぞれ、このような経過があったものと考えられるのである。

　さて、ここで本章の冒頭に提出した疑問に戻ることにしよう。すでに気づかれた方もあるだろうが、「受動的で探索的な」心的構えをもってイメージに注意を向けることで生じるこのような体験様式の変化が、前章で述べた種々のイメージ技法に共通して横たわる治癒原理であろうと、筆者は考えているのである。確かにそこで利用されるイメージの内容はさまざまである。しかし、体験様式に注目する限り、ほとんど同様のプロセスであるといえよう。

　読者の中には、行動療法の系統的脱感作だけは違うのではないか、という疑問をもたれた方もあるかもしれない。先にも述べたように、系統的脱感作の原理は、この方法の創始者ウォルピーの説明に従う限りでは確かにそういうことになる。しかし、筆者はウォルピーの説明は臨床的事実にそぐわぬ不適当なものであると考えているのである。ウォルピーによれば、不安や恐怖を起こす刺激に対して、弛緩状態（とは限らないが、通常は弛緩状態が利用される）を拮抗条件づけ、これを強化することによって不安反応を抑制しようとする

ものであるとされている。この説明からすると、必然的に弛緩反応などの拮抗反応は系統的脱感作法にとって必須のものであるということになるわけだが、筆者の印象では、それは治療の促進的要因のひとつであるとは思われるものの、必須のものとはとても思えないのである。

　実は、こうした批判は行動療法内部でもあり、相当活発な議論が交されている（例えば、ワイツマン Weizman, B., 1967；ウィルキンス Wilkins, W., 1971,1972；ダヴィソンとウィルソン Davison & Wilson, 1972参照）。そこで展開されている難解な論議は省略し、単純化していえば、弛緩は必須のものではなく、この方法の手続きにおいて必須の部分は、結局（恐怖ないし不安）イメージのくり返し提示のみであるというところに落ち着いているようである。しかし、イメージのくり返し提示によって治癒に至らぬ場合もあるのであるから、手続きとしてはそれが必須であるにせよ、そのメカニズムについてのウォルピーの説明以外のものが必要になってくる。いくつかの説明の試みが見うけられるものの、まだ検討段階にあるといってよいだろう。

　すでにおわかりのように、筆者はイメージのくり返し提示の結果、主体がそれに対してある心的構えをとることでイメージ体験様式の変化が生じ、それによって、初めて治療効果が生まれるのだと考えているのである。もちろん、恐怖ないし不安に関連したイメージ場面が指定されるわけであるから、あくまでもその枠内でではある。しかしこのことは、裏をかえせば、枠がはっきりしているぶんだけ集中的なものとなり、それ故、強力な治癒効果をもちうるのだともいえよう。このように理解したからといって、この方法の価値をいささかも損なうものではないことは言うまでもない。それどころか、系統的脱感作法は、他の立場のイメージ技法がどちらかといえば「より全般的、根本的なイメージ界再編」をめざす傾向があり、かつテーマが拡散して表層的なものになりがちな面もあるのに対して、恐怖ないし不安イメージという限定された範囲内で（それ故集中的な形で）イメージの力を活用しうるのだということを示したものといえようし、その点を筆者としては高く評価したい。だいいち、ある悩みや症状のために、いつも「より全般的なイメージの自律的運動様式」を発現させなければならないとしたら、たまったものではない、と筆者などは思ってしまうのである。なお、この「『心的構え』説」または「『体

験様式』説」は必ずしも他の論者の説明と競合するものではないだろう。また、ウォルピーの説明を批判してきたが、彼の説明は患者に（方弁として）与える説明としては非常に有用なものであると思う。

　このようにみていくと、種々のイメージ技法の中で利用されるイメージ内容はさまざまであるが、このように体験様式の変化に注目すれば同様のプロセスであるものといえよう。そして、さらにいえば、これと類似したことは、イメージ技法に限らず、通常の言語的心理療法でも成功例では起こっているのであろうと、筆者は考えている。

　それでは、このようにある心的構えを向けることでイメージの体験様式が変化すると治癒に至るのは何故であろうか。ややドライな表現をすれば、それがいわば何らかの「精神身体レベルでの体験の（再）処理過程」に他ならないからだと考えられる。あるいは、イメージの体験様式が変化するとそれが発動されるというふうに考えることもできよう。では、なぜそれが発動され、それが発動されるとなぜ治癒に至るかといえば、筆者には今のところとにかく人間というものはそうなっているのだとしか答えようがない。おそらくそれは、夢のもつ機能と密接に関係しているものと考えられる。

　ここで、唐突に夢を持ちだしたので、読者は驚かれたかもしれない。夢はその中で昼間の体験を消化——すなわち、それまでに蓄積され、編成されてあるまとまりを有していたイメージ界に組み込まれ再編成——するという機能を有しているのだと考えられる。それは、牛の反芻にも喩えられよう。イメージ界は、夢の中で日々再編成されているものと考えられるのである。

　あるいは、筆者はあまりにもドライな形でイメージを論じてしまったのかもしれない。ある概念を生み出すと、人はその概念にそぐわない事象に目が向かなくなる可能性が出てくる。ひょっとしたら、「イメージの力」の中に含まれる未知の大切なものを見落としてしまったかもしれない。少なくともそういう可能性を考えておくべきであろう。

（田嶌　誠一）

参 考 文 献

Davison, G.C. & Wilson, T. 1972 Critique of "Desensitization : Social and cognitive factors underlying the effectiveness of Wolpe's procedure". Psychological Bulletin, 78, 28-31.

藤縄真理子　1980　指導覚醒夢法　成瀬悟策編　催眠シンポジアムⅩ「イメージ療法」　誠信書房　Pp. 199-209.

藤岡喜愛　1974「イメージと人間 —— 精神人類学の視野」日本放送出版協会

藤原勝紀・成瀬悟策　1973　行動療法における象徴的減感作（Symbolic Desensitization）について　九州大学教育学部紀要, 17, 1, 17-24.

藤原勝紀　1980　三角形イメージ体験法　成瀬悟策編　催眠シンポジアムⅩ「イメージ療法」　誠信書房　Pp. 38-59.

今田　寛　1975　系統的脱感作法の「実験」—「原理」—「技法」の関係　関西学院大学創立85周年文学部記念論文集, 61-80.

河野良和　1978「感情のコントロール」河野心理出版

河合隼雄　1975「母性社会日本の"永遠の少年"たち」中央公論　中央公論社.

栗山一八　1969　イメージ面接による治療例　催眠研究, 13, 1 & 2, 69.

栗山一八　1979　自発性イメージ　成瀬悟策編　催眠シンポジアムⅨ「心理療法におけるイメージ」　誠信書房　Pp. 238-253.

増井武士　1971　自己観察のためのイメイジ・ドラマ法　成瀬悟策編　催眠シンポジアムⅢ「自己制御・自己治療」　誠信書房　Pp. 156-179.

増井武士　1977　"意味イメイジ"を適用した一治療過程について —— 震えと妄想気分が強かった一症例 ——　河合・佐治・成瀬編「臨床心理ケース研究 1」　誠信書房　Pp. 87-105.

水島恵一　1967　イメージ面接による治療過程　臨床心理学研究, 6, 3, 10-19.

水島恵一　1968　イメージ面接による治療過程（続）　臨床心理学研究, 7, 2, 85-94.

成瀬悟策　1959「催眠面接の技術」　誠信書房

成瀬悟策　1968「催眠面接法」　誠信書房

大山みち子・柴田　出　1984　イメージ分析療法　水島・小川編「イメージの臨床心理学」　誠信書房　Pp. 70-78.

柴田　出・坂上佑子　1977　ATによるイメージ療法を応用した神経症の一例　催眠学研究, 22, 1, 7 -13.

田嶌誠一・成瀬悟策　1978　イメージ療法の一事例　九州大学教育学部紀要, 22,

2，31-40.

Tajima, S. & Naruse, G. 1987 "Tsubo" imagery therapy. Journal of Mental Inagery，Ⅱ，Ⅰ，105-118.

田嶌誠一　1980a　イメージ療法における直面　成瀬悟策編　催眠シンポジアムⅩ「イメージ療法」　誠信書房　Pp. 238-255.

田嶌誠一　1980b　般若と観音――「後向き」イメージとの直面――　成瀬悟策編　催眠シンポジアムⅩ「イメージ療法」　誠信書房　Pp. 143-150.

田嶌誠一　1983a　"壺"イメージ療法　広島修大論集，24，1，71-93.

高橋良幸・小保内虎夫　1960　教育相談におけるメンタル・リハーサル・テクニック　東京教育大学教育相談所紀要，2，1-11.

鶴　光代　1981　イメージ療法における対人緊張改善のためのイメージ課題について　催眠学研究，25，2．

渡辺寛美　1980　夢療法　季刊精神療法　6，1，45-50，金剛出版

渡辺寛美　1984　構造化されたイメージ面接（1）　水島・小川編「イメージの臨床心理学」　誠信書房　Pp. 28-45.

Weizman, B. 1967 Behavior therapy and psychotherapy. Psychological Review Vol. 74，4，300-317.

Wilkins, W. 1971 Desensitization：Social and cognitive factors underlying the effectiveness of Wolpe's procedure. Psychological Bulletin, 76, 311-317.

Wilkins, W.1972 Desensitization：Getting it together with Davison and Wilson. Psychological Bulletin, 78, 32-36.

山上敏子他　1975　系統的脱感作法の適用についての一考察　精神神経学雑誌，77，915-924.

第3章

壺イメージ療法

　本章では、これまで述べてきたような経験から、筆者が神経症レベルの事例だけでなく、境界例などのより重篤例にもある程度効果をあげうるものとして考案した壺イメージ療法について述べてみたい。

　後に報告されるように、壺イメージ法は、重篤例に限らず、広範囲の事例に効果をあげうる技法である。しかし、ここで特に強調しておきたいことは、そのような重篤例に対するイメージ療法はなるべくやらぬにこしたことはない、と筆者は考えているということである。いや、イメージ療法に限ったことではない。「大上段に構えた」心理療法一般についても筆者はそう考えている。重篤例にも適用しうるイメージ技法を考案したと述べておきながら、矛盾ではないかと言われるかもしれない。なるべくやらぬにこしたことはないが、いろいろな条件に恵まれていたり、機が熟していたりというような何か幸運な巡り合せで、その患者とそこまでやれそうだったり、またやらざるをえなかったりする時があるものだ。そういう時のために、やはりこのような技法を考案しておく必要があると考えているのである。

　壺イメージ療法に限らず、重篤例（に限ったことではないが）の心理療法を行なうにあたって、治療者が抱いておくとよいイメージがある。それは次のような説話によってよく伝達されるように思う。イソップ物語の中の「北風と太陽」という話である。

　「北風と太陽とが彼らの力について言い争ってしまいました。そこで彼らのうちどちらでも、旅人を裸にさせたものの方が勝ちだ、ということにいたしました。そして北風からまず始めに烈しく吹きつけました。その旅人は着物をしっかり押さえましたので、北風はいっそう強く吹きつけました。しか

し旅人はなおいっそう寒さに弱らされて、さらに余計な着物まで着込みました。とうとう北風は疲れ切って彼を太陽に譲り渡しました。太陽は最初はほどよい加減に照りつけました。その人は余分な着物を脱ぎましたので、太陽はもっと強く暑さを増しました。とうとう彼は暑さに堪えることができないので、着物を脱ぎ捨てて、水を浴びるために傍を流れている河にはいりました。」（山本光雄訳　岩波書店刊「イソップ寓話集」より引用）

　以下に述べるのは、私なりの「太陽方式」なのである。

1. 誘導イメージから壺イメージへ

　イメージ技法の多くのものが、イメージの体験様式の変化ということを共通の治癒要因としており、それは主体がイメージ界へある心的構えを向けることで生み出されるものである、ということをこれまで論じてきた。もしそうであるとすれば、このイメージの体験様式をある程度コントロールしうる技法が考案されれば、イメージ療法がより有効な技法となるのではないかと考えられる。

　同時に筆者はイメージ療法についてもうひとつの問題意識をもっていた。それは、イメージ療法を境界例をはじめとする、より重篤なケースにも有効なものにできないだろうか、ということであった。

　これまで、イメージの自律的運動を強調してきたが、実はすでにこれまで何人かの臨床家が指摘しているように、イメージは時に甚だ危険なものとなることがあるといわれている。すなわち、イメージは強力な治癒力を有していると同時に、不用意かつ強引な利用を行なえば、それを受け止める本人の側にその準備が整わぬうちに危機的イメージ（体験）を急激にもたらしてしまうことがある。神経症圏のケースにしてそうなのであるから、もっと重篤なケースではなおさらである。そこで従来は、境界例、統合失調症などのいわゆる自我が弱いといわれるケースにイメージ療法を適用することは「自我の崩壊」を招く危険性があるとして、むしろ禁忌とされてきた。

　ところが、近年、イメージ療法、フォーカシング、夢分析等の非言語的な

体験を主としてとり扱う諸治療法の発展に伴い、それまで適用例の報告されなかった、あるいは禁忌とされていた境界例レベルのケースをはじめとする、より重篤なケースへの適用例が報告されるようになってきた（例えば、増井，1977；織田，1977；大田，1981；梅田・森川，1982）。

　筆者の経験からいっても、重篤例一般に有効であるとまではいえないまでも、場合によってはこれらの方法が効果をあげることがあるとは思う。しかしながら、忘れてはならないことは、イメージ療法の適用はこれらの患者にしばしば強烈で危機的な体験またはその予感といったものを急激にひきおこすことがあり、それらは状態や症状の悪化等のリアクションや治療関係の崩壊につながる危険性があるということである。いうまでもなく、このようなことは何もイメージ療法に特有の問題なのではなく、フォーカシング、夢分析等の「非言語的」療法でも同様であろう。（更にいえば、通常の「言語的」面接でも事情はそれほど大きく異なるものではない。）それ故、これらの「非言語的」療法をより重篤例へ適用するにあたっては、何らかの技法の修正が必要とされよう。しかしながら、従来の研究ではこのことについて充分に論議されているとはいい難い。

　では、いかなる技法の修正が必要なのであろうか。筆者はそのような技法の修正のひとつのあり方は、患者の精神内界における危機的な体験が急激に進みすぎないようにペースをコントロールすることであろうと考えている。そのためには二つの観点が考えられると思う。第一は、患者が自己の精神内界における危機的な体験に急激にさらされないですむような「安全弁」を設け、それによって治療のペースをコントロールすることである（田嶌，1983a）。第二は、「より全般的・根本的なイメージ界の再編成」を狙うのではなく、局部的なそれをめざすこと ―― すなわち、かなり制限された範囲内でイメージの力を活用すること ―― である。

　以上の視点から、イメージの体験様式のコントロールを技法の主軸とし、かつ危機的体験が急激に進行しすぎないような「安全弁」を備えた技法が考案されるならば、より重篤なケースも含む広範囲のケースに対して、より安全でより効果的な治療を行なうことができるのではないかと考えられる。

　このことはまた、換言すれば次のように表現できよう。面接はしばしば劇

に喩えられるが、フリー・イメージはいわば「堤防のない川」（中井）であり、「堤防が決壊しやすい」重篤なケースや準備の整っていないケースには適切な「舞台」であるとはいい難く、それ故、もっと適切な「（限定された）舞台」や「舞台づくり」が必要なのであるといえよう。

2．壺イメージ法の発端 ── ある事例 ──

　日々の臨床の合い間に以上のようなことを考え、またその後約3年位断片的にいくつかの試みを行なったりしてはみたものの、ほんの数分間というごく短時間のイメージ面接を時々挿入するといったやり方が効果をあげることがあるといったことがわかった程度で、なかなかよい工夫を思いつくことはできなかった。ところが、患者さんとはすごいものだとつくづく思う。いくら筆者が頭をひねっても考えつかなかったものを、あっけないほど簡単に筆者に教えてくれた。つまり、その患者さんとの出会いを契機に、筆者は求めていた技法を考案することができたわけである。

　患者は精神科医によって心因反応と診断された20代の男性であった。彼は大学入試で1浪後、再度受験を希望したが両親をはじめ周囲の強い反対にあい就職した。しかし、あきらめきれず、退職し再度受験勉強に没頭したり、親のすすめでまた就職するということを数度くり返した後、次第に生活が昼夜逆転し、誰かにのぞかれている気がしてきて、部屋に閉じこもり、難解な本を読みふける生活を送るようになった。不眠が続き、苦しさから自ら精神科を受診し、半年間入院。

　退院後、ある病院に就職し、無資格で検査技師の仕事を担当。1年半は勤めたが、運悪く、別の某病院が無資格検査で摘発され、それについてさかんにマスコミ報道があり、それをきっかけに不眠、被害妄想状態となり、母親に暴力を振るったことをきっかけに2回目の入院となった。

　筆者は入院後約40日位経過後に初回面接を行なったが、状態は一応落ち着いており、病識も一応認められ、睡眠障害と軽い被害感が認められる状態であった。自分の症状や状態について話すことを避けているように見うけられ、哲学、文学、心理学などについて難解な用語を駆使して語った。

第7回目頃より睡眠困難が以前からあるということを言うようになり、また「自分をもっと知りたい」とも述べるようになり、第8回目より試みにフリー・イメージを行なったところ、彼は非常にイメージの豊かな人であり、しかも彼自身自分のイメージに非常に関心を示した。

　第10回目（イメージ2）には「洞窟の中に手前（＝入口）から奥へとたくさんの壺が並んでいる」イメージが出現した。後の彼の説明によれば、入口近くの壺の中には整理されたものが入っており、奥の方には未整理のものが入っている、とのことであった。治療者が〈壺の中から何か出てくるかもしれないよ〉と教示すると、「人間の手と頭の骨」が出てきた。

　次の回のイメージ・セッションで、治療者が〈壺の中に入ってみる〉ように提案したところ、患者は入口近くの壺の中に入った。壺の中では視覚的イメージは減少し、それに代わって彼は「胸のいやな感じ」や「腕がザワザワした感じ」などを体験した。

　彼は最初は奥の方の壺には入れなかったが、面接を重ねるにつれて、次第に奥の方の壺にも入れるようになっていった。第13回目から数回にわたって「眠れない時の感じ」を体験し、その結果、不眠は消失した。

　第18回（イメージ10）で彼は「…いやな感じ……腰で感じる……腰が重たい…（沈黙）……怒り、ひどい怒り！　こんな感じの時母を殴った」と報告した。この頃被害感は日常生活では消失した。第24回（イメージ16）では壺の中で「非難される感じ」、「襲われそうな気持」を体験し、そして「この壺はもう開ける必要はない」と述べ、しっかりと蓋をして、どこかへしまいこんだ。

3．壺イメージ法の標準的手続き

　前記のケースのイメージでは、次の三点が注目される。第一には、壺は患者が直接あるイメージ（体験）にさらされることを防ぐ「バリヤー」または「安全弁」となっていたということ。第二に、壺は彼にとって、苦痛の少ない順に並んでいたということ。第三は、壺の中ではフリー・イメージにくらべ感情や感じや身体的体験がより感じられたということである。

　また、私は当時、心理療法においては、患者が本人にとって危機的で有害な体験を回避するための工夫もまた大切であると考えるようになっていた。それは主に神田橋條治先生と先輩の増井武士氏から学んだことである。神田橋先生は有名な「自閉の利用」（神田橋・荒木，1976）という論文や短いが含蓄に富む個人的対話を通してそのことを教えて下さった。また、増井氏は「間をとる」というフォーカシングの一ステップの中で利用されていた「問題や悩みについての身体の感じを箱のイメージの中に入れる」という技法に注目し、重篤例にそれだけを単独に適用して効果のあることを示してくれた（増井，1982）。

　筆者はこのような経験から、壺イメージを用いることによって、イメージの体験様式のコントロールを主軸とし、本人自身の体験に沿って進め、かつ危機的体験に直接触れることや急激に進行することを防ぐ「安全弁」を備えたイメージ技法を考案してみた。そして実際にそれを適用してみると、本書で後に報告されるように筆者自身の当初の予想をこえて種々の事例に有効であることがわかってきた（田嶌，1983a；Tajima & Naruse，1987他）。

　この方法は、「壺イメージ法」と呼ばれ、大体次のようなステップから成っている。

　　１）　壺イメージ導入準備
　　２）　いくつかの壺（または壺状の容れ物）出現の教示
　　３）　浮かんだ壺イメージの中にひととおりちょっとの間入ってみて、すぐ外に出て蓋をする。そして中での体験に基づいて、入りやすいまたは居心地のよい順に並べかえる。
　　４）　入りやすいまたは居心地のよい順に入っていき、その中での感じを充分味わう。
　　５）　壺の外へ出て蓋をする。
　　６）　壺と充分に距離をとる。
　　７）　次の壺に入る、または壺をどこかにしまうか、それとも、消してしまう。

以下それぞれのステップについて述べてみたい。

1. 壺イメージ導入準備

　壺イメージに導入するための基礎作業の段階である。一般にクライエント（あるいは患者）は自分の問題や症状を自分自身の精神内界に由来するものとして受け止めていることは稀である。そして、注意は外界（あるいは他者）に向いており、特に治療者に対しては訴えることに注意が向いていることが多い。そこで治療者は、患者が自分自身の精神内界を探索してみようという内界志向的構えがある程度形成されるのを待つか、あるいは形成されるのを補助するように働きかけていくことになる。また、場合によっては、壺イメージに導入し、その結果得られた内容を素材として内界志向的構えが形成されるためのきっかけとすることもある。そして導入にあたっては、通常治療者からの提案という形をとる。

　境界例レベルや統合失調症レベルといったより重篤なケースに対しては、早すぎる導入は、治療者からの不当な侵入を受けたと感じられやすく、そのため導入に先立って特に慎重な基礎作業が必要である（田嶌，1983b）。これらの患者は、他者に関心をもたれたり、接近されると自分がなくなるという不安や恐怖を示し、そのため、治療者と共に壺イメージ法という共同作業を行なうための治療関係を形成すること自体が困難であり、それ自体が治療目標とさえなる。それ故これらのケースのうち壺イメージ療法の適用にまで至る事例は少ないといえよう。

2. 壺イメージ導入

　導入にあたっては、軽くリラックスすることが望ましく、そのためにジェイコブソン（Jacobson, E., 1938）の漸進弛緩法を利用することが多い。軽くリラックスした後、何か心の中のことが入っている壺または壺のような容れものが浮かんでくると教示する。なお、重篤例でない場合、以下の教示に加えて〈イメージの中では夢と同様どんなことが起こっても自由である〉ということを強調することもある。

〔教示例〕

　"（閉眼して軽くリラックスした後）あなたの目の前にいくつかの壺（または壺状の容れもの）が出てくると思って下さい。それらの壺の中には、あなたの心のことが少しずつ入っています。それらの壺の中には、あなたにとって楽しいものが入っているかもしれないし、苦しいものが入っているかもしれません。嬉しいものが入っているかもしれないし、悲しいものが入っているかもしれません。また、自分でよくわかっているものが入っているかもしれませんし、何が何だかわけのわからないものが入っているかもしれません。そういう壺が出てきます。出てくるまでしばらく待っていて下さい。出てきたら教えて下さい。"

　壺が出現したら、治療者は〈どんな壺？〉といった質問をし、その数、並び方、形などを尋ねる。それらには、さまざまな反応がみられる。

　数についていえば、数えきれないほど沢山の壺が現れることもあり、また1個しか浮かばないこともある。1個しか浮かばぬ場合、筆者の経験によれば本人にとって危機的かつ重要なものが入っていることが多く、壺の中に入れなかったり、入れても出ることができなかったりといった反応が起こりやすいので取り扱いに注意を要する。そのような場合は、おそらくその壺の内容にとらわれすぎている状態であるか、あるいは1個の壺の中に多様なものを含みすぎている状態であろうと思われる。ただし、「他にもあるけどはっきりしない」とか「沢山あるけど、1個だけがはっきりしている」といった場合や壺イメージの進展に伴って1個に絞られたり、統合されたりしていく場合は、この限りではない。また、1個しか浮かばぬ時、「何も感じない壺」である場合もある。

　形についても人によりさまざまで壺だけでなく、花びん、ガラスびん、ランプ、竹筒、箱といった具合に、さまざまな容器状のものが浮かぶ。さらに、色や模様がついている場合もあれば、取っ手などの附属物がついていることもある。従って壺イメージといっても、中に何かを含みうる容器状のものであればよしとして取り扱うのである。

　並び方についても、縦あるいは横に一列に並んでいることもあれば、ピラミッド形やひし形に並んでいることもある。

　いずれにせよ、どんな壺であるかをいろいろ尋ねるわけであるが、ここで

重要なことは、それらの壺そのものに対する気持を尋ねたりはしないということである。というのは、感じるのは、あくまで壺の中に入ってからにしないと、壺がバリヤーまたは安全弁としての機能を喪失する恐れがあるからである。なお、視覚的イメージが浮かびにくいタイプの患者である場合、必ずしも視覚的イメージにこだわる必要はなく、「壺があるような」感じが出てくればよいので、そういう気持になるよう努力してもらう。重要なのは、視覚的イメージの明瞭度 —— はっきりと見えること —— ではなく、実在感 —— そこにあるように感じること —— であると思われる。

3．壺の中にちょっと入ってみる ──▶壺の並べかえ

　浮かんだ壺の中にちょっとの間入り、その中での感じをちょっと感じてみる。そして、すぐに外に出て蓋をする。これを順に行なった後、入りやすい（または楽な居心地のよい）順に壺を並べかえる。並べかえる際は、元々の壺の並び方のパターンをできるだけくずさないように並べかえる。また "壺" の数が沢山ある場合は、その中からいくつかを選択する方がよい。いくつ選ぶかそしてどの壺を選ぶかについては患者と相談する方がよいが、数は大体3個前後が適当なようである。

〔教示例〕

　"それでは、今度は出てきた（または選んだ）壺をあなたがその中に入りやすいまたは居心地のよい順序に並べかえます。でも、どんな壺なのかわからないと並べかえにくいと思います。そこで今からこれらの壺に一通り、ちょっとの間だけ入って中で感じてみましょう。ちょっとだけ入って、すぐ外に出るようにしましょう。壺にはいったん入っても、いつでも外に出ることができます。しかし、入れそうにない壺もあるかもしれません。その時は、無理に入ることはありませんから、入れないと言って下さい。では、最初の壺に入りましょう……入れた……「はい」……どんな感じですか？……（「〜の感じです」とか「〜が見えます」といった反応が多い）はい、それではその感じ（またはイメージ）を中に残して外に出ましょう。出れたら、教えて下さい……「出れました」……どうですか？中での感じはどうですか？「なくなりました」……では、壺に蓋をしましょう。どんな蓋がいいかな？……「〜でできた蓋」……はい、ではその蓋をしましょう……できた？「はい」……（他の壺についても順に同様の

手続きをくり返し、終了したら）……はい、では最も入りやすいものから入りにくいものへ（または、居心地のよい順に）と並べかえて下さい。"

この段階で、壺の中に入れない、入るのをためらう、もしくは拒否するといったことがある。これは本人が感じたくないことが含まれているということであり、その場合そのことを確認するに留め、入るように促したりはせず、蓋をすることで終わるのがよい。この入れない壺は非常に小さかったり、口が細いといったふうに、形や大きさに反映していることも多いが、そうでないこともある。

なお、蓋については、本人が心理的に安定しうるようなものを探すように求める。蓋の材質や蓋をする仕方もさまざまで、紙や木の蓋をかぶせる程度のものから、コルクの栓でギューッとしめつけるといったもの、また鉄板で蓋をして、さらに開かないように鎖でぐるぐる巻きにして、そのうえ鍵をかけるといったものまである。一般に、本人にとって危機的なものほどより強固な蓋をする傾向がある。

この段階では、壺の中で、気持、身体の感じ、身体感覚、視覚的イメージなどのいずれが優位であるかを確認できればそれでよく、壺の中に長く居すぎないように注意する。また、壺の中で、もっと奥または下方へ進めそうな場合もあるが、この段階では進まないことにする。

4. 壺の中にゆっくりと入っておく（＝中での感じを充分に感じる、または味わう）

並べかえた壺に、入りやすい、または楽な順に入り、今度はゆっくりとその感じを充分に感じる。

〔教示例〕

"一番入りやすい（または、楽な、居心地のよい）壺の蓋を開けて、その中に入りましょう。今度は、さっきと違って、ゆっくりと（長く）入っていましょう。もし、入れない時や入りたくない時は、そう言って下さい……入れた？……「はい」……どんな感じですか？……それらを充分に感じていて下さい。そして、もうこれで充分だと思うまで感じていて下さい。そして、もうこれで充分だと思ったら、言って下さい。その間に、途中で気持や身体の感じやイメージに何か変

化があったら教えて下さい……（沈黙）……"

　壺の中での体験はさまざまであるが、フリー・イメージ法にくらべ、感情、情動、身体感覚的なものなどが感じられやすいようである。重要な点は、それらを充分に感じることであり、またできれば身体で感じることである。とはいえ、壺によっては、それらはすぐに感じられるようになるものではなく、ある程度の期間を要する。

　充分に感じられるようになるには、次のような技法的配慮が必要である。まず第一に、患者が言語化を急いだり、言語化をしすぎないように注意し、ある程度沈黙して感じられるように配慮することである。これは、コトバがイメージにくらべ「他者志向性」（田嶌・成瀬, 1978）、「語りかけ性」（増井, 1979）が優位となりやすく、そのため充分に感じることから遠ざかってしまうことになりやすいからである。第二に、本人の主体的判断を尊重しつつ行なうことである。すなわち、その壺に入るかどうかについては、それぞれの壺について入る前に必ず確認し、決して無理に入らせることはせず、あくまでも本人の意思決定を尊重する。また、壺の中に入れるようになった（または、最初から入れた）場合でも、もっと感じるか（または、もっと奥へ進むか）、それとも外に出るかについては、その都度本人に確認しつつ進め、決して治療者だけが先走りせぬように注意すべきである。従ってここでいう「充分に」という意味は、治療者が判断してのことではなく、本人自身が「（今回は）これで充分だ」と思えばそれでよいということなのである。

　この段階での反応を大まかに分類し、それぞれに応じた取り扱い方を以下に述べてみよう。

①　入れない、または入りたくない場合

　そのような壺は、患者にとって大変重要な意味をもっている。原則としては、無理に入らせるようなことはしない。特に壺イメージの初期には、入れぬ、あるいは入りたくない"壺"には適切な蓋をして、それ以外の壺に入るに留める。そうすると、セッションを重ねるにつれて、次第に入れるようになってくることが多い。また、入れるようになってからも、中で充分感じられるようになるまでには、ある程度の期間を要することが多く、少しずつ進

めるのがよい。

　この入れぬ、または入りたくない壺の取り扱い方はいろいろあるが、肝心なことは、治療者が無理に入るよう促したりしないこと、すなわち治療者が先を急ぎすぎないことである。そして、壺に入るか、入らぬかはあくまでも本人の意思決定を尊重する。とりわけ、より重篤なケースでは、必ず中に入れるようにならないといけないという構えを治療者がもたない方がよいし、また中に入れるようになってからも、感じつくさないといけないとは考えぬ方がよい。本人がこれで充分と感じればよしとする。

　より重篤なケースでは、壺に入ったり、出たりといった壺の中身との体験的距離のコントロールが、以前より自在に行なえるようになったり、壺の中で以前ほど圧倒されなくなり、かなり症状が軽減ないしほぼ消失し、終結することになる。すなわち、ある程度まで感じられたら、あとは蓋をしてしまいこむ、あるいは距離を充分にとるための何らかの工夫を行なうことになる。ある境界例の患者は、「悪魔のいる壺」を地底深くにある石室の中へ入れて鍵をかけるという工夫を行なった。

　入れない、または入りたくない壺についての、いくつかの取り扱い方を以下に述べる。

〔対面法の言語的面接において〕

　入れなかったことを確認し、何故入れなかったかについて話し合う。ただし、患者に対して、〈何故、〜？〉という問い方は、患者に対する非難と受けとられやすく、また知的な反応にもつながりやすいため不適当であることが多い。むしろ、〈もし、入っていたら、どうなっていただろうか？〉とか〈入ったら、どうなりそう？〉といったイメージ的問いかけ方がよい。また壺イメージ法にある程度慣れてきたら、〈どういう工夫をすれば、入れそうか？〉、〈どうすれば、入れそうか？〉ということを検討してみる。

〔壺イメージ・セッション中に〕

　壺イメージの初期には、蓋をしたり、あるいは蓋がちゃんとできているかを確かめるだけにしたりするが、少し慣れてきたら、〈入る努力を少ししてみよう〉と提案して、受け入れられれば、少しの間努力してみるように教示したり、〈蓋を開けて、中には入らないで、近寄ってのぞいてみよう〉と教

示する。また、〈指や片腕だけちょっと入れてみよう〉と教示し、入れることができたら、その部分の感じを感じさせる。ただし、ここであまりに早く進めすぎると、壺の中にひきずりこまれるとか、すべって入ってしまうといったことになり、あとの処理に苦労することがあるので注意を要する。

　また、〈どういう工夫をすればイメージに入れそうか？〉、〈どうすれば、入れるだろうか？〉ということを検討することがここでも役に立つ。わりに多いのは、ロープやはしご等の補助的道具を使ったり、治療者と共に入ったり、治療者に手を握っていてもらうといった工夫である。このように、種々の工夫を患者と共に行ない、それを試してみることで、たいていは入れるようになるものである。

②　情動的反応が優位な場合

　壺の中で感情が高まり、号泣する、おびえる、怒る、叫ぶといった激しい情動的反応を引き起こすことがある。このような場合、身体感覚的なものを感じることは困難であり、その情動そのものを感じるように（あるいは、それに身をまかせるように）教示し、ある程度静まるのを待つ。ある程度静まったら、その時点で外に出ることもあるし、また〈気持（感じ）はどう？〉、〈その気持を、身体で感じてみて下さい〉などと教示することもある。筆者の経験では、激しい情動的反応のため身体の感じがつかめず、数カ月後にやっと感じられるようになった例もある。

③　気持、感じが優位な場合

　「うれしい」、「悲しい」といった気持や「いやな感じ」といった反応が優位な場合であり、その場合、視覚的イメージはある程度限定された範囲のものであったり、「明るい」、「暗い」といったプリミティブなものであることが多い。これらの場合、〈その気持は、身体のどのへんで感じる？〉と尋ね、できればその身体感覚的なものも充分に感じさせる。ただし、いくら感じるように努力していても、その気持や身体感覚的なものがあまりに漠然としすぎていたり、はっきりつかめない時は、それについての視覚的イメージを浮かばせ、その展開を待つこともある。

④　視覚的イメージが優位である場合

　「部屋の中」といった特定の場面であることもあり、また「化け物」、「鬼」、

「お母さん」といった特定の対象像であることもある。〈どんな様子？〉、〈どんな人（物）？〉と尋ねて明確化しつつ、〈それを眺めている時の気持、身体の感じはどう？〉、〈その気持は、身体のどのへんで感じる？〉などと尋ね、それらも共に充分感じさせる。また視覚的イメージがどんどん展開してゆくこともあるが、その場合も気持や身体感覚的なものとある程度対応させつつ展開させるようにする。

⑤　もっと奥へ（または、下方へ）進んで行けそうな場合

一区切りつく所まで進むように勧める。そして一応たどりついた時点での視覚的イメージに対する気持や感じを尋ね、更にそれを〈身体のどのへんで感じてる？〉などと問い、それらも共に感じさせる。

⑥　身体感覚のみが感じられる場合

「痛い」、「かゆい」、「むずむずする」、「重い」といった明確な身体感覚だけが感じられる場合であるが、筆者の経験では少ない。この時、それらの身体感覚を充分に感じるように教示し、更に〈それを充分に感じていると、何か気持や感じ、イメージなどが起こってくるかもしれない〉と教示する。ただし、ここで扱う身体感覚は、イメージの中に入る前から、感じられているものは除外し、あくまでも壺の中に入った後感じられたものを対象とする。

⑦　何も感じない場合

何も感じられない場合も、しばらくその中にいたり、セッションを重ねることで、感じられるようになることもある。しかし、神経症レベルの患者や健常者を対象とした時、何も感じられない場合は、導入前の基礎作業が不足している場合が多い。ただし、より重篤なケースの場合、この「何も感じない」でいることが重要である場合もあるので注意を要する。筆者の経験では、後述のように統合失調症と診断された患者で、「何も感じない壺」、「楽な壺」、「暗い壺」、「悲しい壺」などが出現し、並べかえに際しては、楽な壺よりも何も感じない壺の方が「楽」であると評定した。すなわち、その患者は「感じすぎて」困っていたのである。このような場合、治療者は次のように教示するのがよいと思われる。

〈この壺は、あなたが何も感じないでいられる壺です。もういいと思うまでこの壺の中にいましょう〉

5. 壺の外へ出て、蓋をする

充分感じたら（またはひと区切りついたら）、その時の状態を確認し、その感じを壺の中に残して、外に出て蓋をする。

〔教示例〕

"（「もう充分感じました」とか「もう出たいです」といった反応の後、その時の状態を確認して）……それでは、今の感じを中に残して外に出ましょう。出られたら、教えて下さい……「出ました」……どう、今の感じは？うまく中に残して出れた？……「はい」……それでは、壺に蓋をしましょう。この次に開けるまで、ひとりで開いたりしないように、しっかりと蓋をしましょう。どんな蓋がいい？……「〜の蓋」……じゃあ、その蓋をしましょう……できた？"

ここで問題となるのは、「外に出られない」、「外に出たくない」、「外へは出られたけど、中での不快な感じが残っている」といった反応である。それぞれの場合についての取り扱い方を以下に述べてみよう。

① 出られない場合

基本的には、壺に入れない場合の対応と同様であるが、この出られない場合の方が、患者にとってさし迫っていることが多いので、ある程度治療者のリードで手早く対応することが必要である。そのため治療者は、このような場合に備えて、いくつかのやり方を心得ておく必要がある。深呼吸やリラックスさせることが有効なこともあれば、暗示的に取り扱うことで出られることもあり、また治療者が患者の手を握ったり、出るのに手助けとなる道具（例えば、ロープやはしごまたは武器など）が出てくると暗示することが有効な場合もある。そういったやり方を試みると、たいていは脱出できるものであるが、それでも出ることができない時は、患者と二人でいろいろ脱出するための工夫を話し合い、それらの工夫を試してみることが必要である。

また、このような事態は治療者または患者が先を急ぎすぎた場合に起こりやすいように思われる。そのため、このような場合、壺イメージ・セッションの終了後の面接がとりわけ重要である。すなわち、次の二点を患者と共に検討しておくことが大事である。

　　1）このような事態に至ったのは、何故か、また今後それを防ぐにはどうしたらよいかということについて。たいていは、壺にあまりに早く

入りすぎたために起こるものと考えられるが、そのことを確認または推論し、それを防ぐために治療者と患者の双方がなすべきことを話し合う。

　2）上記のことを検討しておいたにもかかわらず、再び同様の事態が起こった時、どう対処するかということについて。具体的には、〈今回は、治療者がこのように対応したが、もっといい方法はなかっただろうか？〉を検討する。

② 　壺の外に出ても、不快な感じが残りすぎている場合

　壺に出入りを、数回やり直すと、かなりとれることが多い。また、壺イメージに慣れてくれば、一番楽な壺に最後に入るようにすることで、ある程度解消されるようになる。また、その不快な感じをイメージ化することで、容易に壺の中に残せることもある。それでも残りすぎている場合、やはり患者と共にいろいろ工夫してみるのがよい。その際、増井（1982）の方法も役立つ。これは、患者に自分が困っている問題を選択させ、それに対応する身体感覚を探させ、それを箱の中に入れて置いておくという技法である。これを参考にして、残った不快感を何かで包みこみ、それを元の壺に返すというやり方を行なうのも有効である。なお、この不快な感じは、必ずしもすべて完全に消去されねばならないというわけではなく、本人にとってこのくらいなら大丈夫という程度にまで減少すればよい。

6．壺と充分に距離をとる

　通常、この手続きは不要であることが多いが、壺が特に本人にとって非常に脅威的なものである場合に、このステップを挿入する。すなわち、壺と自分との体験的距離が充分にとれているかどうかを確認し、もしとれていなければ、壺を遠くに置くか、それとも本人が壺から遠ざかるか、あるいは壺をどこかにしまいこんでしまう。

7．次の壺に入る、または終了

　壺イメージ・セッションの終了にあたっては、そのセッション中に入った壺（または出現した壺全部）をどこかにしまった方がよい人もいるし、そのまま消した方がよいこともある。また、特に本人にとって苦痛または不快であっ

たと思われる壺については、特に念入りに蓋を確認し、〈次に開けるまで、決して開きません〉と教示する。

〔**教示例**〕

　"それでは、これらの壺を次に開ける時までしまっておきましょう。どこにしまうのがいい？"、または"それでは、もう見えなくなります（消して下さい）。"

4．補助的技法

　壺イメージ療法では、これまで述べてきた標準的手続きを補う、いくつかの補助的技法があるが、その主なものを以下に述べてみよう。

1．「空の壺」の利用

　壺イメージを開始する前から、強い不快感や感情などが存在する場合、それらを空の壺に入れてしまうことを試みる。すなわち、空の壺を出現させ、その中に入り、その不快感を少しの間身体で感じ、それを中に残して出るという方法をとる。また、この場合も増井（1982）の方法が役に立つ。なお、このような場合、他の壺については、蓋を確認するに留め、中には入らない方が無難である。

2．「金庫」の利用

　境界例などのいわゆる自我が弱いといわれる人たちを対象とする時で、壺があまりに脅威的で危機的であるため、次回までうまく壺の中におさまっているかどうか、治療者や患者自身が不安になることがある。そのような時に、次のような技法を用いる。すなわち、壺を金庫に入れ、それに鍵をかけて、その鍵を治療者が預かるというものである。そして、〈鍵は私が預かったから、この次私が鍵をあなたに渡すまでは開きませんよ〉と教示する。もちろん、次回の壺イメージでは、治療者が患者に金庫の鍵を渡すことから始める。このように、イメージ面接では治療者にドラマ的センスが必要とされる。

5．運用の原則

　まず、壺イメージ法は、適用対象や局面に応じて、基本的には三通りの使い方があるということを強調しておきたい。

　①壺イメージによって、壺の中での体験を充分に統合することを意図する。

　②壺イメージによってある程度の統合を意図するものの、それ以上については、「距離をとる」または「触れないでおく」こととする。

　③壺イメージによって、統合をはかることはせずに、もっぱらある有害な体験と「距離をとる」、「触れないでおく」または「鎮める」ことを意図する。

　一般におおむね①→③の順に重篤例に対する対応であるといえるが、例外は無論ある。

　壺イメージは、患者（またはクライエント）がその外にいる限りは、彼が強烈な体験にさらされることを防ぐ「安全弁」として機能する。ところが、本法ではこのような「安全弁」を有しているためか、かえって壺の中ではフリー・イメージにくらべはるかに「深い」ものを露呈する傾向がある。そのため本法は、その運用の仕方いかんによっては患者にとって非常に危険なものともなりうる。つまり「安全弁は暴露弁である」というパラドックスが成立するわけであるが、本法の運用にあたってはこのパラドックスを十分に認識しておくことが不可欠である。先に筆者は壺イメージはフリー・イメージや誘導イメージにくらべ、より安全かつ効果的であると述べたが、それは以下に述べるような運用の原則のもとで適用されれば、ということである。とくに1 〜 3 は重篤例ほど重要である。

1．「安全弁」を備えた治療構造

　壺イメージ法の早すぎる導入は、患者にとって治療者からの不当な侵入を受けたと感じられやすく、またそれにもかかわらず、治療者にそのことを表明できぬことがある。そのため、面接初期での壺イメージの導入はさし控えるのが無難である。

　また、本法の運用の仕方次第では、特に重篤例でそうだが、患者に激しい

体験をもたらし、状態や症状の悪化等のリアクションをひきおこしかつ治療関係自体の崩壊につながる危険性もある。そこで、そのような事態をできる限り避けるためには何らかの「安全弁」が必要である。最も頼りになる「安全弁」は、治療者の側のある種の非侵入的な人格であるが、これはすべての治療者に備わっているわけではない。

　壺イメージが安全弁として機能しうるということは既に述べたが、上述のようなことを防ぐためには、それのみで充分であるとはいい難い。もっと広い意味での、いわば「『安全弁』を備えた治療構造（または治療関係）」とでもいうべきものが必要である。それは、ひとことで言ってしまえば、患者自身のペースに沿って行なうのがよいということなのだが、患者自身でもそれを把握できていないことも多いので厄介である。また、ある程度把握できていても、治療者の提案を拒否できず、無理してつきあってしまい、その結果さまざまなリアクションを起こしてしまう患者もいる。従って、これを「抵抗」として理解するのは適切ではなく、ペースが不適当であったと考えるのがよい。

　患者のペースに沿って行なえるようになるためには、患者が自分の内的感覚に注意を向け、「無理」をキャッチし、かつそれに基づいて治療のやり方やペースについて、治療者に（拒否も含めて）「注文をつけられる」ようになることが必要である。これを筆者は神田橋・荒木（1976）の「拒否能力」にならって「注文をつける能力」（田嶌, 1983a, b）と呼んでいる。そこで面接の中でこの「注文をつける能力」の育成を心がけることが大切である。例えば、壺イメージを毎回行なうことを原則とはせずに、壺イメージ適用のやり方やペースについて「注文をつけられる」ように配慮するのである。「注文をつける能力」の育成は、患者が自分の内的感覚が治療のペースをコントロールするのに利用できるようにすると同時に、患者のペースを無視した「治療」が進行することを防ぎ、さらには、患者の「他者（または外界）に働きかける」能力を育成することにつながるものである。

　しかし、この「注文をつける能力」が充分に発揮されるまでは、患者の状態や気持に対する治療者の内的感覚や推測が重要な役割をもつこととなる。それに基づいて、面接時間を短くすることを提案したり、イメージ・セッショ

ンの中止を提案したり、話題を変えてみたりといった配慮が必要である。

　「注文をつける能力」の育成をはじめ、治療者がいろいろな配慮や技法的工夫を行なっていたとしても、境界例などの重篤なケースでは患者の内的反応や気持を察知できず、その結果、種々の失敗をしてしまうことは、ある程度避けられない。そこで重要なことは、その失敗を破局的なものにしないことであり、かつその失敗を治療者・患者の双方がその後の治療の糧として生かすようにすることである、と筆者は考えている。いわば治療者も患者も「上手に失敗する」、「転んでもただでは起きない」ことが必要である。なお、この点については、後述される境界例のケースを参考にされたい。

　このようにして、患者のケースに沿って行なうことができるような治療者―患者関係を面接の中で両者が共同で創りあげていくということが必要なのである。それに支えられて、初めて壺イメージは充分に機能しうるのである。

2．「工夫する能力」の育成

　上記の「注文をつけられる」治療関係を基盤として壺イメージの中で重視されるのは、「工夫する能力」の育成（田嶌，1983a，b）である。彼らは危機的イメージに対してステレオタイプな反応しかできない。従って、彼らがそのような固定的反応を壊して、危機的イメージやそれによって象徴される問題、そしてそれがひきおこす感情に対する自分に合った新しい、より有効な対処法を「工夫する能力」を育成する必要がある。

　そのような工夫には、基本的に二つの方向がある。ひとつは、あるイメージや感情に対して距離をとる、すなわち回避するための工夫であり、もうひとつは逆に距離を縮める、すなわち接近するための工夫である。例えば、壺から出られなくなった患者には、「はしご」を使う者もいるし、深呼吸その他の工夫をする者もいる。また、壺に入れない場合に、治療者の手を握る者もいれば、のぞくだけにする者もいる。また、後述される境界例の患者は、約6年間の面接のうち約1年半壺イメージを行ない、壺の中で「これ以上感じたら狂ってしまいそうな」感じを体験し、その壺を治療者に預けてしまうという工夫を見出した。それ以後その壺から圧倒されることはなくなり、それまでの抑うつ状態はほぼ消失した。ある患者にとって有効であった工夫

が別の患者にも有効であるとは限らないので、その人が自分自身に固有の有効な工夫を見出すように援助するのがよい。このような自分に合ったさまざまな工夫の発見は、「注文をつける能力」が育成された治療関係の中での患者自身の工夫と、それを援助する治療者の工夫との相互作用によって達成される。すなわち、患者の「工夫する能力」を育成するためには、治療者の「工夫する能力」が必要とされるわけである。

3．スモール・ステップ

　患者が壺の中のものを充分に体験できるようになるまでには、しばしば長い期間を要する。例えば、最初は壺の中に入らず眺めたり蓋をしたりするだけ、次にはのぞいてみるだけとか、手や腕を入れてみる、といった具合にスモール・ステップで行なう。

4．性急な言語化の保留

　漠然としたイメージ体験は性急に言語化しようとすると、かえって壊れてしまいやすい。従って、その体験に沈潜して味わい、自然に言葉になるまで待つことが大切である。

討　　論　(1)

成瀬　ケースのところを省略いたしましたが、ケースについてはまたあとでやるようでございますので、技法の問題についていろいろディスカッションをしたいと思います。どうぞご自由に ——。

村瀬　ちょっと、手続きについてですがね（田嶌：はい）、5番目の蓋をするという［ステップの］ところで、しっかりと蓋をするというのは、そういうふうにインストラクションを与えるわけですか？

田嶌　私の場合はだいたい「しっかりと」ということを言います。（村瀬：言いますか）はい。で、ちょっと感じる［というステップの］時には、どうせまた後で開けるわけですからあまり言いません。「しっかりと」というふうに言っておきますとね、例えば鎖で巻いたりといったふうに、壺の蓋の仕方を工夫

してくれるということがありますから。

村瀬　なるほどね。

冨永　ただ、どの壺にも蓋をするというのじゃなくて、患者さんと話し合って、蓋をした方がいい壺かどうかを確認する作業が、ひとつ、いるんじゃないかと思うんです。あとで私が報告するケースでは、蓋があっちゃ困るというような壺が出てくるんです。

田嶌　そこのところはね、「注文をつける能力」の育成とかね、そういうこととのからみだと思うんだけど。僕の経験でも、確かにいくつかそういうことがありました。だから、蓋は必ずしなきゃいけないというふうには考えない方が──。

成瀬　蓋ができるところにメリットがある、そういうわけですね。

田嶌　はい。いやなやつには蓋をした方がいいんですが、いやじゃない壺、それからその人にとって微妙な意味を持っている壺のなかには、蓋をしないでおく方がいいというのが時々出てくる──。そのへんについてはちょっとまだ［蓋をしないでおく方がいいという］ケースがまだ少ないから［はっきりとは言えない］──。僕はとにかく安全に進めるということを一生懸命考えていたから蓋をすることばかり言ってたんですが──「これはしなくてもいい」なんて言えるようになることがあるし、それはいいことなんじゃないかと。

中井　私が駆け出しの頃、土居健郎先生に面接のことで非常に言われたことのひとつは、リアルな話題で面接を終えなきゃいけないということです。つまり、ファンタジックな話のままに患者を外に出してしまうことは、いわば、包帯をせずに外科の部屋を出してしまうことに似ているよ、ということを言われたんですよね。で、私も、いかにもと思ったんで、また若い人に伝えてるわけなんです。蓋をするということは、開けないということではないわけですから、包帯のようなものですね。（田嶌：はい）ルールとしては、［蓋を］さした方が次の面接にかえってつながるような気もしますけど。開けっ放しだと、最後にリアリティに戻さずにさよならというようなことになって、面接と面接の間に、例えば、壺に手をつっこんだり、中を覗いたりといったことになりはしないか。つまり、面接の場の外でのコントロールされない空想がつづくことになりはしないか。それに耐えられる患者というのは、かなり成熟した患者、自由連想で「はいさよなら、また」ということが言える患者じゃないですかね。治ってくれば［蓋をしなくてもよくなる］ということもあるでしょうけど──どうでしょう。

田嶌　基本的には、そうだと思います。ただ、私の経験では、重い人でも、壺［イ

メージ］にかなり慣れてくると、楽な壺のうちで、これは蓋をしない方がいいというのが出てくることがあります。（中井：うん）で、それともうひとつは、蓋をしなかった場合、次の回に必ずそれを検討する。（中井：ああ、なるほどね）つまり、［蓋をしないで］そのままにした時にどうでしたか、そのままでよかったのかしらっていうことを必ず検討するという手続きが［いる］──

成瀬 今の蓋をしなくていいというのは、冨永君の［ケースでは］蓋をしたらだめということですか、それとも蓋はしなくてもいいということですか？

冨永 いくつかの壺のうち、本人にとって、蓋をしてもらったら困る壺がある。いやな壺は蓋をしなければならないけれど、あとでそのケースを発表しますけれど、「亡くなったお母さんの壺」というのは、蓋をしてしまったらまた症状が出ちゃうということがあるわけですね。それで、これは蓋をしない方がいいという（成瀬：したらだめってわけですね）、はい。［蓋をしたら］症状がかえって強くなったというケースがあったものですから、そういう意味で──。

倉戸 蓋をするというのは、特に入院患者さんではなくて、外来でやる場合にひとつの意味があろうかと思うんですが、時間の関係などでセラピーを途中で中断せざるをえなくなる場合や、一段落はしたけれど次回以後に継続される場合、そんな時に、僕はゲシュタルトの立場ですが、「心のノート」といいましてね、「今回はそこで閉じましょう、閉じれますか」（笑い）ゆうて、「また次会うまでね、閉じましょう。約束できますか」などと言います。これは壺に蓋をすることと比較的近いかなと思いながら、お聞きしてました。ただね、そのノートを閉じてもね、途中で開けちゃう人が随分いるんですよね。（田嶌：うむ）で、それはどうも、──、自我境界とか、自我の弱さとか、先生もおっしゃってましたけど［そういうものと関係がある］（田嶌：ハア）。随分健康な方、あるいは、健康へ向かっている方は、しっかり蓋ができそうな感じがするんですね。まあ、ノートが閉じれるんですが、［開けないと］約束はしててもね、次の週までに、どうしても開けちゃう人がいる。（笑い）その辺は先生の事例ではどんな具合なんでしょう。ちゃんと壺の蓋を閉めたままの人が多いですか──？

田嶌 さっき村瀬先生が言われたこととつながるんですが、「しっかりと」と言っておきますと、一般に重い人ほど、頑固な蓋をするんですね。（倉戸：ハア、そうですか）蓋に種類がありまして、健康な人は紙でペタッと（中井：ハア）すればいい。そして木の蓋をする場合、それから、鉄板の蓋をして、鎖でぐるぐる巻きにしてさらに鍵をかけて（倉戸：ハア）っていう具合に、とにかくていねいに、しつこくしつこくやって終わる──、こちらが指示しなくても

患者さんが自発的に。自分（＝患者自身）だってやっぱり［その壺の中のものが］大変なものだと思っているから —— だから時間かけて蓋をして終わるということになるんです。それでも、若干影響が出てくることもありますけども、蓋を自分で開けちゃったとかいうことはなかったですね。

成瀬　あの、今の倉戸さんのお話で、自我が弱いのは、それは蓋がちゃんとできないんじゃないかという話がありましたけれど、そういうことはありませんでしたか？（田嶌：うーん？）自分で閉められないから（田嶌：ハイ）こっちで助けて閉めてあげるとか、そういうことはなかった ——。

田嶌　そういう意味でいうと、僕は自我のかなり弱い人に壺イメージをやったつもりでいるんですけれども ——（倉戸：ハイ）、それはなかったですね。ただ、こういうことがありました。あの、冨永君のケースでもそういうことがあったんですけども、［患者さんが］「なんかどうも調子悪い。今日やりたくない」と言うので、「じゃあ、ちゃんと蓋が閉まっているかどうか確認しましょう」ってことでやってみると、その蓋が、半分位開いていたとか、そういうふうなことはありました。

成瀬　どうでしょうかね。どうも蓋がちゃんと自分で閉められないところがね、自我の弱さのせいなんじゃないかという話でしたが、この連中の［壺イメージ］はどうもちゃんと自分で閉められる。それは方法が違うからなんでしょうか、それとも、もうちょっと別のことがあるんでしょうか？

倉戸　その辺をもっと知りたいですね。ただ壺の場合、蓋が自分でできるし、蓋の種類も紙のものとか鉄板とか自由に選べますね。そんなことが関係しているかもしれませんし、また、サイコティックとかクライエントの状態にもよるかもしれませんね。

田嶌　もうひとつは、こういうことがあると思うんですけど。重篤な人に適用するときには、僕らは導入までに時間をかけるんですね。自我が弱いといってる人たちに、例えば『注文をつける能力』を育成するっていうのは、そういうことなんです。最初は、だいたい［治療者に］注文はつけられないですね。「先生のお好きなようにどうぞ」って言う。それが、「今日やりましょうか」って言うと、「いやそれは」っていうようにある程度言えるようになってくるように［面接を］進めていきます。ですから、壺イメージの導入前に、一年や二年でもやらない時期がありますので、そういうこともひょっとすると関係しているかもしれないと思います。

松木　私のケースの場合は、最初、かなり頑丈に蓋をしてたんですが、だんだん、だんだん、ずーっと蓋の必要がなくなって、後半ほとんど、ここ何十回もう

蓋なしで［やってます］――そういうケースもありましたし、それと、今回発表するケースとは、別のケースで、それも［壺イメージを］使っているわけですけれども、壺ができないっていうのがやっぱしあります。蓋をしたんだけど、壺の中からどんどんいろんなものが出てくるとか――。それから、蓋ができなかった時っていうのは、壺の中の感じが、やっぱり壺の外へ出た自分の中に残っています。で――。

成瀬　そんな時は、どうするんですか？

松木　その時は、もう一回［壺の中に］入ってもらうという技法を使う場合とそのまんま次の壺へ移ってしまう場合もあります。

松木　蓋は中途半端のままで終わる場合もありますし、そのケース、ケースで面接の中でイメージをしながら、［どうするかを］本人と相談をしたりしてやってます。

成瀬　そういうふうにすると、その壺の不快感は残りませんか？

松木　残ったりする場合もあります。その場合にどうするかということを、田嶋先生からいろいろなお話をうかがい、「空の壺」を使うとか、また僕なりのアレンジで「楽な壺」ってのを自分で想定して使ってみたりして、最終的にはその中へ入って、やっぱり最後の壺だけはきちっと蓋をして出します。だから最終的には、出たときの不快感を残したままで終わるっていうのは、僕は一回もやったことはないです。必ず、その感じは最終的には全部とってしまう。ただ、ひとつの壺で、その感じが残ってても次の壺へ行ったりすることはあります。

成瀬　最後のところでちゃんとできればいいというわけですね。

松木　そうです。そういう感じで僕はやったんですけども、他の方がどんなふうにやっておられるかはわかんないですけども。

中井　まあ、これはね、ひとつは、田嶋先生のパーソナリティなんです（笑い）。壺イメージ療法というのを、発表する勾配が非常にゆっくりなんですよね。今日なんかも［討論者が］一人くればいい方だとおっしゃってた（笑い）。こういうふうな安定したペースラインをしている。だから、治療者特性がそうなので、これは多分、リスキーなケースに性急に適用するということはないんじゃないかと思う。そして、この療法では導入準備っていうのが一番むずかしいんだろうなぁ、と僕は思ったんで、実は、僕がここに出て来たのは、田嶋さんていうのは、どういう方であろうかと（笑い）。それから今、倉戸先生がおっしゃったことについてなんですが、私の知ってる日記療法をやってる人は、それを日記ごとにホッチキスで閉じるんですね（田嶋：ハハァ）。そ

れをやらないと患者が過去を反芻しちゃう。日記を何度も何度も読みかえします
から、まあ、極端にいうとエランベルジエ先生の言われるみたいにいわゆる二重人格、つまり日記人格が独立してできちゃうということで、バチンとホッチキスで閉じるわけです。それに耐えられない人もいるんだけど、その場合には日記療法の不適応ということになる。［倉戸］先生の場合はイメージ（倉戸：ハイ）としての日記ですね（倉戸：そうなんです、ハイ）。ただ、壺のイメージだとある重さをもってるから外に出にくいと思うんですね。バシュラールの言い方だと、これは土に属するわけですから、重いわけです。だから出るのをおのずと制限してくれてるのかもしれませんねぇ。そんな連想をします。ちょっと倉戸先生のと似ているんですよね。

倉戸　［病院から］送られて来るケースはありますが、僕は病院臨床の経験ないんです。そこで、ここへ寄せて頂くのに、ちょっと、ま、下調べをして（笑い）参りました。するとフィッシャーの「からだの意識」の翻訳を読んでたら、病院では自我境界が曖昧で、自分のボディのラインていうか、外界に接している身体の意識がなくなるというような、そういう方がいるんだそうですけど、そういう方は、病院で、例えば、包帯をぐるぐる巻いてもらって、その外枠をしっかりとるという。そんな症例なんかを読んで、なるほどと思ったわけです。そこで壺でも同じことがいえるのかなと思ったわけです。すなわち、自我境界の曖昧なものほど重い、しっかりとした壺がいるのかなと。

中井　病院臨床ばかりやってる人間の立場から申しますとね、粘土をやるとですね（倉戸：ハア）、これは非常にプリミティブな、視覚や触覚とかいろんな感覚が混じっているわけです。粘土作品は、治っていく過程の前半では、へこんでるんです。灰皿というか、壺というか、囲いというか、「目の前のをまねしました」というにしても、とにかくへこんでるんですね。で、治ってくると凸になるんです。もうひとつ底がありましてね。えーっと、上智大学の学生だった野村るり子さん、今の溝口るり子さんが10年ほど前に学位論文書くときに、私がたまたま指導教官の下請けをしましたもんですから、私が7年間やって集めた患者さん、主に破瓜型統合失調症の作品を整理したんですがね。粘土とのかかわりはもうひとつ底がありまして、粘土の粘土らしさ、やわらかさというものを感じることができない。（数人：はあー）究極は粘土の粘土性としかいえないものだってことですけど、これを感じられない人は、非常にかたい、幾何学の図形作っちゃうんですよね。凹凸じゃないし、例えば三角錐とか、円柱とかね、ものすごくかためるんですね、あるいは平べったい壺とかね。感情的に混乱している人は逆に粘土を紙の上に、あるいは机

の上にこう、なすりつけるんですね。ちょうど、ミュラー・ズールっていう、臨床家というより理論家のドイツの精神科医が言ってるんですけども、シンボリックなものっていうのは、統合失調症の底の底ではないと。一番底っていうのは、もうどうしようもない、動かしがたい具体的な岩みたいなのがどーんと座ってて、患者はそこへ降りていったらたいへんだっていうんで、象徴を使って、なんとか上に行こうと、底まで降りまいとするんだっていってる。これは、実際やってる者には実感に近い話ですね。

成瀬 今、蓋の話から素材の話になりましたが（中井：いつのまにか）、（笑い）そうですね（中井：どうも）。いや、あの時間がないんですが、壺というものを使ったことの意義について、何か、ご意見でもあれば、ちょっとここで先生方から伺えるといいかなと思って —— 、粘土の話が出ましたんで —— 。

増井 あのね、病人さんっていうのは自分自身の中のイメージの障害ですね。情緒障害っていうのは、精神分析の考えからいってもそうです。壺という素材をとることでね、実は、自分の病気のイメージの部分を、ものすごく生きやすくしているという感じがするんです。クローズドされたものの中では、自分自身のパソロジカルな感情を生きやすい。イメージ・セラピーそのものが一般的にそうだと思うんですよ。自由連想では非常に薄められた形で、転移感情の中で病理の部分を生きて、相手に病理の部分をプロジェクトして、そして解釈によってフィードバックするっていう手続きが原則だとしたら、イメージ・セラピー全体がいわば、自分の病気のイメージを視覚にもってきて、その視覚を体験することで、自分の中にある情緒的な障害のイメージを生きやすくしてしまう。だから、イメージ・セラピーは非常に短期ですむものだと思う。それがひとつ。それともうひとつ、壺というものをもってくることによって、病気のよりエッセンスの部分を生きやすくしてるんじゃなかろうか —— 壺をもってきたうまさというか、たまたま、意識的に壺をもってこずに、なんていうのかな、 —— 『怪我の功名』（爆笑）。言いすぎかもわからんけど、そういうことをひとつ感じてますね。もうひとつ、これは手続きの問題じゃなしに、今、中井先生が言われたこととちょっと連想がだぶるんですけども。僕は壺イメージということを［実践］していないけれども、いろんな問題を［イメージの中で］包みこんだりして、置いておくという治療なんかをしてるんです。僕は、入院の患者さんも外来の患者さんも扱ってますけども、彼等は今までの生活の中で、蓋をするという経験がなかったんですよ。つまり、彼等は意識的に蓋をするという精神作業を全くしてこなかったんですね。しなければいけないとは思ってるけれども、蓋をするということをしたいんだけ

ども、混乱状態の中でね、具体的にどうしたらいいのかわからない。だから
僕は、蓋をするという手続きの中にこめられた治療的意義っていうのはね、
蓋をしようとする具体的な手続きを与えてあげたということだと思う。それ
ともうひとつは、蓋ができたという感じ、蓋ができていなかったという感じ。
この感じを非常に新鮮な感じで体験してる。ここらはセラピストの実感とし
てわかるんですね。だから、蓋をするというのは、単に手続き上の問題じゃ
ない。蓋ができたという主体的な努力をしてきていなかった人、ないしは、
オプティマルにできてなかった人が、うまくできたということは、ある場合に、
そうとうな治療的な意義がある。あなた（＝田嶌）のいう、『体験的距離』っ
ていうかね、『問題との距離』というのが、壺というマヌーバーをもってくる
とやりやすいということと、できたという感じをもちやすいということと、
それをしてみると意外と楽だったという実感ね（中井：これは、蓋をすると
いうことに意味があるわけか）。はじめて蓋ができて、自分と問題との間で若干、
距離がとれ、近くでみるとわからんけど、ちょっと離れてみたらちょっとわかっ
てくるという、そういう積み重ねが治療的なんじゃないかと僕は［思う］。そ
ういうふうに感じたんです。

田嶌　確かにね、フリー・イメージをやってて、途中で壺イメージを導入すると、
　　　蓋をすることで、［患者さんが］ほっとしますね。

増井　ほっとしたという感じをねぇ、今まで持ってなかったんですよ。だけど、
　　　治療関係の中でほっとするっていうのは難しい。相手が大丈夫と［コトバで
　　　いくら］言っても絶対大丈夫じゃない。イメージの中では、自分の中の問題
　　　を自分で保存してるから、自分で蓋をしてしまえばいいから関係の中で、ほっ
　　　とすることは難しくっても、壺の中ではほっとすることができるんですよ。
　　　これは、僕は、イメージの特性じゃなかろうかと思うよ。

成瀬　また、蓋の話に戻りまして（笑い）。それじゃあ、これについては、［この
　　　後も］ずっと続いてディスカッションがあると思いますので、では、ケース
　　　の［発表の］方にいくことにしましょう。

　さて、ここで壺イメージを適用した事例をあげてみよう。報告される事例
はもう随分前に終結したもので、いずれも筆者に多くのことを教えてくれた
事例である。

6. 境界例の事例

1. 現病歴・生活史

　患者は32歳の既婚女性で、自営業を営む夫との間に一子がいる。面接開始時には本人は生活史や病歴を聴取しうる状態ではなく、また治療者が家族と面接することにも拒否的であったため、面接開始時には以下のことがわかっていたにすぎない。

　入院前は、乏食、不眠状態であり、「人間の原罪は猜疑心」と称え、緘黙状態となり、被害妄想を抱いていることが推測された。また、2年前にも夫の転勤を契機として同様の状態となり約4カ月間入院したことがあった。

　その後の面接から、生活史や病歴が少しずつ明らかになったが、ここでは、次のことを述べておくに留めよう。彼女は愛人の子として生まれ、正確には不明だが生後数十日から数カ月で子供のいなかった本宅へ引きとられ、以後本妻によって育てられた。本人は長い間、父と本妻を自分の祖父母であると信じていたという。幼稚園頃から何か変だとは感じていたものの、その事実をはっきり知ったのは、高校入試の時であったという。また、隣家には「お乳をくれる」女性がいて、その人をお母さんだと思っていたという。いわば、彼女には3人の母がいたことなる。

　診断は当初統合失調症と考えられたが、その後の面接経過から境界例と変更された。

2. 治療過程
(1)初回面接

　患者は、化粧をしておらず、青白い顔をして硬い表情で痩せ型、治療者に迫って来るような印象があって、落ち着かず、やや多弁。治療者が自己紹介後、〈これから、この部屋で時々会って話をしましょう〉と伝えると、「話を聞いてもらうと私もスーッとします。だから、話をしたい」と答える。そして「2年前にも入院したことがあり、退院後もイライラして、趣味も多く、そのせいで眠れなくなった」、「主人と一緒にいたい」、「主人と主人の兄に連

れてこられた。その時は一言もしゃべらなかった」などと自発的に語り、不本意な形での入院であったことをうかがわせたので、治療者が〈いやだった？〉と問うと「朱に交われば赤くなりそうで……。主人に会いたい」と答える。

　「ざんげみたいなものですね、この時間は。何かの資料にするんですか？」と問うので、〈資料を集めたりすることが目的ではなく、あなたの困っていることが少しでもよくなるのには、どんなふうにしたらよいかを一緒に話し合いながら考えてみることが目的〉であることを説明すると、「私は猜疑心が強く、心配症」と述べる。「わかられる不安」を抱いているようなので、〈心配な時は、しゃべらないようにしていいですよ〉と伝える。

　自発的にいろいろ話すが、「わかられる不安」を抱きやすそうなので、当面、面接時間を1週間に一度、10分程度とすることを約束して、終了。

⑵第2回〜第32回

　病棟では男性患者の後をついて回る行動が見られ、2回の面接後、家族の強い要望で、状態があまり改善しないまま退院となった。この時点で、面接の継続か打ち切りかが検討され、本人の希望もあり、主治医との密接な連絡のもとに外来で継続することとなった。

　その後の面接では、落ち着きがなく、話の内容はコロコロと変わり、突然笑ったり涙ぐんだりと感情の動揺が見られた。第3回面接では、「先生に話すと、周りに伝わる」、「実験台にしているんですか」と「探られる不安」を訴え、また、愛人の子として生まれ、生後数カ月で実父家へ引き取られたことなどが語られた。その後も、治療者に対して、探られる不安、信—不信の葛藤を訴えつつも、陽性感情が高騰し第8回より、治療者に抱きつくというエロチックな行動化が見られるようになってきた。

　そのため、1）患者の被害的不安を刺激しないこと、2）衝動抑制能力を養うことを当面の目標とした。具体的には、患者の心的内容を小出しにさせるように配慮し、また、治療者への抱きつきについては、禁欲原則を伝えて制止し、再三抱きついてきたら、その回の面接は途中で打ち切ることとし、逆に少しでも長く椅子に腰かけていられたら賞めることとした。筆者としては、禁欲原則を守れないようであれば面接そのものの中止も止むなしと考えていたが、幸い次第に腰かけている時間が長くなり、面接時間も30分に変

更された。

　この間、街で知り合った男性と交際したり、面接予定日以外に再三来院したり、外で治療者を待ちうけるといった行動化が見られた。しかし、このような行動化と抱きつこうとする行動は、3〜4カ月で次第におさまっていった。そして、その後も何回か出現することはあったが、いずれも短期または単発的なものであった。

　このような行動化が鎮まるにつれて、性愛的感情や自分を苦しめている過去のことを少しずつ言語化できるようになってきた。

　例えば、第11回では、数年前の姑の自殺について語られ、当時同居中の姑に対して、彼女が密かに敵意を抱いていた頃、姑が自殺してしまったことが発病の引き金のひとつとなっており、更には生母、育母をめぐる早期の対象関係の障害がこの背後にあることが推測された。姑の自殺について語る時、患者は、とても耐えられぬといった様子で眉をしかめ、頭の中の凄惨なイメージを振り払おうとするかのごとく、何度も首を振った。

　このようなことから、またそれまでの面接での印象から考えて、どうも彼女は種々の苦痛なイメージの湧出に苦しめられており、治療者へ抱きつこうとする行動は、それらのイメージからひととき逃れようとする精一杯のあがきという面もあるのではないかと思われた。実際、後の面接では「十字架にかけられた姑」のイメージなどが普段浮かんできて苦しめられたと述べている。すなわち、彼女は精神内界水準では明らかに苦痛なイメージの湧出に苦しめられており（または湧出しそうになるのを恐れており）、治療者を含む他者に対しては、badな面（すなわち迫害的な面）が露呈しないように強引に彼らにgoodな面を投影し、それにしがみつこうとしているものと筆者は考えた。もし、そうであるとすれば、彼女が湧出する苦痛なイメージをある程度受け止められるようになるか、あるいは、それらのイメージの鎮静化を図るかできれば、彼女の状態はかなり改善されるものと思われた。

　しかし、問題は彼女がそのようなイメージを受け止めるだけの自我の潜在的な力を有しているかどうかということである。試みに、治療者が〈そう…、お姑さん自殺しちゃったの〉とつぶやいてみると、即座に反応し、「イヤ！思い出したくない！」と、とても耐えられぬという苦しい表情になったが、

まもなく楽な表情に変わった。この経験から、また先述の行動化の鎮静化とそれに続く言語化ということから判断して、将来彼女には限定された形でなら、イメージ面接が適用しうるのではないかと治療者は考えた。

　その後も彼女の苦しい過去の言語化は続いた。治療者は時々〈小出しにしようね〉、〈少しずつ話し合っていこうね〉と言うくらいで、それに耳を傾けた。

　第22回では、小さい頃は乳を呑ませてくれる隣のおばさんを「母」と思い、本妻を「おばあちゃん」、父を「おじいちゃん」として育ったこと、高校入学時に自分が「妾の子」であることをはっきりと知ったが、実際には幼稚園頃から何か変だと感じていたことなどが語られた。また、「おばあちゃんだと思っていた本妻も本当は私を愛してはくれなかった。わりに大事にはしてくれたけど、死ぬ直前に手を握ると、パッと払いのけられた。目に涙を浮かべて、私をキッとにらみつけていた………誰も私を愛してくれなかった………」と泣きながら、そして、（姑の自殺について語る時と同様に）苦悶の表情で語った。患者のこの言葉は、治療者の胸を打つものであり、それに続いて、「先生もあたしを愛してくれない」、「ただの患者でしょ！」、「仕事だから会っているんでしょ！」などという攻撃にさらされることとなった。治療者は、しばし言葉を失った後、困惑して〈そうです。確かにあなたは私の大事な患者さんです……〉と答えつつも、胸の痛む思いを禁じえなかった。そして、治療者は軽度で自分でそれと認識しうる程度ではあるが、抑うつ的となり、それは患者の希死念慮が和らぐまで続いたようだ。

　境界例患者がこのように治療者の弱点をついたり、誘い出したりすることに巧みであることはよく知られている。成田（1981）が指摘しているように、患者を患者以外の何者かとして見ることの方がそれこそ問題であり、従って本来非難の言葉にはなりえないはずの「私を患者としてしか思っていない」という言葉が患者によって非難として用いられ、治療者の方もそれに反応して罪悪感のようなものを感じてしまうという不思議な事態が現出することとなる。

　治療者が抑うつ的になったのは、おそらく彼女の攻撃が深い悲しみに彩られていたためであろうし、また、治療者の内的問題ともつながるものであろ

う。しかし、ここで治療者は、直観的には自分自身が抑うつ的となるのはある程度やむなしと感じていた。いやそれが必要であるとさえ思った。それは北山（1985）の表現を借りれば「口答えではなく手応えを与えること」であるということになろう。

　患者は状態が落ち着くと、軽い抑うつ状態が慢性的に見られ、しばしば希死念慮を訴えるようになった。特にひどい時は、主治医に薬の処方を受けるように勧めると、次第に自発的に薬の処方を求めて行くようになった。主治医とは、ほとんど詳細な話はせず、ただ症状を訴え、薬の処方をしてもらうという関係であった。

(3)フリー・イメージによる面接〜再入院〜退院まで（第33回〜第121回）

　状態が落ち着いたため、数分間のイメージ面接を提案し、挿入することとした。第65回では、「……雨……雨がどんどん降ってくる（眉をしかめ苦しそうな表情）……校舎？……校舎が見える……こわれそうな校舎……〈中へ入ってみる？〉ええ……中はイスが沢山積み上げられている……とてもたかーく……くずれそう……恐い！……雨がどんどん降ってくる……恐い！」。第67回では「……暗い部屋……せまーい……不安……（沈黙）……クギを打つ音がする……恐い……いや！　もうやめたい！〈（手を握って）大丈夫だよ。先生がついているから〉……大きなクギを打つ音……（沈黙）……だんだん小さくなってきた……（沈黙）……やんだわ……」というふうに本人にとって苦痛なイメージが出現し、長時間のイメージ面接はまだ無理と考えられた。

　第67回のイメージセッション後の面接で、「先生が信用できん。あっ！言ってしまった」と語ったが、それまでも時折同様の発言があったため、たいして気にもとめていなかったが、その後治療者への信―不信の葛藤が急激に高まり、4日後、電話があり、電話口で「先生を信用できない」と泣く。不眠・妄想状態となり、2日後、入院となる。入院直後、外へ飛び出し、道路へ寝ころぶという行動があり、保護室へ。

　保護室での数回の面接では、患者は治療者の膝に顔を伏せて泣いた。こういう時の治療者の気持ちはやりきれないものである。状態が落ち着いた後の面接ではその「引き金」について話し合われ、次のようなことであったと推測された。

　すなわち、夫の実家への墓参りの日が近づいてきており、姑の自殺が発症のきっかけのひとつとなっていた彼女としては、内的イメージがかきたてられ、ひどく不安定になり、また治療者への信―不信の葛藤も激化したらしい。そこにイメージ面接が「ヒット」してしまったらしい。すなわち両者の相乗作用によるものと考えられた。彼女はこれを「私の『パンドラの箱』[1]を先生が開けてしまった」と表現した。

　そこで「パンドラの箱」が今回のように急激に開いてしまわぬためには、どのように面接を進めていったらよいかということを共同で検討した。その結果、本人が気が進まない時もイメージ面接につきあっていたということがわかり、患者が治療のペースについて「注文をつける」ように気をつけ、治療者は患者が「注文をつけやすい」ように配慮するということになった。

　約2カ月で退院。退院後、しばらくの間沈黙がちな時期があり、それは非拒絶的（中井）なものであり、治療者は患者と沈黙を共にするように心がけた。次いで、再入院前の軽い抑うつ、無気力の状態となり、希死念慮も続いた。また、発症以来、不感症になり、それが続いているということもこの時期に明らかとなった。退院後の面接では「注文をつける能力」の育成を心がけつつ、時折短いイメージ面接が試みられた。その中では、治療者と一緒にいるgoodイメージが出現するが、しかしすぐに「悪魔」、「黒いかたまり」、「ドブガエル」といったbadイメージが現れて、それに圧倒され、数分しか耐えられなかった。例えば第97回では「……沼……大きな沼……ドロドロした……夜……ドブガエルがとびはねている……こっちへ来るわ……たくさん……気持悪い……血を吸うつもりよ！……先生、助けて！」というイメージであった。しかし、次第に治療者の積極的「手助け」によって、追い払ったり逃れたりできるようになり、それまで数分しか耐えられなかったのが時には30分程度のイメージ・セッションに耐えられるようになってきた。とはいえ、イメージ中は気を抜くことのできない緊迫したものであり、患者も治療者も相当のエネルギーを費やし、かなり疲れるものではあった。そのようなイメージの変化に伴い、それまで感じられなかった「さみしさ」が感じられるようになり、うつ状態は幾分和らいだようにも思われたが、希死念慮は続いており、主治医に薬を特に処方してもらわなければならないことも数

回あった。

⑷壺イメージ法導入後の経過

①第122回（壺イメージ1）〜第125回（壺イメージ3）

先述のような経過の中で、当時考案したばかりの壺イメージ法を導入してみた。面接開始から約3年半経過していた。すると、「さみしい」、「恐い、悪魔のいる」、「真っ暗な」、「先生〔＝治療者〕がいる」などのさまざまな壺が出現した。そして、治療者のいる壺に入って甘え、それ以外の壺には入れなかった。フリー・イメージでは、たとえ「（治療者に）甘える」、「落ち着ける風景」などのgoodなイメージが出現しても、すぐに「悪魔」などのbadイメージに邪魔されて、長続きしなかったが、注目すべきことに、壺イメージでは、治療者のいる壺に入って15〜30分も甘え続けることができた。例えば、第123回（壺イメージ2）では、「先生のいる」壺の中で「……とてもおだやかな気持……（沈黙）……先生におんぶしてもらったり、抱っこしてもらったりしている……いい気持……（沈黙）……」といったイメージ内容であった。

何かイメージの中にいくつかの壺という形で仕切りができたため、別の壺の中にあるbadイメージが侵入しないですんだとでもいうような反応であった。そのため、患者はフリー・イメージにくらべ「断然、こっち（＝壺イメージ）の方がよい」と述べ、治療者もこちらの方がたいそう楽だと感じた。

②第126回（壺イメージ4）〜第143回（壺イメージ17）

町内会の役員になったことが引き金となり、「死にたい気持」が強くなり、治療者に電話あり。電話で壺イメージを行ない、その気持を「空の壺」の中に入れるように教示した。患者自身の内省によれば、「死にたい気持は10から3」に減少したとのことであった。第130回（壺イメージ6）からは、「死にたい壺」へ何とか入れるようになり、第136回（壺イメージ11）では、「死にたい壺」は消失した。この時期を特に薬の処方を受けずにのりきったのは、今回が初めてであった。この頃より、「さみしさは強くなっても、死にたいとは思わなくなった」。また、引き続き「先生のいる壺」では甘え続け、第132回（壺イメージ8）からは、他の苦痛な壺にも入れるようになり、次第に

それらの壺の中でじっくり体験できるようになっていった。参考までに第130回と第135回面接の壺イメージを一部述べてみよう。

第130回（壺イメージ6）

「〈死にたい壺の蓋はちゃんと閉まってる？〉うん……入ってみようか〈大丈夫？　もし（死にたい気持ちが）飛び出してきちゃったらどうしよう？〉う〜ん……その時はすぐ閉めて、外へ出たのは別の壺に入れる……〈じゃあ、開けてみよう〉……中でウジャウジャしてる……〈じゃあ、入ってみようか〉……死にたーい（と胸をおさえる）……（沈黙）……死にたーい〈身体の感じはどう？〉……胸がきゅーっとした感じ……〈それを感じてて。そして、我慢できなくなったら、教えて〉……もう、死にたーい……〈外へ出ようか？〉うん……フーッ！楽になった……」

第135回（壺イメージ10）

「（恐い壺の中へ）……暗い……悪魔が出てきた……恐い！……〈身体の感じはどう？〉……胸がしめつけられるような感じ……〈それを充分に感じてて〉……私ののどを刺そうとしている……（刺されたらしく、のどをさすりながら）ウーン！　ウーン！……ハーッ！　フーッ！……何かスーッとした……」

③第144回（壺イメージ18）〜第152回（壺イメージ26）

それまで、治療者に甘えていた壺が、治療者からの分離不安（すなわち「去っていく先生」）の壺となり、第146回（壺イメージ20）より、「強くなりたい壺」が出現し、独立―依存の葛藤が顕在化した。第148回では、以前治療者を「殺したいと思っていた。ハンドバッグにナイフを忍ばせてきたこともある」ということが告白された。「先生、私を嫌いにならないで！」という患者に、治療者は微笑んで〈そりゃあ、殺されなくてよかった〉と答えた。そして、第149回（壺イメージ23）〜第152回（壺イメージ26）では分離不安が高揚し、面接時間は2時間以上に及んだ。第151回（壺イメージ25）で、この分離不安の高揚の一因は治療者の態度にあることが明らかになった。すなわち、患者の希死念慮がほとんど消失したことで治療者はほっとしていたのだが、その治療者の「ほっとした」態度を、患者は「冷たくなった」と受けとっていた

のである。

　このことが明らかになったのに続いて、第152回（壺イメージ26）では、「去っていく先生」の壺は消失し、新たに「強くなりたい」壺が出現した。その「強くなりたい」壺の中で、それまで患者を苦しめていた「悪魔」の顔が「育ての母（＝本妻）」と「お乳をくれたおばさん」の顔になり、患者はその正体に気づくこととなった。彼女は非常にショックを受け、その夜はよく眠れなかったが、翌日からは落ち着きをとり戻した。また第150回（壺イメージ24）頃より不感症も治ったという。

④第153回（壺イメージ27）～第162回（壺イメージ33）

　第153回には髪を切り、明るい表情になり、これまでになく良好な状態が続いた。第154回（壺イメージ28）で、「強くなりたい」壺の中で、「これ以上感じたら狂ってしまいそうな」、「身体の奥から湧き上がってくる」、「心の奥深くの恐い」感じが出現した。「……広い野原にひとり……少し恐い……胸がしめつけられるような……（沈黙）……頭に恐い感じがいっぱいになった！〈どんな感じ？〉……一番恐いもの、いやらしい感じ……それを感じたくない！……知りたくない……」と述べ、イメージ・セッション後の面接で〈それをもし感じたら、どうなりそう？〉と治療者が尋ねると、「狂ってしまいそう。死んでしまうかもしれない。これは先生にも知られたくない」と答えた。

　第157回（壺イメージ31）では、その壺を治療者に預けてしまい、今後開けないことにすることで、それに圧倒されなくなった。「一番恐いものは、先生に預けたから」、「気持よく終われます」と第162回で一応終結とした。終結に際して、「先生に身体ごと甘えたいということもあったけど、そうできなかったからよかったのかもしれない」と語ったのが印象的であった。なお、彼女は第60回で「オフェーリアの死」を模写した絵を描いたが、最終回ではオフェーリアの元気な姿を描いていると述べた。

３．考察

　すでに一部考察を混じえながら述べたので、残りのいくつかの点について考察してみよう。

⑴病理の理解

　患者の基本的な苦しさとはいかなるものであっただろうか。治療者への抑えがたいしがみつき衝動があり、それはあたかも苦痛なイメージの湧出からひととき逃れようとするあがきであるかのように思われた。そして、そのしがみつき衝動に従って、治療者との距離をつめようとすればするほど、治療者のbadな面が顔を出し、被害感や探られ不安が生じることとなったように思われる。

　本患者は当初統合失調症が疑われたが、その後の面接経過から境界例と考えられた。その根拠としては次のようなものがあげられる。

①上述のように信—不信の葛藤が強く、しかもそれが早期に言語化されていること。

②原始的防衛機制が見られること。例えば、初期の治療者に対する被害感に見られる投影性同一視やイメージ中に現れるgoodイメージとbadイメージの分裂にそれが窺われる。

③早期の母—子関係の障害が推測されること。

④衝動の抑制および保持能力が弱く、行動化が多いこと。

以上のことから、境界例であると考えられた。

⑵発症の機制

　彼女は愛人の子として生まれ、生後数十日ないし数カ月で実母との分離を体験し、その後は実父とその妻の許で育てられた。そして、本人の語るところによれば、お乳をくれる隣のおばさんを母と思い、父と本妻を祖父母と思って育ったという。このような早期の分離体験とその後の育児状況が患者の対象表象、自己表象の分裂（split）を準備したものと推測される。

　そして、本妻の死に際して、彼女の手を握りしめたところ、「やさしかった本妻」から手を振り払われ、涙を浮かべ、キッとにらみつけられたという体験も、また重要な役割を演じているように思われる。すなわち、優しいもの（＝goodなもの）の中から、「怒り」（＝badなもの）が姿を現す体験であり、それは、「goodなものに接近しようとすればするほど、badなものが顔を出しそうになる」という境界例の病理に通じるものであり、しかもそれが青年

期の彼女に起こったことであるからである。

　実父、本妻の死後、「養子の兄」につらくあたられた彼女は、彼女にとってgoodなものからbadなものへと変容した家からの脱出の途として、18歳で早すぎる結婚を選んでいる。次男である夫の両親と同居するハメになった彼女が18歳という年齢であったことを考えてみれば、経験不足から、姑との関係がいかに苦痛なものとなったかは想像に難くない。いや、ひょっとしたら彼女は分裂したbadな対象表象を姑に投影していたのかもしれない。

　姑との関係に疲れた彼女の中で秘かに抱かれた姑への敵意と、それにまつわるファンタジー。不幸にも姑の自殺という形でそれが「現実化」してしまった。この事件は、これまでに述べた背景をもつ彼女の中で、次のごときものとなったものと推測される。すなわち、

「姑が憎い」──→「姑が死ねばいいのに」──→

〔姑の自殺〕──→「私が姑を殺した」┬─→「私は報復される」
　　　　　　　　　　　　　　　　　└─→「私の殺意は知られてしまった」

　このように、秘かなファンタジーと現実との不幸な一致が発症のきっかけとなっているケースは案外多いのではないだろうか。

(3)治療過程

　発症のメカニズムにしても、治療過程で浮かんだ種々のイメージ内容にしても、精神分析とりわけ対象関係論によってよく理解しうるものである。治療経過についていえば、精神分析の立場からいえば、転移を基盤として、イメージ中で象徴的に甘えがある程度充足され、イメージ、壺イメージなどを通して、彼女の分裂されたものをある程度自我に統合し、また残りのものを上手に分裂できるようになったものといえよう。

　しかし、ここで忘れてはならないことは、このようなことが可能となった背後には、やはり前章で述べたようなイメージの体験様式の変化が起こったためであるということである。もちろん、フリー・イメージの場合と異なり、それは、壺というイメージ界の限定された枠の中でそれが起こったということである。そこで、ここではイメージを中心に考察してみることにしよう。

①初回面接から壺イメージの導入前まで

　面接初期、患者は治療者へあまりにもすみやかに陽性転移を起こした。治療者への性愛化したしがみつき衝動があり、それは苦痛なイメージ湧出からひととき逃れようとするあがきでもあるかのように思われた。そして、その衝動に従って、治療者との距離をつめようとすればするほど、治療者のbadな面が顔を出し、被害感や「探られ不安」が生じることとなった。

　このように、精神内界のイメージに圧倒され、対人的距離のとり方が混乱している患者に最も必要なことは、「『安全弁』を備えた治療構造」の設定であろう。そのために、面接時間を初期には10分程度に制限し、抱きつこうとする行動には禁止を伝えた。その結果、そうした行動は次第に収まりを見せ、続いて種々の行動化が見られたものの、これも次第に収まっていった。

　行動化が徐々に収まるにつれて、自分を苦しめてきた過去が語られるようになり、軽いうつ状態が出現し、希死念慮を訴えるようになった。そして、それがその後の経過の中では、中心的症状となった。

　フリー・イメージによる面接を行なったところ、患者にとって苦痛なイメージが治療者の予想以上に出現したため、数十秒ないし数分に留めた。その後、信—不信の葛藤が高揚し、発病の引き金と関係した実家への墓参りと相まって、不眠・妄想状態となり再入院となった。

　退院後は、「注文をつける能力」の育成を心がけつつ、フリー・イメージによる面接も挿入したところ、そこで浮かんだイメージは、治療者に甘えていたり、落ち着ける光景の中にいたりするシーンがほんの数秒あり、次いで、「黒いかたまり」や「悪魔」などが現れて、彼女を圧倒するというものであった。当初、患者はこれらのbadイメージに圧倒されていたが、まもなく治療者の積極的介入により、それらのイメージにかろうじて対抗したり、追い払ったりできるようになってきた。それにつれて、従来は数分しか耐えられなかったイメージ面接も30分前後やれるようになってきた。とはいえ、イメージ中は、治療者も患者も緊迫の連続であった。

②壺イメージ導入後の経過について

　約1年半のフリー・イメージ面接の後、壺イメージ法が導入された。ここでは壺イメージが果した役割を中心に考察してみよう。

a. 「仕切られた」壺の中での非言語的体験

最も印象的であったのは、それまでのフリー・イメージでは「黒いかたまり」や「悪魔」などの出現によって、「(治療者に) 甘える」というgoodイメージ体験が数十秒しか続かなかったのに対して、壺イメージでは15〜20分もゆったりとその中に浸っていられたということである。いわば「仕切りのない」境界例のイメージ界をいくつかの壺によって仕切ることができ、そのため、ゆっくりとgoodイメージに浸ることができたものと考えられる。また壺というシンボルが母性的なものを誘発しやすいということも関係していたのであろう。壺イメージの初期ではgoodイメージにのみ沈潜する時期がつづいたが、まもなくbadイメージの壺にも入れるようになり、次いでそれらを体験できるようになっていった。そして、ついにはbadイメージの正体が「育ての母（＝本妻)」、「お乳をくれたおばさん」であることが明らかになった。

このような変化は、おそらく分裂されていたbadイメージがある程度統合されてきたことを示しているものと思われるが、その際注目すべきことが二つある。第一はそのような変化は、壺への出入りによるイメージ体験様式の変化によって達成されたものであるということである。第二は、そのようなある程度の統合は、goodイメージへの沈潜を基盤として達成されたという点である。

ひょっとしたら、次のように言えるかもしれない。境界例の苦しさは分裂という防衛機制が、完全に分裂しえないところから由来している。そこで分裂されたイメージを、治療者と患者の間で、上手に分裂して、goodなイメージのみを体験することによって、次いでbadなものをある程度体験し、統合することが可能になったのだ、と。

b. 距離をとること

第126回では、「死にたい気持」を壺に入れることで、初めて薬物の助けなしにその状態から回復することができた。その後も壺の中で「死にたい気持」を感じたり、外へ出たりすることで充分な距離がとれるようになり、まもなく「死にたい気持の入った壺」そのものが消失するに至った。このように「距離をとること」で自然に消失してしまう問題もある。

また、第154回で感じた「これ以上感じたら狂ってしまいそうな心の奥底

の恐いもの」についても、しっかりと蓋をして治療者に預けるという工夫によって、その壺と距離をとることができたものと考えられる。

　その壺の中身は一体何だったのだろうか。それについての連想が筆者に浮かばないわけではないが、あえてそれは考えないことにしよう。彼女は「先生にも知られたくない」と言っているのだから。だが、次のことは言ってもよいだろう。ここで患者がとった「治療者に預ける」という行為は精神分析でいう「投影」という防衛機制を連想させるが、この場合は、意識的、意図的にセルフ・コントロールとして行なわれているという点が異なっているのである。

　治療者は —— 患者もそうだが —— ここで、それ以上の深入りを避けた。その意味ではこれは「未完の治療」であったろう。しかし、本ケースに限らず重篤なケースではこのようにのぞいてはならない部分を残しつつ一応の終結とするのがよいように感じられる。壺イメージは、何よりもイメージの自律的運動を限定された枠内に留めうる方法として考案されたのだから。

　c. 転移と行動化を和らげる

　壺イメージの導入によって、治療者に対する転移やその行動化はイメージ中で治療者に甘えるという形で取り扱われることとなった。これは、イメージ面接一般がそうであるように、壺イメージも転移を和らげるものであるということであろう。行動化については、一般に和らげるとはいえないまでも、このケースにおいてはそうであったといえよう。

7．統合失調症の事例

1．現病歴、生活史

　患者は精神科医によって統合失調症と診断された30代の男性である。本人の出生前、母と姑とが不仲で、そのため両親が一時（約 2 年間）離婚していた。その際次姉をおじの家へ養女に出し、長姉は父親、姑にひきとられた。約 1 年後、養女に出した次姉が病死した。姑の死後まもなく復縁したが、当時のことをめぐってけんかが絶えず、今日に至っている。けんかのパターンはいつも決まっており、母親が「何故あの時離婚したのか？　そんなこと

しなければ、娘を死なせずにすんだのに」と父親を非難し、父親は「うるさい！」と怒鳴るというものである。母親は、家事、育児が嫌いで、本人のおしめを替えることもなく、姉と父に育てられたようなものだという。

　高校卒業後、本人は東京へ出て働くことを希望したが、母親の強い反対で断念し、地元の会社に就職した。数年間は支所勤務のため、対人接触も少なくて済んでいたが、配置転換となり、対人関係で悩むようになり、上司の説得もきかず退職。そしてある専門学校に入学し、そこで知り合った女性にプロポーズしたが断られ、ショックを受ける。教会への外出以外は、家にこもるようになり、不眠、幻聴（神のお告げやいろいろな声との対話）、妄想状態となる。夜、アパートで悲鳴がしたと110番通報したり、他家に上がりこみ、部屋を捜し回る行動があり、3年間に6回入院。前回退院後、就労せず、服薬も中断。自分から、「幻聴が再発して苦しい。入院したい」と父親に申し出て入院となった。

　家族については、父親はその両親が離婚し、母親の手で育てられた人で、患者によればおとなしい人で頼りにならないという。母親はその父親に愛人がいたり、離婚したりで、しかも小さい頃は母親が肺結核のため、あまり触れあえなかったらしい。家事や育児は嫌いで、また、時々「ヒステリー」を起こし、ふとんをかぶって泣く。姉は、本人が14、15歳になるまでは独身であったため、母親代りで、優しかった。両親の夫婦げんかの時は、外へ連れ出してくれていた。本人自身は内向的で、友人なし。話は苦手でいつも聞き役に回るという。

2．治療過程
(1)第7回入院〜第8回入院まで

　状態は落ち着いているが、暗い表情でポツリポツリと感情のこもらない語り口で話す。「話しすぎ」とそのリアクションに注意しつつ面接を行なうと、最初の数回は「少ししゃべりすぎた」と感じることはあったが、まもなく「話を聞いてもらうと楽になる」というふうに変化している。最初の数回の面接では、入院に至る経過と病的体験（「のぞかれている」、「あとをつけられる」など）、両親の不仲について語る。また、治療者が自分の部屋を持っているか否かを

尋ねると、「一応持ってはいるが、母がいつも断りもなく、僕の部屋をいきなり開ける」とのことであった。「面接では今までひとりで思い悩んでいたことを話せてよかった。秘密を人に話すと気が楽になるものだということがわかった」と、7回の面接で退院となる。

　退院後、約3カ月ある仕事を行なっていたが、風邪と胃腸の不調をきっかけに仕事を休み、閉居、不眠、乏食状態になり、独語がみられ、時折「ワーッ！」と叫んで空手様の動作を繰り返すようになり再び入院。

(2) 第8回入院後の経過

①初回～壺イメージ導入（第4回）まで

　状態は落ち着いているが、暗い表情であった。前回入院時と同様に「話しすぎ」とそのリアクションに注意しつつ、面接を進めると、前回と異なり今回は「話しすぎ」という感じは全く出現せず、「話すと楽になる」という具合であった。初回面接では「こんな病気ってあるんですか」と涙ぐみ、「何故かわからないけど、罪悪感が湧いてくる」、「無気力」、「小さい頃から背負ってきた重荷が肩につもっている」、「相談相手がいない」と訴える。また、第2回には「小さい頃、自分の秘密をもてないたちで、少しもつと、みんなに知られるような気がしていた」と語った。この時期には、睡眠は一応とれるものの何度も途中で目覚め、悪い（＝苦痛な）夢に悩まされていた。

②第5回～第16回

　壺イメージを行なうと、「何も感じない」、「楽な」、「暗い」、「悲しい」などの壺が浮かんだ。注目すべきことは、並べかえに際して、「楽な壺」よりも、「何も感じない壺」の方を「楽」であるとしたことである。治療者はこれを患者は“感じすぎて”困っているものと理解し、次回（第6回）より、〈この壺（＝何も感じない壺）はあなたが何も感じないでいられる壺です。もうこれで充分と思うまでこの中にいましょう〉と教示した。患者は他の壺には入れず、この「何も感じない壺」の中で、10～20分ほど沈黙して留まっているということが数セッション続いた。その後他の壺にも入り、その中の感じを感じることができるようになってきた。「暗い壺」や「悲しい壺」の中では、数分間感じていると、それが一時強まるものの、次第に弱まっていくという

経過が続いた。それに伴って、苦痛な夢は減少し、また「楽な壺」が「何も感じない壺」よりも「楽」であると感じるようになってきた。例えば、第16回は次のようなイメージであった。

第16回

「(『暗い壺』の中で）……暗い……気持も暗くなって……悲観的に感じる……〈身体の感じはどう？〉……だるいような、重いような……夢から覚めた時のいやな気分と同じ……（沈黙）……胸のあたりが乾いたような感じ……痛いというのでもなく……ことばでうまく言えない……圧迫されるような……〈もうこれで充分と思うまで感じて〉……気分が悪い……だんだん楽になってきた……（沈黙）……身体も気持も楽になってく……」

「(『楽な壺』の中で）……楽……〈もうこれで充分と思うまで感じて〉……（沈黙）……静かーで、ちょうど眠る前みたいな……（沈黙）……眠ってしまいそうです……」

「(『何も感じない壺』の中で）……落ち着いていて何も感じない……身体中の力が抜けて、いい気持……（沈黙）……」

③第17回〜第30回

壺イメージ以外の面接の時間は、沈黙が多かったが、治療者がそれに耐えるだけではなく、患者がなるべく楽に沈黙していられるように配慮した。例えば、話が一応終わっても、〈話すことがなくても、もしまだここにいたければ、いてもいいよ〉と伝えると、「はい」と答えて、15〜30分黙って座っていて、それから退室するということが数回あった。第三者がみれば奇妙な光景に映ったことだろう。第18回には「壺を見るのが楽しくなり」、第22回には、「広くて楽な壺」が出現し、これまでになく、楽な感じを味わえるようになった。続いて、「暗い壺の中で沈みこむ」感じが出現するようになり、第24回では、「悲しさの奥に恐さ」を感じ、次のような小学校時代の事件を語った。小学1、2年頃、患者の投げたボールが当たって、首の骨が折れたと、本人には全く身に覚えのないことで、近所の男から脅された。その時父親は全く弁護してくれず、1万円で示談にしたが、父親が自分を信じてくれなかったことがショックだったという。また、目撃者の女の子まで現れ、全く人は信用できないと思ったという。その時の、父親と目撃者の女の子に裏切られ

て、「悲しい」という気持と、被害者の女の子の母親と姉が「恐い」という気持。例えば、第24回の壺イメージは次のようなものであった。

　第24回

　「(『ちょっと恐い壺』の中で)……恐い……恐い夢から覚めた時の感じ……〈からだの感じはどう？〉……腹のまん中に圧迫感がある……背中が痛い……そこから恐い感じが出て来る……〈それを、もうこれで充分と思うまで感じてて〉……おなかが乾いた感じ……悲しさの原因が恐さみたい……」

　「(『楽な壺』の中で)……追いつめられたのから解放された感じ……だんだん楽になってきた……広くて楽……気持がいい……」

　④第31回〜第45回

　第31回では、「暗い壺」の中で、「暗い→恐い→追いつめられる感じ→沈みこむ感じ→引きずりこまれる感じ」が、まさに彼の家庭そのものの感じと全く似ていることに気づいた。この回以後、壺イメージは全く平坦なものとなった。すなわち「何も感じない壺」、「暗い壺」、「楽な壺」が一応出現するものの、その中での感じはいずれも、それまでにくらべて弱く、本人の表現によれば「振幅が小さくなり」、全体をほんの数分で終了するという具合であった。この頃より、罪悪感はほとんど消失した。面接では、家庭について語り、高校卒業後は本当は東京へ出て就職したかったこと、しかし母親が泣いて反対するので、断念したことなどを語り、家を出たいと強く希望した。そして、外泊時に両親と話し合い、東京は無理としても家を出て、近くの街で働くというところで話が落ち着いた。なお、第36回には、壺イメージをやりたくないというので、蓋の確認のみをやることにしたところ、5番目の壺の蓋がずれていたので、きちんと蓋をし直すのみで壺イメージを終了するということがあった。その回は壺イメージ後、約30分間の長い沈黙があった。あとでこの日は彼の誕生日であったということがわかったが、結局この回の沈黙の意味はわからずじまいであった。

　⑤第46回〜第49回

　第46回では、これまでになく暗い表情で来室した。〈どうしたの何かあったの〉と問うと、ポツリと「つらい」と一言答えて沈黙。数分の沈黙後、〈何も聞かない方がいい？〉と尋ねると、「はい」と力なく答える。そこで何も

聞かないことを約束し、〈じゃあ、黙ってていいよ。私も黙っているから〉と約15分間ほど沈黙して過ごした後、その感じを「空の壺」の中に入れることを提案してみた。すると本人もやってみたいと言うので、やってみることにした。「何か胸がしめつけられるような、悲しい感じ」を「空の壺」の中へ入れることを試みたが、入れてしまうことが困難で4回やり直して、やっと入れることができた。もちろん、何を入れたのかは治療者にはわからぬままである。

第47回では、「小さな壺」が出現し、「きゅうくつな感じ」を味わい、これは入院生活が退屈になってきたことと関係がありそうだと語った。

第48、49回では、第46回の「つらい感じを入れた壺」に入って、息苦しく、胸が苦しい」、「頭が痛くなる、頭に輪をかけたような感じ」を感じたが、その感じは変化せず。また、このことについて、詳しく尋ねない方がよいとの本人の希望のため、それ以上は何も訊かぬことにした。

退院後、実家から電車で約2時間の街で親元を離れて働くことになり、一応終了。1カ月後、来室し、元気でやっているとのことであった。

3．考察

本事例においては沈黙が多く、また治療者も患者にあえて言語化を促さず、沈黙を共にすることに留意して面接を進めた。というのは、このような場合、言語化を促したり、あれこれ質問したりすれば、なるほど資料は豊富になり、患者の病理についての理解は深まるかもしれないが、それ自体が反治療的なものとなる可能性が高いと考えたからである。このように、精神科領域での心理療法では資料を集めたいという要求と、治療的であろうとする要求とが対立するということはしばしば起こる事態である。先の境界例の事例で、詳しい生活史を聴取せぬまま面接を進めていったのも同様の理由からである。そういうわけで、本事例について詳細な考察を行なうことは困難である。

本例において、最も注目すべきことは、彼が「楽な壺」よりも「何も感じない壺」の方が「楽だ」としたことである。このことは、本患者がいわば「感じすぎ」の状態にあることを推測させるし、神田橋（1982）のいう「頭のいそがしさ」とも関係しているのではないかと考えられる。

　この「何も感じない壺」の中でゆっくりと沈黙し過ごせたということにいくばくかの治療的意義があったものと思われる。すなわち、治療者という他者のいる所で「何も感じない壺」に浸っていられたという体験は、彼の「頭のさわがしさ」を鎮める効果を有していたのではないだろうか。

　その後、次第に他の不快な壺にも入れるようになり、最終的にはそれらの中での不快な感じを味わえるようになり、それと時期をほぼ同じくして苦痛な夢も減少している。次いで、外傷的体験の想起が見られているが、重篤例においては外傷体験の想起は状態の悪化の始まりとなることも多いが、この場合は大きなリアクションは見られなかった。そして、壺の中で「沈みこむような、引きずりこまれるような感じ」を体験し、それをきっかけに家庭または母親からの自立がテーマとなった。ここで、上京といった大冒険ではなく、親元を離れ近くの街で働く —— すなわち、離れすぎない距離である —— という小冒険を行なうこととしたのは無難な選択であったかもしれない。

　最後に強調しておきたいことは、おそらくこのような事例は特殊例であり、統合失調症と診断された患者には、標準的な壺イメージ法をそのままの形で適用することは禁忌であると考えた方が無難であろうということである。このことについては、第 4 章も参照していただきたい。

8．ねらいと治療要因 —— 若干の考察 ——

　第 2 部のケース報告からもわかるように、壺イメージは当初筆者が考えていたよりもはるかに広範囲の事例に有効である。しかし、壺イメージの何が効くのかという点になるとケースによりさまざまである。何かひとつのことが効くのではなく、壺イメージの中にいろいろな要因があり、それをクライエントや患者がうまく選択し、活用しているというのが筆者の実感に最も近い。従って、以下に若干の考察を試みるが、壺イメージの機能をあまり固定したものとは考えない方がよいだろう。

１．壺イメージ療法のねらい
　壺イメージ療法は、その人が拘束されてしまっているある型の体験様式（ジェ

ンドリン Gendlin, E. T., 1964）から解放することを狙うものであるといえようが、p.99で述べたように、対象や局面に応じて、相互に全く反対方向ともいえるアプローチを含む三通りの基本的使い方がある。対象によって ── 例えば、統合失調症圏の患者と神経症者とでは ── どのような型の体験様式に固定されているかという点が異なっており、そのためこのような三通りの使い方のいずれかを選択することとなるわけであるが、いずれにせよ、拘束されてしまっているある型の体験様式から、その人を解放するということを意図しているという点では一致しているといえる。

２．治癒要因

本法の主たる治癒要因として、次の三つが考えられる。すなわち、(1)壺の中での非言語的体験　(2)「出入り性」── 体験様式（または体験的距離）の自己コントロール　(3)治療者─患者関係、である。

(1)壺の中での非言語的体験

壺の中での体験は、人により、また壺によりさまざまであるものの、通常本人にとって快適な壺と不快な壺とに分けられる。また、時としてどちらでもないという壺も現れる。本法のねらいのひとつは、この壺の中での感じを充分に感じることにある。その結果、壺の中で全く楽な体験をしたり、壺の中での不快あるいは苦痛な感じが突然消えて楽になったり、消失しないまでも前より楽に受け止められたり、また最初は圧倒されていた壺の中に、割合余裕をもって入っていられるようになるといった過程をたどり、そのことが症状の消失または軽減と対応していることが多い。また壺の中でのそのような体験は、セッションを重ねるにつれて、症状または問題と直結したものとなり、症状そのものを感じるようにさえなる。それに伴って、病状や問題の意味について気づくようになることもあれば、そのような気づきが起こらぬまま症状が消失することもある。

また、壺の中ではフリー・イメージにくらべ何らかの身体を巻き込んだ体験をすることが多い。それは身体感覚や身体感覚的なものとして語られることもあるし、言語化はされず、身体を巻き込んだ感情的体験として感じられることもある。もちろん、壺の中で、視覚イメージが優位な人もわりにいる

が、それでもその展開に任せていると、フリー・イメージにくらべ、早目に
ある体験に達しやすい場合が多いようである。

　本法における身体感覚的なものは、吉良・村山（1983）、増井（1984）が指
摘しているように、ジェンドリン（1969, 1981）のフォーカシング（Focusing）
で「フェルトセンス」と呼ばれるものと同様のものであると思われる。壺の
中では身体感覚的なものあるいは身体感覚が感じられやすく、また壺イメー
ジはそれを積極的に活用した技法でもあるといえよう。このように身体感覚
的なものを活用した方が実感として感じられやすく、また治療者にとっても、
患者自身にとってもより保管的であり、より取り扱いやすいという利点があ
るように思われる。

　壺の中での非言語的体験に影響を及ぼす要因としては次のようなものが考
えられる。

　a.　心の比喩としての壺のイメージ

　壺のイメージは、いわば心の比喩である。それは「心の内容」についての
比喩を示すばかりではなく、「心のありよう」または「体験様式」といった
ものを含む心についての全体的比喩となっているという点が特徴である。

　後にも報告されるように、さまざまな事例にこの壺イメージが適用しえた
ということは、とりもなおさず、彼らが心の比喩としそれを受け入れやすい
ということを示しているものと考えられる。筆者自身の言語的面接の経験で
は、患者が自分の心のありようを比喩的に示そうとする時、それは容器状の
もの、窓や押し入れのある部屋、戸口や地下室のある家、蓋のある箱などの
表現をとりやすいように思われる。すなわち、基本的には外との通路のある
閉じられた形のものが多いのである。従って、そうした心の比喩ないしイメー
ジは、容易に壺イメージに移しかえられるのだといえよう。

　ついでにいえば、壺イメージなど用いない言語的面接においても、心につ
いてのそうした比喩による会話を交しておくことは、面接の進行に大変有益
である。筆者だけの経験なのかもしれないが、言語的面接において、比喩な
どのイメージ的表現が交される場合、心の内容についてのやりとりに偏って
しまう傾向があるように思われる。そのため、時に心のありようについての
比喩をめぐる会話を交せるように治療者が配慮しておくことは大変有益なの

である。

b. 「安全弁効果」── 「もっと自由でもっと保護された空間」

本法では、壺という中に何かを内包しうる視覚的イメージを用いている点が従来のイメージ技法にくらべ際立った特徴である。このような設定を行なう最大の利点は、クライエントまたは患者が強烈な体験に直接さらされることや、さらされるのではないかという不安を和らげるための安全弁として、壺という視覚的イメージが機能するということである。

壺のこの「安全弁効果」からか、壺の中ではフリー・イメージにくらべ、はるかに深いイメージが現れたり、体験される傾向がある。例えば、それまでフリー・イメージによる面接を行なっていた境界例患者は、数回の壺イメージの後、それを拒否した。おそらく安全弁効果のため、「深いもの」が露呈されそうな予感をもったためであろうと推測された。また、逆にフリー・イメージでは体験されなかったような楽なものが体験されることもある。「壺中の天地」というべきか。このように、「安全弁」は保護弁であると同時に暴露弁であるといえよう。このことはとくに強調しておきたい。なるほど壺イメージは「安全に」という配慮から生まれたものである。しかし、それは壺の外でのことであり、壺の中、とくに本人にとってbadな壺の中での体験の強烈さにはすさまじいものがある。

壺イメージを導入すること自体、治療者が患者の心をそのような形で捉えようとしていることをも暗に伝達しているわけであり、そのことは患者にある種の安心感を与えるものと考えられる。壺の中で「深い」ものが表現されるのはこのためでもあろう。

同様の着想によると考えられるものに、絵画療法における中井久夫の「枠づけ法」（1971, 1974a）がある。この方法についてはすでに御存知の方が多いだろうが、治療者が患者の眼前で画用紙の縁近くに枠を描き加えてから手渡して描画させる方法である。中井は主に統合失調症者を対象として、この方法を試みているが、枠の中ではそれまで表現されなかった「世界」が表現されるという。例えば枠づけ法によって、初めて描写可能となる病者が少なくないし（中井, 1971）、一般に枠づけした画面においては、内面的、求心的、秘密告知的な内容、さらには退行的なもの、自己同一性の拡散や混乱を示す

描写が多い（中井，1974b）という。

　壺はいわばイメージにおける枠とでもいいうる面があり、「枠づけ効果」と「壺効果＝安全弁効果」は類似した性質を有しているものと考えられる。中井（1974a）は、「枠は表出を保護すると同時に強いるという二重性があるようだ」と述べているが、これは筆者が先に「『安全弁』は、保護弁であると同時に暴露弁である」と述べたことと相通じるものであろう。

　心理療法場面はクライエントや患者に「自由にして保護された空間」（カルフ Kalf, D. M., 1966）を保障しようとするものであるが、現実には容易なことではない。壺イメージは、この心理療法場面の中に、更にもうひとつ「もっと自由にしてもっと保護された空間」を創り出そうという試みであるといってよいだろう。もっとも、軽症例のなかには壺があることがかえってきゅうくつだと感じる例もあるが。

　治療者の側では「自由にして保護された空間」を保障したつもりでいても、実際には、いつまで待っても患者の側ではそうされたつもりにならないということは、しばしば起こっている事態ではないだろうか。そのような時、「もっと自由でもっと保護された空間」を創り出す試みが、患者の持つチャンネルに応じて、もっといろんな形でなされた方がよいのではないかと筆者は考えている。筆者自身、現在いくらかの工夫を行なっているところである。

　c.　壺関連イメージ

　壺という指定イメージを用いるために誘発されやすいイメージというものがあるようだ。それらには次のようなものがある。

　○イメージの象徴的意味

　壺は、精神分析の象徴公式からも推測されるように、「母なるもの」にまつわる象徴的意味を担ったり、誘い出したりする傾向があると言ってよいだろう。壺の中で母なるものにまつわるイメージや「甘え」や「恨み」体験が展開したりすることもあれば、壺＝母親ということで、「壺離れ」といった具合に壺そのものとの関係をめぐって展開することもある。こうした壺というシンボルの意味や機能、とりわけ日本人におけるそれについて論じることは、筆者の手には余る。ユング心理学や精神分析で更に詳しく論じられることがふさわしいであろう。

そうした意味をもっているにせよ、臨床家の姿勢としては傾向があるという程度に考えていた方がよく、壺はあくまでもその人独自の象徴的意味を有しているという態度をとるのがよいと思う。治療者があまりに早くからあらかじめある特定の解釈をもっておくことは、たとえそれが結局のところ「総論としては正しい」としても、患者の体験を深めることの障害となりうるし、また治療者のセンスを鈍らせることにもなる。実際「母なるもの」というより、「壺中の天地」という方がピッタリする場合もあるのだから。

○無定形なものを入れる器（うつわ）

壺の中では、形の定まらぬものが出現することも少なくない。例えば、「ドロドロしたもの」、「コールタール」、「雲のようにフワフワしたもの」、「闇」などさまざまである。後の討論の中でも論じられているように、このようなものは、フリー・イメージにおいても現れることがあるものの、壺の中ではより現れやすいようである。逆にいえば、これらの形が定まらぬものに、壺という外枠を与えるのだといえよう。

また、この壺という外枠に関係しているのかどうかはわからないが、壺の中では「冷たい」とか「暖かい」などの感覚的なものが出現しやすいようである。

d. 複数性 ── 「仕切られていること」

壺は、特別な場合を除けば複数であり、従って、いくつかの壺に「仕切られている」といえよう。このように仕切られているため、とりあえずは他の壺の中のイメージが侵入することなく、限定された形または限定された範囲内でイメージの自律的運動をひきだすことができる。その限定された形のまま終わることもあれば、その展開につれて、別の壺とつながったりして仕切り方が変わったり、あるいは1個の壺に統合されていくこともある。

また、筆者のフリー・イメージの経験からいえば、本人にとって不快なイメージはそれを複数化することによってかなり眺めやすくなるという法則のようなものがある。その詳細は省くが、壺が複数であるということは仕切られているということだけではなく、このようなことと関係したメリットがあるのかもしれない。

(2)「出入り性」── 体験的距離(または体験様式)の自己コントロール ──

　壺の中に入り、充分に感じることで自己と壺の中のものとの体験的距離を縮め、逆に壺の外に出て、蓋をして距離をとったり、どこかにしまいこむことで、体験的距離を広げることができる。それ故、セッションを重ねることで、壺の中での体験が変化するだけではなく、それらを感じたり、感じなかったりといった体験的距離の自己コントロールが容易となり、そのような体験から影響されたり、圧倒されたりすることが少なくなる。すなわち、壺のイメージを媒介として体験的距離の自己コントロール能力を高めることを担うものである。これは、壺の中のある体験への自己の対処の仕方、またはつきあい方といったものを学習していくといってよいと思われる。

　また、ある壺ないしある体験と距離がとれるようになることが、別の形のイメージの自律的動きを発動させ、ある新たな「収まり」が起こるというか、再編成されるというか、そういうことがあるように思われる。筆者はこのようなこともイメージの自律的運動のひとつと考えている。

(3)治療者─患者関係

　壺は無論、治療者の中にもある。治療者─患者関係とはとりもなおさず、患者の壺に対して治療者が自身のどの壺を開けておけるかどうかということである。

　あらゆるタイプの心理療法において、治療者─患者間の基本的信頼関係というものが重視されているといっても過言ではない。壺イメージ法においても同様に治療者─患者間の信頼関係が重要であり、壺イメージ法の導入に先立って、ある程度の信頼関係が必要であり、それ自身が治癒要因となることもあろう。

　加えて、注意すべきことは、ある技法にのっとって面接が行なわれる時、それを用いることによって患者に何が伝達されるかということである。ベイトソン（Bateson, G., 1972）は、人間のコミュニケーションでは言語の表示内容のメッセージの伝達とそのメッセージについての何らかのメッセージとがあることを指摘し、後者をメタ・コミュニケーションと名づけた。例えば、「猫がマットの上にいる」というコミュニケーションには「私が猫の居場所を教えてあげたのは親愛のしるしです」というメタ・コミュニケーションが含ま

れていることがある。ここで重要なことは、メタ・コミュニケーションレベルのメッセージは、通常ノン・バーバルなレベルに留まっているということである。

　それでは、壺イメージ法を用いていくことによって、患者にメタ・コミュニケーションレベルでどのようなものが伝わりやすいのであろうか。あるいは、何が伝わることを治療者は期待できるであろうか。それはおそらく、治療者の非侵入的で相手を尊重しようとする態度であり、患者の心的内容（＝壺の中身）はgoodなものであってもbadなものであっても大事に取り扱おうとする姿勢であり、また患者の自主性、自発性を尊重し、彼らの中で何かが育まれるのを待とうとする育成的態度であると考えてよいであろう。つまり、壺イメージによるセッションを重ねることによって、以上のような治療者の態度が患者に伝わりやすくなるように配慮して作られているのであり、その治療的意義は大きいものと考えられる。従って、裏を返せばこの技法を機械的に運用するのではなく、こうした態度をより伝達しうるように配慮しておくことが重要なのである。このようなことは、精神分析において、ウィニコット（Winnicott, D. W., 1965）のいう"holding"（「抱っこ」〔牛島〕とか「抱えること」〔北山〕とか訳されている）とかバリント（Balint, M., 1968）の治療論とも通じる点があるものと考えられるが、それを論じることは現在の筆者の手には負えそうにない。

　もちろん、通常の言語的面接でも治療者のそうした態度が暗に伝わるように工夫することは可能かつ有益であり、壺イメージ法はそうした工夫を行なう際の参考になろう。

　いうまでもなく、壺の進行は、治療者―患者関係をある程度反映したものとなる。たとえば、患者がある壺に入れない場合、彼がその壺に入れないという側面とその時点での治療関係の深まりでは入れないという側面とがあることになる。いわば、患者は治療者の「器」をみるのである。治療者の器が少々小さくとも、壺に入れる患者もいれば、この器が相当に大きいということが充分に納得できないと壺に入れない患者もいる。後者では、治療関係は極めて重要なものとなる。

　また、転移が顕著な患者の場合、壺またはイメージというクッションを設

けることによって、それが和らげられたり、もっと取り扱いやすいものとなる。

　重篤例についていえば、彼らはいわば「感じすぎ」の状態にあり、面接自体が彼らのこの感じすぎをさらに、刺激することになりかねない。従って、彼らについては、治療者ないし他者がいて、なおかつこの「感じすぎ」が鎮まっていくということが、彼らにとって、重要な体験なのだと考えられる。ある壺（イメージ）から距離をとれるようになることが、この「感じすぎ」を鎮める効果をもちうるということを先の事例で示したが、それも、治療者という他者のいるところで、距離をとれるようになることに大きな意義があろう。

　また、印象からいえば、患者が精神内界の何かを「語る」のではなく、中身はよくわからぬが壺という閉じた形でさし示せるようになることにも優れて治療的意義があるように思われる。すなわち、そのことで、いわば、それまでとは違った形で共人間的世界に開かれるように思われる。

　本法は、さらに次のような特徴をもっているといえよう。まず、フリー・イメージについてと同様に治療者の解釈の必要がほとんどないということ、転移を和らげたり、転移の取り扱いを容易にするということがあげられる。中井（1976）は、芸術療法の特徴として、行動化を和らげること、転移の表現を和らげること、解釈がよりめだたず自然な形となることをあげているが、イメージ療法についても同様のことがいえそうだ。ただ、行動化については、和らげることも、かきたてることもあるように筆者には思われる。また、フリー・イメージにくらべ、壺イメージは、スローペースで行なえる、「副作用」が少ない、比較的重篤なケースにも適用できるといった利点を有しているものと考えられる。

注1）　ギリシャ神話に登場する箱である。細かい点が異なるいくつかの伝承があるが、大筋は次のようなものである。
　プロメティウスが天上から火を盗み出し、人間に与えたことを怒ったゼウスは、プロメティウスの弟エピメティウスにパンドラという人類初の女性を贈った。その際、彼女は封印された箱を持参しており、これが「パンドラの箱」である。開けることを禁止されていたにもかかわらず、パンドラは中を見たさに、とうとうある日その箱の蓋を開けてしまう。すると、その中にはあらゆる禍いがつまっており、それらが外にとび出して、四

方に散っていった。彼女はそれに驚いて、あわてて蓋を閉じたので、「希望」だけがその中に残った。そして、人間はそれまでは病気その他の禍いから煩わされずに暮していたが、この時以来種々の禍いに悩まされることになったというのである。しかし、希望が箱の中に残ったため、人間はいついかなる災難に遭っても希望を失わずにいられるのだという。この希望が箱の中に残ったということを、本患者が知っていたのかどうかは聞きもらしたので、不明である。

　なお、この話は「パンドラの箱」としてよく知られているが、興味深いことに箱であるというのは後伝であり、もともとは壺であったという（マリオ・ムニエ著「ギリシア神話」八坂書房；野上弥生子訳「ギリシャ・ローマ神話」岩波書店）。

（田嶌　誠一）

参　考　文　献

Balint, M. 1968 The Basic Fault：Therapeutic aspect of regression. London, Tavistock Publications.（1978　中井久夫訳「治療論からみた退行 —— 基底欠損の精神分析」金剛出版）

Bateson, G. 1972 Step to an Ecology of Mind. New York：Harper and Row Inc.（1986　佐伯泰樹・佐藤良明・高橋和久訳「精神の生態学（上）」　思索社）

Gendlin, E. T. 1964 A theory of personality change. In Philip Worchel and Donn Byrne (Eds.), Personality Change, Pp. 100-148, New York. John Wileys.（人格変化の一理論　村瀬孝雄編訳　「体験過程と心理療法」　1966　牧書店；1981　ナツメ社　Pp. 39-157）

Gendlin, E. T. 1969 Focusing. Psychotherapy；Theory, Research and Practice, 6, 1, 4 -15.

Gendlin, E. T. 1981 Focusing. New York：Bantam Books.（1982　村山正治・都留春夫・村瀬孝雄訳　「フォーカシング」　福村出版）

Jacobson, E. 1938 Progressive Relaxation. Chicago：Chicago University Press.

Kalf, D. M. 1966 Sandspiel—Seine therapeutische Wirkung auf die Psyche. Zurich und Stuttgart：Rascher Verlag.（1972　「カルフ箱庭療法」誠信書房）

神田橋條治・荒木富士夫　1976「自閉」の利用 —— 精神分裂病者への助力の試み —— 　精神神経学雑誌，78，1，43-57.

神田橋條治　1982　私の分裂病治療　臨床精神病理，3，1，25-32.

吉良安之・村山正治　1983　わが国におけるフォーカシング研究の歩みと今後の展望　九州大学教育学部紀要，27，2，47-54.

北山　修　1985　「錯覚と脱錯覚」　岩崎学術出版社

増井武士　1977　"意味イメイジ"を適用した一治療過程について —— 震えと妄想気分が強かった一症例—— 　河合・佐治・成瀬編　「臨床心理ケース研究 1」　誠信書房　Pp. 87-105.

増井武士　1979　ドラマ・イメージ　成瀬悟策編　催眠シンポジアムⅢ「心理療法におけるイメージ」　誠信書房　Pp. 270-287.

増井武士　1982　心身イメージを用いた「間をとること」と「置いておくこと」の心理治療の試み　催眠医学心理学会第28回大会発表抄録，6．

増井武士　1984　"壺"イメージ療法　村山正治他著　「フォーカシングの理論と実際」　福村出版　Pp. 133-138.

中井久夫　1971　精神分裂病者の精神療法における描画の使用 —— とくに技法の開発によって得られた知見について　芸術療法，2，77-19.

中井久夫　1974a　枠づけ法覚え書　芸術療法，5，15-19.

中井久夫　1974b　精神分裂病状態からの寛解過程 —— 描画を併用せる精神療法をとおしてみた縦断的観察　宮本忠雄編　「分裂病の精神病理 2」　東大出版会　Pp. 157-217.

中井久夫　1976　"芸術療法"の有益性と要注意点　芸術療法，7，155-161.

成田善弘　1981　「精神療法の第一歩」　診療新社

織田尚生　1977　分裂した自己像の統合過程の進展と女性性の獲得 —— 夢分析による境界例の治療から—— 　河合・佐治・成瀬編「臨床心理ケース研究Ⅰ」誠信書房　Pp. 23-38.

大田民雄　1981　青年期分裂病圏患者へのフォーカシング技法の試み　上智大学臨床心理研究，5，88-97.

田嶌誠一・成瀬悟策　1978　イメージ療法の一事例　九州大学教育学部紀要，22，2，31-40.

Tajima, S. & Naruse, G. 1987 "Tsubo"imagery therapy. Journal of Mental Imagery, 11, 1, 105-118.

田嶌誠一　1983a　"壺"イメージ療法　広島修大論集，24，1，71-93.

田嶌誠一　1983b　"壺"イメージ療法 —— 比較的重篤なケースに対する技法論　日本心理学会第47回大会発表抄録，718.

梅田敏文・森川泰寛　1982　妄想体験を伴った患者のイメージ療法 —— 妄想の変遷と治療過程について—— 　催眠学研究，27，12，23-30.

Winnicott, D. W. 1965 The Maturational Processes and Facilitating Environment. London：Hogarth Press.（1977　牛島定信訳「情報発達の精神分析理論」岩崎学術

出版）

討　論　⑵

伊藤　壺をやる場合に毎回必ず、前に出て来た壺っていうのを確認するんですか？

田嶌　いや、「前の壺が出てきます」とは言いません。でも、そう言わなくても
だいたい出てくるっていうか——。もちろん出て来ない時もあります。「前の
あれ、どうなったかしら」っていう話を途中でとりあげることもあります。
そうしないと、［治療者が知らないうちに］新しい壺がぽっと出ちゃっていた
りしますね。それから、ある壺がいつのまにかなくなっちゃっていたりとか、
そんなことがありますね。だから、「前のが出てきます」という教示は、僕自
身はしないようにしているんです。でも、そういうふうに教示していくやり
方も、ありうるとは思いますけどね。

中井　あの、この第一例（＝境界例の事例）というのは、途中から壺［イメージ］
を導入していますが、ひょっとしたら、これは壺療法の第一例でしょうか。

田嶌　これは第二例目のケースです。

中井　あのー、この症例は——、学会（＝心理臨床学会第 2 回大会）で発表なすっ
たのと同じですね、これは壺療法の第二例？（田嶌：はい、そうです）。さっき、
『怪我の功名』（笑い）と増井さんが言われたけども（笑い）、いったいどこか
ら壺っていうことが出てきたんでしょうか？

田嶌　あの、これ（＝発表のレジュメ）に書いているケース（p.85参照）がそう
なんです。（中井：はあー）

中井　そぉー、患者に数えられたわけ。

田嶌　そうです。

増井　たまたま、患者が自発的に壺を浮かべたわけです。それが、治療的にも
有用ではなかろうかという——。

田嶌　そうなんです。

中井　デスワーユの壺（p.42表1-1参照）というのは、あまり［関係はない］——？

田嶌　全然、［関係ない。］あとで、そういえば［そういうのが］あったなって思っ
たくらいです。

増井　当時彼は、それをよく知らなかったんです。

中井　なるほどねぇ——！　男だからって剣ばかり思い浮かべさせられたんじゃ

たまらんからな。(笑い)

田嶌　［ある患者のフリー・イメージで］洞窟の中に壺がずらーっと並んでいるって言うんですよね。最初は、壺から何かが出てきますよって教示したんですが、どうも、なんかあんまり手応えがなかったんですよね。それじゃあ、［壺の］中に入ってみたらどうなんだってやってみたら、随分色々違った反応が出たんです。で、本人が言うには、「こっちは整理されたもの。こっちは未整理のもの」と壺にランクづけがあるんですよね。これは面白いなあと思って、ウォルピーの系統的脱感作法とかをちょっと連想したりしました。つまり、非現実的なイメージを使って系統的脱感作法と似たことができないかとか考えたんです。それから『安全弁』とかっていう発想を、もともと考えてましたんで、このケースに出会った時にこりゃあいけるかなと思った。それでも他のケースにいけるっていう確信はなかったんですが、たまたまやったらうまくいったんです。それでもまだ、これはたまたま僕という治療者に独特なことだろうと思ってたら、他の治療者がやってもわりとうまくいったっていう話がありました。それで、ひょっとしたら使えるかなっていうことで──。

中井　うーん。

成瀬　あの、その前にですね。［増井の方を向いて］この『ひきだし』だったっけ、それとも『箱』だったかな。

増井　『整理箱』の中に自分の問題を入れて、封じこめてしまうようなことを僕がちょっとしとったんです。

成瀬　そんな話が出ていましてね、それから彼がその壺を──。

田嶌　ちょうど増井さんがあのケースを［研究会で］発表した時にその最初の［壺イメージの］ケースを、僕がやっていたんです。ちょうど壺が出てきてたから、すごくおもしろいなって思って──。

増井　僕は問題っていうのを身体で感じて、その感じを『整理箱』の中に入れて整理してしまって、置いておくということを一生懸命してた。

田嶌　だから、［僕は］経過としては増井さんとちょうど反対の方向から入っていってるということになる。だから、［治療の］途中では増井さんのやり方を使っていることもあるんですよ。

増井　僕の場合は自分の問題をいろいろピックアップして、ひとつひとつ問題を身体で感じて『整理箱』に入れてしまうんですよ。それは、一応置いておく。そして、「これは絶対にあなたのプライベートな生活では、オープンしないで、次のセッションの時に開きましょう」と約束しとくんですよね。で、次の時に「開けますか」って聞くと、十中八九「開けない」っていうんですよね。

僕は壺でもたぶんそうだと思いますよ。先週の壺が、同じ壺が今週に絶対に現れないと思いますよ。必ず違ってるでしょ。

田嶌　いや、僕の場合は同じ壺がよく出てくるし、蓋を開けてその中に入ります。1回入れてしまえばそれですむということは少ないですね。

増井　同じようなのが出てきてもね。開けるか開けないかということになると、普通なら、まあ開けるっていうんですけれども、彼等はね。僕そうだからいうの。うまく抑圧できなかったのが、壺とか整理ということでよりちょっと上手にね、ちょっとだけ上手にできて、上手にできたということが、たしあわさって、よりちょっとだけ適応的になっていくというようなプロセスがあるように思うんですよね。

中井　まあ、抑圧というよりディソシエーションに近いんでしょうね。解離とか分離ね。『解離ごっこ』だねぇー（笑い）。

増井　『解離ごっこ』。だから解離ごっこに近いようなことをね。なんかちょっとマニピュレートしてさ、何かしているようなね。だから解離だけなら ——。

中井　それ（＝解離）だけなら危ないんじゃない？

増井　それなら『ごっこ』じゃないんですよね。先生の言うように『ごっこ』がはいるわけですよ。

中井　『ごっこ』がおもしろいなぁ。

増井　『ごっこ』がうまくできるっていうことに何かありそうな感じが ——。

中井　そうね。壺もね、複数だというのがおもしろいと思うんですよ。1個だとね、吸い込み穴みたいな感じがするんですよ。呑み込まれそうな恐怖をもつ感じが［する］。

田嶌　おっしゃる通りなんです。1個だけがでるとやばいんですよ。

中井　そう？ 1個、やっぱりやばい？

増井　1個ちゅうのはマンダラみたいな形で、もう ——。

田嶌　どういう理由でそうなのかっていうと、僕は二つ考えられると思うんです。ひとつは、多様なものをたったひとつ［の壺］に含みすぎているっていうこと。もうひとつは、それしか考えられないような状態であるってことじゃないかと思うんです。だから、1個の時はよほど気をつけないと入っても何にも感じない［とりたてて意味のない］やつか、大変なやつか、そのどっちかであることが ——。

中井　いやぁ、なるほど、1個の時は危ないんですね。

田嶌　危ない。だから気をつけなきゃいかんという ——。

中井　そうだろうなぁ。整理箱もひとつじゃあ ——。

増井　おさまりきらんですよね。

中井　［増井］先生の場合は非常にプリュラリティ（複数性）の方が前に出てて、壺はプリュラリティがひっそりと、裏にあるんだけれど──。整理棚の方は、個性はないわけですね。（増井：あぁ、個性はないです）同じひきだしとかなんとかいうことは、わかるわけ？

増井　一応ラベルをはりますけどね。

中井　あ、ラベルをはる。（増井：はい）そうすると一応何か名前をつけて。ははー。

増井　「困ったひきだし」とか。（中井：なるほどー）「いやなひきだし」とか。

中井　はっはぁー（笑い）。何となく、ちょっと強迫的解離ごっこですなぁー、こっちの方は。（笑い）こっちのほうは、ちょっとなんか違うんだなー。

田嶌　出たり入ったりするんです、壺の場合は。

増井　うん、だからそれ、『ごっこ』なんだよ。

田嶌　うん、『ごっこ』なんよ。だから、どうやれば入れるとか［を検討する］。

増井　だからねー、いい壺と悪い壺とあるやろ？　普通はね、いい壺と悪い壺なんかありゃせんのよ。いい世界、悪い世界の中で完全にこうスプリットされて生きてる人がね、ファンタジーの中でいい壺、悪い壺が出てね。こう──、『ごっこ』してるうちに、何か切れた電線がうまくつながっていくようになる。そういう感じを僕は、実感としてもってますね。

中井　患者さん本人は、真剣なんだろうけども、話聞いててあるゆとりとユーモアを感じるね。それは、あの──。（村瀬：人柄もある）人柄ですか？　それもあるでしょうね。だいいち、症例報告っていうのは、三つも聞くとね、真剣に聴いたらつらいです、こっちが。実物、［つまり］患者を見ずに頭の中で空想するのやから、頭の中のバッテリーがあがりそうになるんだけど、僕は。ところが、壺が出てくると症例報告聴くのが楽ですな。（笑い）

増井　それは、先生の中にいい壺があって、うまく入れてるからじゃないですか。（爆笑）

中井　いや、さっきから考えてたら我々の中に壺を持っていますね。さっき開ける閉めるっていう話になった時に、僕らいくつ開けておけるだろうなーなんて考えたわけです。まあ、二つくらいは開けとけそうだけど。まあ三つ。十も開けとかれないでしょうなぁ、だいたい。蓋をしていっているということになりますかな。──［増井に向かって］先生以前ひきだしをやってらっしゃった。（増井：はい、はい）そのひきだしには向き不向きがあるだろうなぁ。治療者のひきだしアビリティと壺アビリティとね。（笑い）あるでしょうなぁ。僕は、いちいちレッテルはるいうのはちょっとつらいような気がする。識別

できないでしょ。田嶌さんの話聞いていると、患者さんは前と同じ壺だっていうのがわかるんですなぁ。いちいち前と同じですかと、そんなに確かめなくても。その辺が、もうひとつ個性がありますなぁー。

田嶌　もうひとつは、増井さんの方法では『問題』から入るでしょ。問題があってそれから入るんですね。僕の場合はイメージから入ります。まあ今は［増井方式も］技法的な工夫がされているんじゃないかと思うんだけれども、例えば、じっと問題ってものを考えると［本人は］きついんですよ。それを一生懸命やるから。壺の場合はその問題っていうのを前面に出してないから、楽な壺があったりきつい壺があったりってことがある。

増井　だから、彼の場合は蓋を開けてみないと何が入っているのかわからんのですよね。僕の場合は、最初からきつい問題ということでわかってる。

村瀬　開いてもわからない時がある。

増井　そう、開いてもわからない時もある。中に何も入っていない時もありますしね。

中井　増井さんの方がより意識的な『解離ごっこ』ね。

増井　まあ、『解離ごっこ』と言えばそうですねぇー。

中井　だから、発見だか解離だかどっちだかわからないようなとこもあってね。結構おもしろいのかなー。

村瀬　生命的って感じがしますね。田嶌さんの壺の方が生命の全体像に触れているというか。

中井　私、実はイメージ療法には、多少、偏見っていうかそういうものを持ってた。イメージといっても言葉にしなきゃならない。西洋人はすぐに言葉になるらしいんですけどね。日本人は、ちょっと遠いでしょう。イメージ言語化がね。分裂病（以下、統合失調症）とかそういう人には特に無理じゃないかと思ってたんだけども、「いきなり言葉にしないで待っている」とかね、このへんが僕、非常にユニークと思ったね。

増井　僕は、実に ambiguous を ambiguous のまま保っておれることでは、この方法はすごくメリットがあると思う。

中井　曖昧なものをサスペンドしておくってことは、普通はかなりエネルギーを要するんだけど。まあ、壺に入れとくわけだから空中にサスペンドするより楽ってことですね。味わいがありますなぁー。

増井　だから境界がやられている人にもある程度うまく固めることができる。つぶすことと固めることを同時にやれるっていうのか、そういう感じもする。

中井　特に境界例って壺の間にしきりがない人ですわなぁ。

増井　全くしきりがないですね。だから、しきりを課題として与えてあげて ── 。

中井　統合失調症っていうと、風のふきすさんでる野原につっ立ってるような ところがありますね。

倉戸　あのー、色々おもしろく聞かせていただいて、しゃべりたいこといっぱ いあるんですけど。

成瀬　どうぞ、どうぞ、ご自由に。

倉戸　ツボをえてないといかんのですけど。（笑い）

中井　ツボに当っとるかどうかを。（笑い）

倉戸　ほんとですねぇー。今ちょっと［意見を言うのを］躊躇してまして。複数っ ていうか、壺がたくさんあって、［中井］先生もおっしゃったけれども、本当 にユニークっていうかその辺が魅力を感じるとこですけれど、ただお聴きし ていて ── 僕は［精神］分析学派じゃないんだけれど、僕の中では『退行現象』 とつながってくるんですね。そこでお聞きしたいんですが、その『解離』っ ていうのは『退行』との関わりでいえばどういうことになるのでしょうか？

中井　いや、dissociation だから、切り離すっていうこと、意識になかなか出て こないように ── 。

倉戸　ああ、切り離すっていうことですか。なるほど。切り離しておいて、そ して、そのことが後で意識化や客観視できるようになると、セルフ・コントロー ルすることにつながっていくということですね ── 。ところで、『退行現象』 の観点からは見れないでしょうか。ユング派の中にも壺が出てくる症例が報 告されてますよね。僕の経験の中でも壺っていうことを指定はしないんだけ れども、自由な、連想っていうかイメージをやってるんですが、洞窟のイメー ジは出てきますね。洞窟に入っていくとか。それに、水にもぐる、海の中に 入る。それで、その中で何か箱みたいなものを見つけるとかね。あるいは、 そのまま子宮が出てくるのがあります。今、私は子宮の中にいますとか。ま あ沼とか色々出てくるんですがね。特に、今日ご発表になった事例 1 のセラ ピストに甘えるとか、抱きつきたいとかいうことね。何ていうかなあ。［村瀬］ 先生は、生命的とおっしゃったけど、分析学派の方なら『退行現象』とおっしゃ るような感じの印象を受けてしょうがないんですよね。もうひとつは、トラ ウマというか小さい時の経験というかね、僕の依って立っている立場でいうと、 『心残り』とか『未終の経験』とかいうことになるけど、まあ分析の方は『抑圧』 とおっしゃるかもわからないけど。その辺はどうでしょうか。何て言うかなあ。 守られてる。こゝー抱かれてる。そこでは安心できる、あったかーいみたい なね。そういったイメージのあるものと、それに、さっき述べた『未終の経験』

を何かこう意識化していく作業を先生がかかわる時に、意図はされないんでしょうか。

田嶌　僕は壺イメージという言葉を使った時に、聞いた人がどう感じるだろうかということで、一番浮かんだのは、精神分析の発想でいう『子宮体験』ということをみんなが連想しちゃうんだろうなと思った。だから、最初からそれを狙って作ったというふうに受け取られるんではないかということを一番、感じました。でも、もともとの発想はそうじゃないということを知ってほしいと思ったんです。だから、そう言わない方がいいんじゃないかというふうに考えてて。ただそういうふうに言っていいようなものは、いっぱい出てくるだろうけど、極端な退行現象を起こしちゃってというようなケースっていうのは、こちらが思ってるほどは起こってないんです。最初私が考えてたほどにはね。壺の中の体験は、何か様々なものを含んでいる。そういうような気がしてて ——。そこが、やっぱり一番問題になるとこかな。

増井　いや、仮にちょっと質問の方向をかえるとね。あなたがうまく患者さんの退行という甘えをねホールドできるようになれば、壺という技法がいらなくなるのか、それともやっぱりあった方がいいのかっていうことになる。ちょっと個人的な問題とからめて展開するとそういったような質問になる。

田匌　こういう技法ができあがってしまうと、その中に含まれている技法の半分くらいは必要なくなってくるという感じがするんです、自分の体験としては。だけども、あと半分はやっぱり壺が必要という感じがしてる ——。

増井　残りの半分の意味をクラリファイすると、壺イメージっていうのは ——。

田匌　ひょっとしたら要らなくなるかもしれない。

増井　むしろ、上手にホールドできても、なおかつ壺がいるんだっていう部分をね、もう少し明確にすると壺イメージの特性がもうちょっとはっきりすると思う。僕が思うのにね、壺の中で浸って甘えることは ［直接］ べったり甘えることを代理でうまくやってることだけなのか、それとも全然別の体験なのか。全然別の体験ならば、どんなふうにどこが別なのかということをクラリファイすれば壺イメージについてのそういう質問 ［の答え］ にはすごくなると思う。僕の感じではね、［両者は］ 全然違うと思う。壺というイメージの中で浸りきってしまうことと、人間関係の中で、あたかも浸りきってるかの如く思うこととの体験の中には異質な部分がものすごくあると思う。どう異質なのかはうまく言えないけどね。その辺はちょっと聞きたい所だなー。

中井　ちょっとコメントしたいのは、私は力動精神医学をやってる精神科医ってことで、［その立場から言えば］『退行』っていうことが言われたんだけれ

ども、例えばバリントなんか――、『悪性退行』と『良性退行』を区別している
るし、それは重要なことだと思うんですね。壺での退行はね、イメージは二
重三重に守られてるわけですね。それがひとつのポイントね。それから、2
番目はね――統合失調症の人の場合は、人格がまとまったまま退行すること
ができない。逆に言うと、それができたら統合失調症じゃないんで、退行す
ると、解体するわけ。だから、あるものは退行してるけどあるものは大人と
いうような形でこわれている人もいれば、退行を禁止されて、逆に言うと、
出ずっぱりでおるという場合があるわけですよね。パーソナリティのまとまっ
たままで退行できるっていうのは精神健康のひとつの大きな条件だと私は思っ
てるんですね。例えば、結婚生活っていうのはある意味じゃひとつの退行に
近いわけでしょう。男女きりの世界っていうのは幾分子供っぽくなっている
わけだし、それからまた翌朝もどれるっていう可逆性がある。可逆的に退行
できるということは、病気どころかひとつの精神健康の条件で、むしろ幾分
強迫的な人は退行できないで、言わば出ずっぱりになる。そういうことを考
え合わせると壺に出たり入ったりするのは、自由な可逆性という意味でも健
康なわけね。

増井　だから『退行ごっこ』みたいにね。

中井　もうひとつ、ひとつの壺に入りっぱなしだったら危ないっていうのはね、
悪性の、非可逆的な退行がまわりに漂っているのだろうか。そこはひとつの
山場かな。どうなんだろうか？　複数性とすぐひょいひょい出たり入ったり
できることとは関係があるのだろうね。出たり入ったりすること自体が、精
神健康にとってプラスなんで、退行というとマイナスヴァリューだけを考え
るというのは、通俗の考えだと思うんですよね。

増井　先生の感じ方で言うと、情緒的にとりしきられた人が、出たり入ったり
してるかのごとくに見えるけれども、先生の言われる岩みたいな部分とシン
ボルの部分との間の欠落したものを壺というものでうまくジョイントしてい
るという気がしないでもないですね。なんかその部分では出たり入ったりでき
るということ自体が治療的な部分なのか――、もうひとつは中に入って感
じられる内容の部分もあると思うんですけれども。

中井　『複数性』と『出入り性』というのか、何ていうんですかねぇー。スイス
イとこう――。

増井　神田橋先生がこんなことを言うてました。壺っていうのはね、閉じられ
たものだって。だから閉じられたものの中でオプティマルに開かれるという
ことは、非常に治療的だと。だから、[壺イメージは]閉じておくという前提

のもとで開くという治療構造をその中にもっとる、と。何か僕もそういう感じがするね。関係ということで捉えれば——。

成瀬 えーと、倉戸さんはそれでいいんですか？　ちょっと話を前に戻して、今、中井さんのお話だと、手続きの問題というよりも患者さんによってちょっと違うと。だからその、ノイローゼの場合とボーダーラインの場合とではリグレッションといっても違うんじゃないかというような話でございましたけど。

中井 まあ、私はそこに重点があるわけじゃなくて、ただ出入りするっていうその『出入り性』みたいなところ。ひょいひょい出たり入ったりできるという——。（成瀬：それがいい、と）それがひとつのポイントだと。退行を起こさせているということ自体には、少し問題があってひっかかるんじゃないかという考え方に対して、これは要するに可逆的で良性な退行はしばしば治療的だし、健康人っていうのは、ある意味では統合されたまま退行する能力があるんじゃないかと、ただそういうことを言っているわけですね。

成瀬 あの、倉戸さんはね、むしろ、こういう事象をなぜ精神分析の言葉で理解しないのかと？

倉戸 いえ、そこまでじゃないんですが。たまたま僕が退行と言ったのは、できるだけ共通理解のための手がかりとなる言葉を検索したかっただけなんです。壺っていうのは、もしかしたら分析の方ならば『退行現象』と思えるような、そういう現象を見るだろうと思ったんです。一方、ユング派の方ならグレートマザーとか影とかを見るだろう。あるいは、さっきから話題になっているようにいろんなものをね、壺の中に入れたり出したりしながら心残りや未整理なものを整理していくみたいなね、そんな見方ももちろんできる。もうひとつ僕が考えてたのは、まだ感じだけなんだけど、この壺イメージ療法はセラピーが終わって一人になっても、気分や具合が悪くなった時にいつでも壺に帰っていけるというか、自分で支える媒介として役に立つ可能性も感じられる。セラピストがいないときでも退行ができ、基本的に安定した所へ帰れることになる。あるいは未整理なものを整理する機会となりえる。また、自分にとって何が課題かなどこれからのことも先取りできそうな［感じがする］。まあ、いろんな可能性をもっている。——ところで、そんな可能性がある壺イメージ療法の過程でクライエントが自らを意識化していくということをどうお考えなのでしょうか？

成瀬 精神分析のような考え方で考えられるものはたくさんあるわけです。［壺イメージの］事象を解釈するのに、そういうふうな考え方をなぜとらないのかということ、ではなくって——。

倉戸　はい。

田嶌　お答えになるかどうかわからないんですが、壺をやっているとひとつは、患者さんが勝手に、壺を［自分自身に］都合よく組み替えてくれるということがあるわけです。もうひとつは、意識化ということなんですが、こういうと誤解をうけるかもしれませんけど、フォーカシングの場合には言葉にするということを非常に強調してありますが、どうも治療的な体験からいうと言葉にしない方がいいっていうのもあってですね、全部言葉とつながんなきゃだめなんだという考え方で、よいのかなっていう［疑問がある］──、［フォーカシングでは］プレバーバルっていうんですが、僕らはノンバーバルっていうんです。これは言葉にし尽せないことがあるし、また技法的にもむしろ言葉にしない方がいいことがあるってことを［言いたいわけで］──。ちょっとなんか［話が］ごちゃごちゃになりましたけど。

松木　それに関係するかどうかはちょっとわからないんですけど、僕が一番最初田嶌さんの学会発表だけを聞いて、詳しい話を聞かないで僕流にちょっと最初やってみたんです、何回か。で、その時はさかんに意識化したかった。意識化することに意味があるんじゃないかなと考えて、壺の中の体験とかを僕なりに分析的に解釈した部分について話し合ってそれをできるだけ言語化するという作業を数回やりました。ところが、クライエントの方があまりそんなことをしない方がいいって言うんです。面白いことを言ったんです。「その体験が薄れてしまう」とか、「感じたことが弱くなってしまう」とか、何かそんなことをちょっと言ったことがあるんです。

中井　分析の枠内から申しますと、あの、フロイトは確かに「イドありしところ自我あらしめよ」ということを言っておりますけども、その逆にですね、ワルター・シュルテなんかは、「自我ありしところエスあらしめよ」という逆説的表現を使っております。あるいは、土居健郎先生は患者の秘密ってことを重視されますねぇ。土居先生はシュルテからとられたはずですが、シュルテは患者に秘密を残しておくことの重要性と秘密がなくなっちゃったら患者は弱くなるんだっていうことを非常に強調しております。

倉戸　あのー、僕が意識化と申し上げたのは、必ずしもすべてを言語化することじゃなくて、とくに内容の言語化じゃなくて、［洞察したことや自分にとっての］意味の了解というかあるいは、秘密にして残しておきたかったら、そのことをしっかり言語化したり、なんらかの形で意志表示しておくということなんです。

田嶌　ゲシュタルト・セラピィでいう『気づき』というようなこと？

倉戸　はい、それに近いのを背景に思いながら申し上げているんですけど。

田嶌　それは僕も感じておりますね。

村瀬　今、［倉戸先生］何とおっしゃいました？　言葉に出さないでいいけども自分では確認、内容も確認してるってことですか？

倉戸　内容をっていうか、内容がクライエントにとって意味するもの。

村瀬　さっきのケースでは、恐い感じを壺に入れて預けるわけですよね。預けるっていうのは、あなたの場合にどうなるんですか？

倉戸　その場合で言えば、まず預けるっていう意識をちゃんともつことですね。

村瀬　何を預けたかっていうのは ——（倉戸：問題じゃなくて）自分にもわかってなくてもいいですね？

倉戸　それは構わないです。恐いって感じてるものを壺の中に入れてる、というawareness。しかも、それが自分だというawarenessをもつことが大切に思えるんです。で、もっと大切なのは、僕の立場からは、だんだん面接が終結するに従って、その恐いものを壺に入れたっていうことは、自分を振り返って、どんな意味だったのかなぁーみたいなね。そんな中で、はしょって言っちゃうと、例えば、『退行』といえるものに近かったんだとか。

田嶌　あぁ、そういう意味で？　患者さんとの間でそういうラベルをつけるっていうことですか？

中井　そういう言葉を使う？　患者さんとの間で？

倉戸　いえ、使わないけども ——。

田嶌　別のラベルでもいいんですが、患者さんなりの言葉をつけてあげる方がいいんじゃないかっていうことですか？

倉戸　その辺は、むしろ田嶌先生はどう考えていらっしゃいますか？

田嶌　それは ——、僕はあんまり考えてない。入れることでどういう意味があったか、入れてよかったか悪かったかって話とか、入れるのに何が苦労したかっていう話とか、そういうことはすごくやりますけど。こういう精神病圏の人を［心理療法］やる時には、あの、最後に［言語化しえずに］残るものがある。感覚っていうかなぁ ——、何かが［言語化しえずに］残ってしまうんですよ。

増井　いやいや、患者さんの言葉でいうとね、入れた感じ、出した感じこれが了解なんですよね。（田嶌：そうそう）だからこれを治療者の言葉で言うといろんな言葉が出てくるけど、その体験の積み重ねなんよ。そういう了解の仕方っていうことを治療的なキーポイントとしておさえた方法っていうのは少ないですね。

成瀬　あのね、いいですか？　今の［議論］は患者さんとあなたの問題も含め

てね、どういうことがそこで行なわれているのかいないかということは別に
して、ここでね、今度は共通に理解できるようなものを［提示できるか］、つ
まり田嶌君はいったいこれは何をしているのかっていうことが言えますか、
ということも含まれてるんじゃないかと思うんですねえ。

田嶌　実はそれがよくわからないからこの会をやってる。（笑い）

増井　僕にいわせればね、「感じ」よ、入れた感じと出した感じとその落差はこ
うだったっていうこと。そういうふうに、ものすごくプリミティブな了解を
僕はしてる。

成瀬　だからね。これはこうだったっていうのはね。患者さんじゃなくてセラ
ピストがそういうふうに ── 。

増井　いや。じゃなくて、患者さん自身の感じが ──

成瀬　ということを患者が感じているということをあなたが分かると。

増井　それをクラリファイしてあげた方が非常に治療的になるような感じがする。
受けた感じはどんな感じだとかね。

成瀬　そういうことが重要だと。そして、それは壺をやるとよく出てくる？

増井　それは壺をやるとわりとよく出る。蓋をするとか並べかえるとかってい
う作業の中でね。

成瀬　そのぐらいのところでいいですか。

田嶌　その「感じ」が大事なんで、それに例えばどういうラベルをつけるかっ
てことじゃないんですよね。

倉戸　はい。それは違いますね。今、僕は随分明確な答えを得たと思います。

田嶌　ここで共通のラベルをうまくはれないので、壺イメージと言ってるわけで。

増井　そう、だからその共通の言語っていうのが分かればね。

田嶌　共通言語がなかなか出てこない ── 。『退行』とか『体験過程』とかって
いうふうに ── 。

増井　ただねぇ、自由連想は難しくても、壺連想はやさしいというふうに説明
すれば［いい］。ある種の患者さんには、自由連想はすごく難しい。自由だから。
なのになんで壺やったらボーダーチックの人にでも体験できるのか。自由連
想だと技法的にも実際やったら難しいのが、なぜ壺連想ならやりやすいのか。
壺なら感じやすい、感じられやすい。［自由連想では］感じてもある程度よっ
ぽど手なれた人でないと、解体しながら構成していくっていうのはわりと難
しい。

成瀬　ただね、そうしやすいけども、自由連想でもちゃんとやれば同じなのか
違うのか。今のは違うといってもただ単にやりやすいだけであって、治療と

しては同じことではないかっていうこと、そうなんでしょうか？　今［の発言で］は技術的な、技法的なことだけの違いだと ── 。

増井　いや、全然違うと思うなぁ、何か違う。

成瀬　それじゃあ何が違う？ ── どうぞ柴山君。

柴山　あのですね。さっきの倉戸先生の言われたことに関係あるんですけども、クライエントが自分の意志をはっきりするっていわれたんだけど、クライエントがね、並べかえるとか、あるいはそこに入っていくとか、感じるとか感じないとか、そういうものをひとつひとつクライエント自身が決定してるような（倉戸：そうですね）、そんな感じがするんですけども。（田嶌：そうです）そしたらそのこと自体がものすごくboundaryみたいなもの（倉戸：あると思いますね）。だから、プリミティブなものが共感として伝達されるというのもあるけど、その壺の中に、どっちかっていうと対人関係っていうんですかね、私は今ここにいる、私はこの中に入っていくと、私はこれを選択していく、あるいは感じていくと、そんなことをやってるんじゃないかと。

成瀬　でも、それはね、自由連想でもしてないわけじゃないですね。同じようなクライエントならやっぱり決定しているんじゃないでしょうかね。

柴山　違う ── 。

増井　それは違う。決定の構図が違うと思いますよ。イメージを媒介にするものと言葉を媒介にするもので、言葉というのはどうしても露呈してしまうような本質的なものを持っているでしょう。

成瀬　だけどね、自由連想だってイメージを体験しないってことはない。それを言葉にしてるだけなんです。イメージを全然体験しないで自由連想できるなんて、そんなことはない。

増井　はい、はい。（沈黙）ただ、壺というものを補完することによって、何か自分のboundaryというか核というか、完全に安全であるということを前提のもとで会話か何かをできるということ自身が非常に治療的な構造を持っているんやないか ── 解放的自閉というか ── 。

田嶌　そういう前提の中で、自由連想という時には言葉にするということが出てくるわけですよ。

成瀬　うーん、だけどいつでもしゃべってなくてもいいんですよね。（増井：もちろんそうです）自由連想の中ではね、やっぱりイメージを体験している。そういう時にしゃべりたくない時はしゃべらないって言うんでしょう？　必ずしゃべらせるということはない。

中井　心理学と精神医学の伝統の差を感じますね。（笑い）僕らは統合失調症が

基本であって神経症の治療は下手ですね。大体あまりチャンスがない。患者が来ないですね。日常、精神科には神経症はまず来ない。重症の神経症で心理の人から見放された人、あるいは、拝み屋さんに見放された人が来る（笑い）。心理の人は、神経症を基本として出来上がった学説から延長して統合失調症を見ているっていう違いがありますなあ。自由連想というのは僕らにとって大変おっかないもので、なかなかやる気がしない。ロールシャッハでも危ない。よほど慎重にやらなくっちゃだめだ。まあ、ロールシャッハでだいたい再発ぐらい起こそうと思えば起こせるわけですから。自由連想にイメージが伴なうといいますけども、統合失調症の人はそもそもイメージが出て来ないでしょう、自由連想の場で。ひとつ出てくればいいくらいで、「自動車」って何十回も言ったかと。あるいは性器の名前を何十回も言ったとか。またね、安全と危険を非常に大きく分ける因子というのは些細で、これこれとはっきりとは言い切れないところがある。例えば、箱庭は、統合失調症者には非常に危ないっていいますねぇ。粘土ってのは安全なんですね。砂と粘土では、どう違うかってこと。また、『枠づけ法』も急性統合失調症には危ないんですよね。ところがこの枠の中をさらに九つくらいにしきって、それぞれに書き込んでもらって複数化すると大丈夫。それ、ちょっとこれ（＝壺の複数性）を連想しますね。［そういうふうに］ちょっとのことで違う。縦横に区切る格子にするとできる。もっとも、できて意味がある場合とない場合がありますけど。壺がいいのは、安全でない人にはそもそも壺が出てこないからいいわけかぁー。でも、僕が一番感心したのは患者さんと30分間黙っておれる能力ですね、もしこの人が統合失調症に近いとすれば。

田嶌　それは僕が［精神科］病院へ［非常勤で］行って一番勉強になったっていうか、一番苦労したことです。（笑い）

増井　僕も同じ連想をもった。治療関係における壺療法は、あなたが黙っとって、私も黙っとくというステディな治療関係における壺なんよね、これは。（笑い）僕は［精神科］病院の人とばかり接しているけど、面接場面で「自由に話をしなさい」なんてとんでもない。「もう話しなさんな」っていう方がかえってプラスになる場合がよくある。だから、僕は『自閉療法』の影響を受けすぎてるのかもしれないけど、上手に自閉をさせてあげて、その中で、［中井］先生の言われる『解離ごっこ』をするという［のがいい］。ある種のニューロティックな人なら別ですけど、もうちょっとこわれかかった人には、［それが］治療的な構造をもっとるのではなかろうかと［思う］。

田嶌　「しゃべらなくてもいいんですよ」っていうふうに［治療者は］普通は言

うんですけども、だけどもそういうことを言ってもこっち（＝治療者）が安心するだけのことであってむこう（＝患者）はやっぱり「話しなさい、話しなさい」って言われているというふうにプレッシャーを感じているんですよね。

増井 そりゃ、そうよ。「さあ、これから話しましょう」といわれたら、皆緊張するのと同じことよ。

田嶌 そのプレッシャーをどれだけ緩められるかっていうことを考えてた。

中井 精神科の新人［医師］に、患者と30分座らせるとね、だいたい30分座ってるっていうのは大変きついことで、すぐ何か思いついて［席を］立っちゃうわけですね。治療者にひしひしと何か伝わってくるわけで、よっぽど大人物か、よほど鈍い人かどっちかじゃないと何もしないではおれないわけなんですけども、壺の場合は何かをしてるんだなぁ。治療者の方も同じような壺が浮かんでるわけ？おそらく同じであろうということ？（田嶌：はい）何も思い浮かべてないっていうのはかえって難しいでしょう。

田嶌 はい、そうです、難しいです。

中井 その場合、架け橋は言葉だから、間違うかもしれないけども。

田嶌 はい、まあそれはありますね。間違うことも。［治療者の］個人的なあれ（＝壺）ですから。

増井 壺を持ってるが故にその架け橋が大橋にならなくってすむわけです。（中井：大きな橋にならなくってねぇ）単に架けてるっていう関係がオプティマルではなかろうかと。

中井 なるほどねぇ。（沈黙）言語化せずにすむというのは日本の患者にとっては非常に大事かもしれませんね。ちょっと話が一般化しすぎるかもしれないですけども、西洋の治療法をそのまま持ってきてもなかなか根づかない。新しいのが来ちゃあ、消えてしまう。どういうことかっていうと、風土の違いって言ってしまえば、それだけのことなんですけど。京都のフランス語の先生でアリューさんて女の人がいて『日本の詩を読む』って本を書いてるんですけども、僕、彼女の書いてることにびっくりしちゃった。というのは、「日本語の難しさは文脈が分からないと翻訳ができないことだ」って書いてるんですね。文脈が分からなくって翻訳できる国語があるのかどうか［と思った］——。そしたら、フランス語では文脈が分からなくても、きちんと構成できる、「文脈を考えないでは意味が分からないのは、ギリシア語と日本語だけだろう」って書いてあるんです。「私の知るところでは」と。はあーっと思いましてね。西洋人の場合イメージが浮かんだら、本当に前後関係を考えなくてもそれをぱーっと言語化できるらしい。外国の学会に行って［そう］思いますなぁ。

とうとうと演説うちますなぁ。だいたい分かってるようなことが8割まじっ
てるからああ言ってるんだろう、と見当はつくけど。時々皮肉に思うんです
けれども、日本の人にはそういうのは少ないみたいですね。日本語はそうは
いかないから、言語化は大変なんだなぁ。

成瀬　村瀬さんはなんかさっき、倉戸さんに質問されてた時に ── 何か考えがあっ
たんじゃないですか？　今のように意識化するってこととか、言葉に出すとかっ
てことに関係して。

村瀬　うーん、あの時考えたことから、今は違うことを考えてた。（笑い）いや、
なぜ壺なのかってことを、さっきからずっと考えてた。これはいずれはテー
マになると思うんだけど、まだちょっと早いんじゃないか、と。

成瀬　そうですか。じゃあこの辺で少し休むことにしましょう。

第4章

壺イメージの経験から

　第1〜第3章までの筆者の記述は、できるだけ話の筋道があちこちに脱線しないように気をつけて書いた。そのため、述べたかったことで、割愛せざるをえなかったことがいくつかある。ここではそれらの断片を拾い集めてみたい。

1. 心理療法諸流派に関する覚え書
── 壺イメージの経験から ──

　壺イメージやイメージ療法を行なっていると、時々ふと思いついたりすることがある。そうした思いつきのようなものを書き抜いてみたものであり、従って、あまりまとまった記述ではないが、参考になれば幸いである。

1. 精神分析

　無意識、抑圧、抵抗などをはじめとする精神分析学の諸概念によって、人の心のからくりは実にうまく説明される。しかし、増井（1984b）がすでに指摘していることだが、それらの概念規定は、主に治療者の側からのものであって、患者の実感に即した記述ではない。そのためであろう、これらの説明に有用な概念が即治療に有用なものとは必ずしもなってはいないように思われる。

　患者は「抵抗」を経験しているのではない。例えば、自分なりに治すための工夫や努力を行なっていたり、何ともならなさに対するいらだちや、自分が変わることに対する不安や、治療者が何者であるかわからない不安などを経験しているのである。

　患者は「抑圧」を経験しているのではない。「抑圧」と推定される事象を

経験しているのであり、より具体的には、例えば何かモヤモヤした感じや、全く何も感じられない妙な感じといった形で表現されうる事象を経験しているのである（増井，1984b）。

　いわゆる原始的防衛機制のなかに「分裂（Splittig）」という機制がある。これは自己表象または対象表象をgoodなそれとbadなそれとに分割してしまうことをいい、重篤な精神病理の説明に大変有用である。すなわち、実にすっきりと割りきれてしまうのである。しかし、患者の経験に即していえば、患者の苦悩は「分裂」にあるのではない。むしろ完全に分裂しえないことにあるといえよう。例えば、いったん分裂させた表象が相互に侵入ないし融合しそうになったり、goodな表象からbadな表象へと急激に切り変わってしまったり――患者の苦しみはそこにある。

　精神分析に固有の用語ではないが、統合失調症者によくみられる症状をさし示す用語に「自閉」というのがある。しかし、彼らは自閉を経験しているのではない。「自分が人の中に溶けている」とか「人にすべて知られている」という経験をしているのである（神田橋・荒木，1976）。

　ことばとは不思議なものだ。例えば、「抵抗」ということばを使っているとふとそこに患者の悪意が反映されているかのような錯覚に陥ることがある。「ことばの魔力」とでもいえよう。代わりに「手ごたえ」ということばを使ってみよう。それだけで、患者に対してより受容的になれそうだ。ウィニコットや神田橋から学んだことだが、患者の示す行動を「〜する能力」と見てみよう。治療者にそれまで見えなかったものが見えてくるだろう。

2．夢分析

　おそらく、多くの場合、夢分析を行なっているその面接時間の中で患者は治っていくのではない。そうではなくて、夢の中で治っていくのだと思う。つまり、夢分析の面接の結果 —— 例えば、夢を見る際の心的構えが変わるなどして —— それまでとは違った夢の見方ができるようになり、イメージ療法の場合と類似したある自動的自己治癒的プロセスが発動され、治っていくことが多いのではないだろうか。そうだとすると、夢分析の重要な役割は、そうしたプロセスを発動させるための条件を整えることである。そういう条

件としては、「よき」睡眠を確保することや患者の夢に対する構えをそれまでとは違ったものにすること、またそういう変化を持続させることなどがあげられよう。もちろん、こうした観点は、夢分析の一側面にすぎないであろうが。

3．ゲシュタルト療法

　ゲシュタルト療法では、夢やファンタジーの中で出現するイメージをすべて自己のある側面を表わしているものとして理解する。例えば、カバンが出てきたとしよう。「そのカバンになってごらんなさい」と教示するのは、ゲシュタルト療法でよく用いられるやり方である。

　さて、このようなことから考えて、ゲシュタルト療法の創始者パールズ（Pearls, F.）は、筆者のいうイメージの体験様式の違いの重要性に気づいていたものと思われる。筆者なりの表現をすれば、彼はとりわけ「イメージ体験」という体験様式の重要性を誰よりも重視したのだといえよう。

　壺イメージとの最も大きな違いは次のように表現できよう。壺が出現したとしよう。ゲシュタルト療法では「壺になりなさい」ということになろう。しかし、壺イメージ法ではこうである。「（もし可能なら）壺の中のものになりなさい」。

4．箱庭療法、絵画療法

　既に第3章で述べたように、カルフ（kalf, D. M.）の表現を借りれば、心理療法は「自由にして保護された空間」を保障しようとするものであり、そうした点からみれば、壺イメージも箱庭もそして絵画（なかでも「枠づけ法」はとくに）も心理療法場面の中に、さらにさまざまな形で「もっと自由でもっと保護された空間」を設定しようとする試みであるといえる。

　また、筆者は、第2章で述べたイメージの体験様式という観点は箱庭療法や絵画療法においてもやはり重要であると考えている。すなわち患者が箱庭の中にミニチュアを置く時、また画用紙に筆を走らせる時、彼らがいかなる体験様式にあるかということに、そしてまた、「（イメージの）体験様式の変化」が果たして動きはじめているかということに注意を払うことが必要で

あろう。箱庭の中で、また画用紙の上で、同じようなテーマが表現されたとしても、それが治癒的であったり、なかったりする分岐点はそこにあるといってよいだろう。

　しかし、このような共通点をもちつつも、イメージと箱庭、絵画には決定的な違いがある。それは対象性という点である。すなわち、後者では、治療者と患者の間にはミニチュアや画用紙、筆などの「モノ」が介在しているのである。モノを通してイメージを取り扱うことは視覚的イメージにくらべ内界のイメージをかきたてることが少ないようであるし、またモノを操作する過程には必然的に運動が随伴しており、これらのことは、長所にも短所にもなりえよう。

　例えば、イメージ面接のあと患者に何か不全感を残していたり、また凄惨なイメージの後に、「いやな感じ」が残っている場合などに、イメージ面接の中で現れたイメージを描画することが、内的イメージの動きを鎮める効果をもつことがある。ある患者の言によれば、「一区切りついた感じがする」という。このことからも推測できるように、イメージ面接と絵画、イメージ面接と箱庭とは相互に補いあうものをもっているものと考えられる。

　増井（個人的対話およびp.376）によれば、壺の絵を患者に描かせ、その中にどんなものが入っていそうかなど、それについての話を交しながら面接を進めることがあるというし、また中井（私信）によれば、壺イメージの導入にあたって、壺の絵を描かせることがその導入をなめらかにする効果を持っているという。さらに、第9章で伊藤が報告している事例においても、イメージとスクリル法が相補性を発揮している。

　壺イメージ法では「いくつかの壺が浮かんでくる」と教示され、実際浮かぶ壺は通常複数であるということは既に述べたが、箱庭や絵画ではどうであろうか。森谷（1986）によれば、岡田（1972）は、箱庭がクライエントによって自発的に 3×3 に分割されることが多いということを指摘しているが、治療者の側から分割して利用するという手法はないようである。それに対して、絵画療法では、中井（1970）は、治療者が絵画空間を 3×3 の9コの枠に分割して描画させる方法を試みており、森谷（1986）はそれを発展させ「マンダラ画法」を考案している。

筆者の経験した例では、自由画では風景 —— しかも人間の登場しない風景 —— を描いていたある境界例患者に、一枚の画用紙を真ん中から左右の空間に分割し、そのそれぞれに絵を自由に描いてくるように求めたところ、次の回には、片方はこれまで通り風景が描かれていたが、もう一方には、「それぞれにひとつの目がついた沢山の絵馬」が描かれており治療者はギョッとさせられた。その後も、絵の内容は変わっても、片方は風景画で、もう一方はギョッとするような内容であるというパターンは続いた。このような経験から、筆者は、分裂という防衛機制をもち、しかもそれが緩みやすかったり、統合されかかっていたりする患者にはこのように二つに仕切ることに意味があるのではないかと考えた。以上のことから考えて、箱庭や絵画においても、「仕切り方」を工夫することで患者の精神内界への思わぬチャンネルが開けることがあるのではないだろうか。

5．体験過程療法
(1)クライエント中心療法から体験過程療法へ
　よく知られているように、ロジャース（Rogers, C. R., 1957）は、クライエントの治療的人格変化を引き起こすための必要十分条件として、次の六つの条件をあげている。

①　二人の人が心理的接触をもっている。

②　クライエントと呼ばれるその中の一人は、不調和の状態にあり、傷つきやすく、また不安の状態にある。

③　治療者と呼ばれる第二の人は、その二人の関係の中で（自己）一致しており、純粋で統合された状態にある。〔（　）内は筆者による〕

④　治療者はクライエントに対して無条件の肯定的関心を経験している。

⑤　治療者はクライエントの内部的枠組みについての共感的理解を経験しており、この経験をクライエントに伝えようと努力している。

⑥　治療者の共感的理解と無条件の肯定的関心が、ある最小限度クライエントに伝達されている。

　ロジャースは、この六条件が満たされ、ある一定時間以上継続するならばそれで充分であり、それ以外の条件は必要ではない、と主張している。彼の

このような主張の背景には、人間には「実現傾向（actualization tendency）」つまり、内的成長力があるのだという考えがある。すなわち、クライエントは何らかの障害によって、この実現傾向の発現が阻止ないし停滞しているのであり、先述の六条件によって、それが発現されるのだと考えているのである。

　ロジャースのこのような考えを発展させたのがジェンドリン（Gendlin, E. T.）である。ジェンドリンと彼の共同研究者たちは、心理療法場面を録音した何千というオーディオ・テープを検討し、成功した治療とそうでないものとの間にどんな違いがあるかを研究した。その結果、判明したのは、次のようなことであった。過去や人生早期の話をしたからといって、成功するとは限らないし、逆にそういう話が出なかったからといって難航するとは限らない。そして、話の内容はどうあれ他人事のような話し方の時は成功しておらず、逆に探求的で自己関与的話し方の時は成功するという違いがあるということを見出した。

　このような研究から、ジェンドリンは治療的人格変化のカギとなるものは、「瞬間瞬間において起こる」体験の流れ、すなわち「体験過程」であり、それは「具体的身体的感情の過程」であるとした。そして、彼によればノイローゼや統合失調症ではこの体験過程が「凍って（frozen）」いるのであるという。

　さらに、彼は、例えばその人の問題と関係した「胸のモヤモヤした感じ」といった類いの言語化される以前の身体的感覚をフェルトセンスと呼び、人がそれに注意を向け続けることによって、体験過程にある法則的な変化が生じることを見出し、この一連の過程ないしその手続きを、「フォーカシング」（焦点づけ）と呼んだ。

　このように見てみると、ジェンドリンは、ロジャースが注目した内的成長力、治癒力を発現させるためにクライエントの側に整うべき条件を明らかにしたものといえよう。

⑵壺イメージとクライエント中心療法、体験過程療法

　さて、このように見てみると、筆者のこれまでの主張はロジャースやジェンドリンのそれとかなり類似していることがわかる。壺イメージと体験過程療法（ないしフォーカシング）の異同を考えてみることは多分有益だろう。まず、次のような共通点がある。第一に、ある条件下でクライエントの中に生じる

自己治癒的力に注目していることがあげられる。第二に、ジェンドリンは話された内容ではなくその話し方に注目し、筆者はイメージの体験のされ方に注目したということがあげられよう。すなわち、共にクライエントの体験様式に注目しているのである。第三に、壺イメージ中にしばしば報告される身体感覚的なものは、吉良・村山（1983）や増井（1984a）が指摘しているように、フォーカシングでいうフェルトセンスと同様のものであると考えられる。

　また、ジェンドリンは、フォーカシングの過程で視覚イメージを思い浮かべることが有効であると指摘しているが、その際視覚的イメージが体験過程から遊離した表面的なものとならぬためには、フェルトセンスに照合しつつ進めることが重要であると注意を促している（ジェンドリンとオールセン Gendlin & Olsen, 1970）。イメージ療法では、治療者によっては、ともすれば視覚的イメージないしその内容に注意が向けられやすい傾向がなくもない。従って、イメージ療法の観点からみれば、ジェンドリンの功績は、視覚的イメージそのものではなく、その背後にある体験過程というものへの注意を明快かつ具体的な形で示したという点にあるといえるだろう。

　このように見ていくと、フォーカシングの治癒機制はイメージ療法のそれと類似しており、壺イメージ法の治癒機制とはもっと類似しているといえよう。そこで、筆者は、先にも触れたように、両者の基礎に「精神身体レベルの体験（再）処理過程（または処理機制）」とでもいうべきものを想定したい。おそらく、それは深いところでは夢などにもつながるものであろう。その意味で、ジェンドリンが最近、フォーカシングを用いた夢の解釈法（ジェンドリン、未発表）を考案しているというのは筆者からみて興味深い。というのは、フォーカシングにせよ壺イメージにせよ、夢で処理しきれなかったものを取り扱っているのだろうから。

　だからといって、フォーカシングと（壺）イメージ療法の両者の治癒機制が全く同じものであるとも思えない。筆者の印象からいえば、イメージ療法では、クライエントは自分の観察自己とでもいうべきものの大部分をカウンセラー（または治療者）に預けて「心の深み」へ降りていくかのような観がある。それに対して、フォーカシングでは、イメージ療法ほどには観察自己をリスナーに預けはせず、ある程度それを保持しつづけるように思われる。

また、フォーカシングではイメージ療法にくらべ言語という係留点を、より明確に保持しつづけているように思われる。

このことは、両者が共に、生きた人間にもともと潜在的に備わっている「精神身体レベルの体験（再）処理過程」を基礎とするものでありながら、その発動のさせ方というか、使い方というか、そういうものが異なっているということなのではないだろうか。もっとも境界例や自殺念慮のある人といった従来よりも重篤な事例へフォーカシングを（標準的なやり方ででないが）適用した報告（グリンドラー Grindler, D., 1982／1983；マクガイアー McGuire, M., 1982／1983）などは、その治療経過のところだけを読めば、それがフォーカシングの事例報告なのか、イメージ療法の事例報告なのか、（少なくとも筆者には）区別がつかないような経過報告である。両者の異同というものを今後更に考えていくことは多分有益だろう。

結局、筆者がこれまでイメージという枠内で論じてきたことを、ロジャースやジェンドリンは通常の心理療法というもっと広い枠内で論じているということになる。しかも、体験過程という実に有用な Key 概念を提出している。筆者自身、体験過程というコトバが非常に気に入っているし、実際臨床の中で、時々このことを思い浮かべるだけで随分と助けられている。時々思い浮かべるだけで臨床活動に役立つ短いコトバというものは意外なほど少ないが、これはその数少ないもののひとつであるといえよう。加えて、体験過程という概念によって、病理や治癒現象を実にすっきりと説明したり、整理したりすることもできる。

(3)「体験過程」をめぐる問題点

一般に、ある有用な概念が提出されると、それにそぐわない事実は注意をひかなくなったり、過小評価されやすくなるという傾向がある。体験過程という概念もその例外ではなく、先述のようにすっきりと説明できてしまうという点に実は問題点が潜んでいる、と筆者は考えている。

ジェンドリンの著作を読むと、彼がおよそ次のように主張しているように筆者には読みとれる。すなわち、神経症では体験過程が凍っており、統合失調症などの重篤例ではもっと凍りついており、従って、どちらについても「体験過程を促進する」ことが必要なのである、と。

本当に彼がそう考えているのかどうかはわからないが、少なくとも筆者にはそう受けとれてしまうのである。そして、もしそうであるとすれば、それは筆者自身のこれまでの心理療法経験、特に重篤例についてのそれからみると臨床的事実にそぐわないように思われる。

　第一に、重篤例では体験過程を促進しようとする治療者の働きかけは状態の悪化を招きやすいという点を指摘しておきたい。いわば、「体験過程の促進は状態の悪化と紙一重である」とでも表現できよう。それを避けるためには、例えば壺イメージのようなこの「一重の紙」が破れぬような工夫が必要であろう。しかしながら体験過程療法においてはこのことがあまり強調されておらず、従って、そのような工夫もあまりなされていないように筆者には思われる（このことは、ロジャース以来の「伝統」であるように思われるのは、筆者の考えすぎであろうか）。

　第二に、このような表現が果たして適切かどうかはわからないが、いわば「体験過程の促進＝状態の悪化」といいうる場合があるということである。そこには紙一重もない。おそらく上記よりももっと重篤な状態の事例 —— 例えば、統合失調症 —— についてあてはまることであろう。彼らはある種の体験に圧倒されており、いわば「感じすぎ」の状態にあるといえよう。

⑷「感じすぎ」を鎮めること、または「体験過程を促進しない」こと

　このように「感じすぎ」の状態にあるわけだから、治療者の「体験過程を促進しようとする試み」は有害であり、その種の体験に圧倒されないですむような別の試みが必要である。そのひとつは、そのような体験を「置いておく」（増井, 1981）、ないし「距離をとる」（田嶌, 1982, 1983 a, b）ための工夫であり、それによって、患者の精神内界は新たなある「おさまり」、または「まとまり」が生じるものと考えられる。また、このような方法をとることによって、治療関係からいえば、カウンセラーの非侵入的態度が相手に伝わるということの意義も大きいと考えられる。

　このような点については、ジェンドリンが、フォーカシングないし体験過程療法の着想の多くを彼がロジャースと共同で行なった統合失調症などの重篤例のクライエントの心理療法経験に負うているということを知っている読者の中には、フォーカシングは今のところ重篤例に関して問題をもっている

という筆者のこの指摘を疑問に思う人もあるやもしれない。しかし、ここで我々は、重篤例の経験から着想されたということと、重篤例に有効ということとを混同しないように注意すべきであろう。筆者の印象では、フォーカシングは健常者への適用という方向へ急速に発展したものの、逆に重篤例についての研究はまだこれからだと思われる。

フォーカシングの本場アメリカでも、最近では境界例や自殺念慮のあるクライエントに対して、専ら「間をおく」ことを行なって効果をあげた事例が報告されるようになってきている（グリンドラー，1982／1983；マクガイアー，1982／1983）ので、どうやらアメリカでもこのようなことに気づいてきているものと思われる。しかし、その工夫やその成果に基づく理論的吟味については、まだまだこれからだといえよう。

「体験過程を促進しない」、「体験過程を鎮める」ために、また「促進しすぎない」ために、筆者が利用している表をここにあげておこう。表4-1は神田橋・荒木（1976）の統合失調症者へのアプローチに関する論文の中の「治療者の働きかけの（有害さの――筆者注）順番」という表である。これは下に行くほど体験過程を促進してしまう可能性が高いというふうに考えておくと

表4-1 治療者の働きかけの順番（神田橋・荒木，1976より引用）

1. 表情の変化をみながら一方的に指示命令を行う
2. 食事、睡眠、便通などについて具体的な質問（どの位食べたか、何時間眠ったか、下痢か等）
3. それ以上の質問をしてよいかどうか問う
4. 視覚によってとらえうる事実についての話し合い（誰と、どこで、いつ、何を等）
5. 最近の日常生活をとりあげ、対人関係での気疲れの有無を話題にする
6. 治療者の働きかけを拒絶できるかどうか問う
7. 治療者はどのように有害な働きをするか問う
8. 人生史の中での有害な人々と、その有害作用とについて問う
9. 患者の人生史の具体的事実と、その時の患者の気持、現在からみた意味づけについて聞く
10. 病的体験の内容や構造を正確に把握しようとする質問

表4-2　スケール（クラインほか，1970〔池見，1984より引用〕）

段　階	内　容	話しかた
1．	外界の出来事、	非人称的
	治療関係の拒否	他人事のような態度
2．	外界の出来事、	興味あり、個人的
	知性化された自己描写	治療関係に関与
3．	外界の出来事に対する個人的反応	反応的
		感情的な関与
	限られた自己描写	
	当時の行動を通して感情を描写する	
4．	感情や個人的な体験についての描写	自己描写
		連想的
5．	感情や個人的体験についての柔軟な（間をおいた）問題提起	探索的、入念な感情について客観的発展的
6．	個人的に重要な問題を解こうとして、自分でつかめる範囲の感情や体験の統合をはかる	生き生きとした感情の表出
		統合的
		結論的、または確信的
7．	完全で楽な体験過程の表現	拡張的
	すべての側面が確信的に統合されている	確信的で希望的

よい。注意すべきことはいつもそうなのではなく、その可能性が高いというふうに考えておくのがよいということである。

　それに加えて、重宝しているのが、体験過程（の深まり）を評定するために、クライン（Klein, M., 1970）らによって考案された「体験過程スケール」である（表4-2）。これについては、おそらく作成者の意図とは逆になる形で筆者は活用していることになるだろう。重篤例では時には、この表でいえば段階4〜6としか評定しようがないような面接のあと、妄想状態に陥ることもあるのである。そこまで極端なことは少ないにせよ、少し注意してみると、治療者が見過ごしかねないようなもっと目立たぬ形の「傷つき」や「悪化」は割合あるものだ。そこで、統合失調症圏のクライエントとの面接では下に

行くほど有害である可能性が高く（もちろん必ず有害だというわけではない）、上のものほど安全であるということで、この表を面接に利用するのである。

　例えば、より下のものが語られやすくなるような問いかけはさしあたり有害である可能性が高いと考えて控える。また、面接の中で下のものが語られた時は、リアクションに注意すべきであり、例えば「前回〜について話しましたけど、面接の後どうでしたか？……そうですか。そういう感覚って大事ですね。それじゃあ、ああいう話をする時は大丈夫かどうか慎重に考えた方がいいですね」（もちろん、逆に「……そうですか、大丈夫のようですね」ということもある）などと言ってみたり、場合によっては、「ちょっと待って下さい。ここでそういう話をしても大丈夫？　あとで心配になったりしない？」などと言ってみたりする。さらに「あたりさわりのない話をしましょう」、「ゆっくりとしたペースでやりましょう」と言ってみたり、「少しずつ話していきましょう」と言ってみたりすることもある。また、そっと上の方の話（と話し方）――例えば本人に直接は無関係な外界の出来事についての話――へと誘導することもある。

　もちろん、こうしたことをクライエント自身が内的感覚に基づいて、自分の状態や相手や場面に応じてある程度使い分けられるようになればもっと望ましい。

　要するに、治療者が「体験過程を促進しようという」態度がクライエントに伝わることは有害である可能性が高く、逆に治療者が「非侵入的・非促進的であろうとする」態度が伝わることは治療的であるといえるだろう。壺イメージで、壺の中に入らずに「距離をとる」（田嶌, 1982, 1983 a, b）というやり方をしたり、増井（1984 b）の「間を作る」方法にしても、治療者の非侵入的・非促進的態度がクライエントに伝達されることにも優れて治療的効用があるものと推測される。

　重篤例のクライエントが、「ある種の体験に圧倒されないですむような」または「感じすぎ」を鎮めるための試みは以上述べたことに尽きるわけではないが、紙数の都合もあるし、また、本節の目的にもややそぐわぬものともなりかねないので、別の機会に譲ることとしよう。

⑸「体験過程療法」をどう捉えるか ── 筆者の見解 ──

　体験過程を促進することを看板にしてきた体験過程療法に対して、体験過程を促進しないまたは体験過程を鎮めるのがよいという主張が出てきたわけであるから、これは困ったことであるといわなければならない。実際、増井（1987）も「体験過程を促進しない体験過程療法は理論的に存在しえず、その臨床的適用に関してそれが必要なら慎重に概念化すべき課題であると考える」と述べているほどである。体験過程療法に若干の混乱が生じているといってよいのではないだろうか。だが、しかし、混乱は新たな進展の入口でもある。そうした意味からいえば、増井のこの指摘は鋭い問題提起であり、一考に値するものと思われるので、この点について筆者の見解を述べておきたい。

　筆者は、増井（1987）とは異なり、「体験過程を促進しない体験過程療法は存在しえない」とも、「体験過程を促進すること＝体験過程療法」だとも捉えない方がよいと考えている。この点を念頭において、ジェンドリンの主張をもう一度みてみることにしよう。

　ジェンドリンは「体験過程が凍りついている」とか「体験過程を促進する」といった表現に加えて、「体験様式がある種の型に拘束されている」という表現もかなり使っている。筆者なりに整理してみると次のようなことになる。筆者は、神経症であれ統合失調症であれ、体験様式がある種の型に拘束されてしまうことに起因するというジェンドリンの考えには賛成であり、このことは体験過程療法の出発点というか、大前提となるものであろう。従って、神経症であれ統合失調症であれ、体験過程療法において必要なことは、クライエントの「ある種の型に拘束された体験様式」から解放されることであるということになる。このことは壺イメージにもあてはまることである。しかし、ここで注意すべきは、その「ある種の型」の中身すなわち拘束のされ方が神経症と統合失調症とでは著しく異なっており、それ故どのような体験様式から解放されることが必要かということが異なっているのである。すなわち、解放の方向というか、変化の様式というかそういうものが異なるのである。それにもかかわらず、ジェンドリンは神経症と統合失調症が拘束されている体験様式の違いというものについて、全くあるいはほとんど触れていないのであり、従って、その違いが明らかにされ、かつそれに基づく対処が更

に検討されるべきであろう。

　体験過程をめぐる筆者の議論は実はこのことをめぐってのことだったといってよいだろう。大雑把にいえば、拘束された体験様式からの解放のためには、健常者や神経症者では体験過程を促進する（またはフェルトセンスを感受する）ことが有効であり、統合失調症などの重篤なクライエントでは「体験過程を促進しない」、「体験過程から距離をとる」、あるいは「体験過程を鎮静化させる」ことが有効なのだということになろう。

2．自己像視をめぐって

　夢などの場合には少ないことだろうが、イメージ面接の場合、イメージの中に自分の像が登場してくることがしばしばある。つまり、イメージ中の自分とそれを眺めている自分とがあることになるわけだが、これが「自己像視」といわれるものである。このようなイメージがあることはよく知られており、またそれを指定イメージとして利用したイメージ技法もある（シュルツ, 1932：成瀬, 1969：コンネラ Connella, J., 1983：梅田・森川, 1982）が、その性質や意義についてはあまり論じられていないようなので、筆者の枠組から少し論じてみたい。

1．イメージ療法における自己像視
　これまで述べてきた筆者の立場からいえば、このような自己像視の場合は、筆者のいう「イメージ観察」（p.70参照）ほどではないにせよ、通常眺めている自分とイメージ場面との間の体験的距離があり、まだそのイメージ場面の中に没入しきれていないのであり、従って「イメージ体験」には至っておらず、その前段階にあるといえよう。実際、イメージによる面接がうまく進行すると、この自己像視から、次第に眺めている自分とイメージの中の自分とが一体となったり、あるいはイメージ中の自分の感情や体験をありありと感じるようになっていくものである。すなわち、「イメージ体験」の局面へと進むのである。壺イメージでも同様であり、例えば「自分の分身」や「小人」が登場し、それが壺の中に入るなどといったことがあるが、それはまだ本人

自身が直接壺の中に入ることはできない段階にあるのだといえる。

　筆者がわざわざこんなことを述べるのは、この自己像視のイメージと「イメージ体験」レベルのイメージとを区別しておくことが重要であるにもかかわらず、それらが明確に区別されてはいなかったり、混同されていたりすることがあるように思われるからである。例えば、両者が同様の効果をもたらしうると治療者が信じていたり、患者は自己像視のイメージについて語っているのに、治療者の方では患者がイメージ場面に没入しているものと勘違いしているという事態も起こりうるのである（実際、浮かんだイメージについて患者が自発的に語るのを聞いているだけでは両者の区別がつかないことは多い）。

　もっとも、自己像視であっても、そのイメージ中の自分の体験が、それを眺めている本人にありありと感じられる場合もあり、それは例外である。しかし、筆者の経験では、そのようなことは稀であると思われる（例えば、スポーツ選手が自分の習熟している運動を自己像視としてイメージする場合などがそれにあたろう）。

2. 行動療法におけるイメージ技法との関連

　以上述べてきたことは、行動療法における —— 内潜条件づけ、系統的脱感作、メンタル・リハーサルなどの —— イメージ技法についてもあてはまることであろう。従って、自己像視という形のイメージのままでは効果がいまひとつあがらぬ可能性が高いものと考えられるが、行動理論では両者を明確に区別しているのだろうか。

　このような考え方を、さらに今少し拡げてみると、内潜モデリング（カズディン Kazdin, A. E., 1974）のように、（自己像ではなく）他者像が目標行動を行なって強化されるのをイメージするという方法は、イメージと自分との間の体験的距離が自己像視の場合よりももっと開いているものと考えられ、それゆえ、この方法単独ではさらに効果がうすいものと推測される。もっとも、筆者のいう「イメージ体験」レベルのイメージに自然に移行すれば別だが。それに対して、内潜増感法（コーテラ，1967）は、筆者の枠組からいえば、「イメージ体験」をもたらしやすい教示をとっているため、より効果的であるといえよう。

　行動療法におけるイメージ技法の理論的背景はまだ薄弱であり（春木.1979）、福島・松村（1977）によれば、外顕的行動に関する理論を内潜的行動であるイメージに適用する時、内潜モデリング法が最も無理がないという。利用目的にもよろうが、筆者からみて、心理療法において単独では最も効果がうすいものと思われる内潜モデリング法が（今のところ）理論的には最も無理がないとされているということは大変興味深い。

3. 自己像視、他者像視の意義

　このように述べたからといって、自己像視や他者像視が全く無用、無意味だというわけでは決してない。すなわち、自己像や他者像を少し距離をおいて眺めることに意味がある場合には、大変有意義なものとなろう。そのような事態は、いろいろありえようが、筆者はその主なものとして、例えば以下のような場合があると考えている。

　①運動学習のうち、運動の外見的手順を覚えたりする場合や、知的課題の学習に際して。

　②系統的脱感作法、メンタル・リハーサル法、内潜条件づけ法などにおいて、「イメージ体験」レベルのイメージがまだ無理と考えられる場合に、その前段階のイメージとして。例えば、a. 他者像によるイメージ→b. 自己像によるイメージ→c.「自分が直接体験している」イメージ、という順序のハイアラキーを考えてみることもできよう。

　③イメージ療法において、患者があるイメージ場面またイメージ体験に没入し、そこでイメージが固定してしまい、そこから抜け出せなくなった場合、そのイメージ場面から少し距離をとるために。

3. イメージの体験様式 —— 実験心理学との接点をめぐって ——

　近年、国際的にイメージ研究が盛んになり、従来は臨床心理学と実験心理学というふうに相互に関連はほとんどないままそれぞれ独自に進められてきたイメージ研究も、両者が同じ学会に集うという形をとるようになってきた。わが国でも、"イメージ研究者の集い"や日本心理学会などにおいて、実験畑、

臨床畑の双方からの演者を混じえたシンポジウムがすでに数回開催されてきた。そんなわけで、筆者も、実験心理学におけるイメージの問題について、これまでのイメージ療法の経験からいろいろ考えてみる機会が多くなってきた。その結果、筆者が第2章他でこれまで述べてきたイメージの体験様式は、実験心理学においても共通して重要な問題のひとつであると感じるようになった。ここでは、そうした視点から、実験心理学におけるイメージの体験様式について、筆者たちの研究も混じえて手短に論じてみたい。

　なお、イメージという語は、直接体験を指して用いられる場合と説明概念ないし科学的コンストラクトとして用いられる場合とがある（成瀬, 1983）が、ここでは一応主に前者について述べてみたい。

1.「体験的イメージ」と「観察的イメージ」

　実験心理学では、行動主義の発展により、イメージ現象は余りにも主観的事象であるとして、従来は等閑視されていた。ところが、近年になって、認知心理学をはじめとする心理学の諸領域でイメージが再び脚光を浴びることとなった。「放逐された者の帰還」（ホルト Holt, R. R., 1964）である。こうした帰還は、「心理学が意識をついに捨て去ることができなかったという歴史の証言のようなもの」（成瀬, 1983）であるとする見解がある一方で、「やることがなくなったから、こういう研究に手を出す者がでてきたにすぎない」という冷やかな見解もあり、心理学におけるイメージ研究の将来は必ずしも明るいものではない。

　第2章で、筆者は、イメージ療法においては、イメージの体験様式の変化が非常に重要な要因であるということを述べ、かつその変化のプロセスに即して体験様式をいくつかに分類してみた。では、実験心理学ではこのイメージの体験様式という問題はどのように取り扱われているのであろうか。

　学会や論文などでイメージの実験的研究に接するうちに、それらの研究のほとんどがもっぱらイメージ内容に注目したものであり、イメージの体験様式に注目した研究ではないということに気づくようになった。先にも述べたように筆者の経験では、ひとくちにイメージを浮かべるといってもさまざまな浮かべ方、体験の仕方があり、かなり性質の異なるイメージであるといえ

る。例えば「ヘビ」のイメージを思い浮かべたとしよう。ある人は、映画やテレビでも見るように、ヘビのいる場面と想起している自分とは切り離されて対象化されたヘビが浮かぶかもしれない。また別の人はヘビのいる場面の中に実際に自分がいるような形の浮かび方をするかもしれない。このようにさまざまな浮かび方をしているイメージを一括して、こみにして取り扱うことには問題があると考えられる。

　筆者の主張は簡単なものである。すなわち、できる限りイメージの体験様式（ないし想起様式）を区別した形で研究が行なわれるべきである、ということである。概念的にはともかく、そのような区別を実験的に行なうことが可能だろうかと思われる人もあろう。筆者の経験では、教示を工夫し、かつ被験者の内省をチェックすることによって、筆者のいう六つの体験様式を区別することは困難であるにせよ、観察的イメージと体験的イメージくらいは容易に区別しうるのである。また、そのような教示による条件操作という形をとらずとも、実験終了後に被験者の内省をチェックすることによって、いかなる想起様式であったかを推測することも可能であろう。

2．北村晴朗の研究

　では、イメージの体験様式に注目した研究が全くなかったかといえば、そうでもない。イメージの体験様式という言葉こそ用いてはいないものの、北村晴朗は早くも1936年にイメージは被験者によってさまざまな浮かび方があるということに注目した。彼は、主に「イメージを見ている自分がどこにいるか」という視点（彼はこれを「自我の立場」と呼んでいる）から、イメージの浮かび方を詳細に分類した。なお、彼はその先駆的研究としてミロウ（Milhaud, 1894）とコフカ（Koffka, 1912）の研究をあげている（北村．1982）。

　また、北村（Kitamura, S., 1939, 1940）は先の研究と関連は深いが、やや異なる観点から、次のようなイメージ想起の区別を行なった。すなわち、①想起された状況または想像された状況の中に自分が入りこんでいると感じられる場合、②そうではなくて、その状況の中に入ることなく、その対象だけが思い浮かべられていると感じられる場合、の二つに区別した。このうち①は筆者のいう「イメージ体験」、②は「イメージ観察」に相当するといえるだろう。

このような北村の一連の研究は、イメージ内容ではなくイメージの体験様式に注目したということ、そしてまたイメージをそれを浮かべる自己を含む全体的体験として捉える必要があるということを主張したという意味で、優れた研究であるといえよう。しかし残念なことに、彼の研究では、なぜそのような分類が必要なのか、もしくはそのように分類されたイメージがいかなる性質の違いを示しているかという点は明らかではない。

3．藤田 厚の研究

スポーツの分野では早くから運動イメージを用いたイメージ練習法が行なわれてきており、メンタル・トレーニング、メンタル・リハーサル、メンタル・プラクティスなどと呼ばれてきた。

藤田（1977）は、イメージ・トレーニングを受けた被験者たちの内省報告をまとめて、学習の初期では運動のイメージは視覚的で、「見ている感じ」の方が支配的であるが、次第に「している感じ」になり、次いで「見ている感じ」と「見ている感じ」とが一致してくると述べている。これも観察的イメージと体験的イメージに関する記述であるといえよう。

また、順天堂大学体育学部の星野公夫によれば（個人的対話）、彼の周辺のスポーツ選手ではメンタル・リハーサルといえば、主に「見るイメージ」すなわち観察的イメージで行なうものと受けとっている人が多いという。

4．佐伯 胖の研究

日本心理学会第49回大会（1985年）において、イメージに関するシンポジウムが開かれ、たまたま筆者も臨床心理学の立場から演者のひとりとなったが、その際、認知心理学の立場から演者となった東大の佐伯胖が筆者とほとんど類似の考えをもっていたということを知った。シンポジウムにおける彼の発表は豊富な内容であったが、本論に関係した部分についてのみ紹介してみよう。

彼はイメージを「見るイメージ」（観察的イメージ）と「なるイメージ」（体験的イメージ）とに分け、これまでの研究はもっぱら前者について行なわれてきたとして、彼の次のような実験を述べた。子どもにある地図を記憶する

という課題を与え、記銘方略として「この地図をイメージする」ように教示した場合と「この地図の上を（イメージの中で）歩きなさい」と教示した場合とでは、後者の方が記憶のパフォーマンスは優れていたというようなことであった。

なお、佐伯の研究についてこの紹介は筆者の記憶に基づいて述べたため、誤りがあるやもしれない。文責は筆者にあるということをお断りしておきたい。

５．筆者らの研究

一方、筆者らも未発表ではあるが、当時すでにいくつかの実験を行なっていた。紙数の関係もあるので、その概要を述べるに留めることにしよう。

⑴恐怖イメージに関する研究

FSS － Ⅲ（ギア Geer, J. H., 1965）という質問紙によって、大学生の中からある程度のヘビ恐怖を示す30名の被験者を選び、ヘビ・イメージ想起時の表面筋電図を 5 部位測定した。

実験群の15名は、最初は「（イメージ中で）約10m離れた所」にヘビを浮かべ、次にヘビのすぐ前まで近づくというイメージの浮かべ方が教示された。対照群の15名はヘビ・イメージを約10m離れた所に浮かべ、そのままで筋電図が測定された。

日本光電製多用途監視装置（EEG5214）で交流増幅された筋電図は、積分計（日本光電製多用途積分ユニットEI － 60IG）によって積分され、A/D変換器（インターフェイス製IAD － 001 － 01）を介してパソコンに記録された。なお、筋電図は通常時定数0.03秒で測定されるが、この場合微小なそれであるため時定数0.003秒で測定された（以下、筋電図を測定した他の実験でもこのことは同様である）。

分散分析の結果、最初約10m先にヘビ・イメージを浮かべた時（≒観察的イメージ）とすぐ前まで近づいた時（≒体験的イメージ）とでは目のまわりの筋（眼輪筋および皺眉筋）の筋電図反応が後者で優位に増大した。もっとも、この研究では目のまわりの筋にのみ有意差がみられているため、単に眼球の動きに伴なう筋電図反応を反映していた可能性もあろう。

⑵運動イメージに関する研究（小川・田嶌, 1986, 1987）

次に40名の大学生を対象に、感情的イメージにくらべ感情的負荷がはるかに小さいと考えられる運動イメージについて研究を行なった。「懸垂」、「自転車こぎ」、「平泳ぎ」という三種の運動イメージ課題に中性イメージ課題として「花瓶」のイメージを加えた計四つのイメージ課題について、教示により「体験的イメージ想起」と「観察的イメージ想起」の二条件を設定し、6部位の表面筋電図が測定された。

「体験的イメージ想起」条件では、例えば、懸垂についていえば、自分の目の前に鉄棒があり、自分が実際に懸垂をやっているような形のイメージ想起が教示され、「観察的イメージ想起」条件では、自分が懸垂をやっている場面をその場面の外から眺めているという形のイメージ想起が教示された。

その結果、それぞれの運動に関係した筋のいくつかについて、「体験的イメージ想起」条件の方が「観察的イメージ想起」条件よりも筋電図反応の有意な増大がみられた。また、「観察的イメージ想起」条件では「花瓶」イメージとの間に有意差は認められなかった（小川・田嶌, 1986）。

しかし、イメージ現象はデリケートなものであるため、上記の結果が一貫した安定した結果をもたらしうるか疑問があった。そこで、それを検討するために、上記実験の被験者40名のうち再実験可能な20名について、3〜6カ月のインターバルをおいて、再度同じ実験を行なった。

その結果、やはり「体験的イメージ想起」条件の方が筋電図反応は有意に大きいということが再確認はされたものの、どの筋に有意差がみられたかという点では、先の実験結果と若干異なる部分があった。それでも、その運動イメージに関係した部位にのみ有意差がみられているということから、体験的運動イメージ想起によって、どの筋に筋電図反応が生起されるかという点では一貫性がみられないものの、その運動に関係した筋のいずれかに有意な筋反応が生起するという点では一貫しているといえよう。このことはまた、運動イメージによる筋電図反応を測定する際、複数の部位を測定しておくことが必要であるということも示唆している（小川・田嶌, 1987）。

このような筆者らの研究と同様の発想にたった研究として岩田・長谷川（1986）の研究が最近発表されたので、興味のある方は参照されたい。

　イメージ想起時の生理心理学的研究はこれまで数多くの研究がなされているが、同様の実験でも結果がくい違っていることが少なくない。このことは従来、イメージ現象がデリケートな現象であるためと考えられてきたが、筆者らのこれらの研究からみると、どうもそれだけではなく、さまざまな体験様式のイメージを区別せずに込みにして実験を行なってきたということにもその一因がある可能性がある。

(3)メンタル・ローテーションに関する研究

　認知心理学でおなじみの研究としてメンタル・ローテーション（心的回転）課題を用いた研究がある。これは、例えば、被験者に二つの図形が提示され、それらが同じものであるかどうかを判断するように求められるわけだが、通常はその判断のためにはその一方の図形をイメージ中で回転させることが必要となるような形で図形が提示されるのである。これらの研究には、いわゆる「イメージ論争」という複雑でやや難解な背景があるのだが、筆者の研究はそれと直接は関係ないので割愛する（「イメージ論争」については、例えば、宮崎〔1983〕を参照されたい）。

　筆者は、人がこのメンタル・ローテーションという課題を遂行する際、例えば人間の手の形のように身体と関連のある図形と全く身体とは関係しない図形とでは、被験者の身体の関与度が異なるのではないかと考えたのである。

　そこで、40人の被験者にこの両タイプの図形のメンタル・ローテーション課題を行なうように求め、その際の左・右の前腕伸筋の筋電図を測定してみたところ、手の図形では他の図形にくらべ有意な筋電図反応が認められた。なお、筋電図反応に左右差はみられなかった。

　このことは、メンタル・ローテーションでも、身体とつながったものと、それと遊離したものがあるということを示しているのではないだろうか。もちろん、前者が体験的イメージまたはそれにより近いものであるということはいうまでもない。

　もっとも、本実験では身体と関係しない図形にくらべ、手の形の図形の方がいずれの場合も反応時間が長くかかっているため、ここでみられた有意な筋電図反応の増大は、課題の難易度という要因によるものである可能性もある。これは、筆者の課題選択のまずさによるものであり、もっと適切な難易

度の課題を用いて更に検討することが必要であろう。

⑷催眠イメージと覚醒イメージ

催眠下では想像的活動が亢進し、イメージの浮かびやすさや鮮明度が増大すると一般には信じられており、催眠イメージと覚醒イメージの違いを鮮明度や統御可能性という点から検討した研究がある（ヒルガード Hilgard, E. R., 1965；サンダース Sanders, S., 1967；デングローブ Dengrove, E., 1973；スパノスら Spanos et. al., 1973；ハムとスパノス Ham & Spanos, 1974；スターカー Starker, S., 1974；長谷川・小山，1975；バーバーとウィルソン Barber & Wilson, 1977；コーら Coe et. al., 1980)。なかでも、鮮明度については比較的よくとりあげられているが、それらの結果は一致していない。

筆者の研究では、催眠イメージと覚醒イメージでは鮮明度よりももっとはっきりした違いがあると思われる。それは、催眠イメージの方が覚醒イメージにくらべ、体験的イメージ想起になりやすいということである。

大学生40名を対象として、催眠下と覚醒時に浮かべたイメージについて、「自分がイメージ場面に没入している」場合と「イメージ場面の中には入っていない」場合とに分類してみたところ、催眠下では、覚醒時にくらべ、前者の形のイメージが多かった。また、覚醒イメージでも時間の経過につれて、「体験的イメージ想起」が増大する傾向があった。

このことは、催眠状態そのものが持つ効果である可能性があるし、また催眠導入手続きが被験者に体験的イメージを浮かべやすい心的構えを形成しやすい教示内容になっているためである可能性もある。更に検討される必要があろう。

6．外国の研究 ── ラング(Lang, P. J.)らの実験 ──

よく調べてみると、外国にも筆者らの研究の一部と類似した研究がある。ラングらの一連の研究 (Lang, P. J., 1977, 1979；Lang et. al., 1980, 1983他) とバウアーとクレイグヘッド (Bauer & Craighead, 1979) がそれである。

ラングらの研究の主要部分は恐怖イメージに関するものであり、イメージ想起時にイメージそのものに注意を向ける場合と、身体に注意を向ける場合とでは生理反応は後者の方がより生起するというものである。

彼らはこれをピリシン（Pylyshyn, 1973）の「イメージ命題説」にならって、刺激命題と反応命題という枠組で論じている。

彼らの実験結果自体、先述の我々の研究結果と大筋で一致しておりそれに異論はないが、筆者の枠組からいえば、彼らの実験もやはりイメージの体験様式の問題であり、体験様式を教示である程度操作するためには筆者が行なったように「（イメージ中で）近づいていく」とか「場面の中に入る」とか「壺の中に入る」ように教示するなど種々のやり方があり、彼らの方式はそのような体験様式を変化させるためのさまざまなやり方のひとつにすぎないと考えられるのである。

7．総合的考察にかえて

以上みてきたように、イメージの体験様式すなわち、人がイメージをどのように体験（または想起）しているかということが、臨床、実験の双方において大変重要な要因であるということは明らかであろう。

筆者らやラングらの実験的研究において、筋電図反応に差がみられたのは、体験的イメージが観察的イメージにくらべ、より身体を巻き込んだ体験であるためであろう。筆者は次のように考えている。観察的イメージは身体から遊離したイメージであり、それに対して体験的イメージは身体と深くつながったイメージであろう。従って、前者は身体のありようから相当自由であるといえようし、後者はある程度それに制約されたものとなろう。心理療法において身体を扱うやり方がもつ意義のひとつはここにある。

また、運動イメージについていえば、観察的運動イメージにくらべ、体験的運動イメージの方が、その際本人がとっている実際の姿勢にある程度制約され、それは想起の難易度や生理反応に反映されるのではないかと推測される。このことは、実験的にも検証しうることであるから、誰かやってみられたらと思う。

筆者らが行なった研究では、予備実験をくり返し、教示も改訂し、また同じ実験を別の被験者群でも行なって確認してみたりと、いろいろ試してみた。しかし、なにぶん臨床家のやった実験であり、またイメージというデリケートな現象を取り扱っており、しかも筋電図反応も微小なものであるため、正

直なところ結果にあまり自信はない。生理心理学専門の方が同様の研究をして下されば、有難いと思う。

　あるいは、観察的イメージはダメで、体験的イメージのみが有用であると筆者が主張しているかのような印象を与えてしまったかもしれない。誤解のないようにつけ加えれば、筆者は、両者が異なる性質または機能を有しているということを主張しているにすぎない。このことは例えばスポーツにおけるイメージ・トレーニングのことを考えてみれば、より明らかとなる。観察的な運動イメージを浮かべ、眺めることは、例えば目標運動の手順などの学習には大変役立つものであろう。観察的イメージは観察的イメージなりの機能を有していると考えられるのである。

　このように両者がそれぞれ独自の性質ないし機能を有していると考えられるが、それに加えて、観察イメージから体験イメージへまたはその逆へと移行できるということも重要な要因であると考えられる。

（田嶌　誠一）

参 考 文 献

Barber, T. X. & Wilson, S. C. 1977 Hypnosis, suggestion and altered states of consciousness: Experimental evaluation of the new cognitive-behavioral theory and traditional trance-state theory of "hypnosis". Annuals of the New York Academy of Science, 296, 34-47.

Bauer, R. M. & Craighead, W. E. 1979 Psychophysiological responses to the imagination of fearful and neutral situations: The effect of imagery instructions. Behavior Therapy, 10, 389-403.

Cautela, J. R. 1967 Covert sensitization. Psychological Reports, 20, 459-468.

Coe, W. C., Jean, R. L. & Burger, J. M. 1980 Hypnosis and enhancement of visual imagery. International Journal of Clinical and Experimental Hypnosis, 28, 3, 225-243.

Connela, J. 1983 The use of self-image imagery in psychotherapy. In Shorr, J. E. et. al. (Eds.) Imagery Vol. 3 : Theoretical and Clinical Applications. New York: Plenum, Pp.

153-171.

Dengrove, E. 1973 The uses of hypnosis in behavior therapy. International Journal of Clinical and Experimental Hypnosis, 21, 13-17.

藤田　厚　1977　スポーツ指導とメンタル・トレーニング　体育の科学，27，89-97.

福島脩美・松村茂治　1977　内潜的学習の理論と行動変容　春木　豊編「人間の行動変容」　川島書店

Geer, J. H. 1965 The development of scale to measure fear. Behavior Research and Therapy, 3, 45-53.

Gendlin, E. T. & Olsen, L. 1970 The use of imagery in experiential focusing. Psychotherapy: Theory, Research and Practice, 7, 4, 221-223.

Gendlin, E. T. Let the body interpret your dream.（未発表）

Grindler, D. 1982/1983 "CLEARING A SPACE" with a borderline client. Focusing Folio, 2, 1, 5 -10.

Ham, M. W. & Spanos, N. P. 1974 Suggested auditory and visual hallucination in task motivated and hypnotic subjects. American Journal of Clinical Hypnosis, 17, 94-101.

春木　豊　1979　行動療法におけるイメージ　成瀬悟策編催眠シンポジアムIX「心理療法におけるイメージ」　誠信書房　Pp.132-147.

長谷川浩一・小山　望　1975　イメージ体験に関する研究（第 1 報）—— 催眠イメージと自律訓練法イメージ ——　催眠学研究　20，2，8 -14.

Hilgard, E. R. 1965 The Experience of Hypnosis. New York: Harcourt, Brace and World（1973　成瀬悟策監修　斉藤稔正訳「催眠感受性」　誠信書房）

Holt, R. R. 1964 Imagery: The return to the obstracized. American Psychologist, 19, 254-264.

池見　陽　1984　フォーカシングの理論的枠組　村山正治他著「フォーカシングの理論と実際」　福村出版　Pp.22-24.

岩田　泉・長谷川浩一　1986　運動動作学習のメンタル・リハーサルにおける観察自己イメージと経験自己イメージ　催眠学研究，30・31，45-48.

神田橋條治・荒木富士夫　1976　「自閉」の利用 —— 精神分裂病者への助力の試み ——　精神神経学雑誌，78，1，43-57.

Kazdin, A. E. 1974 Covert modeling, model similarity and reduction of avoidance behavior. Behavior Therapy, 5, 325-340.

吉良安之・村山正治　1983　わが国におけるフォーカシング研究の歩みと今後の展望　九州大学教育学部紀要，27，2，47-54.

北村晴朗　1936　表象生活に於ける自我の立場についての一研究　心理学研究，11，381-405.

Kitamura, S. 1939 Untersuchung über die Typen des Vorstellungslebens in Bezug auf das Icherlebnis (I). Tohoku Psychological Folia, 7, 189-208.

Kitamura, S. 1940 Untersuchung über die Typen des Vorstellungslebens in Bezug auf das Icherlebnis (II). Tohoku Psychological Folia, 8, 1 -30.

北村晴朗　1982　「心像表象の心理」　誠信書房

Klein, M., Mathieu, P., Gendlin, E. T. & Kiethler, D. 1970 The Experiencing Scale: A Research and Training Manual. Vol. 1 Wisconsin Psychiatric Institute.

Lang, P. J. 1977 Imagery in therapy: An information processing analysis of fear. Behavior Therapy, 8, 862-886.

Lang, P. J. 1979 A bio-informational theory of emotional imagery. Psychophysiology, 16, 6, 495-512.

Lang, P. J., Kozak, M. J., Miller, G. A. & Levin, D. N. 1980 Emotional imagery: Conceptional structure and pattern of somato-visceral response. Psychophysiology, 17, 2, 179-192.

Lang, P. J., Levin, D. N., Miller, G. A. & Kozak, M. J. 1983 Fear behavior, fear imagery, and the psychophysiology of emotion: the problem of effective response integration. Journal of Abnormal Psychology, 92, 3, 276-306.

McGuire, M. 1982/1983 "CLEARING A SPACE" with two suicidal clients. Focusing Folio, 2, 1, 1-4.

増井武士　1981　催眠分析とイメージ ―― 心身イメージによる心の「整理」と「置いておくこと」について　催眠学研究，26，17-19.

増井武士　1984 a "壺" イメージ療法　村山正治他著「フォーカシングの理論と実際」福村出版　Pp.133-138.

増井武士　1984 b 間を作ることに力点をおいた事例　村山正治他著「フォーカシングの理論と実際」　福村出版　Pp.150-157.

増井武士　1987　症状に対する患者の適切な努力　心理臨床学研究，4，2，18-34.

宮崎清孝　1983　認知心理学のイメージ研究　水島恵一・上杉　喬編「イメージの基礎心理学」　誠信書房　Pp.158-191.

森谷寛之　1986　イメージの多用性とその統合 ―― マンダラ画法について　心理臨床学研究，3，2，71-82.

中井久夫　1970　精神分裂病者の精神療法における描画の使用 ―― とくに技法の

開発によって得られた知見について 芸術療法，2，77-90.

成瀬悟策 1969 「自己コントロール」 講談社

成瀬悟策 1983 「集い」に寄せて イメージ研究者の集い（Newsletter），1，11-14.

小川 昭・田嶌誠一 1986 観察イメージと体験イメージに関する生理心理学的研究 日本心理学会第50回大会発表論文集，282.

小川 昭・田嶌誠一 1987 観察イメージと体験イメージに関する生理心理学的研究 —— 運動イメージ想起時の筋電図反応の一貫性について —— 日本心理学会第51回大会発表論文集，441.

岡田康伸 1972 サンド・プレイ技法の研究 —— 領域に関する一研究 京都大学教育学部紀要，18，231-244.

Pylyshyn, Z. W. 1973 What the mind eye tell the mind's brain: A critique of mental imagery. Psychological Bulletin, 80, 1-24.

Rogers, C. R. 1957 The necessary and sufficient condition of therapeutic personality change. Journal of Consulting Psychology, 21.（1962 伊藤 博訳・編「カウンセリングの理論」 誠信書房）

佐伯 胖 1985 日本心理学会第49回大会シンポジウム「イメージをめぐる諸問題」での発表

Sanders, S. 1967 The effect of hypnosis on visual imagery. Dissertion Abstracts International, 30, 2936-B.

Shcultz, J. H. 1932 Das Autogene Training. Stuttgart: George Thieme.

Spanos, N. P., Ham, M. W., & Barber, T. X. 1973 Suggested ("hypnotic") visual hallucination: Experimental and phenomenological data. Journal of Abnormal Psychology, 81, 1, 96-106.

Starker, S. 1974 Effects of hypnotic induction upon visual imagery. Journal of Nervous and Mental Disease, 159, 433-437.

田匌誠一 1982 イメージ療法研究 I ——"壺"イメージ療法の標準的手続き 催眠医学心理学会第28回大会研究発表抄録，5.

田匌誠一 1983 a "壺"イメージ療法 広島修大論集，24，1，71-93.

田匌誠一 1983 b "壺"イメージ療法 —— 比較的重篤なケースに対する技法論 日本心理学会第47回大会発表抄録，718.

梅田敏文・森川泰寛 1982 妄想体験を伴った患者のイメージ療法 —— 妄想の変遷と治療過程について —— 催眠学研究，27，12，23-30.

第2部
事 例 篇

第2部では、壺イメージを適用したさまざまな事例を述べ、検討を行なっている。そこには、壺イメージがなければ垣間見ることが —— 不可能ではないにせよ —— 容易ではない「世界」が拡がっている。

　事例の報告者の中には編者とはすでに長いつき合いの人もおられるし、また壺イメージが縁で知り合った方もおられる。また、その臨床経験やバックグラウンドもさまざまである。

　読者に注目していただきたいのは、それにもかかわらずどの治療者にも共通しているのは、私が第1部で述べた技法を機械的に適用するのではなく、自分流に使いこなしているということである。例えば、冨永氏は動作や姿勢を活用し、松木氏は「楽な壺」を設定し、伊藤氏はスクィグルなどを併用しているといったことからもそれがうかがえようし、また栗山先生の事例では、その背後に心身症についての先生のこれまでの豊かな臨床経験が息づいているのが感じられるのである。

（編者）

壺イメージ療法を適用した境界例の事例

1. はじめに

　本報告は、被害感、乏食、頭痛、手足硬直、不眠等種々の症状を呈する26歳の女性に壺イメージ療法を適用した事例研究である。この女性は、高校1年時の心的外傷体験を契機に、抑うつ、不眠、乏食等を発症し、以降約10年間精神科病院に入退院を繰り返し、その間結婚、離婚、自殺企図を経験していた。また、幼少時実母との死別を経験しており、諸症状の背景に対象関係の不遇さが認められた。本報告は、精神科病院で心理面接を約1年半行なったものをまとめたものである。その間、主治医との面接、薬物療法、作業療法等の治療が併せて行なわれ、それらも彼女の治療に大きく寄与していることを始めに記しておきたい。

　筆者はこの事例を通して、壺イメージ療法の効用と問題について考察したい。

　まず、事例の概要を述べ、次に治療過程を報告したい。

2. 事例の概要

　(1)患者　26歳、女性

　(2)主訴　抑うつ、不眠、手足硬直、興奮

　(3)家族構成　実母は患者が2歳のときに病死し、4歳時に父親が再婚、義弟（18歳）がいる。

　(4)生育歴および現病歴

表5-1 症状の推移と治療過程

項目	内容（右から左へ、時系列順）
面接経過	ＯＴの為面接休み ／ Aさんとの別れ ／ 父さんに会いたい ／ 強いものができた ／ 壺―吸い込まれる ／ 壺―実母の死の場面 ／ 壺―入ってゆく継母がとまどっている ／ 白い鳥の絵 ／ 壺―こころの袋 ／ 過去体験の陳述 死にかけた鳥 ／ Th風邪で休む いやな壺に入りたい 夢―西洋の幽霊 壺イメージ導入
現実生活	ＯＴを中断 ／ 土曜日外泊 ／ Aさんとの交際 ／ 保護室へ 土曜日外泊 ／ 土曜日外泊 ／ 開放病棟へ ／ 嘔吐のため点滴
その他	身体痛 ／ 自罰行為 ／ 寒け 寒け 寒け 嘔吐 ／ 倦怠感
硬直	
食欲不振	（棒グラフ）
頭痛	（棒グラフ）
睡眠障害	（棒グラフ）

回数	1	5	10	15	20	25	30 31
日時	X年9/11		11/13		X＋1年1/29		4/23

	Ⅰ 導入期	Ⅱ 体験的距離の混乱	Ⅲ 性衝動
テーマ	『あたたかい壺』	『吸い込まれる』	『ねっこ』

表5-1 症状の推移と治療過程

壺―まぜないと出て来ない

信じています

「心理の時間です」
イメージの仕方

同情の壺、太陽

なぜ自分をおいて

壺―正座をした人

ねっこ、性的欲求

壺―案山子、ねっこ

治療者への不信

退院―結婚

父面会

開放病棟へ

観察室へ
Bさんと8日間離院

せつないか
落ち着か
ない

身体痛
身体痛

迷
寒け
昏
寒け

32　　35　　40　　45　　50　　55　　60　　66
8／6　　10／1　　X＋2年1／12

の　行　動　化　　Ⅳ　提案する時期、そして結婚

「信じています」

（＊症状の程度はカルテにより筆者が評定したものである）

189

（主治医による問診にもとづく）高校1年時、心的外傷体験（性的暴力を受けた）ありて、発症し、精神科病院に入院。その後、入退院を繰り返し現在に至る（高校2年時中退）。19歳の時の1年間を除いて、ほとんど入院生活を送っている。21歳時、次第にふさぎこんで自室に閉じこもり、「自分の背後から悪者が襲ってくるようで怖い」と言い、室内を徘徊し、乏食、不眠となる。また、「どこか遠くに行きたい、死にたい」と言い、手足硬直、興奮状態となって入院。22歳時、継母から逃れるために結婚したが、夫がアルコール依存症の為3カ月で離婚し、その際、海に飛び込んで自殺企図を行なっている。他院で入退院を繰り返し、26歳時、筆者との面接を開始した。

　診断は、入院時、統合失調症を疑われたが、後に境界例と診断された。心理面接は週に1回、1時間を原則としたが、患者の希望に応じて週に2回面接することも、1回に2時間を要することも度々あった。

3. 治療過程

　本事例の治療過程を、4期に分け、各期に現われた象徴的イメージや出来事、主症状の程度などを表にまとめた（表5-1）。また主症状の程度は、彼女の面接での陳述と行動ならびに病棟での観察記録に基づき、5段階で筆者が評定したものである。

1. 導入期:『あたたかい壺』(1−14回)

　症状がある程度落ち着いて来た第5回から壺イメージを導入した。この時期を問わず一貫して彼女のこころの底に流れているテーマは、実母に対する慕わしさと触れることのできない悲しさであろう。この時期では、実母に対するアンビバレントな感情が『あたたかい』と『さむい』という身体感覚と感情で表現されている。例えば、〔第5回〕（あたたかい壺に入って）「……かあさんが見えそう、気持ちいいけど悲しい」、〔第9回〕（あたたかい壺の中で）「……遠くに見える……消えていく……さむい……」。また、そのアンビバレントな感情は、その壺へ蓋をする際に顕著に見られる。第9回でその壺

に初めて蓋をしたが、かえって頭痛等が強くなり、次からまた蓋をはずして
いる。この実母の壺と思われる『あたたかい壺』を中心に導入期の経過を述
べたい。

　また、壺イメージの現われ方も、第12回目から「心の袋の中に幾つかの
壺がある」という二重構造となり、それに伴い、食欲不振、睡眠障害、頭痛
等の症状は軽減していった。（以下はPatは患者、Thは治療者を表わす）

初回面接（X年　9/11）

　（入院後、2 カ月経過し症状がやや落ち着いた時点で主治医の勧めで筆者との面接
が開始された）2 歳の時、母が亡くなり、ショックだったこと、10年前から
発病し、ひどくなると、食べられない、頭痛、部屋の隅にからだを丸めてじっ
としてないと落ち着かなくなることなどを話す。また今回の入院の経過につ
いて、「どこでもいいから入院させてと（継母に）紙に書いて入院した」と話
される。「過去にいろんな事件があって」と性急に話そうとするので、現在
の問題をおさえないうちに、過去のことを問うと、リアクションがあるので
はと思い、現在困っていることに焦点をあてて聞き、症状をきつい順に述べ
てみるよう勧めた。すると、①「眠れない —— 目がさえて、一睡もできない、
次の日は 4 時間ぐらい眠れる」、②「落ち着かない —— ベッドに横になって
いたいけどなれない」、③「他人に気を遣い過ぎる」、④「頭が痛い —— か
なづちで叩かれるような感じ、昔のことを思い出したり、継母と会ったあと
に特にひどいので、気持ちのせいだと思うけど……」、⑤「からだがきつい
—— だるい」と五つ挙げた。最も軽い症状「からだがきつい」について詳
しく尋ねると、「腕をあげれない感じ、こうやっていると落ち着くんです（背
中を丸め肘を曲げる姿勢をとる）。小さい頃から、『さびしい、こわい、さむい』、
なにか暗いものが私のからだに覆いかぶさっているような感じがあった」と
語られる。

　この初回面接での筆者の印象を述べると、容貌は小太りで年齢に比してや
や老けて見えた。始終背中を丸め、うつむき気味に多少多弁になりがちに話
された。その風貌や話し方から、積年の苦しさや葛藤を感じた。また話の内
容は、病歴に比してまとまりがあり、感情的接触は充分感じられた。

2－4回（9/16、9/25、10/2）

現在の症状やひどくなったときの病状について話される。〔第2回〕Pat「17歳の頃、あるサークルに行ってたけど、高校を出てなく、ひけめを感じ、段々頭痛がひどくなり、部屋の隅にうずくまって、（自分で）壁に頭をぶつけたり、変だとわかっててもなんでそうするかわからなかったし、今もわからない」〔第3回〕Pat「固形物が食べられない、いつも、食欲がなくなって、苦しくなって、壁に頭をぶつけたり、片隅でじっとしたりになってしまう」

5回（10/9）

Pat「睡眠時間は3時間ぐらいだけど、『眠れなかったら、そのうち眠れるようになる』と思えるようになった」Th〈何か、ほっとできる心の壺がみつかったのかな？〉と壺イメージを提案、壺を浮かべてみる。そうすると、Pat「①未来の自分がいるみたいな壺　②雨の音の壺　③階段を登っている時苦しい壺　④音の楽しい思い出がつまった壺　⑤苦しい思い出がつまった壺」が順に浮かぶ。休憩し感想を聞くと、④に入った時、「今までに味わったことのないような、顔がゆるんだ」。もう一度やりたいというので、以下のように行なった。今度は、入ってみたい壺④に入ろうとすると、⑤のいやな壺がじゃまする、どうしても入れない。Th〈ちょっと、いやな壺を見てみようか？　その壺を見てる時のからだの感じはどうですか？〉（2、3秒して、からだが震えだし、「ウー」と机にもたれかかる）Th〈それじゃ、そのからだの感じ、気持ちを、からっぽの壺に入れましょう（深呼吸をしながら、身体を起こすように勧める）、少しずつ入って行きますよ（徐々に震えが止まり、机にもたれかかっていた手を離す）、それじゃ、さっきの壺（④）が見えてきます、いやな壺は遠くにいったでしょ〉Pat「はい」Th〈それじゃ、それを眺めて、みましょう〉Pat「からだがとけそう……春の鳥がさえずっているような感じ」Th〈それじゃ、壺のなかに入ってみましょう〉Pat「……苦しくなってきた」Th〈苦しい感じをもう少し味わってみますか？〉Pat「よくわからない」Th〈それじゃ、出ましょうね〉（Pat「いま入った壺以外は、蓋をする。今まで、感じたことのないような感じだった」と話された）

6回（10/16）

（夢を報告する。『すごく高い鉄のはしごを登って、降りようと思ったら怖くなって、

目が覚めた、目を閉じようとすると怖いのが見えてくるので、眠れない。はしごの下の方には、目が三つある、太陽も食べてしまいそうな、西洋の幽霊がいる』)【**壺イメージ**】Pat「①入りたい壺、②いやな壺が邪魔して入れない」Th〈(かなり指示的に)いやな壺を手で追い払ってごらん〉Pat「はい」(Patは手で追い払う仕草を何度か繰り返し、表情が楽になる)Th〈じゃあ、入ってみる？〉Pat「はい……何か複雑な感じ、暗い感じの所と楽な感じの所がある……」(からだが震えだす……しばらくして急に止む)Th〈今どこにいる？〉Pat「気持ちがいい所」Th〈気持ちがいい所と暗い感じの所、壺が二つになっているみたい？　それとも壺のなかにしきりがあるみたい？〉Pat「しきりがあるみたい」……Th〈いやな感じの壺、蓋がありますか？〉Pat「あるけど、ちょっと緩んでいるみたい」Th〈きちっと締めますよ〉Pat「あ、今、頭の痛いのがすーととれました」

7回（10/23）

Pat「先週の金曜日(心理面接の日)は、ここ1カ月で一番眠れました(6時間)、でも昨日は声を出さずにはいられないほど頭が痛くて、注射をしてもらいました」Th〈何か、先生に言ってみたいことありません？〉Pat「やっぱり、あのいやな壺に入ってみたい」

【**壺イメージ**】〔図5-1〕Pat「①あたたかい壺——とてもあたたかい、向こうに人がいるようだけど、霧で見えない。……かあさんって叫びたい」Th〈叫んでごらん〉Pat「……かあさん、かあさん……あー向こうに行ってしまう」(前に手をだして、捜そうとする)Th〈そばにいるでしょ、背中におんぶされてるでしょ、どんな感じ〉Pat「あったかい……消えてしまいそう……」Th〈消えてしまいそうな感じ眺めてみて〉Pat「……さびしい……さびしい」(泣き出す……あたたかい壺から出る)Pat

遠い未来

あたたかい

一生懸命

いやな

Pat.

図5-1　第7回面接の壺イメージ
（最初に浮かんだ壺の配置）

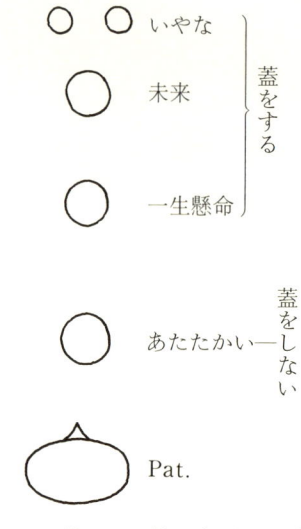

図5-2 第8回面接の壺イメージ
（終わりに並んだ壺の配置）

「②いやな感じ——雨の音、あー（机にもたれかかる）、向こうから襲ってくる、殺される、……なんで襲われんといけないの……（からだが震えだす）……大勢で、石を投げる、頭にあたって痛い……」（ちょっと落ち着く）Th〈今、どんな感じ？〉Pat「……隅っこに押し込められてるような感じ……みんな信じてくれない……」Th〈信じてくれないって感じ眺めてごらん〉Pat「……さびしい……さむい……頭が痛い……」壺から出ると、さむい感じや頭痛等がとれる。

　＊次回面接予定日にThが風邪で休む（面接予定日と次の日、嘔吐のための点滴）（予定日朝、面接ができないことを看護師さんから伝えてもらったが）

8回（11/4）

（食欲なし、寒気）【壺イメージ】〔図5-2〕（いやな壺の蓋があいていて、中から色んなものが出ている。他の壺がそれに覆われていて、見えない。空の壺を指定し、それらをその中に入れるように教示し、やっとのことで、入ることができた）

　＊前回面接ができなかったことによるリアクションと思われる。筆者はこの時、より一層の慎重な配慮をもって面接に臨まねばとの思いを強く抱いた。

9回（11/6）

（絵を持って来る。A．死にかけた鳥、B．静物）（寒い、苦しい、さびしい）（絵について話をした後に壺イメージを行なった）【壺イメージ】〔図5-3〕いやな壺が額の所まで押し寄せては、戻ってゆく。（額にしわを寄せる）Th〈からだの感じは？〉Pat「背中が痛い……あー……（机にもたれかかる）……出てしまった……（泣き出す）雨の音、きこえる、いや……」Th〈出たものさわっちゃいけんよ、ずーと離れて、遠くから眺めるんですよ、すーと戻ってゆくでしょ。（何度も繰り返し、出たものをやっと壺に入れる）どれかに入ってみる？〉Pat「あ

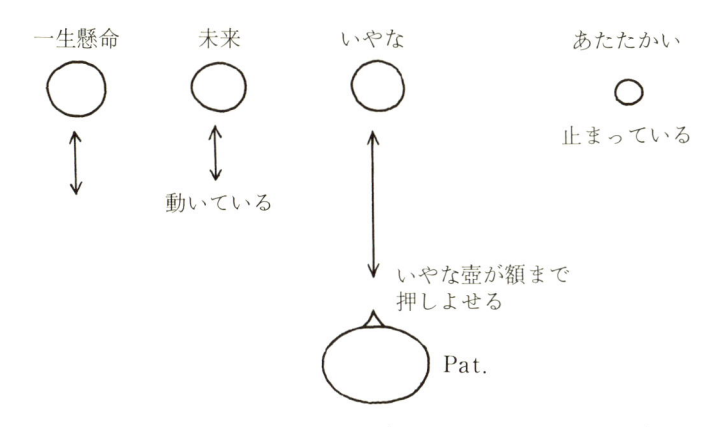

図5-3　第9回面接の壺イメージ（最初に浮かんだ壺の配置）

たたかい壺」Th〈入ってみる〉Pat「広い野原、光がさして、あたたかい、……に見える……（泣き出す）……はっきり見える……おかあさん……消えてゆく……話したいことたくさんあるのに……消えてゆく……」Th〈消えてゆく時どんな感じ？〉Pat「……さむい……氷の中にいるような感じ（震えだす）（壺から出る）」（全部に蓋をする）

10回（11/13）

（化粧が濃くなってきた）睡眠は毎日4時間、前回面接の次日、次々日、嘔吐、頭痛──前みたいにどうしようもなく痛いことはないけど右半分が重たい。この回は、過去のことを話したいと希望し、生育史が語られた。発症の契機となった心的外傷体験についての秘密が詳しく語られた。また、22歳時に25歳年上のアル中の人と結婚、継母の束縛から逃げようと思って結婚したが、うまくいかず海に飛び込み自殺未遂をしたことが語られる。今回、入院時、継母に「私、わがままな子だった、ごめんなさい」と言ったら、「そうよ、わがままで犬と同じことをしてきた」とののしられたと語られる。

　前回全部の壺に蓋をしたため頭痛がひどくなったことから、今回は、壺イメージは壺の確認だけに留め、かつ、あたたかい壺は蓋がないほうがいいとの本人の希望によりその壺には蓋をしないでおくことにした。

　面接終了時にPatは「人が信じられなくて、仮面をかぶって歩いているような気がする。先生だけでも私を信じて下さい。家族を嫌いになってもいい

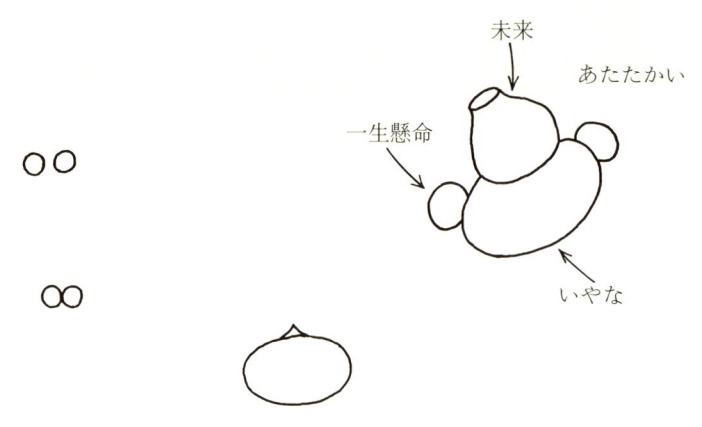

図5-4　第11回面接の壺イメージ（真中が真空になっている）

ですよね」と訴えられる。Thは、〈もちろん信じている〉と強くPatを支持した。

11回(11/18)

（化粧が特に濃い、服装も少し乳房の見えるもの）**【壺イメージ】**〔図5-4〕①あたたかい壺――（壺の中に入ってみると）Pat「前と違ってあたたかくない」とすぐ壺から出る。②一生懸命の壺（壺の中に入ってみると、机にもたれ、泣き出す）Pat「私が馬鹿でした、……許して下さい（繰り返す）……許して下さいって言ってるのに……もうこのまま終わってもいい……ひとりだけ暖かく見守ってくれる人がいる……顔がぼんやり……かあさんみたい……でもさわれない……冷たい……このままいると埋もれてしまいそう。<u>手を引っ張って下さい</u>（Thが手をひっぱる）……あー出れた」

12回(11/25)

（睡眠は6時間ぐらい。食欲は、空腹感を感じることがあるが味はわからない）**【壺イメージ】**〔図5-5〕（あたたかい壺に入り）Pat「幼い子供が立っている、この壺は何か人生のひと区切りみたい」と語られる。

13回(12/4)

（開放病棟に転棟、睡眠は7時間ぐらいで、マラソンを始める。食事はほぼ全部食べ、味もわかるようになった。頭痛は継母と面会後、1、2時間続くだけとなる。夢が報告され、継母が何か訴えているようだが、わからない、わからないのがはがゆい。以

前は継母から叱られたり、睨まれたりそんな夢ばかりだったのに、と語られる）【壺イメージ】〔図5-6〕Pat「心〔の袋〕がはっきり見えない、なにかが邪魔している」Th〈邪魔しているのを空の壺に入れてみる？それとも眺めてみる？〉Pat「まだ眺める方がいい……それは一生懸命の壺から出ちゃったもののような気がする（からだに力が入る）……もういや」（空の壺にそれらを入れることをThが提案したところ、出てしまったものを深呼吸しながら入れる）次に、一生懸命の壺に入ってみると（左手で額を、右手で右足をぎゅっと握る）Pat「……人の目が、からだ中に矢がつきささった感じ、このままいると出られなくなる」と言ってすぐに壺から出る。

14回（12/11）

（睡眠は6～8時間、食事は全部食べられる）【壺イメージ】〔図5-7〕Pat「あたたかい壺 —— 赤い霧、もうこの世界は終わるんだ、時々こんな夢を見たい、……目の前が明るい　②一生懸命の壺 —— 何か落ち着かない……これが自分なんだ……やめて下さい」（机にもたれかかり震え出す）壺から出るうちに震えが止まり落ち着く。

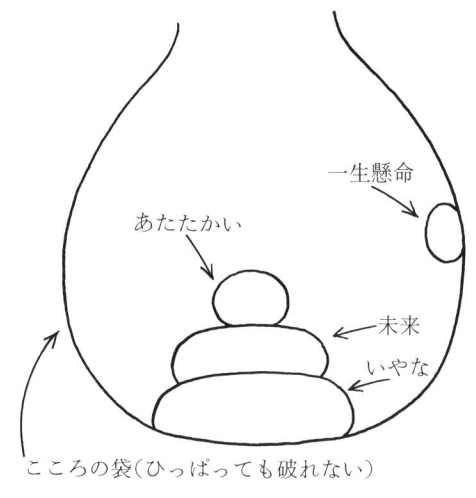

図5-5　第12回面接の壺イメージ

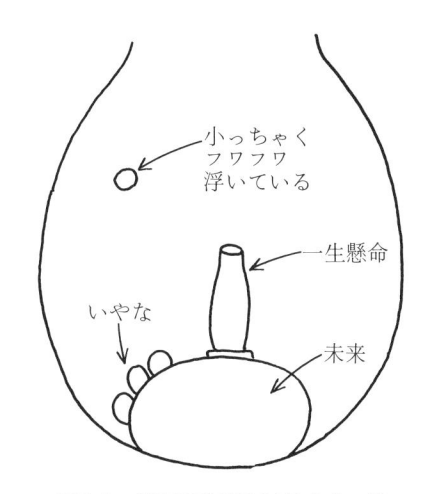

図5-6　第13回面接の壺イメージ
（終わりに浮かんだ心の袋と壺の配置）

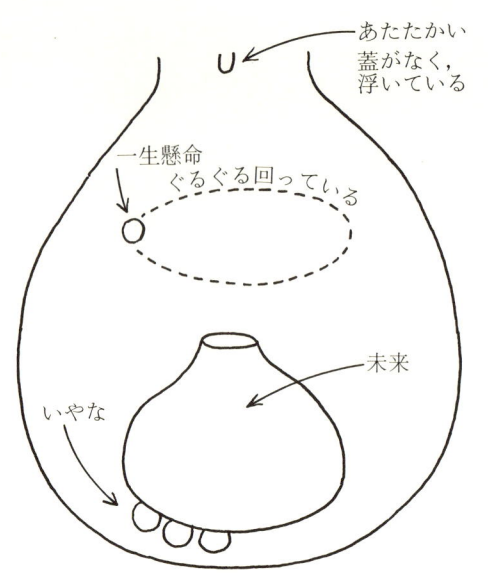

あたたかい
蓋がなく，
浮いている

一生懸命
ぐるぐる回っている

未来

いやな

図5-7　第14回面接の壺イメージ

2．体験的距離の混乱期：『吸い込まれる！』(15−23回)

　この時期は、体験的距離の取り方の重要性を治療者がはっきりと理解してなく、彼女の混乱によってそのことに気づかされる。具体的には壺への入り方に顕著に現われる。彼女は、壺に『吸い込まれる』ように入ってゆき、なかなか出られなくなる。そのような体験的距離の混乱にもかかわらず、彼女は壺イメージの中で実母の死の場面を追想する。そして、『さむい、つめたい』という自覚症状が、息をひきとった実母の手のつめたさからきているということを洞察する。

15回 (12/18)

（2時間面接）(絵を持って来る。A．白い鳥の上に腐り切った人間が、杖をもって乗っていて、その鳥をたたいている絵。腐り切った人間、光がある所では生きてゆけない、その人間の手には、色んな意味があるけど今は説明したくない。B．鳥が夢見てる、おかあさんが子供を抱いている絵。A．の方がしっくりくる、B．はこんな絵甘えている）Pat「土曜に外出したくて電話したら、継母から、外出するぐらいなら外泊しなさいと言われ外泊した。それから食事が全く入らなくなった。弟が嫌なことを言う。(どんなことか？　尋ねるも具体的な話にならない)……看護師さんの言うことも素直に聞けない」Th〈○○さんと話してそう思った？〉Pat「いいえ、何も……」(ちぐはぐな感じ)Th〈この話を続けてもいいけど、ちょっと心全体を眺めた方がいいんやない？　看護師さんのこととかで、巻き込まれてるみたいだからね〉【壺イメージ】〔図5-8〕Pat「黒いものが覆って見えない……皆壺が粉々に割れてる。中のが全部出てしまってる。心の袋も破

れてる。破片の上に人が二人いるみたい。あたたかい壺は一番上に点のようになって浮かんでいる。一人は粉々になって割れ屑の中に埋もれて、血まみれになって、絶望している。もう一人は、心の袋を破ったり興奮して暴れてる……両方があたたかい壺を見たとき戦いが起こる。（泣き出す）……二人とも自分みたい。……」Th〈それじゃ、それぞれの自分になってその自分を感じてみようか？　感じたら、気持ちを壺に置いて壺から出るんですよ〉Pat「はい」Th〈興

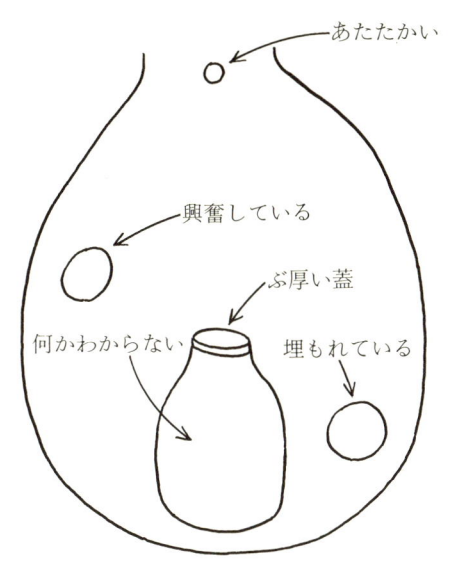

図5-8　第15回面接の壺イメージ

奮してる自分？　埋もれてる自分？〉Pat「埋もれてる自分。人は色んなことを思ってる。……自分が一番さびしい気持ちを知っている」Th〈もっと気持ちがしっくりしてくるよ〉Pat「……自分はいつもさびしい……さびしい……さむい……痛い、痛い（右手で右の頭部をおさえる）」Th〈もう充分と感じたら、感じと気持ちを残して出るんですよ〉（うなずく）（深呼吸、徐々に出る、机にもたれかかっていたのが起き上がる）Pat「……出れた、心の袋から遠い所に自分がいる。まだ興奮してるような感じがする」Th〈どうする？　興奮している自分になってみる？〉（うなずく）（ばたっと机にもたれかかる）Pat「……聞きたくない……あっち行って（右手で追い払う）……もうやめて下さい……もうやめて下さい……あたたかい壺から何か出て来る。もういい、わかったね、……わたしを見なさい（震えが止まり、楽な感じになる）……」Th〈おかあさんの声だね〉（うなずく）

16回（12/23）

18日夕方、小遣いをもらおうと、継母に電話したら、「そんなら退院しなさい」と言われた。（継母来院時、看護師さんからPatの作った劇を見るように勧め

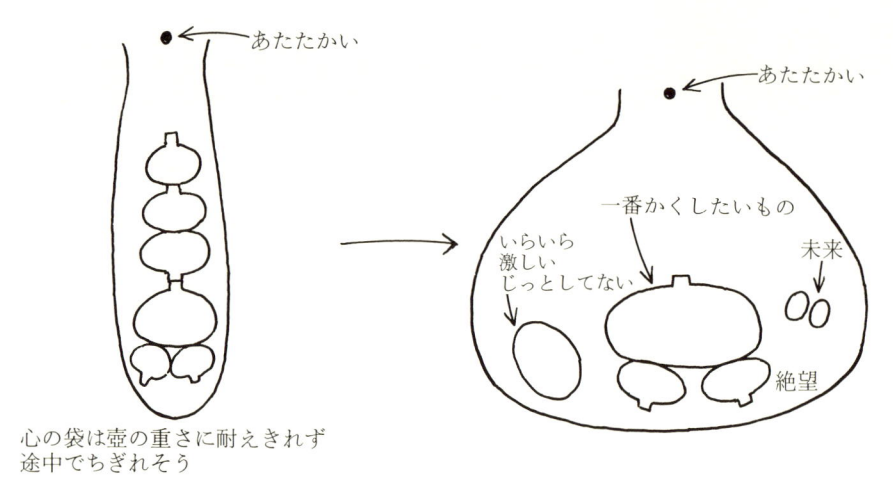

図5-9　第16回面接の壺イメージ（最初〔左〕と最後〔右〕）

心の袋は壺の重さに耐えきれず
途中でちぎれそう

あたたかい

いらいら
激しい
じっとしてない

一番かくしたいもの

未来

絶望

られたことに対して）「あんなもん聞かんでも、あんたのことは、医者よりよう知っとる」と叱られた。その時、Patは「ありがとう」とだけ言った。翌日、頭痛、嘔吐。睡眠は7時間とれた。【壺イメージ】〔図5-9〕Pat「いらいらした壺、一番入りやすい」（入る）Pat「なにか言ってる。目が一杯ある。おかあさん、降りて来て、甘えるんじゃない、なぜそんなこと言うの」etc.

17回（S 57／1／8）

Pat「継母がとまどっていると思う。『パーマをかけていい』と言ったら『いつもの所でかけなさい』と怒ってたけど、黙ってた」Th〈なんて言いたかったのかな？〉Pat「好きな髪ぐらいしてもいいじゃないって言いたかった」Th〈もし、言ってみたとしたらどんな感じ？〉Pat「怖いんです、そんなこと言ったことないから。でも、自分の好きな店でかけた。それを見て、『なんね、その髪は！』って、私は『そう』と言って聞き流した。以前だったら、不満でもかあさんの言うとおりしてた」【壺イメージ】〔図5-10〕

＊継母との関係が変化してきたことがうかがわれた。

18回（X＋1年1／15）

（2時間面接）【壺イメージ】〔図5-11〕Pat「眺めててもうまく言えないので入ってみる、膝から背中までいやな空気の壺が包んで引っ張ろうとする

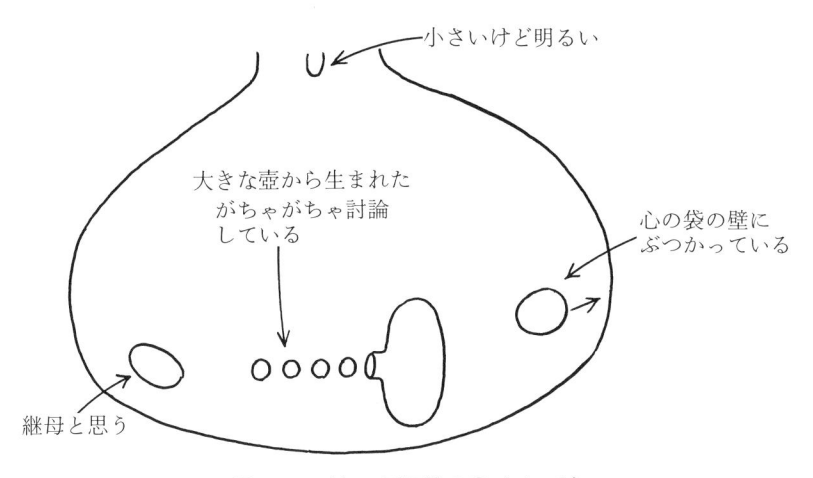

図5-10 第17回面接の壺イメージ

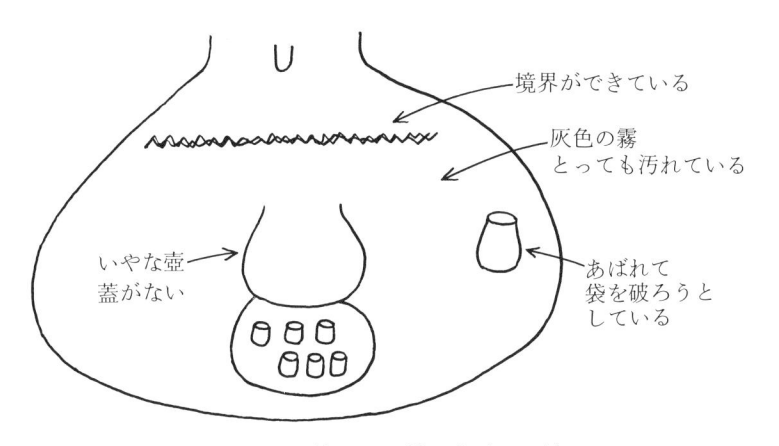

図5-11 第18回面接の壺イメージ

……だんだん入ってゆく……あなたは誰ですか？……いつも言っているじゃ
ないですか……こんなに一生懸命生きてるのに、私にどうしろって言うんで
すか……etc.」（Thの言葉に返事なく、なかなか出られず、深呼吸でやっと出る）

19回（1／22）

（風景画を持って来る）（頭痛、右側、前回面接が終わってたまらなく痛かった）Th
〈ちょっと、いきなり入りすぎたのでは？〉Pat「あれぐらいしないといけな

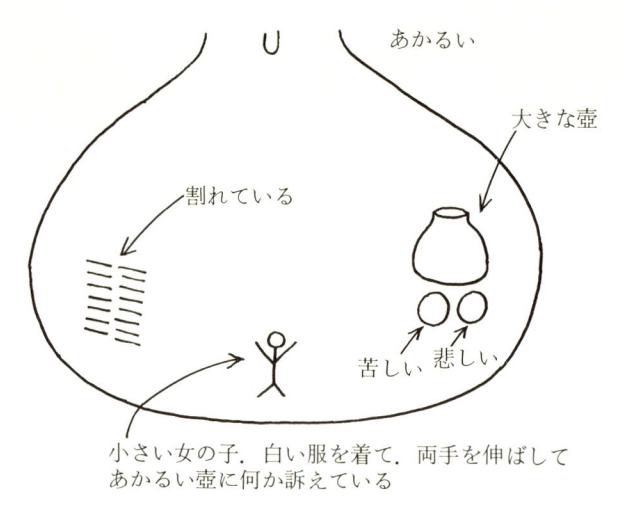

あかるい

大きな壺

割れている

苦しい 悲しい

小さい女の子. 白い服を着て. 両手を伸ばして
あかるい壺に何か訴えている

図5-12　第20回面接の壺イメージ

いと思う」【壺イメージ】Pat「心の袋から出た壺が額を打っている」Th〈心の袋は？〉Pat「見えないけど右にあることはわかっている」Th〈その壺に入ってみる？　心の袋を眺めてみる？〉Pat「心の袋に入ってみる。……やりで刺される（うずくまる）壺がぐちゃぐちゃに壊れてる……みんな出てる……罵ってる……縛られてる……紐で椅子に縛られて……誰もいない……とうさん言葉教えてくれない」（主治医の継母面接によれば、実際にそのようなことがあったとのこと）

20回(1 /29)

（壺を浮かべる前に）Th〈全体の感じは？〉Pat「胸が締めつけられる」Th〈壺をすることの感じですね？〉Pat「はい」Th〈じゃ、壺をしないって思ってみて？〉Pat「胸は楽になった……（少しして自分でほほを叩く）駄目駄目！　やっぱり壺をしなくては」【壺イメージ】〔図5-12〕あかるい壺には入って（「あたたかい」という表現から、「あかるい」に変わる）Pat「あかるい、あかるい、（両手を上げる）……」Th〈どんな感じ？〉Pat「……なにもない……なにもないって言ったらどんどん暗くなってゆく（震え出す）……戸が……つめたい……入ったらいけないって……大きな木の台の上に、（Thの手を握り、はっと放す）……あっちに行きなさい……いたいのに……一番やさしい人のそばにいたい

のに。(泣きそう)(実母の死の場面のイメージと思われる)……戸の外に連れていかれる……(Thの手をとり)……つめたい……つめたい……」Th〈やさしい人の手なんやね〉(うなずく)Pat「……もっと小さくなりたい」Th〈もっと小さくなるよ〉Pat「……あたたかい……やさしい……」(壺から出る)イメージ後、つめたい、さむい感じがここから来ていることが初めてわかったと語られる。

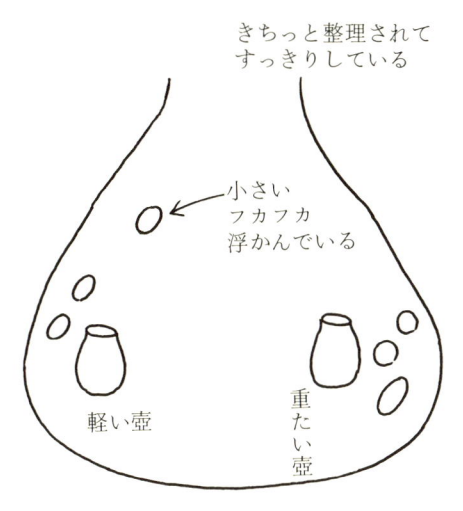

図5-13　第21回面接の壺イメージ

21回(2／3)

Pat「院外作業を止めて、絵を描いたりくつろぎたい。日曜日、外出して家に帰った時、かあさんの嬉しい言葉があった」Th〈どんな?〉Pat「『かあさんが言ったように仕事をすると、人間関係とか大変なことが一杯あるね』と言ったら、『信じられるのは自分だけだからね』と言ってくれた。その時『一番信じれるのは自分で次にかあさんかもしれないね』と言いたかったけど言えなかった。それから、かあさんに電話して、院外作業やめて、絵を描きたいと言ったら、『思うようにしてごらん』と言ってくれた。前は電話かけるのもいやだったのに……」【壺イメージ】〔図5-13〕

22回(2／12)

(黙りがち、表情暗い。土、日外泊、食欲減、頭痛増、睡眠4時間で、眠った気がしない)Th〈外泊した時、心にひっかかったことあったんじゃない?〉Pat「かあさんに『戸籍はずしてもらったら、迷惑かけないし……』て話したら、『そうすれば、○○ちゃん(弟)が結婚する時、キズがつかないかもしれないね』って」(この後、彼女の過去の体験が泣きながら告白された)【壺イメージ】(ゆったりした気分になれるなら……)肩にけいれん様に力がはいったり。抜けたり。(泣き出す)Th〈今、どこにいるの?　まだ、入っちゃだめですよ!〉Pat「……

一番強い力で私を引っ張る壺の中にいる」Th〈出てみよう〉（返事なし）Pat「言いたいんです！」Th〈壺のなかで？〉（うなずく）Pat「……今のかあさん、いなければいけないの！etc.（独言調）……私に、突き刺さる目が……もう出たい」（出る）次にあかるい壺に入り、Pat「ここにいる人に、言いたいんです……何も返事がない……おかあさん……」（あかるい壺以外の壺を大きな壺に入れ、それに鉄の蓋をする）

23回(2 /19)

土曜日、継母に電話したら、私なんかもうどうでもいいって感じに聞こえた。（具体的にはよくわからない）**【壺イメージ】**（吸い込まれるようにこころの袋に入ってゆく）Pat「……一生施設か病院で送らんといかんととうさんが言っている……さびしい……あかるい壺―― おかあさん！……一緒に行ってれば こんなことにはならなかったのに！」

イメージ後、Pat「帰りたくないんです。（右手硬直）保護室に入りたい。一杯絵を描きたい。先生言って下さい」Th〈申し送っておくからね〉Pat「今、入りたいんです」Thは看護師に電話しにゆき、帰ってみると、絵（自分のふるさとを描いた一番好きな絵）を破っている。Thは、しまったと思う。壺をぐちゃぐちゃに壊された感じ。自分の服を破ろうとする、Thは、必至に止める。

3. 性衝動の行動化:『ねっこ』(24−41回)

症状は保護室に入るとすぐにおさまり、1週間で病棟に戻った。その後、男性関係が面接での焦点となっていった。彼女のもうひとつの大きな問題は性的衝動であった。この時期に、手足硬直という症状が現われ、それは男性関係の葛藤の表現と思われた。この事例を振り返ってみるに、彼女の性的衝動の象徴である『ねっこ』についての解釈を治療の中でうまく行なえなかったことが、男性患者との離院等の行動化を引き起こしたのではないかと思われる。また、第41回に実母に対する恨みを表わせるようになっている。

24回(2 /26)

（保護室から面接室へ来室）さっぱりした表情、心の整理がつきました。主治医の先生に、色んなことをノートに書いて、渡したんですけど「心の中の化け物と戦っても何にもならない、それを踏みつけて土台にしなくては……」

と書いたのを読み直して、ハッとした。家でどんなにつめたい言葉をかけられても、やってゆけるって自信がついた。今日は、壺イメージはしなくてもいいです。

25回（3/5）

（食欲は普通、睡眠はぐっすりとれ、頭痛はない）継母のことをよく考える。「一生病気が治らない」って泣いた時、一晩中起きててくれたこと、継母も祖父から育てられて苦労したこと etc.。アルコール（依存）の人（Aさん）と結婚を考えている。壺イメージは今回はしなくていいです。

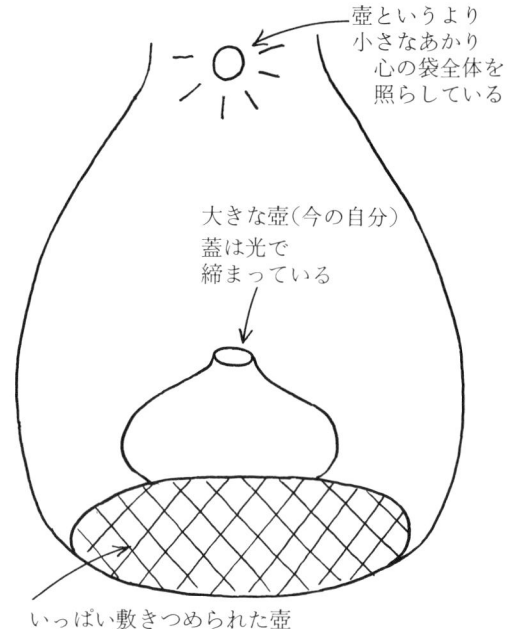

壺というより小さなあかり心の袋全体を照らしている

大きな壺（今の自分）蓋は光で締まっている

いっぱい敷きつめられた壺蓋はみんなある.（苦しいこと. 継母の声 etc）

図5-14　第26回面接の壺イメージ

26回（3/26）

（食事は自然に食べられる、睡眠は良好、頭痛もない）強いものが自分にできた。実母のことが心の中に浮かんできた時、つめたいさびしいことばかりだったので、気軽にコンニチハと言える母が浮かんできたらなーと思います。（壺イメージは蓋の確認のみ〔図5-14〕）

27回（4/2）

（外泊した時、右側頭痛）Pat「壺イメージはしなくてもわかります。外泊したとき、光が弱く、敷き詰められた壺が浮かび上がって、ぐちゃぐちゃに壊れ、外泊後また同じ壺ができた」（外泊時、継母に最近交際しはじめている人のことを話したら、「あきらめなさい」と言われた）

（ドアをノックするが、開ける力がなく、Thが開けてやる）Pat「からだが痛く、以前にはなかった痛み」Th〈何かこころあたり？〉Pat「自分でもよくわからないが、わかりたい」（Thがいくつかの原因を挙げて尋ねる。外泊はしてない、継母に電話してない）Th〈彼のこと？〉（だんだんうつむいてゆく。Gパターン姿勢[注]）Pat「私が黙ってたら、（彼が）『そんなんだったら死んでしまえ』って」Th〈壺イメージは？〉（机にもたれかかる）（Thは、ひきずりこまれてると思い、後ろから肩をおこし、リラクセイション、深呼吸のみ応答あり）Th〈入っちゃわないで、遠くに全部やるんですよ、遠くに見えるでしょ〉Pat「見える。黒く重たい壺がたくさんある。蓋はないみたい。玉が袋の入り口の所にあるけど、光ってない……」（沈黙、またGパターン）（肩をおとし、リラクセイション）Th〈知らずに近づいてたんじゃない？〉Pat「はい、そうでした」Th〈どれくらい離れてる？〉Pat「手を伸ばすとこにある」Th〈もう少し、離れてみる？〉……（Gパターンをとろうとする）Pat「雨の音が……」Th〈入っちゃ駄目！〉Pat「もういや」Th〈遠くに壺がはっきり浮かぶまでは駄目だよ！〉（深呼吸）Pat「浮かんで来た。黒い壺から何か出てきそう……」Th〈大きな鍵のある箱に全部入れる？〉Pat「はい」Th〈全部入ったら言って〉Pat「……全部入った」イメージ後、「壺イメージをして、<u>今とうさんに会いたい</u>ってことがはっきりしました」と語られる。

注）Gパターンとは、成瀬（1985）による用語で、頭、背、肘などが屈曲方向に曲がる姿勢をいい、胎児の姿勢を示している。彼女は、抑うつ的になると、すぐにこの姿勢をとった。

＊Gパターン姿勢に対するリラクセイションのやり方は、Patの両肩をもち背が丸くならないように（Gパターンにならないように）、力（緊張）が入るとそれに応じた力をThが加え、Patの力が抜けてゆくとThも力を抜くという方法をとった。それは、彼女が体験している気分やイメージに密接に対応して姿勢や緊張の変化がみられたことより（Gパターンになってしまうことより）、彼女を吸い込みそうになるbadなイメージとの体験的距離を彼女がコントロールできるようにするための援助として、このようなリラクセイションを用いた。患者は後の面接で、このやり方が良かったと報告している。

29回（4/16）

（表情穏やかに入室）Pat「昨日から眠れるようになった」Th〈何か、きっかけがあったの？〉Pat「昨日、あんまり頭にきたんで父に会いたいと、電話したら、継母から、『あんな役に立たないとうさんと会ってどうするんね』と言われたけど、継母に言いたいことを電話で言い返した。継母が『あんたはヒステリーよ』と言ったけど私は『そんなことどうだっていいじゃない』って言い返した」面接終了時、Patが「すみません」と言うので、Thが〈すみませんって？〉と尋ねると、「弟にいつもすみませんって言ってたもんですから、それが習慣になって」と笑う。（Aさんとは、別れたと話す。また今回は壺イメージはしなくていいと言われる）

30回（4/23）

（ベレー帽、半袖を着て、さっぱりとして来室、化粧もほどほど、睡眠は7時間で頭痛もない。前回の面接あたりからしっかりとした話し方や態度となり、表情もとても落ち着いてきた印象をもった）Pat「前は過去のことばかりにしがみついていたけど、今はそれが土台になったみたいで、すっきりしました。今日、継母に電話した時、私が『今日、ソフトボールがあったんよ』と言ったら、継母が『それでどうしたの』と言った。それで、『出たに決まっとる』とポンと言ったんで、継母さんびっくりしたんじゃないですか」と笑いながら語られる。Pat「以前は私が毛糸の玉みたいに継母から好きにされてたけど、今度は私がしてもいいでしょう。……お願いがあるんですけど、先生が捨てようと思っている本でいいですからくれませんか？」

（次回の面接で、河合隼雄氏の『無意識の構造』を渡した）

31回（4/30）

Pat「継母の『あんたは結婚なんかできないよ』という言葉が浮かんできたら、いらいらして、看護師さんに『手を縛って』と言ったんです。今、考えると、敷き詰められた壺のひとつが浮かんできて、いやな壺にひとりでに入っていたような気がします」Th〈それでどうしました？〉Pat「今、交際してるBさんの友達と昔のことを話してたら、出れた」【壺イメージ】Pat「玉、それは嬉しいって感じ」Th〈からだの感じは？〉Pat「あたたかい、かあさんがいる、でも見えない……」Th〈見えない、どんな感じ？〉Pat「かなしい、

抱いてほしい……」（表情柔らかくなる）Th〈今、どんな感じ？〉Pat「抱かれてるって感じ」Th〈どこで感じるの？〉Pat「ここ（胸）……案山子が見える……『かあさんと一緒に死んだらよかったなんて、決して思ったらいけないよ』って言っている。今、継母が見えたけど、案山子が隠してくれた。……」Th〈今、玉の中に入っていると、全体にどんな感じ？〉Pat「なにか芯ができたって感じ」

（月、水、金と作業療法〔OT〕に行きたいので、1カ月ほど面接を休みたい）（5/8、5/15とOTに参加、状態良好とのこと）

32回（5/19）

Pat「のどまで出かかっていることがあるんですけど、話せない。病院の職員と継母がつながってて、自分のこころをころがしているように思う」Th〈どんなことで？〉（ある程度具体的に話されるがThにはよくわからない）Th〈先生にはそんなこと感じてませんか？〉Pat「……先生も継母とつながっているんではないか……」（こんなこと言うのはとても怖かったと話される）Thは「よく話をしてくれたね」と不信の表明を支持した。

33回（5/26）

（右足を引きずり、右腕を硬直させ来室）（交際しているBさんが、アルコールを飲んで保護室に入れられた）【壺イメージ】Pat「だいだい色の霧とくすんだ青いものがこっちに来たり、向こうに行ったりする」Th〈壺は？〉Pat「向こうにあるようだけど、見えない。……だいだい色の霧が玉になった。……大きな壺が目の前にある」Th〈こころの袋は？〉Pat「あるようだけど……」Th〈こころの袋の中に入っているんじゃない〉……〈外に出てみよう〉（深呼吸）（右腕の硬直はとれたが、足の硬直はそのまま。Thが預かっている絵を次回見たいと話される）

34回（6/4）

（パーマをかけ、髪を染めて来室、表情は落ち着いた感じ）前回、絵を見たいとのことで、絵を見る。破った風景画（Thがセロテープで貼り合わせ修復しておいた）を見ながら、Pat「これが一番見たかった絵です」Th〈前々回、先生を信じていいのか否かって言われてたけど〉Pat「信じられるのはここしかないって思いました」（教会に電話したら、牧師さんが来てくれたこと。その時から、

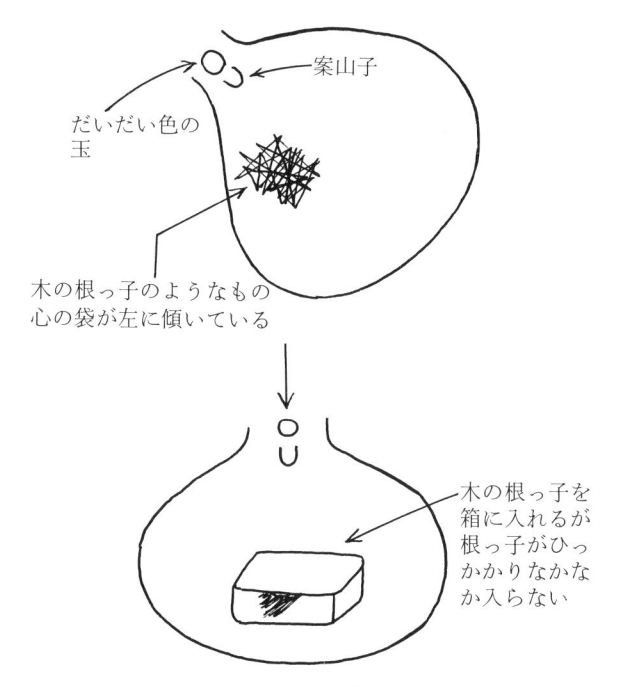

図5-15　第34回面接の壺イメージ（最初〔上〕と最後〔下〕）

頭痛、足の硬直が軽減したこと。父親が再婚前に、教会に行っていたことを語られる）
Pat「案山子の入った壺があるような気がするので、イメージをしてみたい」
【壺イメージ】〔図5-15〕Pat「一面、だいだい色が上の方から降りて来る
……だいだい色が玉のようになった。……灰色が下から上がってくるようで
いやです」Th〈今、どこにいるの？　こころの袋は？〉Pat「灰色に覆われ
ていて、こころの袋は見えにくい」Th〈どれくらい離れてる？〉Pat「ちょっ
と近い所（離れてみる）……上からだったら行けそうな気がする。……だい
だい色の玉の下に案山子の入った壺がある。その下は灰色のものがある」
Th〈案山子の壺に入ってみる？〉Pat「はい」Th〈どんな感じ？〉Pat「案
山子さんが見える。案山子さんは一番大切な人でもあり、かあさんでもあり、
自分でもある。案山子さんがなにか言ってる。言ってもいいですか？」Th〈い
いよ〉Pat「おかあさんと一緒に行けばよかったなんて思ってはいけないよ。
いけないよ……（涙）……おかあさんが見える……遠くに……おかあさんに

抱かれてる……ここ（胸）のあたり……だいだい色の玉に入っているみたい……下の方から灰色の何かがだんだん上がってきてる」このままだと出られなくなるからと言って出る。

　Th〈鍵のある箱に入れようか？〉Pat「はい。（入れてみる）<u>根っこが箱にひっかかってうまく入らない</u>」Th〈どうしたら、入りそう？〉Pat「<u>先生が左の肩をポンとたたいてくれたら入りそう</u>。（Thが肩をたたく）入ってゆく、あ、入った」

35回（6/18）

（外出したまま、<u>Bさんと8日間帰院せず</u>、6/15救急車で帰院、観察室で面接）面接始めは、「とうさん、縄をほどいて、早く帰ってきて」など、独言のように言われるが、徐々に8日間の経過を話される。あんなにアルコールがBさんを悪くするとは思ってもいなかった。だんだん、Bさんがわかってきた。自分が寒いのに毛布もかけてくれなかった……でも、それは、自分を訓練してくれてるんだ」（Bさんに対しアンビバレント）

36回（6/25）

（2、3日前からやっと歩けるようになった）Pat「継母から電話があって、『計画して（離院を）やったんやろ』と言われた。継母が面会に来ると言ってたけど、そのことを考えると頭が痛くなる。先生から継母に電話して欲しい」（Thが電話することを約束し、当分の間面会に来ないように継母に伝えた）

【壺イメージ】〔**図5-16**〕（したい気はあるけど、引きずりこまれそう。最初、両腕に力が入る、壺の中には入らず、外から眺める）

37回（7/1）

Bさんとの外泊のこと

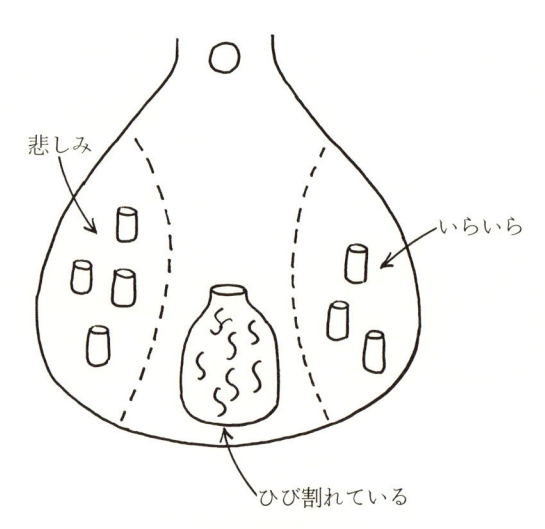

悲しみ

いらいら

ひび割れている

図5-16　第36回面接の壺イメージ

をさらに詳しく話されるなかで、「自分が死んでも人が助かればいい」と語られる。

38回（7/9）

（開放病棟に転棟）（救急車で運んでくれた人が面会に来たが、会えずにその晩から、頭痛、嘔吐、目がかすんで見えない）Pat「自分が死んでも人が助かればいいって、どこからきているか考えてたら、イメージが浮かんで来た。左に正座をして、痩せて表情が乏しい人々、右側に今にも襲いかかってくるような感じの人々、中央にひびがはいった壺、その上に玉があった。イメージを消そうと思ったが、なかなか消せず、左側の人に触れたら、涙が一杯あふれて、そうしたら消えました」

39回（7/16）

（足を引きずって、右足、右腕を伸ばしたまま来室。両腕のしびれは壺の左側の人たちから、右半身のズキズキする痛みは右側の人たちから来ていると思う。目がうすれて見えにくい）Pat「自分は好きだと言われたら、相手を好きとか嫌いとか考えずに、そんなに言ってくれたんだからついてゆこうと思う。<u>根っこ</u>、性的欲求が自分のからだを支配してしまう、それが自分をさいなむ」

40回（8/4）

（表情はいい）Pat「とうさんに会いたい」Th〈会ったらどんな感じになりそうですか？〉Pat「胸の中で泣き叫びたい」（継母には知られずに会いたい、どうすれば会えるか色々考える）

41回（8/6）

（足を引きずりながら来室）Pat「昨日、手足を縛って下さいと看護師さんに頼みました。何でも投げてしまいそうで……」Th〈そんな気持ちどこからやってきてるのかな？〉Pat「たくさんあります。イメージの方がうまく整理がつくように思います」【壺イメージ】（肩、腕、硬直。震え。深呼吸には徐々に応答、震え止まる）Pat「玉の下の小さな袋に入ってみたい。（入る）何も言うことはありません」Th〈何も言うことはないって感じ？〉Pat「いや、あるんですけど……言ってみたい、いいですか？」Th〈ちょっと待って、言いたいって気持ちをちょっと感じてみて？〉Pat「……のどまで……のどが痛い」Th〈もし、このまま言わなかったとしたらどんな感じになるか想像してみて〉Pat「ひ

とりで片隅でしくしく泣いてしまう」Th〈もし、言ってみたとしたら？〉Pat「言ってはいけないけど、言いたい（表情こわばる）……あんたが憎い、何で私をおいて先に行ってしまったんですか、（激しい口調で）自分だけ先に行ってしまって、こんな残酷なことありますか！……」（全身力が抜け、パタッと机にもたれかかる）Th〈今、どんな感じですか？〉Pat「これでよかったんだって言い聞かせる感じです」

４．提案する時期、そして結婚(42−66回)

　壺イメージの進め方について、治療者に色々注文を出せるようになる。以前にも、「今日は壺イメージはしなくていいです」とか、壺イメージの中で「先生、手を引っ張って下さい」とか色々と注文を出せていたが、この時期になると、注文の内容が細かくなってきている。そして、それは、壺との距離の取り方の注文であり、壺から出る時期や出方について、具体的に提案するようになる。そして、治療者はひと段落と思っているうちに、突然の結婚そして退院をするのである。退院後、一時的に混乱はするものの現在に至るまで、結婚生活が続いている。

42回(8/11)

（足を引きずって来室。父に電話をしたこと、それを継母が知ったらどうしよう）

43回(8/13)

（足を引きずらず来室。牧師さんと会って、からだの痛み軽減）

44回(8/18)

（Bさんとのこと）Pat「はじめは性的な欲求が自分のからだを動かしていたみたい、今は、同情からだと思います」Th〈同情ってどんな所からきてるのか、どんなものなのかはっきりしてますか？〉Pat「それがよくわからないんです」Th〈同情がつまっている壺考えたらありそうですか？〉Pat「あると思います、でも今まではうまく捜せなかった」Th〈捜してみますか？今日は止めときますか〉Pat「捜してみます」【壺イメージ】〔図5-17〕Pat「心の袋の上に、光っているもの、その下にだいだい色の丸いもの、右側は暴れ回っている人間のようなもの、壺もある。左側は正座した人がたくさんいます、さっき同情って言いましたけど、一番左の隅にそれがつまった壺があり

ます。その中で叫び声が聞こえる、水が欲しいのに欲しいって言えなかった自分の声が」Th〈ちょっと、こころの袋に入ってみます？〉Pat「その同情の壺に入ってみたい」Th〈すぐ入るんじゃなく、まずこころの袋に入ってみましょう〉Pat「太陽のような所にいます、とてもいい感じです」Th〈同情の壺に近づいてみます？〉Pat「はい」Th〈近くに行ったら言って〉Pat「引きずりこまれそう」（目

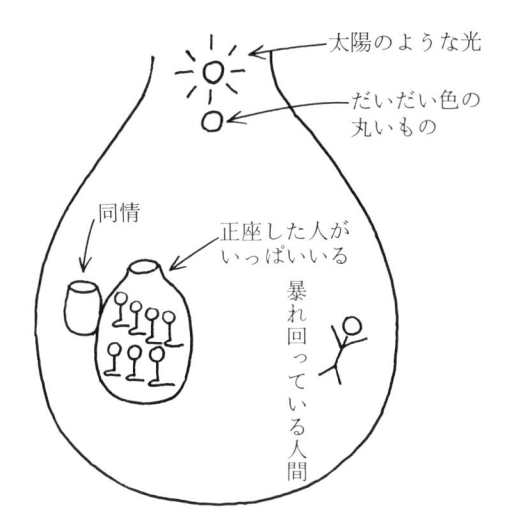

図5-17　第44回面接の壺イメージ

をしかめて緊張、からだ震えだす）Th〈近寄らないで！　離れて！（深呼吸、徐々に落ち着く）今どこ？〉Pat「ちょうど太陽みたいなのと（同情の）壺の中間にいる。『行くべきです』と言ってる。『でも時間をかけてゆっくりと』と」Th〈どこから？〉Pat「太陽の壺から、ほっとしました」Th〈そこにいてからだの感じを味わってみて〉Pat「どんどん太陽の方に近づいて行く（おだやかな表情。そこから出て、上から眺める）右を見ると、からだの痛みを感じる、左を見ると何ともいえない感じ……このままだとからだが分裂してしまいそう」こころの袋から出る。

45回（8/20）

（根っこのことを話すまでは、先生のこと信じられなかった。白衣を着た人をみると、自分のこと笑っているのではないかと思っていた）**【壺イメージ】**（右腕、震え出す）Th〈ひとりで離れてみる？〉（自分で深呼吸して落ち着く）

46回（9/3）

（足を引きずらずに来室。父が面会に来たこと、何故かわからないが涙が出た。イメージをしてみようと思ったら、巻き込まれてしまいそうな感じ。だけどしないって決めたら、また一週間重いものを背負っていかないといけない感じ）

47回（9／8）

（少し足を引きずって来室。Bさんと一緒に外出時、Bさんがまたアルコールを飲んだこと）Th〈アルコール依存の人のどんなとこが、あなたの心を刺激するの？〉Pat「最初に関係があった人がアルコール中毒だったんです……」

48回（9／17）

（以前、Bさんと性的関係があったと言ったことについて、先生が軽べつしてるのではないかと思ったこと、「道徳的にはいけないことだね」と言われたら、面接はもう受けられないと思ったと語られる）【壺イメージ】Pat「背中が焼けている、ひばしで押さえつけられている、あつい」Th〈誰がひばし持ってる？〉Pat「エンマ大王がたいまつを右手に持って、右足で玉を踏み潰している」Th〈エンマ大王どんな顔？〉Pat「……継母です……なんてことするの……（机を叩く）etc.……（ちょっと落ち着く）」Th〈今、どこにいるの？〉Pat「あまりあついので、自分で深呼吸をして出てきました」

49回（9／24）

（月曜の夜、両手で紐を引っぱって自分の首を締めようとした。Bさんの顔が浮かんで来て、それで止めた。Bさんに対する気持ちがはっきりした）

50回（10／1）

Th〈イメージするとどんな感じ？〉Pat「壺から離れなさいとか、あれはいいです。でも入ってから出るのがいつも難しい、あと疲れがすごく残る」Th〈こんなイメージの時は疲れが残る、こんなイメージの時は、残らないってことない？〉Pat「入っていると、途中でわからなくなる。先生が『充分に感じたなーと思ったら』とか『まだ感じられますか？』とか、いつもふたつのこと言われるんですけど、下に沈んでしまったら先生の声、わからなくなる。壺の中の人が言っているようにも思えるし、言いたくても声にならない。こんなこと言って悪い気がするんですけど……」（よく教えてくれたこと、治療にとって大切とサポート）Th〈どんなふうにすればいいかな？〉Pat「……机に頭がついたらもう出たい」Th〈こんなふうに先生が手伝ってくれたらってこと他にないかな？〉Pat「……姿勢を起こして欲しい……それと『心理の時間ですよ』って何度でも言って欲しい、それに、左の肩を叩いて欲しい。そしたら、出れると思います」

51回（10/ 6 ）

（土曜日に継母から電話があり、その直後、頭痛。手足を縛ってもらわないと自分が何をするかわからない気がして、踊り場でうずくまっていた）Pat「壺の中に継母に対する感じを入れたい。絶対に開かないように」【壺イメージ】（すぐに震え、緊張。Thが〈近づいたら駄目！心理の時間です〉と言って、左肩を叩き続けると、落ち着く）Pat「今、こっちに向かって、走ってくるような気がした……」（またしばらくすると、震え、上体が前に倒れそうになる、Thは姿勢をぐっと起こし、〈今、心理の時間です〉と言うと、震えが止まる）Pat「走っているものが、壺に入りたがらないでいる」Th〈どうしたら入るかな〉Pat「（左肩を）叩いたら入ると思う」（Th叩く、次第に入ってゆく）（鉄の蓋をし、鍵を五つ掛け、見えない所にその壺を置く）

52回（10/ 8 ）

（右半身の痛み全くなし、就寝前、継母が迫ってくるという入眠時幻覚もなくなった）Th〈今日はイメージどうしますか？〉Pat「先生がイメージと言ったら、壺が近づいてくる」Th〈先生からイメージの提案はしないことにしたら？〉Pat「それは……自分からしたいときも、きついんです……だから自分からは言えない……だから先生から言って欲しい。それから、一番きついのから入った方がいいように思う」

53回（10/13）

Pat「からだの痛みは全くない。でも看護師に腹が立つ、今までと違う感じ」

54回（10/22）

Pat「からだの痛みはないけど、落ち着かない」Th〈どこから来ている？〉Pat「鍵をした壺が少し緩んでいるみたい」【壺イメージ】（机にもたれようとする、〈心理の時間です〉とThが言い、左肩を叩くと楽になる。緩んでる蓋を締める）

55回（10/29）

（からだの痛み、なし）Pat「気が強くなった。掃除でも一番に起きてする。段々強い自分になっている。面接の前後に頭全体が重い感じがする」Th〈こんな面接のときは強かったとか？〉Pat「見たくないものを見たときとかが、重たいものが残る。でも心理（面接）を受けて自分のこころが強くなってきている」Th〈イメージでもこんなふうにすると重たい感じが残らないとか？〉

Pat「一番激しいものから始めて、自分の好きないい感じのもの、案山子さんやBさんの壺で終わったらいいと思う」【壺イメージ】（壁の方に頭をやる、緊張）Pat「案山子さんをそんなにしないで（叫ぶ）……」（Th左肩を叩き、〈心理の時間〉と繰り返す……落ち着く）Th〈どうなったの？　自分から近づいたの？引っ張られたの？〉Pat「案山子さんの所に行こうと思ったら、継母の壺が自分を引き寄せ、その壺が案山子さんを倒してしまった」Th〈どんなふうにしたらいいかな？〉Pat「『案山子さんがそばにいるでしょ』って言って欲しい。少し落ち着いたら、額に左手をもってきて欲しい。案山子さんから青い光が出てて、それが額にあたるので、それから、絵（以前破った）を手前に浮かべるといい……」（案山子さんを眺める、中に入る）Pat「もうひとりの自分が案山子さんに抱かれている……あたたかい……おかあさん……」（出る）Pat「先生に言いたいことあるんですけど……信じています」（今まで思ってたけど言えなかったと語られる）

56回（11/5）

（こころの中で、せつないと言っているものがあり、それがどこから来ているかわからない）；**57回**（11/11）（先生を信頼してると言っておきながら、話さないでいることがあるんですと前置きし、自分の秘密について語られる）；**58回**（11/19）（前回の話題が、引き続き話される）；**60回**（12/3）（前回、前々回の話題が解決したことが報告される、継母に電話で「あたたかいものを送ってくれてありがとう」と言ったこと。でも、継母は看護師の悪口を言ってた）

　＊12/5外泊時、見合いをして、12/12結婚、そのまま退院、相手は40歳の会社員、以前アルコール依存だったが、現在は全く飲酒してないとのこと。以降、外来でThとは6回面接。

61回（X年＋2年1/5）（目を開けられない、と夫におんぶされて来室。突然退院して申し訳ない、結婚は自分の気持ちで決めた、主人とやって行きたいと話される）；**62回**（1/12）（化粧をして、来室、落ち着いている、気分転換の方法がみつかったと話される）；**63回**（1/19）（赤い服、きれいに化粧して来室）Pat「仲人の人があいさつに来ないと言って、どなりこんで来た」（その日は睡眠不良で頭痛あり）；**64回**（2/2）（主人の実家に転居、だれも干渉する人がいないので落ち着く、今は主人に甘えてる、それでいい、右半身は痛む、睡眠は4〜5時間とれるようになった、

食欲もやや回復）；**65回**
（2/16）（主人に自分の気持
ちを言えるようになった。例
えば、「調子がよくなったら、
たくさん言いつけるんやから」
と私が言ったら、主人は「そ
うか、そうやったら考えんと
いかんの」と言ってくれた、
など）

66回（3/2）
（睡眠は7時間とれ、からだ
の痛みなし）**【壺イメージ】**
〔図5-18〕（久しぶりにやっ
てみたい）Pat「だいだい色
……（気持ちよさそう）……

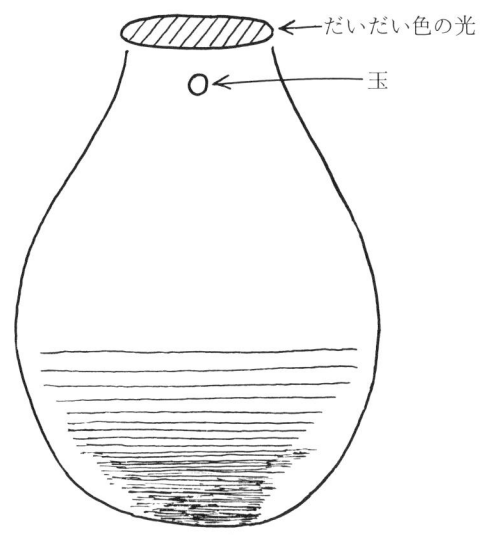

黒いもの．自分でまぜないと出てこない

図5-18　第66回面接の壺イメージ

丸い玉が額の近くにある……」Th〈距離は？〉Pat「ちょっと近づきすぎて
いる感じ」Th〈離れてみて〉Pat「こころの袋の下の方に黒いものがあるみ
たい、まぜないとどろどろしたものは出て来ない」イメージ後、「黒いもの
は自分がまぜないと出て来ないことがはっきりして安心した」と語られる。（面
接は自分が必要な時だけしてもらいたいと話され、それ以降症状の増減はあるが面接
の希望なく終結となる。なお、2週に1回、外来通院し、主治医に診察を受けているが、
結婚生活が続いているとのことである）

4．考察

　境界例の患者に、壺イメージ療法を適用しその経過を述べてきた。次に、
「壺イメージ療法の効用と限界」を治療者の技量との絡みから考察したい。
というのは、どのような療法でも、治療者の経験や考えを抜きにしては論じ
られないと思うからである。それゆえ、当時、心理療法を始めて、3年余
りであった筆者にとっての壺イメージ療法の効用と限界を考察してみたい。

また、効用と限界を考察するにあたり、ふたつの点から述べてみたい。ひとつは、「体験的距離のコントロール」であり、もうひとつは、「治療者—患者関係」である。

　この事例を振り返り、治療者が壺イメージ療法を用いて、治療的行為ができたとすれば、自己とイメージとの間の体験的距離のコントロール（田嶌，1983）の仕方を援助できたことであり、充分にできなかった点は、性的衝動についての整理であろう。そして、後者を論ずるには「治療者—患者関係」に触れざるをえない。まず、「体験的距離のコントロール」について考察してみたい。

１．体験的距離のコントロールについて

　心的外傷やストレスからくる諸症状（精神的にも身体的にも）は、それをひきおこしている心的問題に自分が巻き込まれていることによって生じていると思われる。すなわち、ある心的問題と体験的距離がとれず、そのため適切な判断や処置ができない。（そのような観点については、ジェンドリンGendlin, E. T., 1982；田嶌，1983参照）また、その心的問題は、多くの場合「感じることができない」ほど患者を圧倒していると思われる。だから、ある心的問題が「明瞭化」され、それを「感じられる」ことが、心理治療にとって重要な鍵となると思われる。そして、この「明瞭化」と「感じられる」ようになることを『体験化』と呼ぶことにする。この『体験化』に至るまでに、患者はそれを体験し得るだけのこころの強さを培わなければならない。ここで、こころの強さとは、心的問題に対して、自己が意図的にコントロールできる力によって推し測ることができると思われる。それ故、この『体験化』と『体験的距離のコントロール』は、相互に深く関連していると言える。

　そこで、本事例の『体験化』の過程を実母に対するイメージに焦点化して要約してみたい。

○「楽しい思い出の壺」（５回）：〔５回〕気持ちいいけど悲しい

○「あたたかい壺」（７−19回）：〔７回〕あったかい……さびしい……、〔９回〕あたたかい……かあさん消えてゆく……さむい……、〔11回〕あたたかくない、〔14回〕……目の前があかるい

○「あかるい壺」(20－26回)：〔20回〕実母の死の場面のイメージ、つめたい
　……あたたかい……やさしい、〔26回〕壺というより小さなあかり

○「玉」(28－66回)：〔28回〕光ってない、〔31回〕だいだい色の光を放っている、
　案山子さん、なにか芯ができた感じ、〔41回〕(玉の下にある小さな袋に入って)
　なんで私をおいて先に行ってしまったんですか！〔44回〕太陽みたい、とて
　もいい感じ

　ここで『体験化』の様相を見てみると、感情レベルから感覚レベルの体験
に移行していることがわかる。すなわち、「悲しい、さびしい」から「さむい、
つめたい」への移行である。また、この過程の中での転換点（洞察と呼んだ
方が良いかもしれない）は、第20回の実母の死のイメージであろう。それまでは、
「あたたかい」から「さびしい、つめたい」で終わっていたのが、第20回
の壺イメージでは「つめたい」から「あたたかい」という感じで終わってい
る。そして、症状としての「つめたい、さむい」感じがこの実母の死から来
ていることを洞察している。それ以降は、だいだい色の光を放つ「玉」とな
り「太陽」となって彼女のこころの中で安定してゆくのである。また、第
41回で見られるように、実母に対する恨みを激しく語れるようになってゆ
くが、それは「玉」の中ではなく玉のちょっと下にある小さな壺である点が、
象徴としての母親（玉）からの独立を表わしているように思える。

　また、実母に対するイメージの統合と並行して、「太陽を食べてしまいそ
うな西洋の幽霊」（第6回の夢報告）に象徴される継母に対するイメージとの
体験的距離の取り方に変化が見られている。第5、6回「いやな壺があた
たかい壺に入るのを邪魔する」、第7回「やっぱり、いやな壺に入ってみたい」、
第12回「こころの袋の中の一番底にいやな壺がある」、第26、31回「敷き詰
められた壺」、第66回「こころの袋の底に黒いものがあるけど、自分がまぜ
ないと出て来ない」と変化していった。すなわち、この継母を象徴するいや
な壺に最初は圧倒されていたのが、最後には、こころの袋の底にしっかりと
納めることができた。そのようなイメージでの変化とともに、現実に継母に
対する接し方も変わっていった。例えば、第17回「以前だったら何でも継
母さんの言うとおりにしてた」、第60回「継母さんにあたたかいもの送って
くれてありがとうと言った」と変わっていった。

このように変わってきた理由として、『壺』自体の構造が大きな役割を果たしたと思われる。田嶌（1983）が指摘するように、それは心的内容の保護を果たすには格好の構造をもっている。さらに、『蓋』ができるということが体験的距離のコントロールにとって重要である。例えば、第6回に、「いやな感じの壺の蓋がちょっと緩んでおり、それを締めると頭痛がとれた」と報告している。また、彼女の場合、二重の保護を必要としたのであろう、第12回に壺を包む『こころの袋』が出現している。このように、壺自体のもつ保護的な機能は本事例からも明らかである。

　しかしながら、さらに重要なことは、壺イメージ外での治療者の働きかけ方であろう。田嶌（1983）は、「注文をつける能力」の育成が、治療の展開に特に必須だと述べている。本事例では第50回頃から壺イメージのやり方についてかなり具体的に注文を出せるようになっている。例えば、第50回「（壺の）下に沈んでしまったら先生の声がわからなくなる。〈どんなにすればいいかな〉机に頭がついたらもう出たい。〈こんなふうに手伝ってくれたらってことないかな〉姿勢を起こして欲しい、それと『心理の時間ですよ』って何度も言って欲しい、それに左の肩を叩いて欲しい」と注文を出している。そして、注文をたくさん出せるようになった後に、「先生に言いたいことがあるんですけど……信じてます」（55回）と語った。ところで、そのような注文をつけられるようになった時期が、若干遅いように思えるが、その点についての考察は、2の項で述べたい。ともかく、壺イメージ療法の効用のひとつは、体験的距離のコントロールが行ないやすいという点であろう。そして、それはひとつは『壺』と『蓋』という構造自体に由来し、もうひとつは壺イメージ外での『注文をつけられる能力の育成』などに由来していると言える。

　また、体験的距離の取り方には色々なやり方が考えられるが、筆者は『動作』を用いる方法を心がけた。彼女は状態が悪くなると、背筋が段々前かがみに丸くなり、肘が曲がり、うつむいてしまう（Gパターン姿勢）。例えば、第28回「あ、ちょっと気分が（机にもたれかかる）──」となるのである。そこで、治療者のとった対応は、彼女の肩に手をやり、深呼吸とともに肩を開きながら、リラクセイションを進める方法である。このとき、自分を苦し

めるイメージを遠くに押しやるように必ず働きかける。例えば、第28回「〈遠くにやるんですよ、遠くに見えるでしょ〉と、働きかけるのである。そして、無理に患者の肩を引っ張るのではなく、深呼吸に応じてイメージをコントロールしながら弛緩を促すというやり方をとった。また、初期のころ彼女の方から提案していることもある。第11回に壺の中に入って、なかなか出られず「手を引っ張って下さい」と彼女が頼んでいる。さらに、第50回の「肩を叩いて下さい」という注文も同じである。このように、体験的距離のコントロールには、深呼吸や姿勢、またはその時に応じた動作が有効のように思われ、このような方法は今後発展の余地があると考えられる。それは、自分を侵略するイメージと自己との体験的距離をコントロールする有効な手段のように思われる。また、その動作のタイプは、深呼吸のような一般的なものから、患者特有のものまで種々ある。そして、治療経過に伴い患者特有のものが増えるようであり、最終的には、自分でその動作を用いてコントロールできるようになり、そのことは、本事例の経過を見てもわかる。

　以上、体験的距離のコントロールについて述べてきたが、その基底にはそれを支え促進する治療者―患者関係が必要である。次に治療者―患者関係の問題を考察したい。

２．治療者―患者関係

　筆者は一時的には彼女の激しい行動化に巻き込まれた（第23回、彼女が一番好きな絵を破った時）が、重篤な事例にしては、過度には患者に巻き込まれずに、治療を終了できたように思える。その理由を考えると、壺イメージ療法自体の特徴に由来していると思われる。

　まず、従来の精神分析的治療法と比較してみると、次の点で異なると思われる。すなわち、壺イメージ療法と精神分析的療法とは、治療者が提供する『場』が異なるのではなかろうか。精神分析的治療では、治療者が治療者自体を患者に提供する。そして、患者は治療者に自らのイメージを投影する。すなわち、治療者自体が治療を展開する『場』そのものとなる。そして、治療者はその投影されたイメージをもとに治療を展開する（これが転移分析にあたる）。ところが、壺イメージ療法では、患者は壺イメージの中で、自己が

投影されたイメージと対話し、自己の歪みを発見する。すなわち、壺イメージ療法では、壺イメージが『場』になる。そのように考えてみるのはどうであろうか。以上のように、治療者があまり転移感情に巻き込まれずに、心理治療を行なえた理由に壺イメージ療法自体の特徴が挙げられよう。

そして、患者の行動化を引き起こしたり、それに一時的に巻き込まれた理由を考えてみると、それは治療者の技量の問題であろう。すなわち、彼女が表現した色々なシンボルに対する精神分析的理解の不足であろう。先にも述べたが、彼女の「性衝動の整理」に関して、充分な援助ができなかったと思われる。というのは、第34回頃に男性と一緒に離院をしているが、『ねっこ』に象徴される性的衝動の問題を治療者が彼女に適切に解釈できていたなら、このような行動化を防げたのではなかろうか。そして、あえて壺イメージ療法の限界を述べるなら、シンボルやイメージを理解する治療者の能力の限界であり、それはどんな療法にも共通していることだと思われる。

もうひとつ、治療者の問題を述べておきたい。具体的には、第23回の面接室での混乱（絵を破り、自分の服を破ろうとした）であろう。それまでの壺イメージの用い方は、ステレオタイプであったように思われる。というのは、治療者の構えとして、壺のなかで展開される内容に気をとらわれすぎて、壺との体験的距離の取り方や壺イメージをすること自体の彼女の「きつさ」に気を配れてなかったからである。

しかし、彼女が結婚という適応行動を獲得していったことを考えると、壺イメージのもつ機能と構造が、治療者の技量を大いに補い、患者の自己治癒能力を最大限に発揮させたように思われる。

（冨永　良喜）

参 考 文 献

田嶌誠一　1983　"壺"イメージ療法　広島修道大論文集，24，1，71-93.
Gendlin, E. T.　1982　「フォーカシング」　村山・都留・村瀬訳　福村出版
成瀬悟策　1985　「動作訓練の理論」　誠信書房

討　論　(3)

成瀬　どうぞー。──（沈黙）──

増井　漠然とした印象ですけどね、壺イメージという方法としてありうるのと、それと壺イメージからみた病理学としてまで発展しうるのかねー？　イメージの病理学って、なんか、ありそうでなさそうな気がするのね。イメージの病理学っていうことで、今僕の頭のなかにあるのは、要するに対象関係論のイメージの病理学しかない。要するに、スプリット（分裂）された悪いイメージを壺というものの中で、うまく耐性をつけたり、さっき中井先生がおっしゃった『ごっこ』遊びをしたりして、それで自分のスプリットされた悪いイメージに耐性がつくことによって、少しずつ、相手に対する被害感とかいうものが改善されてくるとか、ね。そういうふうな病理学があるけれども、もうちょっと何か違うオリジナルな理屈、要するに対人関係の障害というものがイメージにどうプールされてって、それをどんなふうにすればどんなふうに［治療に］なっていくのかという、そういう理屈っていうものが欲しいなあという感じで聞いとったんですよね。

田嶌　僕はやっぱり、壺と自分との『体験的距離』というようなもの──それがコントロールできることが、対人関係での［距離の］コントロールとパラレルであるというような──大まかに言えば、そんなことを考えているんですけど。なんかあんまりはっきりした形がなくて、申し訳ないんですけど──。

増井　普通の対人状況の中で感じるひとつのイメージと、そのイメージが壺の中のイメージとしてどんなふうに等価であるとかね、あるいは関係のない物として出てくるとかね、そこらへん、ひとつの病理学というものがあればねぇ。

中井　それはねぇー、病理学というものはあってもいいかもしれないけど。これは、かなり凄惨な話ですね。読んでみますと分裂病（以下、統合失調症）の治療としてはこれはもうサールズのケースレポート読んでるような。サールズ以後、統合失調症との近接治療というものに我々だんだん恐怖をもつようになったけれど、そのレポートに近いですね。このケースが統合失調症であるかどうかは別として、サイコティックであることは言っていいでしょう。こういうものをサイコティックと言うんですよ。これはもう『[解離] ごっこ』じゃないですね。つまり壺というものが、かろうじて共通言語になっているような、しかし、もし壺イメージ療法というものを知らなかったら、これは患者とだけの独特の妄想言語で話しているとしか読めないでしょうね、ドキュメントだけ読めば。それは、サールズがやったことだけれども。要するに、「自

分がサイコティックに一度ならなければサイコシスの患者は治らない」とい
うぐらい（笑い）、いや、サールズはそう言っているわけです。しかしそれは
ものすごくしんどいことであって、サールズは何度も自殺を考えた、5回は
少なくともかなり真剣に考えたということです。そういう印象をもつわけだ
けど、[冨永] 先生は比較的ゆとりをもってやれたですか？　患者は心身症をいっ
ぱい出しているけれども。これは出せるというのは患者にとってプラスなんで、
破瓜型の人なんて出せないですもんね。まぁ、それはともかくとして出してる。
先生の方は何も起こらなかったですか、身体にも？　（笑い）

冨永　あの一度、流れているという感じをもって。なんか、ピッタリこなかった。
吸い込まれてだんだん入っていくという入り方の時、自分でもよくわかんなかっ
たんですけど。それ以外は、2時間つきあったりしたことが、度々あったん
ですけれども、比較的サッパリした感じでやれました。物理的なことで疲れ
るということはあっても、ある程度はサッパリした感じなんです。それと、
患者さんがパッと結婚してしまったという物語 [の筋] が読めない。自分（＝
治療者）の中であまりよくわかってないんですよね——。

中井　ま、そこは、なんでもストーリーを全部つなげなきゃいけないってことじゃ
なくて、だいたい結婚ってそんなものじゃないですか。（爆笑）ある種の飛躍
を含むんじゃないですか。論理的に結婚してる人なんていますか。（笑い）

増井　いや、こういうふうに唐突に結婚できるっていうのはこの人の特徴かも
わからんね。非常にファンタジーな中での結婚であっても、壺というものが
なければ、わりと、解体した形になりやすいような感じがするね。

冨永　これは、僕が壺イメージを適用した最初のケースなんです。それと、も
う1例、明日発表する夜尿症のケースと並行してやってたケースなんですけど。
そのころ、僕は、フォーカシングの実習受けてまして、身体の感じを確かにもっ
たんですね。でも、どうも、やり方がわからない。そういうことでこのケー
スでも3回目にちょっと食欲がないということで、それを眺めてみるという
ことを教示してみると、「もうしんどい、見たくない」となるわけですね。そ
れですぐ、それはやめたんですけど。なんか取り扱いがその頃わかんなかっ
たわけです。壺 [イメージ] をちょっと病院で聞いて、すぐこれだという感
じがしたわけです。（中井：うーん、なるほどね）それで、壺をやってみると、
僕自身はすごくイメージが貧困なんですけど、それでも壺ということだった
ら僕でもイメージできるということで、そういうふうな経過でやったんです。

中井　先生の最初の壺ケースですか？　（冨永：そうです）最初のケースちゅうも
んはこういうもんなのかな？

増井　壺イメージをするときに、肩を叩いてくれとか、身体をぐっと引っ張ってもらったら壺から出られるとか――、ひんぱんにあるの？　そういうことって稀にしかないやろう――。

田嶌　そういうことっていうのはどういうことですか？

増井　治療関係のなかでヘルプして、イメージとして登場することはあってもさ、実際に肩を叩いてくれとか、身体の姿勢を直してくれたら壺から出られるとか。

田嶌　実際に手で引っ張り出すっていうふうにすることは、僕は割合ありますけどね。

増井　手で？　ふうん。

中井　この人はファンタジーの中でって言うけど、「心理室ですよ」って言ってくれって言ってるわけだから。現実につなごうとする力はあるわけです。それは、認めていいだろうなぁ、この人の柔軟な面だ。しかし、うーん、すごい話だなぁ、これは。治療者本人はそれほどでもないって言っているから（笑い）。いや、僕なんか年とってこういう激しい治療がこたえるようになってきたんだろうか？（笑い）50歳すぎて統合失調症の治療を続けてる人はかなり少ないですね、サイコセラピストでは。だいたい40歳ちょっと過ぎるとやめてますね。サールズもそうだし、サリヴァンもそうだし。壺がこんなに上に乗っかったり、割れたり、迫ってきたり、こういうことありますか？

田嶌　これは、このケースの特徴じゃないかと、僕は思うんですけど。ただ、推測できるのはフリー・イメージなんかやってて、自分が何かのgoodな体験をしてて、それを［鬼や悪魔といったbadな］何かが邪魔しにくるというパターンというのはよくありますので、おそらくそれが壺［という形］に変わったと思ってこのケースを理解してたんですけど。だからそれ（＝良い関係のイメージ体験）が長続きしない。だから僕がさっき発表したケースも、ひょっとしたらそういうパターンになってもおかしくなかったようなケースだなと思ったりしたんですけど。イメージの中でgoodなものに自分は沈潜したんだけど、それはほんの何秒かしか続かなくてすぐ壊されてしまう。そして、あとパニックになるというパターンが、こういうレベルの人にはよくある。それが普通壺の中で展開するものが、［このケースでは］壺自身があっちいったりこっちいったりするっていうふうになってる――。

増井　さらに、袋が出てきたりね。（沈黙）

中井　この人、絵を描くのが上手だったのね。［方法は］なるべく複数の方がいいんだろうね。ひとつの治療法に完全に依存しちゃうと、［つまり］それこそ壺イメージするだけになっちゃうと、治療がステレオタイプになるだろうし、

河合隼雄先生なんかも箱庭ばっかりやっているわけじゃない。絵を使ったりなんかいろいろやってる。副次的なものも重要かもしれない。案外［それが］支えてる面もあるかもしれない。時には、ほんとにもう、壺イメージか壺言語かわからないとこがあるね。壺という言葉がいわば橋みたいになって、それがなければ妄想言語か何か非常に自由連想的な、というよりむしろ解体的になっている。［患者からみて］治療者は壺ということだとどうもわかってくれるということらしい。わかられるという恐怖じゃないのね。わかってもらえないっていうこと、特に継母との関係においては。最後はおいていった実母が憎いっていうか。あの憎しみがそうでしょう。死んだ実母に対してね。

田嶌　僕はね、中井先生とひょっとしたらちょっと印象が違うんじゃないかと思うのは、壺イメージの中ではバタバタと大変なんですけど、僕一緒に病院に勤務していた（中井：はっはー）印象なんですが、本人が普通の面接の時はわりとしっかりしてるという印象。例えば初回で自分の主訴とかをわりとハッキリ言えたとか（中井：ウーム）、なんか現実的なつながりは、どっかもててるという印象を僕はもってたんです。

中井　先生は本人をご存知なわけね？

田嶌　ええ、よくは知らないですが、彼（＝冨永）とはよく話してましたんで。

増井　それは壺イメージの中だから、たいへんになれるという安心感が治療者にはあるわけね。だからやれると。

田嶌　そういう感じです。

中井　そうか！　そこだけピックアップしてここに出てるわけね。

田嶌　だから、それだけ見ると大変に見えるんですけど。おそらく調子がガタッと落ちた時は別として、普通の状態の時はもうちょいつながれる感じがして——、そういうものがあるから、彼が壺イメージを［この患者さんに］やることに僕はさほど不安はなかったわけです。

中井　なるほどねぇ。24時間じゃなくて、面接の場面以外ではわりとまとまっていると言っていいわけですね？

冨永　ええ、症状が出る時、壺の中に入っている時のような症状が出る。かなり具体的なやりとりはできる。

増井　壺の中でうまく病気になれてるわけなんだろ。

中井　なんだ、そうか！　これは病気の、壺の（増井：純粋培養）——。統合失調症かしらと思ったというそのあたりはべつに普段サラッと会ったらそうじゃないと思うケースね。なるほどねぇ。ま、それじゃあ、非定型、満田型の非定型に近いんでしょうけども、なるほどねぇー、そうか。

増井　その辺から見てるとね、壺イメージのコツっていうのは壺の中でいかにその患者さんに上手に病気の体験をしてもらうかということと、壺から出たらいかに病気の体験と違う感覚にもどれるかということ、それが壺イメージ療法のひとつのコツだと思うのよね。しかし、それにしてはね、あまりにも病気にならせすぎたという副作用があるね（冨永：そうなんですよね）。それがこの人の、患者さんのパーソナルなストラクチャーの特徴であるのか、それとも方法の問題であるのか。両方がオーバーラップしてるのだと思うけれども、自分の身体の中にもっているイメージの部分をうまくいかに少しした病気からだんだんした病気にまで壺の中で純粋培養してね。そして、グレードをちょっとちょっと高めていったり、壺を出したりすることが、それをうまくやれるのが僕は壺イメージのコツだと思うわけ。ただ、もうひとつ気になるのは、壺が壊れてしまうとかね、壺イメージのベーシックなコミュニケーションの場が、もう壺ではやれんというふうになるようなケースっていうのは、いったいどういうケースなのか。それともそれがどういう事態でありえるのか、ちょっと僕自身それがわからない。つぶれとるのをなんとか支えてるっていう感じが若干するわけよね。

村瀬　さっき言ったでしょ。フォーカシングの勉強に、ちょうど関心もったとこだって。で、それと壺とがオーバーラップしてるんだけど、それがうまく統合されてなくてね。例えば、「信じてくれない感じをながめてごらん」とかね、「いやな気持ちをもっと味わってみましょう」とかね、なんか、そんなんじゃあ、追い込んでるところもあるんじゃないんですかね。もっと自然な壺そのものの流れの中で大事に大事に、安全に安全にという田嶌さんのペースとちょっとずれているというか。それもかなり感じましたね。

冨永　全くおっしゃる通りだと思いますね。それで50回目にイメージのやり方を確認したところから、そういうことをやりすぎてたという感じがハッキリ自分の中にわかってきたもんですから、どうすればその壺からうまく離れられるかということの方向を患者と、よく相談するようになってきたと思いますね。

増井　それでうまく取り扱えるようになっていったやろ？（冨永：ええ）

田嶌　それと、やっぱり、［治療者に］注文つけられるような関係をつくるというような配慮を後半になって（中井：後半にね）彼がするようになっていったということ。最初のうちは──それが足りなかった。

中井　だから、導入が、あっというまにできちゃうわけ？

増井　僕が意外と思ったのは、ここに壺がありますかというので壺イメージにさっ

さとすりかわっているやろ。もうちょっと儀式というかイニシエーションがあった方がいいだろうと思うのね。

田嶌　このころは、僕自身もよくわかんなかった時期だから（笑い）、彼に壺のことは教えてやれたんだけど、例えば、壺を運用するにあたってどういう点に注意したらよいかということを教えるのはちょっと遅れたわけです。そういうことがあると僕は思うんですけど。

中井　導入がやさしい、こういうふうにスッと入るっていうケースはサイコティックなんですね、かえって。

増井　でしょうね。たぶん、そうだと思います。

中井　ポン、なんて入れるのはね。サイコシスの方が窓がある意味で広いから。（増井：はいはい）だから、外の影響に非常にさらされやすくもある。

村瀬　でも、この人いみじくも「一生懸命の壺」なんて言っているでしょう。ああいうのをもっとこちらが受けとめてたら、あの人はうかつにやったら一生懸命やりすぎちゃうんだっていう、（中井：うーん、うん）、例えばそういう配慮がちょっと足りなかったんじゃないかなぁ。

田嶌　そういうこととの関係で言うと、例えば信じられないとかね、そういう話が、もう少し早い時期から出てきてもよかったんじゃないかという気が僕はします。

増井　ちょっとハラハラして聞くケースやったもんね、実感としては。胃が痛くなる。（笑い）（中井：そうそう）

倉戸　僕は、確かにハラハラするとこもあるんだけど、中には、まどろっこしい、もっと早くかかわったらって感じるとこもあるんですよね、実は。同時に、このケースを通じて、さっき田嶌先生もおっしゃったように面接者のファクターみたいなものをどういうふうに捉えたらいいのかということを考えさせられました。先生は先生なりのかかわり方がきっとおありになるやろと思うんですけど、この患者さんでは、最後には結婚できてるし、結婚しちゃって結婚生活を続けられてるわけですね。そのことをもっと大切にしたいんですね。だから、個々に面接の過程を取り上げると、違いは出てくるでしょうし、その時にちょっと早すぎたとか、直接すぎたとか言えるかもわからない。でも、全体の流れを通してみると、どうなのかなぁ、なんていう感じもするわけね。むしろ、僕にはまどろっこしいって感じられるところもあるんですね。それでね、僕は自分で今も自分のイメージっていうか、自分の壺の中からしか物言えないやろと思うんですが（笑い）。僕のよって立ってるゲシュタルトという基盤からするとね、自分の中に欠けているものというか、その人の実存と

かに欠けてるものが夢やファンタジーに出てくると見ているんですね。だから欠けてるもの、それが自分の生きざまなんだけれど、それに意識をもつようにしていくことが大切であり、また、意味のあることと考えているんです。ご異論があるやろうと思いますけど、そういうことから推し測っていくと、最後の方ですが、「先生に言いたいことがあるんですけど、信じてます」みたいなことが言えてる。お父さんに会いたいって出てきますね。「帰ってきて」とか、あるいはお母さんに「あったかい物を送ってくれてありがとう」と言えてる。なんかそのあたりがね、欠けてたものというか、今まで意識になかった、欠けてたものに気づいてくるみたいなプロセスに読みとれるんですね。だからこそとは言いたくないんですけど、先生は読めないとおっしゃったんですけど、一応欠けてたものを補いつつあるので、結婚みたいな現実のことを決断できたのかなぁー、なんて［思う］。そういう意味でね、僕はものすごく感激する。確かにたいへんなケースかもわからないけどね。彼女が言おうとしているのは、信じたいけど信じられてなかったとか、愛したいけど愛されなかったとか、そういうメッセージというか、実存的な叫びというか、それがわかるような感じがします。僕の病理理解からいくとよくわかるケースです。

冨永　なるほど。

田嶌　こういう信じたいけど信じられないという［アンビバレントな］感情っていうのはね、こういうケースの場合には普通もっと早く出てくるというのが僕の印象です。そこんところ（＝治療関係の中で言語化するという過程）をいったん通過しないと［あとのプロセスが］ちょっときついのではないかという印象があります。ただ、このケースではある程度［壺イメージが］フィットしていたと僕が思うのは、やったあとすごく楽になったりとかいう体験を——この［報告の発表レジュメの］中ではどのくらい書いてあるのか［わかりませんが］、たぶん少しは書いてあったと思うけど、［実際には］そういうことが結構あったという印象が、1回1回を見ていくといっぱいあったからなんです。

村瀬　おっしゃることはよくわかるんですけどね。そこへ行くまでには大冒険というか、そういう感じがしてね。これは病院という構造とか主治医との面接とか、そういうものにずいぶん支えられてるんじゃないか——。

数人　それは言える。

田嶌　ええ、それは言えると思います。それについては、僕も言わなくちゃと思ってたことですけど。つまり我々が心理療法をやることに院長がたいへん理解

のある病院だったので、そういう意味では我々が安心して［心理療法を］やれる構造が全体にあるんですね。だから特に入院でやる時には、わりとやりやすい部分があったんです。

冨永　そうですね。

増井　僕は、フッと思いついたんですけど。普通対話でやる時にアンビバレンツな感情が起こってきたり、その体験が治療者に転移されてきた時の対応には、まぁ技術としてはわりと高等な技術を要するけれども、イメージというのは非常にマルチexperienceというか、良い物と悪い物が同時に出てきたりして、アンビバレンツを生きやすいような、そういう素材なのかね。聞いている限りでは、信じたいけど信じられない、というものがイメージの中に、全部、のべ・ストーリーとして出てきててね、そのどっちかを感じたりすることが、比較的自由だしね。そういうものを持っているのがメリットなのかな。

田嶌　いやぁ、それは僕はむしろデメリットじゃないかと思ってるんですが。（笑い）そりゃあ、［メリットとデメリットとは］裏・表だろうけど、イメージやってると最初のうちは、そういう対人関係の中で、つまり、患者・治療者関係の中での真の葛藤が基本的にあるということが、見すごされやすい形でイメージが展開していくことがよくある。それは［治療者が］慣れている人だとね、ある直感的なものでパッと感じられるけれど、むしろ、イメージの内容が興味深くてイメージの内容の方に気をとられやすい。それは治療者の問題でもあるんだけれど──。

増井　しかしね、患者・治療者関係よりも患者さんの世界観という感じでは、イメージというのは、非常に言葉は悪いけど、世界観そのものはプロジェクトされやすい素材だという──。

田嶌　ただ、その世界観を治療者が感じとりやすい部分と感じとりにくい部分があって、特に患者・治療者関係でのベイシックな信─不信の強烈な葛藤というか、そういったものはちょっとこっちへおいたままでも展開する──そういう葛藤がメッセージとして入ってはいるんだけど、それはちょっと慣れないと気づかれにくい。僕自身が治療者としてたどってきた経過から言えばね。

増井　それはね、治療関係にフィードバックしないからであって、体験すること自身が治療であるというような形をとるからそういうふうに思ってるだけで、言わなくっても──。

成瀬　壺イメージの中で現実に手を引っ張って下さいとか、そういうのがたくさんありますね。身体を起こして下さい、とかね。こういうのはどういうふうに考えてるわけ？　イメージで引っ張りあげてもダメなわけ？

冨永　ええ ——。

田嶌　僕もそうしちゃうんですが。（笑い）

成瀬　この人は身体が硬いんですか？　動けないんでしょ。どのくらい硬いか、たしかめてみましたか？

冨永　実際、さわってみました。

成瀬　普段は硬くなくって、ある症状がでると硬くなるということ ——。（冨永：はい）非常に一時的なもの？

冨永　ええ、まぁ、何週間か続くこともありますが。（成瀬：あ、そうですか）主に右半身なんですけど。こういうふうにして ——。

成瀬　その時に手助けをしてあげないとダメなんでしょうかね。自分じゃ動けない。壺から出てくる時に、壺の中でやるのだからイメージの中でやるのか、現実に手伝うのか。

冨永　このケースでは現実に手伝っている。

成瀬　この人では現実に手伝ってるけど。

田嶌　手伝ってると手伝わなくていいようになってくることがあるもんですから、だから時々手伝うという ——。

冨永　このケースでも、［後には］自分で深呼吸して、［壺の外へ］出られるようになったりしてる。（成瀬：あぁー）なるべく自分でできるようなことを狙ってて、どうしても自分でできなかったら手伝うっていう形のやり方です。

増井　身体でしてると、身体がバラバラになってしまうような感じがものすごくよく出てるね。それが本当に身体感覚なのか、ボディ・イメージなのかわからないけれども。こっちで聞いてて、非常に大変な体験をしているんだろうかと思うと、意外にもすごくなかったりする。

成瀬　身体が硬くなってる時は、だいたい、そこの身体の感じがなくなっちゃうんですね。自分で動かせるってことはない。そういうふうには思わないし、思えない。

増井　だから、バラバラになっているということを感じられてることは、すごく進歩なんですよね、ある意味では。（成瀬：進歩？　うーん、そうでしょうね）今までは全然感じられなかったものがバラバラにでも感じられたということは。いつもその点を指摘してやらないと、非常にネガティブに自分を評価してしまいますよね。僕は、このごろ身体を使った心理療法をやってるから、イメージの部分があふれて身体に出てるのか、それとも、もともと身体でやってしまって、こういう人はある程度やれるのか、そのへんの興味もあるんですけどね。

成瀬　あとでまたそういう話題が出るかもしれないんで、もうこのぐらいにし

て先へ行ってみましょうか。

〔休憩時の会話から〕

倉戸　壺から出られないとか、助けてほしいとかって時は、私なら「誰に頼んだら出してもらえるかしら」とか言ってみる。そしたら、例えばお父さんが出てくるかもしれない。そしたら、「引っ張ってもらってごらん」と言うわけです。

第6章
壺イメージ療法を適用した心身症の事例

1．生活史

　患者は、34歳の中学校の女の先生で、非常に小柄な、可愛い先生です。出来るだけ本人の言葉で述べることにします。

　「小さい頃は、お父さんとお母さんは……喧嘩……いつも暴力沙汰だったことを記憶していますが、3歳の頃お母さんは逃げだしてしまいました。それでお父さんのもとにいたんですけれど、そこではどうも邪魔者だったらしいんです。一度実母が会いに来たことがあるのを覚えています。それから、自分を可愛がってくれたもう一人のおじさんとおばさんに連れられて、子どもが欲しいと言っていた家にもらわれました。その時も、『ご馳走がある所に連れて行くからね』と言われて、ついて行ってご馳走を食べてるうちに、二人が『すぐ帰ってくるからね』と言って出て行って、それっきり帰ってこないので、暗くなってひどく泣き出した記憶が今でも残っています。そういうことで養女にいっております。

　次の小学校時代は、勉強は出来たが引っ込み思案でした。中学校時代は、担任の先生から非常に可愛がられて、他の先生からも可愛がられて、今自分が教師になってみて考えますと、"どうしてあんなに可愛がられたんだろう？"と不思議な気がします。中学1年の時の担任の先生とは今でも文通しています。高校時代は、受験一筋の学校で思い出はあまりもっていません。

　それから、A市のB大学に入学しました。大学時代はすごく解放感を味わいました。クラブ活動で古美術研究会、仏教を研究する会に入って、これが非常に嬉しくて、クラブ活動に没頭しました。自分からクラブ活動を除いた

ら大学生活はないのに等しい、というくらい没頭しました。ここでいろんな友達に出会って、田舎者の自分には全てが驚きでした。多くの男性・女性の友達からいろいろな世界を見せてもらって、大変勉強になりました。

大学卒業後はＡ市を去りたくはなかったのですけれども、暗黙のうちに両親が『帰ってくるもの』と決めているから、自分も『帰らなくてはいけない』ということが決まっているという宿命的な感じがしていました。Ａ市でもいろいろ仕事はあったし、友達もいたけれども、そこを止めてＣ市に帰って学校の先生の採用試験を受けました。

25歳の時に職場で今の主人と知り合って結婚しました。この主人は、（ずっとＣ市なんですけど）Ｃ市の大学を卒業して、非常に純粋で落ち着いた人だという印象を受け、頼りになるという気持ちになって結婚したんです。結婚してすぐ女の子が出来て、家庭の事は何も知らないのに家事の忙しさに、"しまった！"と思いました。共稼ぎというものをもっと考えておかなければいけなかったと、その時つくづく感じました。他の人がすんなりと共稼ぎされるので暢気に考えていたけれども、仕事と家庭とつわり、それから後では育児。それで、静かに考えることが出来ないで、本当に原始的な動物的な生活をしているような感じでした。主人は非常に優しいということで、外では相当こまめに動いて仕事をよくやる方だということですけれど、家に帰るとテレビばかり見ていて、ほとんど動くのが苦手のようです。淡白な性格で、無口な方で、私ばかり喋っています。口数の少ない人です。この頃では少し話すようになってきましたけど……」

２．現病歴

心身症として来ていますから、ほとんど身体の訴えで来ていますので、今までの壺イメージの話とはだいぶ違っていると思います。8年前に左の卵巣嚢腫で手術をし、それ以来身体の体調が崩れて、しばしば膀胱炎を繰り返す。非常に症状の激しい膀胱炎です。排尿痛・残尿感・頻尿などのような症状で、検査をしても菌は、たまに出ることはあるけど、出ないことが多いというような膀胱炎なのです。一度腎臓検査の時に、ヨードの静脈注射でショッ

ク状態となって意識不明になったことがあります。その後、膀胱炎・全身の筋肉痛・動悸、それからおなかの痛みと下痢、これらの症状が一度に出ることもあるし、交互に出ることもあるし、いつも症状を訴えています。特に膀胱炎では多くの病院を歴訪して検査を受けていますけれど、治ったと思うとまた起こって、非常に苦労しています。

　その後、動悸が起きたり、身体が震える感じがすると言うのでバセドー氏病の疑いをもたれて、専門の病院で検査を受けたところ、それで『バセドー氏病が潜在している、潜在的なバセドー氏病がある』というようなことを言われたそうです。しかしバセドー氏病の薬を飲むと、すぐじん麻疹が出たり、食欲がなくなったりして、全く飲めない。時々ひどく息苦しくなって動悸が打つけれども、心電図では異常は出ない。現在も、非常に尿が近くて、排尿はしみるような不快感があり、残尿感がある。これが非常に苦痛。身体の所々があちこち非常に痛む。胸がとても痛む。朝、頭がぼんやりして回転しないで、手足がしびれ、倦怠感が強く、すぐ横になりたい。時々憂鬱なことがあるけれど、これはすぐ治るそうです。少し憂鬱になるけれども、一日もしないうちに治る。じん麻疹がよく出る。現在、勤務は担任を除いてもらっていて、自分の授業（国語）だけ出ている。それも、休み休み出ている。

3．治療過程

〔第1期〕

　最初に病歴を3日か4日かかってじっくりと聞いています。その後自律訓練法と催眠法でリラックスを主体としてやりましたが、もうそれで症状が非常に軽くなりました。3〜4回目、5回目ぐらいには、部屋にも元気に入って来て、「とても調子が良い」と言います。「身体の具合がとっても良いので、……（この方は庭いじりが好きなんですが）……庭いじりなんかをやっている」と、非常に明るく言って来ました。今までの病歴からみて、これだけではすまないだろうと思っていましたが、6回目ぐらいから、リラックス・催眠状態に入れて、トランス状態に入ると、非常な過呼吸症候群が出ました。非常な過呼吸症候群が出て、そして（椅子に腰掛けているんだけど）身体が非常にだ

るくて、もう二つに折れるようになって、手を床について身体を支えています。こういうような激しい症状が起きて、非常に息苦しい。それで、初めの間はそういう時に、〈とても楽になりますよ〉という暗示をしながら、時間をかけてゆっくりと催眠から覚ます、というようなことが続いています。（以下、〈　〉内は治療者の発言を示す）

〔第2期〕
　そういう状態が続いているうちに8回目ぐらいから、イメージの暗示もしないのにいろんなイメージが自発的に目の前に現れる。〈何か見えるのだったら、じゃあ、それを静かに見てて下さい。どういうものが見えるか、それを出来るだけこちらに話して下さい〉ということで、自然にイメージ・セラピーに入って行きました。もちろん、過呼吸症候群、身体の全身倦怠感で本当に苦しがります。前の発表で［イメージ中に］手助けをするという話がありましたけど、私はいっさい手助けをしないで、催眠の中で〈イメージの中でだんだん元気になっていきますよ〉という言葉（＝暗示）だけでやっていきました。非常に苦しがって、見ていてもこれはちょっと普通じゃないという感じがしました。
　そのうちにだんだんイメージの中に"メガネ"とそれから"鋭い目"が出だしました。そしてそれが、「いつも自分を狙っている、見ている。それがだんだんお父さんの目に似てくる、養父の目に似てくる」というようなことを言います。その間にも、もちろん学校のイメージや他のいろんなイメージだけで終わることもありますけれども、だんだんその"目"と"メガネ"が気になりだして、それが「お父さんの目」だということがずっと続いて、イメージ中にも非常に苦しがります。呼吸困難で「非常に苦しい、頭が痛い」ということを訴えます。こちらは、ただそれを受け入れるだけでずーっといきます。だんだんイメージの中の目の方が視線をそらすようになってきました。「目が逃げて行く」と本人は表現しています。その目の方がだんだん自分にあてた視線をそらすようになって来て、そして少し息苦しさが楽になって来ました。それでもやはりリラックスしないで、とても苦しがります。ほとんど身体が二つに折れて、手を床について「ホッホッ……」と言って苦しんでいま

す。催眠を終わって、しばらく静かにしていると楽になります。この間、日常生活では症状がかなり強く出ています。特に筋肉痛・呼吸困難・じん麻疹……、これらの症状は、薬でコントロールしながら（私たち医者は薬でコントロール出来るのでこのへんはやりやすいのですが）やっていきます。鬱の感じはほとんど出ません。ただもうひどく身体の訴えを、特に膀胱炎の症状をよく訴えています。

　それからしばらくしたら、今度は女の人の顔が出だして、「これはどうもお母さん（義母）の顔に似ている」というようなことを言い出しました。それから今度は、いろんなイメージの間に母親の顔がちょいちょい出るようになって、母親の顔が別に怒った顔でもなんでもないのだけれども、患者の方が非常にそれに対してアグレッションを出すようになって来ました。もう、腹が立って腹が立ってしょうがない。日常生活でも主人から、「お前、この頃しょっちゅう怒っているな」とか、「子どもをしょっちゅう叱っているな」とかいうようなことを再三指摘されています。「言われて、ハッと気づいて、自分はこの頃どうも怒りっぽくなっているというようなことを感じる」と言います。そういうことで身体の症状は相変わらず、「今日は非常にいい」と言ったり「悪い」と言ったりが続きました。

　特にこの頃になったら、イメージが非常に長くなり、どこで打ち切っていいのか分からなくて、打ち切れなくなって困りました。というのは、私は午前9時から午後1時頃まで外来の患者、普通の内科の患者を診まして、それから午後2時半頃から心理治療をして、午後4時からまた夕方の外来の患者を診ることに決めています。ところが、午後4時になっても終わらないんです。もう午後4時半ぐらいになると、『待合室に患者が待っている』と思って、こちらがどうしても落ち着かなくなります。一度、いろんなイメージが出てまだ本人が落ち着かないけれど、あまり遅くなるので、そこでイメージをだんだん消していって、〈とてもリラックスしますよ〉というリラックス暗示をやって治療を止めたのですが、その次に来たとき患者が、「帰りにバスの中で変な気持ちになって、人の声が非常に遠いところに行って、何か怒ったようなことを乗客が話し合っていて、自分の気持ちが遠いところに行くようになって、ハッ！と気がついて、このままではいけないと思い気を取

237

り直したことがあった」というようなことを言っていました。それでこれは、『もうちょっと時間がかかっても、ゆっくりと丁寧にしなければいけないな』ということを感じました。

　身体の症状は、少しずつ起こってはいますけれど、軽くなっていってます。もう学校へもほとんど休まずに行けるようになりました。それから、なんとか薬の量もだんだん減らせるようになって、楽になって来ましたが、この頃非常にデプレッシブになって、一週間ばかりひどく鬱状態になって、何もしたくないという状態が起こったことがあります。これは、お母さんのイメージがだんだん薄れていく頃に鬱状態になっています。

〔第3期〕

　その頃、時間が非常に長くかかるのでなんとかしなくてはならないと思っていたところ、実は研究会で田嶋さんの"壺イメージ"のお話を聞いたわけなんです。『これをなんとか使えないかな？』と考えて、"壺イメージ"を取り入れました。その時の私の気持ちとしては、(1)時間内になんとかなりはしないか？（午後4時までに治療を止めることが出来るのではないか？）ということと、それから(2)身体の症状をある程度コントロール出来はしないか？ということと、それと(3)"壺イメージ"というものを使った場合、患者のイメージの内容あるいはその対応が変わって来るだろうか？　変わって来るとすればどう変わって来るのか？とこういうふうな目的をもって、"壺イメージ"を始めたわけです。そして、患者はある程度イメージの訓練をしていましたから、初めから"壺イメージ"でいろんなことをやってみました。

　それで第1回目は、〈壺が見えますよ〉と言いますと、「スーッと無数にたくさんの壺が一列に並んでいる」と言うんです。「こちらから向こうまで無限に、いくつあるか分からない」と言うんですね。〈その中であなたの関心がありそうな、あなたの気を引くような、そんな壺がありますか？〉と言ったら、「いくつかある」と言います。〈では、それを取り出して下さい〉と言って、前に出してもらったら、四つ取り出してくれました。それを関心の深い順に並べてもらって、〈1番目の壺に入ってもらいましょうか〉と言ったら、「大蛇がいて入れない」と、「大きな蛇がその中にいて、どうしても入れない」

と言います。〈それにはどうしても入れませんか？〉と言ったら、「入れない」と……、〈じゃあ、それにしっかり蓋をしておいて下さい、蛇が出ないようにしっかり蓋をして下さい〉。そこで、〈蓋をしましたか？〉と尋ねたら、「しました」と言います。第2の壺を、〈2番目はどうですか？〉と言うと、「2番目もやっぱり蛇が頭を出していて、これも入れない」と言います。それでこれも蓋をしてもらいました。「これは蓋がなかなか出来なくて、ずいぶん時間がかかりましたけど、やっと出来ました」ということで、「蓋が出来た後も不安でしょうがなかった」ということを後で聞きました。第3番目は、「これは入れそうだ」と言うので、入ってもらいましたが、これは「入ってみたけれど非常に深くて、どこまで行っても底に着かない、そして風が非常に吹いて来て、自分の体がとても揺れている」と言います。それで、〈怖いんですか？〉と聞いたら、「いいえ、怖くはない」と、「気分がいいとかそんな感じはないけれど、とにかく自分が揺れていて安定感がない」というようなことでしたので、〈壺から出ましょうね〉と言って外へ出てもらって、それにもしっかり蓋をしてもらいました。そして、それでその日の治療は終わりましたけど、最初は私の希望どおり時間は余るくらいで、ピシャッと午後4時からの外来の診療が出来ました。

　そしたらその次の回、2週間目に来た時にやはり具合が悪いと言うんです。「胸が非常に痛んで、足腰も痛んで、そして学校を一日休んだ。一年半ぶりに学校を休んだ」と、「どうしても、胸が痛んで行けなかった」ということでした。そして、2、3日したら胸の痛みが取れて来て、学校もちゃんと行けるようになって、一週間目頃に来院したわけです。今でも、胸が少し痛いと言います。それでまた、「壺」が見えますよと言ったら、今度は「三つ見える」と言います。前はたくさんでしたが、今度は「三つ見える」と……。そこで、最初の壺に入ってもらおうとしたら、「非常にどろどろした粘液状の物があって、気持ち悪くて入れない」、「足だけちょっとつけてみたけど、それ以上は入りたくない」と言います。第2の壺には、また「蛇がいる、大蛇がいてとても入れない」ということでした。そしてその大蛇が、「今日は壺の外へ出てきそうだ」と言うので、しっかり蓋をしてもらいましたけれど、「どうも蓋が頼りない」と言うので、大きな紐を持って来て一生懸命

くくってもらいましたが、「それでも落ち着かない」と言うものですから、〈どこかしまっておく所はありませんか？〉と言ったら、そばに大きな石室（いしむろ）があると言うので、その壺を石室の中に入れて大きな岩で入口を塞いでもらいました。それでも「石が揺れて怖い」というようなことを言っていました。それから第3の壺もやっぱりどろどろしていて、どうしてもその壺の中に入ることがうまく出来ませんでした。

　4回目ぐらいになって、壺に大蛇が出なくなって、壺の中に入れるようになりました。第1の壺は、「野原を自分が歩いている、非常に疲れている」と言います。この時も、治療中は激しい過呼吸で、非常に息苦しがります。身体は二つに折れるようで、「だるいだるい」と言って、足をしきりに撫でます。ところが第2の壺に入ったら、「ここに仏像がある」と言うんです。「神護寺の仏像で、薬師如来だと思う」と……。それが出だしたら、非常に落ち着いて楽になって来ました。そこに友達も出て来て、「やっぱり私たちは、仏像を見るのが一番落ち着いて楽しいね」、「楽しいわね」というような会話が出来ます。非常に落ち着いて来て、呼吸困難もまだ続いてはいるけど、割に楽になって来ました。それで、そこを出て（この時は壺が四つ出ていましたが）第3の壺に入ってもらって、初めに田嶌さんが言ったように、〈身体でじっくり感じて下さい〉と言ってしばらく待ったのですが、身体の感じはあまり出ないで、今まで自発イメージをやっていたからでしょう、視覚イメージがすぐ出て来ました。この壺はやはり大蛇がいて入れません。そこで、これは蓋をしてもらって、第4の壺まではもう入らないで、「大蛇の所でもういい」と言いますから、それで止めました。この時はそれで終わりました。

　それから12・13回目になると、少し身体の症状が楽になって来たけれど、軽い鬱状態、鬱の気分が出て来ました。めったに鬱は出て来ないんですけれど、この時は鬱が出て来ました。そしてこの時には壺が三つ出たんですが、似たようなのがたくさん出て来ていますから、これは飛ばします。

　それから20回目ですが、壺の中のイメージが楽になって来て、今回第1の壺では、入ったら「非常に気持ちが良くて、京都のとても仲の良い友達が一緒にいて、いろんなおしゃべりをして遊んでおり、非常に気持ちが良い」ということです。それで、それ以上進展しないので、〈じゃあ、もう出ましょ

うか〉と言ったら、「出るんですか？」と言うんです。〈出てみましょう、次の壺がありますから……〉と言ったら出て来て、〈出ましたか？〉と聞くと、「いや、出たけれど、友達も一緒に出て来ました」（笑い）「どうしましょうか？」と言うので、〈その方は、壺に帰れないの？〉と言ったら、「第2の壺に自分もついて来ると言っています」と言うんです。そこで、〈お友達には関係のない所かも知れないから、とにかくお友達に帰って頂いて、一人で入ってみましょう〉ということで、2番目の壺に入ってもらいましたが、そこでは「非常にどろどろしていて、足を取られて、気分が悪い」ということで、そのまましばらくいてから、第2の壺を出ました。第3の壺は、「真っ白の白一色の家で、もう本当に目が疲れ、身体が疲れる」ということです。それで、そこを出て〈時間がまだちょっとありますが、どうします？　もう一回入ってみたいのがありますか？〉と言ったら、「第1の壺に行きたい」と、「実は、友達がずーっとついて来ています」と言うんです。それで、第1の壺に入ってもらったら、その友達の家が出て来て、そこで一緒にお話ししてから、その友達を置いて最後は一人で壺の外へ出て来ました。それでその日は終わりました。

　そして21回目ですが、コールタールの入った壺があったり、やっぱり蛇がいたりして、入れない壺がいっぱいあります。そこで、蛇の壺には入らないで、しっかり蓋をしてそのままですむこともあれば、あるいは室やら鍵のかかる部屋にしまうこともありました。

　この頃からだんだん、治療中の過呼吸症候群が少しずつ軽くなって来ました。初めは見ていても、『本当にこのまま続けてもいいかな？』と思うくらい激しい過呼吸だったのですが、だんだん軽くなって来ました。そういうことで、非常に辛いイメージ、あるいは良いイメージが混じりながら出て来るようになって来ました。けれども、その後も蛇が何回も出て来ます。小さな蛇がたくさんいて入れなかったり、大きな蛇が出て来たり、大きな蛇が出て来る時は〈壺の外〉へ出て来そうで怖いものですから、やはり岩戸の中に閉じ込めるというようなことが、後2〜3回続きます。そのうちに壺の中のイメージがだんだん落ち着いて来て、仏像がしきりに出るようになりました。京都の神護寺とか、それから法隆寺とか、東大寺の阿弥陀如来など、有名な

仏像の所へ行っているところ、あるいはその仏像に自分が抱かれて非常に落ち着いているところ、そういうのがだんだん出るようになって来ました。症状は少し軽くなり、日常は、膀胱炎の症状はだいぶ減ったけれど、筋肉痛、それから動悸・じん麻疹などの症状は、（全体として軽くはなったけれど）相変わらずまだ出没しています。それから、鬱が非常に出て来た時は、身体の症状は出ません。ほとんど出てません。イメージで非常に楽にいった時は、身体の症状はあまり出ませんでした。

　一度壺の中で頭が非常に痛んだものだから、〈じゃあ、その頭の痛いのをひとつ壺に置いていきましょう〉と言って出てもらったんだけど、「やっぱり痛い」と言います。〈それではもう一遍入って、その頭の痛いのをそこに置いてきましょうよ〉と言って出てもらったのですが、〈痛いですか？〉と言うと、「もう痛くない」と言います。イメージ治療が終わって、後で〈今、頭はどんなですか〉と言ったら、「なんとなく頭がボーッとして、具合が悪い、なんとなくぼんやりして、どうもいつもと違って変ですよ」と言っていたけれども、その日は夜から非常な鬱状態が来て、翌日も鬱状態が続きました。そこで、抗鬱剤をあげたら楽になりました。だからこういうふうな無理なことをやったら、やっぱりいけないなと感じました。

　そのうちにだんだん、イメージもそう悪いイメージではなくなって来ました。時々は変なイメージが出ますけど……。それで、蛇のイメージが後になって出なくなって来たものだから、〈この頃蛇が出なくなりましたね〉と、ちょっと言ってみたら、「あれは先生と一緒に蔵の中にしまったから、もう私気にしていません」というようなことを言ってました。

　今もまだ、この方は治療が続いています。もう、約3年になります。今は、2カ月に1回ぐらいみえています。身体の症状は、軽いけど、やはりずーっと続いています。でも、日常生活はグンと変わって来ました。例えば学校で、新聞沙汰になった非常に暴れる生徒がいて、先生方がもうどうにも手こずっておられたんですけれど、この先生がその子の言うことをじっくり聞いてあげてから、その暴れる生徒はこの先生の言うことだけは神妙に聞くようになったそうです。その子は、まだいたずらはするけれども、した後はこの先生が話すとじっくり聞いてくれるということです。この先生は、「昔は自分は、

とてもこんなことは出来なかった」と言っています。その後で今度は今年の体育祭の時に、学校で少数派と多数派が非常にもめて、応援のチームを組むのに組めないほど学校内がもめたらしいんです。「男の子は割にさっぱりしているけど、女の子が非常に険悪な状態になりました。その時両方の生徒を全員教室に集めて、夕方の6時頃から夜の9時頃まで、どちらも言うことをじっくり言わせて、自分は一言も言わないで黙って聞いていました。今まではこんなことは全く出来なかったんですけど……、じっくり聞いていたら、お互いに相手の欠点を罵り合っていたのがだんだん誤解しているところが分かって来て、3時間ぐらい経ってやっと双方から理解し合い、お互いの立場を理解し合って、『問題が解決して、良かったね！』ということで終わりましたが、生徒たちが、『先生、黙って3時間も私たちの言うことを聞いていて、どうだったですか？』と聞いたので、『先生、とっても勉強になったよ！』ということで、うまくまとめました。後で他の先生から聞いたんですけど、この事件は学校でもかなり評判になっていたということです。まぁ、小さいことはまだいろいろありますけど……」

　それで、私の三つの希望は三つとも叶えられたので、田嶌先生に非常に感謝しております。

（栗山　一八）

討　論 (4)

成瀬　それじゃあ —— どうぞお願いします。

栗山　それで、三つの私の希望は三つともできたものですから —— 田嶌先生に非常に感謝しております（爆笑）。時間内に治療できるとか ——。それから症状が非常に軽くなって、あの「症状も一緒にこの中に封じ込めて出ましょうね」というようなことを言いますと、症状が非常に軽くなる。でも、とってしまうと、鬱が出るものですから、症状をある程度残しながらやっております。すると、患者さんの日常の学校での態度がずいぶんと変わってきた。

成瀬　今度は少し、今までのケースとは変わっておりますけど。（沈黙）栗山さんは、心身症の患者のケースをたくさんお持ちでございますので。——その

中では初めてですか、壺は？

栗山 はい。これは第 1 例目です。

成瀬 そうですか。

倉戸 むしろ、先生の御経験から —— こういうところは壺のイメージ療法が心身症にいいというか、有効だというか、そういうところを教えていただきたいですが。

栗山 最初に感じましたのは、フリー・イメージの時には、私のやり方が悪いのかもしれませんけど、ずーっと続いてくるイメージをどこで切っていいのか［困ることがある］。2 時間も 3 時間も［時間が］とれないものですから。ところが壺イメージになりましたら、あるところまできても、そこで、「もうそろそろ壺を出ましょうかね」と言うと、「あっ！　先生、私、壺の中でしたね」というようなことを患者さんがおっしゃって、「じゃあ、出ましょうか」というようなことになり、ちゃんとこちらの打ち切りをそのまま受け入れてくれるというのも非常に助かりました。これは、どういうことになりますかね、田嶌先生。（爆笑）

増井 技法的なことですがね、同じことのオーバーラップした問題やけどね、壺の中に入って、中で視覚イメージとしてある問題が展開していく場合、その視覚イメージの発展をストップさせて何かの形を出させ、出てくるまで待っている方が治療的なんでしょうか —— そうでもないんですか？

田嶌 それは僕への質問ですか？

増井 例えば、今の栗山先生のケースであれば、自由にイメージを流したら際限なく続けていくというふうなことだったけど。壺の良さというのはね、イメージとして出るものを保存してさ、ある情感に変えてしまうということじゃないか、と僕は思う。要するにエネルギーの法則から言うと、イメージの中へ出てしまうと —— イメージの中でもほったらかすと、どんどんと際限なく［イメージが］出て、それがあまり治療的でない場合もわりと時々あるんですよね。（田嶌：はい、はい）壺というのは、例えば、壺のイメージの中で壺の中に入ると、［その中でも］またイメージで展開する場合がありますよね。蛇が出てきたり、悪魔が出てきて格闘したり、そのあげくどうのこうのなったりして。僕はそのイメージの展開を止めてしまって、なんかの感じにまで近づけてしまうことが壺イメージという治療方法のひとつのミソじゃないかと思うわけ。だからそこらへんは技法のプリンシプルとしてどんなふうに考えていますか？例えば最初のイメージなんかで、無限にイメージがつながるというのは視覚イメージ優位な表現ですよね。で、それが三つとか四つに収斂してきてその

中に入ったら蛇が見えた、と。蛇というのは非常に視覚的なものですよね。要するに、イメージ・ドミナントな体験ですよね。それがドロドロした身体の感じとか、非常に情緒的なものとか気分とかそういうものに変わってしまった。つまり、イメージから実感みたいなものに切り換えていくことが、コツであって、そういうものを促進するのに壺が便利なんだと ―― そういう理屈があるならばちょっと ―― 聞きたいと思う。

成瀬　そのへんのところ田嶌君。

田嶌　―― 基本的にはそういうふうに考えているんです。ただ、技法的には壺の中に入って、壺の中でも視覚イメージが流れていくという時には、ある程度流すんです。ある程度はね ―― 技法的にはですよ。ただ、ねらいとしては増井さんが言われているようなねらいをもっているけども、そのへんは、壺に入る入らないとかいうレベルでいろいろ取り扱っていると、そういうもの（＝実感）にたどりつきやすい ―― という印象がある。つまり、フリー・イメージでやるとわーっと流れていく。で、壺だとそれが、例えば蛇が出てくる。つまり蛇というイメージへ収束しちゃうわけです。さらに、壺の中でも蛇と自分という形で、蛇の感じなんかをほんとはじっくり感じれればいいんだけど、それはやっぱり入れないうちは感じられないし、入れたあとでもすんなりとはいかない。だから、技法的にはそういう形でやりとりしていると、あとで感じれるようになるんじゃないかと思うんです。ただ心身症については僕は経験が少ないからよくわかんないんですよね。基本的にはそういう原理があるけど、視覚イメージがものすごく優位な人っていうのはやっぱりいるんですよね。壺の中でも流れていく、それはもうひとくぎりつくまではやっぱり流してやった方がかえって感じが出やすいと ［思う］ ―― 。

増井　流されていくと、ある程度感じられやすくなっていくんですね。（田嶌：ええ、そうです）

増井　するとやっぱり流されるっていうかイメージでいって ―― 感じるものをイメージで表現してしまうということは、感じることへのひとつの導入部としての意味をもっとるわけかね。そういう人も、いるわけね。実際、逆の場合もあるでしょ。イメージが全然出なくて感じだけ出たというふうになってしまうということも。

田嶌　僕の最初のケースがそれだったんです。壺の中へ入ったら、それまで視覚イメージがすごく優位だったのに、もう視覚イメージがほとんど出なくなっちゃって、入った瞬間にイメージ・レスで感じの方がボッと出てきた。結局たどりつくのはそっちの方なんだろうとは思うんですけどね。

中井　こりゃあ面白い。面白いと思ったのは、ひとつは心身症はやっぱりこうなんだなぁ、ということ。つまり心身症の場合、絵画療法なんかやりましても非常にシンプルなんですよね。身体で表現している患者は、言葉と遠いなあ、と。箱庭なんかでも遠いんだなあ、と。（増井：はいはい）

中井　イメージでも同じものが出てますね、ドロドロっとして —— 蛇とか —— なかなか進まない。そのわりに良くなってくる。社会性はついている。ズレを感じましたね。壺というものは何か、ひとつの役割をなしていると決めつける必要はないんじゃないか。私は『枠』ということを書いたから呼ばれたらしいから『枠』という立場から言いますと、壺が枠をはめている面がありますねぇ。それが［栗山］先生のいう無限に続くやつを短時間でできた、ということかな。枠をはめるということで解放する面があるんで、まず「壺関連イメージ」というのがあると思いますね。蛇というようなものが出やすくなるとか。それから、壺がないと出てこないだろうと思うのはドロドロしたものとかね。容器がないとちょっとイメージとして出てきたら危ないんじゃないですか。ヘベフレニーの夢にはよくこういうものが出てきますけどね。ぼんやりした黒いものが右の方から迫ってきてとか。これは非常に危ないですね。ところが、枠の中でなら収まるものが出てきて、今度はさあ壺に入れると。そうすると、『壺中の天地』ということになってきまして（笑い）、そこで、青空が出てきたり野原が出てきたり友達が出てきたり。—— 枠が解放してひとつの世界をつくるということね。単に中身を入れるんじゃなくてね。イメージのドロドロしたものという場合は、あふれるイメージを枠づける —— だけですわね。それだけじゃなくて、さらにその中にひとつの世界をつくってくる。そしてそこを出入りできる、と。まぁー、『枠』でも、一種のルールを示しているわけです。魔法の輪みたいなもので、これは遊びですよと、規定してるわけだけども、—— さっき言った「壺言語」ともいうべき、壺という言葉を媒介にしていろんな言葉が出てくる。それがなければほとんど妄想言語になってしまいそうな、あやういところまで行く壺言語という、いわば隠語ですかね。そういう側面もあって、言語から視覚的イメージからほとんど雰囲気ですなあ。あるいは、ドロドロというほとんど触覚的なものといった他の感覚にも開かれているんじゃないでしょうかね。そういうものとか聴覚とかはふつうイメージとは言わないけれども、触覚とか、もっと全身感覚的なものもイメージの周辺に漂っているものとしてあっていいんじゃないですかね。

成瀬　それは、イメージの中に入れた方がいいんじゃないですか。

中井　入れた方がいい。（数人：うん、うん）なるほどね、わかりました。視覚に限らないという──。

栗山　まあー、コールタールなんか出てきますが、これもやはり視覚じゃなくて皮膚に感じるイメージだと、そういうふうに［患者さんは］言ってます。

中井　そうですね。

田嶌　多いですね。こうしたドロドロした感じが出てくるのは。

中井　逆にお伺いしますけど、単なるフリー・イメージだとそういうのは出にくいでしょうか、それとも──。

栗山　出にくいですね。

中井　出にくい？　容器が必要なんですなぁ。

増井　枠づけが必要なんですなぁ。

中井　混沌としたイメージとか夢っていうのは、ヘベフレニー（破瓜型統合失調症）以外からはあんまり聞いたことないなあ。

倉戸　僕は枠をすることもありますが、普通はしないんですけど、枠をしなくても出てくることがありますね。コールタールとか、ドロドロしたもの、沼とかね。混沌としたものとかね、──でも、それは最初に沼が出てきたりする中での混沌ですから。

中井　どっか、それ、違いますか？

増井　例えば蛇を見ているというのが、蛇の感じということになるとちょっと違ってくるでしょう。蛇の感じが恐ろしいとか。だから感情というか──僕は身体の感じと言いたいですね──そういうものに遠のいたものから非常に実感できたり、身体のレベルで実感できたり、心の感じとして実感できたりする。イメージを媒介としてそういうものに変容させていくということ、それがすごく治療的なこと。仮にそうだとしたら、心身症なんかはもともとそれを感じられない病気なんだから、もちろん有効だと思うけれども、他の情緒障害なんかでも比較的──感じやすくするということで、壺が有効なんじゃないかね。

田嶌　いや、感じやすくなったりするだけじゃなくて、ちょっと遠のいてみたり［することが有効］。

増井　そういう感じっていうのはなかなか普通の治療場面では感じられにくいものでしょう、（田嶌：ええ）言葉で出てしまったり、じっとそこに留まることができなかったり、感情が希薄になったりして。（田嶌：ええ）

成瀬　今の『枠』の話はどうしましょうかね？

中井　また壺に入れましょうか。（笑い）

田嶌　もうちょっとやりたい。

成瀬　そう、もうちょっとやりたい感じがしますね。なら、もうちょっとやりましょう。

田嶌　あのー、僕はフリー・イメージやってて途中で壺イメージを導入したというケースを持っていて。おそらく他は —— 松木さんのあのケースは？

松木　はい、本格的にはまだフリー・イメージを続けてはいなかったです。

田嶌　なんかね、壺イメージのもついろんな面をその時その時で、患者さんが自分に都合のいいように使うっていう印象がありまして。例えば、最初に僕が一番はじめにこれ（＝壺）にぶちあたったケースというのは、入ったらイメージ・レスの感じになったということが特徴的で。（中井：うむ）それから、もう一人さっき発表したケースの場合ですと、いわゆるいいイメージに沈潜できるようになったということ。そういうふうに、その人がなんか都合のいい使い方をできるファクターが壺イメージにはいくつかあって、それをその人がうまく選びとっていっているというか、そういう自由度を構造的にわりともっているという感じをもってます。

中井　『壺マヒ』とでもいうものが起こるわけですか。入ったら何も感じないという ——。

田嶌　壺の中では症状がとれちゃうようなこともあるしですね、逆に壺の中で症状を感じちゃうような壺が出てきたり ——。

中井　まさに『壺中の天地』だなぁー。（笑い）

増井　それがおかしいのはねぇ、壺の中に入るとかならず、固有の —— 病気に関係したものが出てきたりね —— （中井：固有の？）その人固有のパターン、不眠とか、頭痛とか、被害気分とか。壺から出るとそれがなくなる、と。こういう病気であったり病気でなかったりするっていうのは、なんか僕は —— 他の体験ではちょっと考えられない ——。

中井　うーん、だけどこの人はね、もっと長い期間だと鬱と心身症が入れ替わってるでしょ。

増井　心身症と鬱の時はお互いに ——。

中井　交代するね。（増井：はいはい）この壺の中と外も交代ですね。

増井　ええ、壺の中でalternativeになれるということは、逆にalternativeしているから心身症を壺の中でうまく生きているという感じ —— 理屈ですけど（笑い）。

中井　うーん？　どう言えばいいかなあ。

増井　僕はフォーカシングやってて、おもしろいと思うのは、問題っていう意識を、頭じゃなくて身体で感じるということね。あの問題、この問題とみ

んな言うてますけど、問題っていうのは身体で感じられるんだということ。身体の感じを含んだ問題だと —— フォーカシングではそう言いますけど、これはサイコ・セラピーの上で画期的なことだと僕は思う。—— で、emotional なものとか言うてますけど、問題っていうのは感覚的なものだと。身体で感じられるものが生まれてくるとすれば —— 置いておいたり、整理したりして、問題と主体との間で生まれるんだと —— ね。それと同じことを —— 壺というものをしながら、観念的に問題を展開させたりイメージとして展開するんじゃなしに —— 感じられるものとしておけるものに還元してしまって、それをなんとかやっていくというのか —— 方法としては非常に斬新な —— なんかこう、[いつのまにか壺イメージの] セールスマンみたいになってしまって。(爆笑)

中井　心身症と統合失調症と対照的なところはね —— 心身症の場合は、知覚と思考や感情とが非常に遠いわけ。統合失調症の場合はほとんど感じているのか、知覚しているのか、思考しているのかわからない。幻聴と思考と（増井：一緒になる）、うん、そう、妄想と幻覚と非常に近いでしょ。分裂気質の人自身が非常に近いですけどね。「観念をバラの花の匂いのごとくかぐ」（T. S. エリオット）というやつ。だから、両者の接近の具合によって違うと思う。この場合（＝心身症のケース）は、これで非常にいいと思う。観念にその匂いを与えた、あるいは身体化しているものと観念との間に橋をつけたと。

成瀬　あのね、今の身体の感じが問題と結びついているという発想とね、だから問題を感じる —— どう感じるかという話と、ちょうどさっきの田嶌君の壺とあなたの箱との違いで差がありますよね。これはまあ [ジェンドリンが] アメリカ人だから問題が先にあって、それでそれをどう感じるかっていう話になっていると思いますね。田嶌君はそのへん、どう思いますか？　同じように感じますか。

田嶌　あのー、「問題」とか「言葉にする」とかっていうことはものすごく西洋人の発想のような気がしてならないんですね。ま、今はもうフォーカシングも技法的には随分洗練されてきてるとは思いますが、「問題」っていうと、どうしてもあまりいい感じが出てこないっていうことがありますね。もうひとつは、—— 前に池見さんというフォーカシングをやっている人とディスカッションして、言葉にしなくたって症状はとれますよって話をしたら、そんなことはアメリカ人は信じないとか言われて（笑い）とまどったことがあるんです。なんかあのへんのところはちょっと、—— むしろ「問題」にたどりつくためには、「問題」というものを前面に出さない方がたどりつきやすいことがあるんではないかと ——。

増井　うーん、方法論は別としてね、僕はある種の情緒障害はね、問題を上手に問題として感じられないことが問題なんで、だから、問題を上手に問題として感じることのルートをつけてあげれば治るんじゃなかろうか。そのためには問題として何か具体的に感じられるものがなけりゃいけない、と。それが身体の感じであったり気分であったりね。それをうまくやっとるだけのことで――。

田嶌　それは全くそのとおりだと思います。

成瀬　うん、そこはねぇ――おそらくその問題にたどりついて、問題を解決するという発想があれば、きっと田嶌君の答えが出せるけど、ちょっと違うかもしれないし、同じかもしれないので、そのへんよく考えて（笑い）――。

中井　じゃ、今晩まで壺ですか。（笑い）

増井　問題を上手に感じることができないね、情緒障害の人は。

成瀬　うーん、ただね、問題があるのかないのかっていうのはやっぱり大事なこと、重要なことだと思うんですね。問題があるから何かあるというふうに考えるか考えないかっていうことは――。（増井：なるほど、なるほど）

成瀬　うーん、それは今日たまたま田嶌君の話に出たんですけど、我々は［問題が］あるかのように考えているけど、そういうふうに学んできたけど――［本当に］そうなんだろうかっていうのはまた明日に――。

増井　原因がない問題っていうのあるんですかね？　原因がない問題っていうのはやっぱり――。

成瀬　それはあるかないかはわからないけど、また考えよう。

増井　発想の転換をせんといかんかもしれないけど。（笑い）

中井　我々が言ってる「問題」という言葉と西洋語のproblemとは違うんじゃないだろうか。我々は、formulateされたものでないと「問題」としない傾向があるんじゃないかな。problemはもっと漠然としたものを含むんじゃないですかね、プロブレム・チャイルドなんていう言いかたね――。

増井　そのプロブレム・チャイルドと言われている子供さんは何がプロブレムかというと、そのプロブレムを感じられないところがどうもプロブレムだったりするわけなんですよ。（中井：うーん、そうでしょうね）情緒障害というのはそれをうまく感じられるようにしてあげたら、つまり問題を問題として感じられるようにしてあげればいいんだろうと、僕は今――。

中井　数学者はねー、問題、つまりフォーミュレーションができれば答えはもう（増井：解けてる）できてる、と言いますね。少なくとも数式というか方程式ができれば答えはあると。方程式つくるまでが大変なんだと。とにかくこ

のヨーロッパの伝統の中でも、問題をつくる —— 明確にすることが大問題なんだというんじゃないんですかねー。

成瀬　どうもそのぐらいの問題にして。（笑い）今日はそれじゃ —— 時間がちょっと延びましたけど、これで第1日目を終わらせていただきます。

壺イメージ療法を適用した登校拒否児の事例

1．はじめに

　近年、イメージ療法の研究が盛んになるにつれ特色のある指定イメージ療法の研究も数多く報告されてきた（藤原，1980；梅田・森川，1982；田嶌，1982他）。田嶌（1980，1982，1983a，b）は、イメージ療法における「直面」（confrontation）の考察から、視覚的イメージとそれを浮かべる主体との「体験的距離」を問題にし、そうした「距離」のコントロールを主軸とし、かつ「安全性」を考慮した技法として、壺イメージ療法を考案した。

　筆者がこのケースにこの療法を適用した動機のひとつは、「安全性」にあった。技法の組立ての慎重さおよび壺という視覚的イメージが、枠づけ的保障になり得ること、の二点である。他方、壺という視覚的イメージにより、母子関係に関連する感情体験が得られやすいように思えたこともひとつの動機である。

　この二つの動機を基に応用したが、クライエントが壺イメージ体験を通して自己の内面と直面し統合していく様子は非常に興味深いものがあった。

　今回はある登校拒否児の壺イメージ体験の経過を中心に見ていきたい。

　このケースは、高校入学後ほとんど登校せず、筆者のもとへ来談するまでに他の相談所で相談を受けていたが中断し、その後私共の研究所で受理し、週1回の面接を行なったケースである。受理後、約1年半（第1回〜第63回）は、言語的な面接、弛緩練習を中心としたセラピィを続け、進展していた。そんな折、第28回催眠医学心理学会大会（1982年）で壺イメージ療法を知り、第64回目の面接から適用するに至った。本稿では第154回（うち壺イメージ療

法を88回）までの経過について述べてみたい。

2．事例の概要

⑴クライエント　17歳　男　昭和X年5月8日来談

⑵主訴

　登校拒否、喘息、不眠、軽いうつ状態

⑶生育歴、現病歴および家族構成

　本児（以後Clと略す）が3歳時に、実父は持病の喘息がもとで心臓発作を起こして死亡。その後、母親が勤めに出たため、しばらく実家に預けられ、5歳の頃、母親が再婚。現在は義父、義兄2人との5人家族。義父は非常に厳格であったが、Clが中3の頃、発病（「小脳萎縮」）し、現在は運動機能がほとんど麻痺した状態である。母親は心配性で不安が強い。厳格な義父に服従的であり不満も多かったが、衝突は避けてきたようである。

　義父の発病、それと相前後して祖父の病死、その後Clが強い喘息発作を起こし入院。退院後1ヵ月間、学校を休んでいる。その翌年、県立高校へ入学したがほとんど登校せず、喘息を理由に休学。来談当初も2年目の休学の措置をとろうとしていた。

⑷初回面接時の印象などについて

　初回面接時のClは「物静かな素直な好青年」という印象であった。喘息発作のためか青白い顔をしていたし、自己抑制的で、感情をとり乱すことは全くなかった。その面は家庭内でも同様で、特に義父、義兄の前では感情を出さなかったようである。登校拒否後、外出はほとんどせず家の中で寝ているか、読書するか、レコードを聴くか、というひきこもり状態であった。外出すると「家がなくなってしまう」という強迫的な不安に襲われるので外出しないと本人は言っていた。

3．治療過程

　経過が長期に渡っているので、4期に分けて記すことにする。なお、本

稿では壺イメージ療法導入前の経過は簡略なものに留めおいた。(以下、「 」内はクライエントの発言を、〈 〉内は治療者の発言を示している)

1. 弛緩練習 ―― 第1回〔X年5月〕～第63回〔X＋1年10月〕

　壺イメージ療法導入までの時期である。他所での中断経験のある事例であったため、セラピィはそのことを考慮しつつ行なうこととし、当初はClとのラポールの形成を中心に進めた。2年目の登校に直面して喘息、不眠等の身体症状がかなりひどくなり、心身共に過緊張の状態が続いていたため、言語的な面接と並行して弛緩練習を同時に進めた。当初はセラピィに対して防衛的な態度が目立ち、自分のことについても感情を伴わない話しぶりが目立った。弛緩練習には協力的であったが、「弛緩した感じ」がうまくつかめず、かなりの時間を要した。

　しかし、セラピィが進むにつれ徐々に不眠の状態も楽になり、外出への不安も軽減されてきた。喘息発作の回数も減り、登校前後を除いてはほとんど出なくなった。この年の冬には親戚の店でアルバイトをするといった進展も見られたが、登校しようとすると喘息発作が出て、3年目も喘息を理由に休学した。この年は、4月中旬から5月にかけて10日間は登校している。3年目の休学後は、身体症状は出なかったものの、無目的的に毎日の生活を繰り返す日が続いた。自分の問題を見つめるための心的な構えができるまでにはまだしばらくの時間を要するものと思えた。

2.「不安感」「焦燥感」の体験と克服 ―― 第64回（T1）〔X＋1年10月〕～第96回（T31）〔X＋2年6月〕

　第64回から壺イメージ療法を導入したが、導入は比較的スムーズであった。第1回目の壺イメージ・セッション（以下、T1というふうに略すことにする）では、6個の壺が出現し、入れない壺があったが、そのわりにイメージ後の様子がすこぶる良好で「自分を中心に据えたような安定感と楽さ」を、「口の広い花瓶のような壺」で味わっている。しかし、T2から自分の問題と深く関わるものが入った壺に「無理をして」入り、イメージ中に喘息発作を起こしかけている（T3、T6）。T6でのイメージ体験を機に困難な場面で「無

理をしてしまう」自分の心性に気づき、自分のペースを大切にすることが確認できた。

　しかし、4年目の登校日が近づくにつれ、登校に対する葛藤が表面化し、それに伴った感情——「不安感」「焦燥感」「気持ちの動揺」——が連続してイメージの中で体験されている。例えば、「壊れそうな壺」（T20）、「揺れている壺」（T21、T26）、「壺の中に焼けた鉄板があってじっとしてられない壺」（T22）などである。こういった壺に入れないことも多く、時には壺から出た後も不快感が残ったり、壺から出られなくなったりしている。しかし、イメージ中に筆者が〈どんなふうにしたら入れそう？〉〈そのいやな感じってどんなふうにしたら取れそう？〉などと語りかける中で、徐々に対応の柔軟性（「工夫する能力」〔田嶌, 1983a〕）が高まってきた。例えば、入れない壺に対して「命綱をつけて入る」（T16）、「強力ライトで照らして入る」（T19）とか、不快感が残った時、不快感を「空の壺に入れる」（T25）とか「楽な壺に入る」（T27）とかである。こうしたイメージ中の対応が柔軟になるにつれ、現実の場面でも柔軟な姿勢が徐々に見られるようになった。4年目の登校に際し「今年は行かなければいけないという気持ちには全くならない。でも、その分気分は楽に過ごせます」（第83回T20）という姿勢を示した。パソコンをやり始めたのもこの頃からである。しかし、その柔軟な姿勢もいざ登校日が間近になると崩れた。登校日（第87回）頃からアレルギー性鼻炎、不眠、軽いうつ状態を訴え始め、外出もせずパソコンも全くやらなくなった。その理由として、「登校もしていないのにパソコンで遊んでいるのは良識で許される範囲のものでない」（第92回）からだとしている。ちょうど、この頃から何か得体の知れないものに追いかけられるといった「恐い夢」を毎夜のように見、恐怖で目覚める日が続いた。しかし、第95回（T30）で「恐い夢」と同じ感じがイメージで体験された後、「恐い夢」を見なくなり、同時に不眠や軽いうつ状態等の症状も消失した。

　T6、T30の内容を、以下に記すと、

〇 喘息を誘発した壺（T6）

　白色で丸型の人間の頭くらいの大きさで、甕のような形をした壺が5個出現。ちょっと入ってみると、「心が穏やか」（①）、「何も感じない」（②）、

「靄がかかって物凄く不安」（③）、「いやな感じ。気味悪くてごちゃごちゃしている」（④）、「何かとんでもない物が入っているみたい。恐ろしい」（⑤）。その後、壺を並べ換える時になって壺の順番がわからなくなったと言い、様子がおかしくなった。「……いやな感じがしています……全く同じ形なのでどれがどれだったかわからなくなってきました……順番が全くわかりません……［イメージは］もうできません！……今、坂の上に立っています……足と頭が引っ張られていきそう……いやな感じ……疲れています……（呼吸が乱れ、苦しそうにしている）……〈もう今日はやめようか？〉……できなくはないです……（喘ぎ始めた。喘ぎながらも、まだがんばろうとしている。このまま続けると喘息がひどくなるように思えたので、再度やめるよう教示したら、渋々うなずいて）……それじゃ、これらの壺を坂の上から転がしてしまいたい（と言うので、転がしても壺が割れたりしないことを約束して行なわせた）」坂の上から壺を転がしたことで壺との距離がとれたためか、呼吸の乱れもなくなり楽になったため、イメージを終了した。

　T6後の面接及び翌回の面接で、イメージ中に「無理をしてしまう」ことについて、Clは「イメージをやっていて壺の中のものと自分の心の中の何かとが関連していることはわかりますが、どうしても無理をしてしまうのは、それが無理だとわかっていても何かわからないけどそうするしか方法がないし、そこで引き下がるのは逃避だし、とても無責任だと思うんです。でも、進んで行けば自滅するという予感は常にあります。ちょうど日本軍の戦争のようで『玉砕戦法』みたいなものです。引くに引けなくなっている。こんな感じは学校へ行こうとする時にも出てくるものです……〔後略〕」と、言っている。

○ 「恐い夢」の再現 （T30）

「人の半分くらいの大きさで細長く白っぽいクリーム色の壺」（①）と、「同じ形で、こげ茶色の壺」（②）の2つの壺が部屋のような箱のような所にある。窓らしきものが全くない。ちょっと入ってみると、「特には感じない」（①）、「入れない」（②）。並べ換えた後、Clと相談し『楽な壺』（③）を最後に設定した。①に入った後、②に入ろうとしたが入れず、その頃から喘ぎ始め、顔の表情も崩れ苦しそうにしている。

※T13以後、入れない壺や、じっくりイメージ体験できない壺が連続して出現したため、Clと相談のうえ、T27から壺を並べ換えた後、その時々に応じ、新たに『楽な壺』を設定するという方法をとった。『楽な壺』設定後、入れない壺が少なくなり、イメージ体験も長くできるようになった。

「……苦しい！……その壺を前にしていたら苦しくなってきた……（ハーハー言いつつ）箱からの出口が全くなくて閉じ込められてしまった……〈今の感じは？〉……手がしびれている……とても不安。こわい……箱から出られなくなってしまった……〈この箱から出るための工夫、何かない？〉……全くない……ダメだ……〈それじゃ、楽な壺に入ってみる？〉……うん……（楽な壺に入る）……〈どう？〉……かなり強い緊張感……不安な感じも一緒……手もしびれている……（しばらく黙っている）……ほんの少し楽になってきた……大分落ち着いてきました……手のしびれもましになってきました……でも不安な感じ……（筆者はここで対応に迷ったが、楽な壺から出てしまうと箱の中のこわさが再燃しそうに思えたので）〈この楽な壺に入ったままで、この箱から出る方法を考えてみようか？〉……うん……（しばらく考えている）……無理みたい……どうしても考えられない……〈それじゃ今から先生が幾つかの方法を考えて提案するから、その内のどれかを選んでくれる？〉……はい……〈ひとつめはイメージを消してしまう、二つめは箱のどこかに非常口を作って楽な壺に入ったまま箱から出る、三つめは楽な壺そのものに脱出能力をつけて自力脱出する、四つめは深呼吸とかしてリラックスしなおし再び挑戦する、これくらいでどう？〉……二つめのがいいです……〈それじゃ、今から先生が合図をすると非常口ができます。非常口が見えたら箱から出て下さい。（合図）……非常口が見えた……出ました……〈出たら、非常口に鍵をかけておこうか？〉……はい……かけました、鍵は？……〈どうする？〉……先生が持っていてくれたらいいです……〈今、どう？　どんな気持ち？〉……少し疲れてるけど楽になりました……〈それじゃ、楽な壺からも出ようか？〉……はい……〔後略〕」

イメージ後、Clは「今日は危なかったです。〔中略〕ここ何日かの間、夢を見て恐い思いをして目覚めることが多かったんですけど、その夢を見てる時の何とも言えない恐さによく似てたみたいです。何かに追われている感じ

の物凄い恐さと全く一緒だったみたいです。この恐さは、自分ではどうしていいか全く方法が見つからないものでした」と、言っている。

3．「攻撃的な感情」の体験と克服 —— 第97回（T32）〔X＋2年7月〕〜 第119回（T53）〔X＋3年1月〕

T32〜T40の間、生育歴に関係するものが出現（T32）したり、幾つかの壺が底で一つにつながったもの（T34〜T36）、何層にも重なった壺（T37）などが出現し、自己の内面への探索が始まったことを思わせた。そして、T41〜T44までの間、シリーズ物のように多数の壺の中から「自分の気持ちにぴったり合う壺」を探す、という内容のイメージが続き、T44で探し当てている。

また、この頃から筆者への依存的態度がイメージ中に見られるようになった。例えば、壺から出られなくなった時に「先生にロープを投げ入れてもらって引っ張ってもらう」（T32）などである。こうした態度は現実の場面でも並行して見られるようになり、第101回（X＋2年8月）には、自分の進路について相談をもちかけてきた。大学検定の案内書を持ってきて、通信制高校へ通いながら大学検定を受ける旨を伝えてきた。また、この頃バイクの免許（50cc）を取得して乗り始め、父親の看病で忙しい母親に代わって買い物を手伝ったり、次兄の店の仕入れを手伝ったりしている。活動範囲が広がり社会への対応も前向きになった。壺イメージでの心的世界の探索が進むにつれ、それと並行するように現実場面での活動範囲が広がりを見せているのは興味深いことである。

しかし、T47で「腹立たしい壺」が出現した頃から軽いうつ状態、不眠を訴え出した。T47のリアクションとも思えたし、ちょうどこの頃、Cl宛に選挙の通知が来て20歳になった自分を意識したことが症状の悪化に拍車をかけたのかもしれない。しかし、そういった症状もT50で「暴れ回る壺」が出現し、その壺を殴り殺してしまう、という体験後、すべて消失してしまった。

T41〜T44、T47、T50の様子を記すと、

〇 「自分の気持ちにぴったり合う壺」の探索と発見

T41では、「百貨店のような大きな壺」が出現し、その中にいろいろな壺

が無数に整理されて並んでおり、その中から自分の気持ちに合う壺を探し出そうとしている。自分に向いていそうな壺を二つ選んだが、その内のひとつはかなり楽な壺で「自分に向いてそうだったけど、何かしっくりこなくて心細い感じ」がしたらしい、それに自分を合わせようとしたがうまくいかなかったようで、「オーダーメイドの壺が見つかれば」と、イメージ後の面接で言っている。

T43では、多数の壺が各々木箱に入って並んでおり、当てずっぽで自分に合う壺を選んだ。三つの内のひとつが自分の気持ちにあまり抵抗のない壺で、他の二つは自分の気持ちに合わない壺の代表のようなもので、その内の一つには、ゴキブリが、もうひとつには剣山が中に入っていた。二つの壺を、「生理的に合わない壺」（ゴキブリの方）と「心理的に合わない壺」（剣山の方）とに分類している。

T44では、多数の壺が小さいのから大きいのへと順に並んでおり、「小」の代表ひとつ、「中」の代表ひとつ、「大」の代表ひとつ、計三つの壺を選び中へ入っている。「小」の壺で自分の気持ちにぴったりくる感じを「身体にぴったりくる感じ」をもとに体験している。「中」の壺は少し広くて落ち着く場所がなく、「大」の壺は広すぎて落ち着けず疲れてしまう壺であった。

自分の気持ちにぴったり合う壺が見つかったことについて、Clは「最近、自分の気持ちのありようがわかってきたし、その中で自分に合ったものがどんなものかよくわかってきたように思う」と、言っている。

○　「腹立たしい壺」（T47）と「暴れ回る壺」（T50）

T47の様子を記すと、

丸型の人間の頭くらいの壺が5個出現。各々、色づけが違い、「黒色」（①）、「濃い灰色」（②）、「灰色」（③）、「白に近い灰色」（④）、「白色」（⑤）で各々の壺に朱色で『つぼ』と書かれていた。ちょっと入ってみると、「入れない」（①）、「（片足だけ入れてみると）神経にピリピリくる感じ」（②）、「（両足だけ入れてみると）狭くて足しか入れない」（③）、「おもしろくもおかしくもないくだらん感じ」（④）、「人を馬鹿にしたように腹立たしい感じ」（⑤）であった。並べ換えようとした頃からClの様子がおかしくなり、「……（いらいらした口調で）どれもこれも腹立たしくって順序など全くつけられないし、壺の中へ

も入りたくない……あまりにも腹立たしくってこんなもんじゃ入ってもしかたないし入る気もない……〈そんな腹立たしい感じってもっと具体的に言うとどんな感じ？〉……何かこう、神経がビーンと張り詰めて敏感になっているような、身体の触覚とかがとても感じやすくなっているような感じ……いらいらする……〈このままじゃ、壺へは入れないみたい？〉……こんな感じが残ってる限り無理だし、早くこのいらいらする感じをとってしまいたい……〈どんなふうにしたらいい？〉……壺を外からたたき割ってしまいたい……（割ることは保留にさせて）〈何か他の方法ない？〉……他の方法もいいけど……何か、こう、いらいらしてしかたない……破裂しそう……〈どうしたらいい？〉……電撃的なショックでも誰かが与えてくれたらスカッとするかもしれない……それも無理ならもう眠る……（と、言ったまま眠り始めた）……〈眠るの、少し待ってくれるか、おいA君！　もう少し話してからにしなさい〉……〈電撃的ショックってどんなことなんだ？〉……（小声で）うーん、大きな衝撃音とか……そう、人の声でもいい……〈それじゃ、今から先生が一喝するから、それでもいいか？〉……それでもいい……（ここで、肩を叩くと同時に一喝した）……（目覚めたように）うん、すっきりしました……大分、すっきりしました……〔後略〕」

　T50の様子を記すと、

　数え切れない程の壺が池の中で泳ぎ回っている。適当な数、選ばせようとすると、「……壺が泳ぎまくるのが速すぎてつかまえられない……〈何かいい方法ない？〉……網を持ってきて掬い上げる……網でひとつの壺を掬いあげられたけど、網の中でぴちぴちはねるように暴れ回っている……このまま地面に置いてしまうと暴れ回ってどこかへぶつかって割れてしまいそう……〈割らないでできる方法、何か考えられる？〉……紐で括ってどこかへ吊してしまいます……〈やってごらん〉……紐で括って木に吊したけど、まだひどく暴れ回っている……括られたまま、凄い力で暴れ回っている……〈どうする？〉……暴れ切って疲れ果てるのを待ってます……（しばらく待っている）……待ってるんですけど……待っても待っても、いっこうに収まる気配がない……〈どうする？〉……なんとか収まらせたい……〈じゃ、何か別の方法でも考えてみる？〉……押さえつけてみます……かなりの力で暴れ回ってる

けど、何とか押さえ込めました……でも……〈どうした？〉……壺の中に入るために手を放したら、また暴れ出すかもしれない……このままじゃどうしようもない……（しばらく考えている）……段っておとなしくさせてみます……〈やってごらん〉……段ったら全く動かなくなった……死んでしまったみたい……ピクンとも動かない……動かなくなったので入ってみます……〈どう？　どんな感じ？〉……何も感じない……身体の感じも気分も普段と同じ……もう出ます……〔後略〕」

4．「現実感」の回復 ── 第120回 (T54) 〔X＋3年1月〕～第154回 (T88) 〔X＋3年10月〕

　T54からは、イメージ内容も体験も一変している。筆者が複数の壺出現の教示をしても、ひとつの壺しか出現しなくなり、時間をかけてじっくりとイメージ体験するようになった。また、T53までは壺の外見や周りの景色等の説明が詳細にされていたが、T54からは全くなくなった。壺もこの回から全く不要となった。こういった変化についてClは、「自分の気持ちをフィルターを通さずに見つめられるようになってきたから」（T54後の面接）と言い、周りの環境からの影響を受けずに自分の内面を見つめられるようになったことと関係づけている。

　T54～T68の間は、回を重ねる毎にイメージ体験が深まりを見せ、T58頃からはかなり深いレベルの快体験、弛緩体験が続いた。イメージ体験中の身体感覚や感情について、具体的な言語表現が難しくなり、「水に浮いている感じ」（T58）「身体中の力が抜けてわからない」（T60）「風船みたい」（T62）とか、「意識はあるけど、感じたり考えたりができない」（T59）「頭の中が空っぽ」（T60）といった表現が続いた。イメージ中に話す時は微かな声で話し、じっくりと味わうといった様子であった。ただ、T61～T63の間だけは、新しい高校へ入学を控え、「再出発」しようとしているClの状態がイメージで表現されている。T61～T63のイメージ内容は、「壺の中心に何か点のようなものがあって、身体がその点の方を向いていて、次第にその点に向かって少しずつ動いている」（T63）というもので、その様子をイメージ後の言語面接でClは次のように例えて言っている。「……そうですねぇ……何て言ったらい

いかなあ……ちょうどマヨネーズのチューブがあって、そのチューブの中に自分がいて、どこからか力が加わってきてチューブの外、そう、よくあるでしょう、星型の形をして、そこが出口でマヨネーズが押し出されてくる感じでした……〔後略〕……」というもので、その様子がまさに、分析的には「出産」を思わせるようなイメージ体験であったことは興味深いことであった。

T69〜T83の間、人前で過度に緊張した後に襲ってくる「無気力感」「倦怠感」「憂うつさ」を連続して体験している。T69の後、『現実感』が感じられるようになったと言い、その頃から現実の場面での行動が「何となくやってる感じ」から「集中してやってる感じ」（第136回〔T70〕の面接）に変わり、T84（第150回）での体験後、『現実感』を確実なものにし、現実に生きていく自信をつけたようである。

T54以後の現実場面での様子は、心身共に安定し、症状は一切出ていない。3月頃に、少し体調を崩したが、「お水取りが終わる頃に体調が悪くなるのは恒例ですからね」（第126回）と、あっさり受けとめた様子には筆者の方が驚かされたくらいである。この頃、自動二輪の免許も取得している。第131回（T65）頃、通信制高校へ入学した。入学式の様子について、「教習所にでも行って来た気分」（第131回）と言い、緊張感は全くなかった。その後も週2〜3回のスクーリングには欠かさず行き、8月（第144回）頃には大学検定試験を受けた。日常生活では活動範囲がますます広がり、社会への対応も積極的で、自分の目標を着々と達成していった。オートバイも大きな物に乗り換え、秋には遠距離のオートバイ旅行をして楽しむようにもなった。対人関係も広がり、親戚の子供や知人等と釣りや野球観戦に出かけたりできるようになっている。

T69以後のイメージ内容を記すと、

○ 「無気力感」「倦怠感」「憂うつさ」に関係する壺

T69以後、「無気力感」等に対し、様々なバリエーションを設けて体験を深めている。例えば、「浅いレベルでの無気力な状態」（T74）「深いレベルでのもの」（T75）「無気力な状態に陥っていくスピードが急速」（T75）であったり、無気力な状態に陥っていくのを「身体の感じで判断したり」（T73）「視覚的なもので判断したり」（T77）している。このような体験をくり返した後、

T84（第150回）で強い感情を伴ったイメージ体験をし、「無気力感」「倦怠感」「憂うつさ」を克服している。

T84の様子を記すと、

大きな壺がひとつだけ出現。ちょっと壺に入ってみると、「すごく脆い感じ」がし、その後、壺に入って「空気にむらがある……冷たい部分とか熱い部分とかある……〈そんな感じって、身体のどこら辺でよく感じる？〉……腕と頭で特によく感じるみたい……〈気分は？〉……不安な感じ……（しばらく味わっている）……大分、底の方へ来ました……底へ着いてしまった……〈どんな感じ？〉……身体がだるい……このままいると危ない……〈どうする？〉……もう出ます（と言って出ようとするが出られないでいる）……〈どうしたのかな？〉……壺が崩れそう……早く出ないと……崩れそう……〈どうしたらいい？〉……上から壁の屑が落ちてきた……パラパラ落ちてきた……もう崩れる……〈崩れてこないようにするための方法、何かある？〉……（答えない）……〈どうした？〉……できません……何もできません……〈誰かに頼んでみる？〉……人間の力では誰にもできません……〈どうする？〉……（答えないで、しばらく沈黙が続き）……何とか出られそうになってきました……大分、上まで来たので……〈出られそう？〉……はい。出られそうです……出ます……〔後略〕」

壺から出た後、Clは「壺から出た時、振り返ってみればこの壺は絶対に崩れることはなかったのになと思っていました。壺の中ではあまりそう思えませんでしたけど、今は崩れないという確信があります」と言い、そのことについて、イメージ後の面接で、「どんなに憂うつになっても、そのことで自分が壊れてしまうことはないと確信できた」と言っている。

以上が経過の概略である。このケースはその後も継続中であるが、心身共に安定した状態が続いている。

4．考察

1．思春期の登校拒否児の深層と壺イメージ体験

登校拒否児の親子関係を、母子関係の側面から見ると、その関係は、一般

的に「服従型、もしくは支配型の過保護」（佐藤，1968）といったものが多い。「過保護」な母親は子供に対し、愛情と憎悪といった「極端なアンビバレンツな感情」（佐藤，1968）をもっており、そういった傾向は子供にも取り入れられてしまい、その結果、母親への強い依存欲求と攻撃欲求とのアンビバレンツが子供に形成されてしまう。また、一方では、こういった母子関係の下で、子供は「自分の欲求や自発性を抑え、過大な超自我の枠に従って」（佐賀，1973）育つため、心理的独立が必要となってくる思春期へ至っても、それを達成していくに充分な「自主性の発達」（平井，1978）が育っておらず、心理的独立に挫折してしまうことが多い。この挫折を契機に、アンビバレンツな感情が表面化し、「家に閉じこもることによって反抗と依存とを両立させる」（佐賀，1973）のである。

　一方、こうした母子関係が形成されてしまう背景には父子関係の薄さがあることも見落とすことはできない。登校拒否児の父親像の特徴を見ると、「母性代行的」「内向的、無力的」「仕事一途」「家庭を離脱し、反面、圧力的」等の特徴が見られるが（佐藤，1968；小泉，1973）、いずれもが父親としての役割を果たしておらず、結果として「濃密な母子関係に対して、薄い父子関係」が形成されてしまうようである。

　このケースにおいても、Clが登校拒否に至るプロセスには同様のものがあったと思える。Clの生育歴を見ると、人生早期での実父との死別、その後非常に厳格な義父の下での成育など、父子関係が脆弱にならざるを得ない条件があったし、必然、母子関係は「過保護」にならざるを得なかったであろう。そのような関係の中で形成されたClのアンビバレンツな感情は、統合され得ないまま潜在化され、Clの自己抑制的、自己否定的な心性を形成したものと思える。そして、思春期へ至って、喘息による入院、長期欠席といった事件を発端として、アンビバレンツな感情が表面化し、登校拒否へと発展したものと思える。

　こうしたアンビバレンツな感情が、壺イメージ体験を通して統合されていく様子を、経過に沿って見てみたい。このケースだけで壺の一般的意味を限定するのは早計であると思われるが、考察に当たっては、対象関係論（例えば、ウィニコットWinnicott，1971；岩崎，1973；川上，1984参照）の考え方を参考に

し、本ケースの壺をClの内面における「母親像」と仮定して捉えてみた。

　筆者がこのような仮定をするに至ったのは、「腹立たしい壺」（T47）、「暴れ回る壺」（T50）の考察からである。「腹立たしい壺」「暴れ回る壺」は、「興奮させる母親像」（exciting object）を連想させたし、T50で壺を殴り殺したことにより、母親に対する攻撃的な感情を出し切り、アンビバレンツな感情を統合し得たように思えた。T54以後、イメージされる壺がひとつになったことは、このことを象徴的に表わしているように思えた。初期の段階で出現する「ひとつだけの壺」は「要注意」と田嶌から指導を受けていたが、T54以後の「ひとつの壺」はそれとは全く意味が違ったように思えた。こうして考えると、T53までは必ずと言っていいほど「goodな壺（＝壺の中での体験がgoodなもの）」と「badな壺（＝壺の中での体験がbadなもの）」とが出現しており、各々を、「goodな母親像」「badな母親像」と置き換えてみると、T53までの壺イメージ体験がClの深層と深く関わっていることがよく理解できた。

　経過に沿って詳しく見ると、T1〜T50までの間は、人生早期での「badな母親像とのbadな対象関係」の中で形成されたアンビバレンツな感情が「badな壺」に刺激されて体験されている。こうしたアンビバレンツな感情は、現実の場面では登校に対する強い葛藤——「登校しなければいけない」「でも行けない」——として現われ、強い「不安感」「焦燥感」となって表現されている。T6までは、そういった感情を全くコントロールできない状態でいることを思わせたし、そのことが自己破壊的な「玉砕戦法」しかとらせなかったのであろう。

　この時期の登校拒否児にとって、登校することがいかに大変なものであるかを教えられた。T6後の面接で「『玉砕戦法』以外の方法で困難な問題を解決していこう」と話し合われたことは意義深いものであったように思う。

　T7〜T30にかけて「goodな壺（母親像）」でのgoodな体験——この体験をくり返すことが、母親への依存欲求を満たすものであったと思えるのだが——を積みつつ、「badな壺（母親像）」から刺激されるアンビバレンツな感情に対するコントロール能力がClに育成されている。こうしたコントロール能力の成長は、「badな壺」でのイメージ体験を通して培われたものである。「badな壺」の中で出くわす様々な困難な場面を乗りこなすべくCl自身（時

には、セラピストとの共同作業で）が、様々な工夫を考え出せるようになっている。

　こうして、この後「goodな壺（母親像）」と「badな壺（母親像）」とは徐々に統合されていくわけであるが、そこへ至るまでのT7～T30の段階で「工夫する能力」（田嶌, 1983a）の育成が行なわれてきていたのである。

　イメージでの「工夫する能力」の成長は、現実場面での処理能力の成長はパラレルであり、こういった能力の成長が「自主性の発達」（平井, 1978）を促進させるのであろう。4年目の登校に際し、「今年は行かなければいけないという気持ちに全くならない……」との表現は、「不安感」「焦燥感」の軽減を思わせた。しかし、登校日が近づくにつれ母親を含めた周囲の者の焦りが、Clのアンビバレンツな感情を刺激し、不眠等の症状を再発させてしまった。父親の看病で多忙という理由で、母親の面接が不充分であったことが問題であったのかもしれない。

　しかし、T30での体験後、こうした「不安感」もコントロールし得るようになった。それを反映するかのようにT31からはイメージを通して自己の内面へのより深い探索が始まり、そのことは、より深く壺の奥へ入る、という形でイメージ表現されている。より深い壺体験を経た後、T41～T44にかけて「自分の気持ちにぴったり合う壺（母親像）」を探索し発見している。このことは、アンビバレンツな感情に対するコントロール能力が、かなり成熟してきたことを思わせた。「goodな壺（母親像）」でのgoodな体験をくり返す中で自我が成熟し、壺（母親像）を、「生理的に合わない壺（母親像）」と「心理的に合わない壺（母親像）」とに分類できたのであろう。

　T47～T50に関しては先述のとおりだが、登校拒否児の生活史には反抗期らしいものが現われていないことが多い。従って、登校拒否中に攻撃的感情が母親に向けて出されることが多く、時には暴力にまで発展することもある。T47、T50は、そういった攻撃的な感情が本来、母親に向かうべきものが内面の「母親像」としての壺に向けられたものであったのかもしれない。いずれにしろ、こうして攻撃的な感情が体験されることにより、Clの深層にあった依存─攻撃といった強いアンビバレンツは統合されるに至る。その様子は「goodな壺（母親像）」と「badな壺（母親像）」との統合という形を通してイ

メージ表現されている。こうした内的統合の達成を象徴するかのように、T54以後は、たった「ひとつの壺」だけでイメージを行なうようになった。先にも記したとおり、この「ひとつの壺」は、Clが「good」と「bad」との統合を達成したことを象徴的に示すものであろう。この「ひとつの壺」での体験はかなり深いレベルでの快、弛緩体験であり、この体験をくり返すうちにClの自我はいっそう成熟し、外界に対する適応力もその中で養われてきたように思われる。

　そういった自我の成熟を背景に、T69以後は、「無気力感」等に対するコントロール能力を成長させ、T84での体験でそういった能力への自信をつけている。そのことにより『現実感』を確実なものにし現実に生きていく自信を得ている。こうした心的世界でのClの動きは、現実の場面での彼の動きと全くパラレルであった。例えば、通信制高校のスクーリングには欠かさず出席できていることや、この頃から対人関係もいっそうの広がりを見せてきたことなどがそうである。

　T69以後体験された「無気力感」等は、登校拒否児に共通して出現する「怠惰」「閉じこもり」（平井，1978）を思わせた。充分な「閉じこもり」体験により、登校拒否児の自主性は回復されていくのかもしれない。

　以上、経過に沿って見てきたが、Clが壺での体験を通して内面における「母親像」の統合をはかり、自己を統合し回復していく経過が登校拒否という状態の克服と並行していたということは、登校拒否児の深層を知る上で教えられるものが大きかった。

　しかし、登校拒否児の治療の目標は「登校させることではなく、自己像の再体制化」（村山，1972）にある。今後も、セラピィを通して、Clが自己を回復していくための協力をしていきたい。

　最後になったが、筆者は壺を「母親像」として限定的に受けとめたが、壺をこんなふうに捉えていいものかは、今後の経過及び他のケースの中で改めて考えていきたい。

　また、筆者が壺をこのように捉えたからといっても、そういう分析や解釈をClにはしていないことを断わっておきたい。従って、セラピィ中、特にイメージ面接中での「語りかけ」は、あくまでClのイメージ体験を促進さ

せる補助的なものであった。分析や解釈をすることで、壺での体験が純粋には得られにくくなると思えたし、技法的にも「安全弁」（田嶌，1983b）として機能しなくなると思えたからである。

2．壺イメージ療法の技法について

　まず、この療法の「安全性」について考えてみたい。このケースのような自己抑制的なタイプのクライエントは、自己の感情に対するコントロール能力が著しく低いため、イメージ療法を始めとする非言語的な体験を扱う心理療法の適用が困難なことが多い。イメージ療法を適用した場合、強烈なイメージ体験を急激にしてしまうことで症状の悪化等のリアクションを招いたり（田匤，1983b）、逆に、イメージ内容の豊富さに比して感情体験が得られにくく、効果的なイメージ体験が得られにくいことが多い。従って、こうしたタイプのクライエントにイメージ療法を適用する場合、より安全かつ効果的なイメージ体験を得るための技法の配慮が必要と思える。壺イメージ療法における技法の配慮の特徴は、壺という視覚的イメージを用いて「安全性」を保障している点にある。このケースに適用する中で、壺という視覚的イメージが枠づけ的保障となり得ることで、予想以上に安全かつ効果的なイメージ体験が得られることを筆者は強く感じた。

　また、技法の組立て方の慎重さにも配慮はうかがえる。イメージ体験が急激に進行しないように段階的に取り扱えるように技法が組立てられているため、クライエントのペースをつかみつつ、セラピィが進められ危険性が少ない（田匤，1983b）。このケースでも、Ｔ6後、ペースの修正がなされたことは後のセラピィの進展に大きく関係していたように思えた。

　ペースのつかみやすさは、イメージ内容の具体性に依るところも大きい。イメージが壺をどう取り扱うかに集約されているため、イメージに伴う感情に対するコントロール能力が、どの程度クライエントに育成されてきているかが具体的にわかりやすい。例えば、コントロール能力の未熟な段階では、壺に入れないことが多いし、壺の蓋を必要以上に頑丈にしたり、壺を厳重にしまいこんだり、壺との距離をかなり遠くにとる、といった具体的な表現がなされるため、わかりやすいものであった。

　次に、この療法での「goodな壺」の働きについて考えてみたい。このケースでは、T53まで、必ずと言っていいほど「goodな壺」「badな壺」が対比的に出現している。そして「goodな壺」での快体験が「badな壺」での体験を行ないやすくするばかりでなく、「badな壺」から誘発される不快感の消去、もしくは軽減に役立っている。このことの考察から、筆者はイメージ療法において、イメージに伴う不快感情ばかりでなく快感情にも焦点を当てることの重要性に気づかされた。このことについては、イメージ分析療法でも「SUS (Subjective Unit of Comfort)」として触れられているが（大山・柴田，1984）、ただ、壺イメージ療法では、その時々の状態に応じてクライエントがごく自然に「goodな壺」として作り出しているのが特徴である。

　最後に、問題設定方法について触れておきたい。このケースにおいて、症状の消失や問題解決や直接の契機となったイメージ体験は、T30、T50、T84で得られている。その内容をみると、比較的、現実と直接相互作用を起こす浅いレベルのもの（T30まで）から次第にClの内的統合に関係するもの（T50まで）へと、さらに外界への適応に関係するもの（T84まで）へと段階的に深まっている。この経緯を見ると、Clのコントロール能力の高まりとともに、より深いレベルの問題へと問題設定が移り変わっていることがよくわかる。しかも、問題が設定されてイメージしたのでなく、イメージ体験そのものが問題として設定されている。こうした問題設定のあり方は、曖昧な印象を与えるかもしれないが、このケースではClに無理が少なく効果的なものであった。壺イメージ療法は、指定イメージ法でありながら、問題設定については非規定的な面を持ち、「規定的な要因と非規定的な要因とがうまくミックスされた」（増井，1984）ものである。こうした設定のあり方も安全かつ効果的なイメージ体験を得るための工夫といえるかもしれない。

　最後に、壺という視覚的イメージの果たす機能のもうひとつの重要な点について少し触れておきたい。壺という視覚的イメージが「安全性」を保障するという機能については既に記したが、もうひとつの重要な機能を壺という視覚的イメージはもっているように思う。それは、イメージ体験に伴う感覚をより感じとりやすくさせてくれるという機能である。

　壺という「枠」が与えられることにより、Clはそれまで感じとることの

できなかったような感覚を感じることができるようになる。このClの場合も、彼の内面とより深く関連のあるイメージ体験が彼に得られるようになるに従い、それまで彼がうまく感じとれなかったような感覚 —— 例えば「攻撃感情に伴う感覚」「憂うつな状態に伴う感覚」「現実感覚」など —— を充分に感じとれるようになっている。こうした点は、通常のセラピィに比べ、Clの深層体験に伴う感覚が、壺という「枠」内では得やすいように思えたし、そうした機能を壺という視覚的イメージはもっているように思えた。この点も壺イメージ療法の技法的な利点かもしれない。

しかし、壺という「枠」がなぜそうした機能をもち得るのかについては筆者自身、明確ではない。今後、より多くのケースを通して考えていきたい。

以上、壺イメージ療法の技法について記したが、技法的な「安全性」の保障は充分なされており、より重篤なケースへの適用も可能と思えた。しかし、壺そのもののもつ象徴的意味の重大さゆえに、セラピストの壺の扱いは慎重でなくてはならない。それ故、イメージ前後の充分な話し合いも、重要な技法的配慮のひとつであろう。

このケースに壺イメージ療法を応用するにあたって、細かくご指導いただいた、広島修道大学、田嶌誠一先生に心から感謝致します。

（松木　繁）

参 考 文 献

藤原勝紀　1980　三角形イメージ体験法　催眠シンポジアムX「イメージ療法」（成瀬悟策編）38-60　誠信書房

平井信義　1978　「登校拒否児」　平井信義の児童相談2　新曜社

岩崎徹也　1973　対象関係論の歴史と現況　精神分析研究18巻2号

川上範夫　1984　母子関係の崩芽　日本人の深層分析I「母親の深層」（馬場謙一他編）49-73　有斐閣

小泉英二　1973　「登校拒否 —— その心理と治療」（小泉英二編著）　39　学事出版

増井武士　1984　壺イメージ療法　「フォーカシングの理論と実際」（村山正治他著）

133-138　福村出版

村山正治　1972　「登校拒否児」　講座情緒障害児（内山喜久雄監修）第4巻

大山みち子，柴田出　1984　イメージ分析療法　イメージ心理学2「イメージの臨床心理学」（水島恵一他編）70-78　誠信書房

佐賀明子　1973　高校段階におけるタイプとその特徴　「登校拒否 —— その心理と治療」（小泉英二編著）116-133　学事出版

佐藤修策　1968　「登校拒否児」　国土社

田嶋誠一　1980　イメージ療法における直面　催眠シンポジアムⅩ「イメージ療法」（成瀬悟策編）238-255　誠信書房

田嶋誠一　1982　"壺"イメージ療法の標準的手続き　催眠医学心理学会第28回大会発表抄録，5.

田嶋誠一　1983a　"壺"イメージ療法研究 —— 比較的重篤なケースに対する技法論　日本心理学会第47回大会発表抄録，718.

田嶋誠一　1983b　"壺"イメージ療法　広島修大論集　第24巻第1号

梅田敏文，森川泰寛　1982　妄想体験を伴った患者のイメージ療法　催眠医学心理学会第28回大会発表抄録，7.

ウィニコットD．W．（橋本雅雄訳）1979「遊ぶことと現実」　岩崎学術出版社（原著1971）

討　論 ⑸

成瀬　じゃあ、ディスカッションを ——。

中井　これも心身症のケースと関連させて考えたらいいんでしょうかねぇ。（沈黙）最初に壺が —— 外からながめて、壺そのものが置かれている周囲が見えるというわけで —— 非常に遠いんだなあ。

松木　壺の中に入れないというふうに ——。

中井　心身症っていうのはやっぱり意味から遠いわけだ。（松木：ええ）それが中へ入ってきて。で、あなたの言われた意識がどうのこうのっていうのはね —— 英語でたぶんブラウン・スタディっていわれる状態だと思うんだけども。病的ってことではないけど、時々考えすぎて電信柱にぶつかるとかね。意識障害ではないんだけれども、一種の没入状態ですなー。ブラウン・スタディについては確かサリヴァンに考察があるけれども。たぶんクリニカル・スタディ

（＝『精神医学の臨床研究』）のどっかでしょう。そういうとこを通過して、出てくるコースがあるんですよね。うーん、壺療法によって、分析の言葉で言えば、抵抗とかアクティング・アウトとか転移というものが非常にマイルドになるっていうことが言えるでしょうねー。腹立たしい壺とか、暴れ回る壺とか、そういうものを客体化して、そして象徴的なもの、あるいは、イメージ的なもので済ませてるわけね。同様なものが絵画療法でもよく出てくる。実際の行動化じゃなくって、絵の上で済ますことがね。粘土なんか非常にアグレッションを吸収する。行動化を吸収するという点では絵画にまさっているでしょうなー。壺っていうのは、粘土のような触覚性は直接にはないわけだけれども ── 、どっかそういう土らしさが効いてるんでしょうかねー。うーん、それはあるんじゃないかな。

松木　そう、そこのところが、（中井：うん）── 壺の感じなんか ── ここらあたりだけが（それまでとは）なんか様子が違ったなーって感じがしたんで ──。ちょっとそこのところ、もうひとつ私もはっきりしなくって、どうかなって ──。

中井　この場合は、壺の中に入ってないのよね。入れなくって壺が無数に池の上を泳ぎ回るイメージとか、ロケットでもついてるような、噴射して飛ぶ壺っていうのは、今日初めて出てくるけれども、よくありますか？

田嶌　僕の経験でもこういうことはねぇー、ちょっと（笑い）。

中井　うーん、生きとるんだねぇ。

松木　壺が勝手に動き出してくるっていうのは非常になんか壺そのものに本人が意味をもたしたのかどうなんか、ちょっと ──。

中井　ただ、治療者が壺を最初に動かしているんよねぇ。壺に入った脱出口から出なさいとかなんとか言って、それで。壺が動くようになっちゃったんだなぁー。

増井　あのね、「壺を壊したい」って言うときに、壊してしまったらいいのにと ── 僕は考えるけれども、何か考えがあって壊さないということ？　その緊張関係をどっかでリザーブして扱う方がより better であるというふうな、そういうプリンシプルがあるんですか？　壺を壊したければ壊してしまえばいいじゃないかっていうような気がするけど ── どんなもんですか？

松木　壊してしまおうかどうしようかとかなり迷ってたということは ── あります。どういうのかなー、そこで相談する中でも、自分の力でどんどん ── 壊していこうとするとか、そういうものがもっと強く出てきたらそうさしてみようかなって感じだったんですけども。ま、一応それまでにはいっぺん保留っていう感じで、絶対やらさないという意味じゃなくて、ちょっとしばらく待っ

てみて、それから本人がどう対応していくかっていうことで——その保留の期間というのがある意味じゃ必要じゃないかなーっていうことを思ってるんですが——。

中井　これは治療者が［壊すことに］耐えられるかどうかによるんでしょうねぇ。（笑い）

増井　ええ、壊させることが治療関係を壊すことになるというかのごとくに思っている——。

中井　ああ、治療者が自分の中に——。

田嶌　いや、ちょっと違うと思う。

増井　いや、ちょっと僕言いたい。（笑い）実は今言ったことは、［話の］皮切りであって。治療場面で［患者が］何を話したかというよりもね、何を話さなかったかということに僕はずいぶん前からものすごく興味があって。というのは、ちょっとプライベートな体験で悪いけども、僕が神田橋［條治］先生との関係において、ものすごくいい子ちゃん志向やったんよね。いい子の部分で［神田橋］先生の言うことをすべて理解してわかろうとしてすっごく無理したわけねー。だから、『注文をつける能力』なんてのはものすごーく小さくて、クレームをつけたら、もう、それこそ大変だっていうようなね、それは言葉でいうと、まあ『分離不安』っていうことなんですけど、悪い子の部分［を出す］っていうのが、すっごく難しかったんですね。だから、僕はやっぱりこの子とかその類の人の気持ちがすごく良くわかるわけですね。（笑い）で、どんなものにも副作用があると思うんですけどね、壺イメージについて言えば、それは『つき合い壺』ということになると思う。『つき合い壺』ってわかるかなー、つまり先生の言うことはオール・オッケーでさぁ、『つき合い壺』とか、『つき合い治り』、とかね。治療関係でいい子ちゃんになるためにワーッと努力して、一時的に短期間で治ったごとくに見えててさ、それからジクジクッと悪い部分がそろそろそろそろ出てきてね、その悪い部分を［治療者に］きちんと許容してもらわんと、治療がある程度終結しないっていうようなことってすごく多いと思うんよね。よい子の病理を持っている人は、そんな構造の方が多いと思う。で、この——言わば『つき合い壺』なんていう——まぁ一種の治療関係から派生する壺の副作用とすればね、どうしてもその壺自身に対して悪い関係をもってしまわざるをえないような時期が必然的に来るわけよねぇー。来なければ治療にならない。そういう時に、まぁー、『つき合い壺』はいい子の部分を促進して、それがsocializeしてアダプテイトするような形で——いい子の防衛がもっとよき防衛となって、それがsocializeする場合はいいんだけ

ど、1回いい子の部分がつぶれて、悪い子の部分が出ないと治療にならない
ような類の人は、『つき合い壺』は、壊してしまう方がいい。（笑い）僕がイメー
ジ・セラピーしてる時は、イメージに対して非常にアグレッシブになってもね、
別にそれはイメージの中だけの話ですからね、いいんじゃなかろうかと思っ
たりしてた。これは、[先生の]都合によって、その先生につき合わんといか
んということで、ある時期——、「もう壺はたまらん」、「もう俺はつき合うの
もイヤじゃ」、「今からオレは悪いことをさしてくれー、どうもならんのか」
というサインに思えて仕方ないんよね。ふつうの面接の場合でもさ、そのつ
き合い治りとか、ある一種の——副作用があるもんだけど、壺で副作用が出
た時にはどんなふうにするんだろうか、と——まぁそんなことを質問したい
んだけどね。

村瀬　増井さんは、これを『つき合い壺』とみているわけですか？

増井　なんか『つき合い壺』のような感じがする。僕の感情移入のしすぎです
　　　かね？

村瀬　うーん？　そのへんがちょっと——。

田嶌　僕はちょっと違うと思うんよね。最初の話から入っていくとね、壺を割
　　　りたいっていうのは、[このケースでなくても]わりと出てくるんですよ。な
　　　んか自分にとってイヤな壺があるわけでしょ。そういう時、何か自分にとっ
　　　てイヤな壺、つまり、あんまり関わりたくない壺。それは割っちゃえばなくなっ
　　　てしまいそうな気がするんですよね。実際には割るとその中身もなくなって
　　　しまうということではないんだけど、気分的にはそう思ってしまうんです。（増
　　　井：僕がするんですか）いやいや、患者さん本人が。

増井　ああ、非常に短絡的に——。

田嶌　うん。で、それは気分的にそう思うだけのことであって、実際は、割っ
　　　てしまうとその中の問題がなくなるかっていうと、やっぱりなくならないわ
　　　けね。そういうことがあったんですね。どうもイヤなやつ（＝壺）が出てくる。
　　　これなんとかならんかいな、という気持ちの現われであることがある。それで、
　　　そういう場合に、僕がやるようになったのはね、それを1回は保留させてみ
　　　るということ。そして、ほんとに割った方がいいということが自分に実感と
　　　して感じられれば、その時は割りましょうという話をすると、結局は割らな
　　　いです。2・3そういうケースがありましたけども、いずれも結局は割らな
　　　いで済んだ。で、壺と自分という形でじゃなくて、つまり、壺に対してアグレッ
　　　ションがどうっていうんじゃなくて、やっぱり壺の中での勝負になってくる。
　　　もっとも、『つき合い壺』と考えられることが起こらないわけじゃない。だけど、

本当の『つき合い壺』の場合には、こういう形で現われるんじゃなく、壺そのものが途中でもう必要なくなってくるんじゃないかと思う。平坦になるとか、壺というバリアーそのものがいらなくなる。この［ケースの］流れでいくとね、僕は『つき合い壺』っていう感じは（増井：しない？）あんまりしない。そりゃあ、治療者がそういう枠をはめるわけだから、そしてそういう枠にのっちゃう以上はね、そういう『つき合い壺』っていう部分というのは、必然的に多少は出てくるでしょうけどね。

増井　僕の感情移入のしすぎやったかねぇ。

倉戸　あのね、僕はちょっと違う視点からものを言うので、ピントはずれかもわかんないけどね、ゲシュタルトの立場から言えば、例えば、これは壺療法のバリエーションの中に入るかどうかわかんないけどね、壺になってみるんですよね。（松木：ハハァ）そうするとね、割るということは自分を割ることになるわけですよね。また、壺がたくさん、いろいろ出てくるっていうのは、自分のある部分なんですよね。それぞれ欠けてるとか足らないとかいう部分ね。だから、昨日からずい分おもしろくお聴きしてたわけです。で、そういうことから考えると、飛躍するかもわかんないけどね、割るっていうのは、おっしゃる内包的とか保護的なそういうところの状態から、なんかこう、ちょっと自分の足で立ってみるとかね、守られているというか、愛されてるというか、なんかそういうものから、脱皮するみたいな感じがしてしょうがないんですね。ですから、この壺イメージが出てこなかったとか、割りたいということは、僕としては感激しながらお聴きしてたんです。

田嶌　技法的には、［絶対］割ったらいけないと考えてるわけでもないんですよ。割ったら割ったで、次の段階でしっかり押さえておかないとダメだと ——。つまり割ることが自分にとってどういうことで、どういうリアクションをもって、どういう感じを与えたかということをしっかり押さえとかないと［いけない］。それとついでに議論が少しはずれるかもしれませんけど、今、倉戸先生がおっしゃった壺になってみるとかっていうのは、例えばパールズ（＝ゲシュタルト・セラピィの創始者）が夢なんかに使っていて、ゲシュタルト・セラピィのわりとオーソドックスなやり方のひとつだと思うんですけど、僕は壺という発想を持ってきたのは、ゲシュタルト・セラピィでいけば壺になりなさいということでしょうけども、僕はどうしても、やっぱりそこにワンクッションおきたい ——。（倉戸：なるほど）そう、「壺になりなさい」でなくて、「壺の中のものになりなさい」、と。そこがゲシュタルト・セラピィあたりとちょっと違うところかな、と思います。

倉戸　はい、興味がありますね。

中井　倉戸先生は必ず私はゲシュタルト［の立場］としてしか物が言えないとわざわざおっしゃるんだけども、（笑い）あれはなんで？　自分で枠をはめてらっしゃるの？（爆笑）はずれそうになるから？（笑い）

倉戸　やっぱりそういうことでしょうね（笑い）。ところで、ちょっと展開すると、やっぱり壺っていうのは、僕はユング派ではないんだけど、なんかの元型っていうのか、アーキタイプにつながってくる、なにか素晴らしいものをもっているのではないかと思えてしょうがないんですね。

松木　あのー、第63回目の壺の所をちょっと言ってみますけども、大きな花瓶のような壺がひとつだけ出てて――。（村瀬：どんな壺？　どんな壺！）え？　大きな花瓶のような――。（中井：あぁ、花瓶ね）――がひとつだけ出てまして。で、壺の中に入って「――暗くって何も見えない。身体の感じとか気分とか、何も変化がない」。この頃はしばらくジーと黙ってるんです。で、ずーっと黙ってて、その時、だんだんだんだん、ずーっと深くなっていくんですけども、それでしばらく間があって、「壺の中心の方に何か点のようなものがある。身体が点の方に向いていることがわかる。目では見えない。自分にはあまり変化はない」。またしばらく間があって、「空気が動いている。点の方に向かって集中している。身体の表面で空気の動きを感じる。少ーしずつ自分も動いている――近づいている気もするけども、点までは相当ある気もする。少ーしずつ近づいている」。これについてはイメージやったあとの面接の中で、「なんていうんですか、暗くってあたりがわからないことが恐いっていうんじゃなくて、何かが終わる感じがして、あるところに押されて、追い出されていく感じがして、そんな感じが恐かったです」と言ってます。で、ちょっと中略しますけども、「なんて言ったらいいんかな、ちょうどマヨネーズのチューブがあって、そのチューブの中に自分がいて、どこからか力が加わってきて、チューブの底、そうよくあるでしょ。あのマヨネーズの底っていうのか星型をしたやつ。そこが出口で、マヨネーズが押し出されてくるっていうか、そんな感じがしました」。自分がマヨネーズのチューブの中に入っていて、外から力がグッと加わってきて、それで自分自身が［外に押し出される］――。

中井　出産じゃないか！　これはまさに。

松木　そんな感じを感じたということで、そのことと自分との関係づけは、「過去のものが終わりになって、全てが無くなってしまって、未知の所へ行くみたいな感じと似てますね。今までやっていた自分の行動とか感じていた物がみんな無くなってしまうような感じでした」。で、そのことが［現実と］――ど

んなふうに関係してるかなーと聞いてから、「やっぱり新しく学校へ行ったり仕事をしていることと関係あるかもしれませんね、元の高校へ戻らなければならないというような、絶対的な思いをしていることと関係しているのかもしれません」っていうようなことを第63回目の壺では言っている。

増井　それは、あの壊したいというようなセッションの後でしょ？

松木　そうです。50回目が暴れる壺でしたし、そのあと63回目です。

田嶌　あのー、通信制の高校へ週に 2 回行きはじめたっていうのは、── それは今も続いてる？

松木　ええ、ずっと今も行ってます。（田嶌：それはいつごろから？）ええっと──65回目からです。で、今のは63回目です。それ終わって65回目の頃にその通信制の高校に行ってました。

増井　──うん、やっぱりちょっとワンクッションおいて、先生や壺にやつあたりしてさ。で、いわゆる『死と再生』のテーマが出てきて、自分でもちょっと意識をして──、僕はそんなふうに感じたけどね。

田嶌　そういうふうに？──どうも──。

中井　うーん。あんまり生活史の解釈はしないのかもしれないけど、まぁやつあたりっていうけど、一般にこういう子供の場合ね、非常にきびしい、頭ごなしの父親が思春期になって急に弱くなったり、死んでしまったりすると、攻撃性が宙に浮いちゃうんですね。「お父さんずるいや」とか、そんな感じですな。お父さんは年とっちゃって、この場合はフリードライヒ失調症になっちゃってるわけだから、まさにお父さんはバランスを失っちゃってるわけで、もう攻撃できないわけね。

増井　その結果、自主規制をもたざるを得ないんですね。

中井　うん。だから、なんか非常に素直な子供として登場しているわけだけど、私は──チックとか強迫症からジル症候群まで、そういう生活史の人がわりと多いと思いますけどね。[実の] お父さんが喘息でしょ。どっかでお父さんと同一視してるところがあって、それからの脱却が必要なんでしょうねー。そのためにはもういっぺん生まれ直す必要があったのかどうかしらないけど、本当に今の話は実感のこもった出産ですなぁー。この人、心身症なんていうから感情から非常に遠いようだけど、暗い壺の中では、えらく生き生き語るのね。うん──今のマヨネーズのチューブの話なんてのは、非常にvividでelaborateされてるわけ。つまり非常に彫りが深いっていうのかな、イメージが。──そこがちょっとびっくりするとこです。この人の強迫的な面のひとつの現われなんでしょうがね。それがその場を得たというのかなー、あんまり普

段はそうじゃないでしょう。普段はこれだけ自分のイメージをelaborateすることはない。こういう話を聞いたら、サルトルが『イメージの絶対的貧困性』ってことを言ってますが、あれなんか怪しくなるぐらいね —— うーん。

成瀬 終わりの方でね、身体が痛いというのが出てきましたね。で、それはイヤな感じ？（松木：ええ、本人は）それで、それはこまかい記述があるんですか？（松木：はい）あんまり細かく言わない？

松木 ええと、わりとこう感じてるというふうに ——。

成瀬 つぶさに話す？　イメージやってる時は —— その時はいろいろしゃべれるんですか？　しゃべれないんですか？

松木 どちらかというと、割合しゃべれなくなってくるという方に近いかもしれない。こっちが聞いても答えないことは何回かあります。こっちから今、どんな感じと聞くと —— ちょっと間があってから答えてくるんですが、答えてもボソボソ、ボソボソッと本当にちっちゃな声です。

成瀬 ［そういう時は］裏を聞くといいんですね。裏を聞くというのはね、今体験してるわけですね、催眠法なんかでもしゃべらなくなるんですね、だけど、それは聞いてあげたらいい。そうするとしゃべれるわけなんですね。だからわからない体験をしているのか、それをただしゃべらないだけなのか —— もうちょっと聞いてみると、身体の体験が非常に細かくなるんじゃないでしょうか。

松木 そうなんですね、実は、これ、まぁ問題提起というわけではないですけど、［壺の中では］身体の感じとか心身の状態がものすごく感じやすい状態になってるんじゃないかなと僕は思うんです。［もっとも、言語化がほとんどされないので］それが実際にはどんな感じなのかはこっちからはよくつかめませんので、なんともそこのとこは言い難いのですが、そういうふうに思ってるわけなんですけど。

村瀬 自分でも言ってるんじゃない。「身体の感覚がビンビンする」ってなこと。40何回かにね。

松木 そうですね。今80回目ぐらいまで進んでるんですけども、40回目から50回あたりでは触覚が非常にビンビンと（村瀬：ああ）するというようなことを非常に言ってたんですけども、例えば68回、79回目くらいでしたら「目がすごく見えにくい、気分は変わらないというよりあんまり感じられない」。で、そこから、無表情になって「ボーっとしている感じ」。それから、「ほとんど意識がなくなってきた」。で、小声で「どうなっているのかよくわかりません」。

成瀬 その意識がなくなってきたというのは彼が言うの？（松木：ええ、彼が）

はぁーん。

松木　あの、本人がほとんど意識がなくなってきたというふうに。「どうなっているかわからない。頭もはっきりしないし、何が何かわからない」とまあそんな——。

成瀬　うーん、あのね、僕はきっとしゃべると思うんですよ。というのはね——催眠法のときにしゃべらなくなったら、形の上で言えば、「しゃべれますよ」[と催眠者が言うか]あるいは、しゃべるのはあたりまえという態度で話をする。[そういう事象に]理屈をつければ、普段の意識のしかたと違う意識のしかたをしてるということになると思うんですね。[だから]この場合はもうちょっとしゃべれるんじゃないかと、僕は思うんです。もうちょっと、何か工夫されるとまだいろいろ何かわかるかもしれませんね。

村瀬　それは、あとでですか？　（成瀬：いや、その時——）中にいる時？　（成瀬：はい）その時。じゃ、意識が低下している時に。

成瀬　いや、意識が低下しているかどうかがわからないってわけ。あのね、もっと言葉で言えば、無意識的な言葉とか自動書字なんか、自分で書くでしょ。それは、字で書きなさいってわけじゃないけども、普段の意識のしかたとは[違う]——。

村瀬　その辺が大分僕と違いますね。僕は、そのまんまでいいんじゃないかと——それを体験してることにものすごく意味があるんだと思うんですね。

成瀬　あっそう。いや、そりゃあ——。

村瀬　しゃべるようにもっていくのにはどういう意味があるのだろうか。

成瀬　いや——その、なるほどね——。

村瀬　ま、しゃべるといろんなことがわかるでしょうけども。（成瀬：うん。わかるという——）知的好奇心は満たされるけど——。

中井　うーん。そうですね——。これはこのケースの臨床的な症状のとらえ方にもよるんだけどね。この方、軽い離人症がある。うっすらと離人感があるんだよね。最後のほうで現実感をもってきたと[言ってる]。だから、身体で起こるってことは、本人はキャッチはしてるかもしれないけど、距離が遠いんじゃないかな。それで、離人症と強迫症とは非常に密接なもんだという意見が臨床的に支持されると思うんです。共に意識性が高いわけですね。意識性が高くて、かつ動揺しない。で、[それが]ここで動揺したり、身体の感覚が非常にvividになって蘇ってくる。強迫的な、あるいは離人的なもの、それがすごく変わっている。ベース・ライン自身が揺れてるということですね。だから、それは最後までは、言葉にすると体験そのものとちょっと距離がで

きちゃう、と思いますけどね。 —— うーん、やっぱり —— それは —— 患者が
してる程度でいいのではないかと思いますけど —— どうですかね。無我夢中で、
出産の時にふれ、非常に強烈な感じがあるわけだけど、言語化できるかどう
かですね、このような出産に比すべき体験をね。これで充分じゃないかな。
いちいち自分の身体の感覚を言葉におき直す必要はなくて、それ自体がほと
んどそれじゃないかしら？

成瀬 僕は、このような感じをしゃべるというか —— 意識化するのがいいかど
うかわかんないんですけども、体験が深まるんじゃないかっていう気がする
んだけどね。自分の、ことに身体の感じっていうものは ——。（中井：
elaboration）黙っていれば、非常に細かい体験してるかどうかわからない。

中井 自分にわからないってこと？　自分っていうのは、その患者さんそのも
のにわからないってこと？

成瀬 はい、そうですね。（中井：どっちも？）いや、それが今の話だとわかっ
てるんじゃないか、体験してることがいいんじゃないかということですけども、
身体の感じっていうものは、わかっている場合とわかっていない場合とあって、
だいぶ違う。

増井 言ってみて初めてわかるという類の感じが僕はあるような気がしますね。「ど
んな感じかなぁー？」って言って、言語化してみて初めて、「あっ、緊張して
いる」というふうに言ってみて初めて自分の緊張というものが、 —— 言語化
してちょっと距離がとれるたぐいのね、そういうふうな緊張とか ——。

中井 一般論としてはそういうことはあるでしょうね。しかし、こう激しい場
合はどうでしょうかねぇー？　例えば、極端だけれどもてんかん発作なんて、
表現できないもんねぇ。あるいは、ドストエフスキーみたいな表現しかとれ
ないわけです。この人は、壺の言語でしゃべってるとも言えるわねぇ、壺言
葉で。

増井 確かに、この子が、「なんか、身体がビンビンしてる」とか、言えるって
いうことは進歩っていえばすごく進歩だと思う。（中井：それは、進歩だね）
うん。ものすごい進歩だと思う。だって、ものすごく緊張してるっていう心
身症の人を、時々僕は経験するけど、感じとして捉えたとき、自分はなんて
いう殺伐とした感じであったのかということが見えてくる、というんですね。
これはちょっと今の話とは関係ないかもわからんけど、いつも身体の感じと
して感じられるようになってきた場合に、感じてないということじゃなしに、
ものすごく感じすぎて感じられなかったということが、自分がビックリする
ような形で出るときがありますね。感じられない時は感じられないというこ

とさえもわからない。だけど、感じられなかったということはわかりかけて
きて、どう感じてるかということで、動きとか内容をどう感じるかっていうと、
なんて殺伐とした感じだろうかってことで、そんなふうな形で身体の感じが蘇っ
てくるっていうことは、僕はやはり 2 、 3 ケース［経験したことがある］── 。

松木　実際、セラピィやってても、本当に臨床っていうのは ── 、なんか非現
実の方から、だんだんずーっと現実の方へ戻ってきたって言ったらいいのか、
セラピィの中では非常にそういう感じはしますね。

増井　きっと感じすぎてるということさえもわからない人やったのね。それが、
ものすごい多感だっていうことがわかってきてさ、ビンビンして元気のいい
感じというものが起こってきて、それがちょっと感じになれていくっていう
── そういう phase があってね。

村瀬　ちょっと面白いと思ったのはロールシャッハ的に言うと、まずスモール
m でね、坂の上から転がり落ちてきた。（笑い）（中井：ハー、なるほど）だん
だん FM 的になって ── 暴れて、で、M 的になってきてね、公式どおりみた
いなね ── 。（笑い）

松木　私は、今、村瀬先生におっしゃっていただいた通りの感じみたいなものを、
やりながらなんとなく感じはしました。ひとつの線上をずーっとたどってき
たなあって感じはあります。これから先どうなっていくのかな ── 。

増井　感じすぎてるっていうことは、治療関係の中で扱うと非常に難しいもんね。
自分にとって同調的な生き方してるもんやから、客観的に別な枠組みで眺め
てみるっていうことは難しいから。壺なんかだとわりと、簡単に客体化でき
るもんですから、そういう意味でいい方法かもわからんね。

村瀬　単なる客体化じゃないでしょ。眺めている客体化じゃなくてね、一緒に
生きながらという ── 。

増井　経験しながらのね、はい、はい。

倉戸　その辺は言語化という問題にもかかわるんですけど、僕の中ではね、必
ずしも言語化っていうのは内容を言語化するだけじゃなくって、awareness と
か意識化っていうのだけど、今それはビンビンしてんならビンビンしてるっ
てことに、自分で気づく、コンタクトをもつというふうに言うんですね。そ
れは必ずしも今やってることを客観的に言語化してっていうような、そうい
う作業ではない。先生がおっしゃりかけたことは僕にはよくわかる ── 。

成瀬　僕は身体についてはね、身体っていうのは客体でもあるし主体でもある
んですよね。全部切り離されてることもあるけど、自分の客体としていっぺ
んおりていく、それをただ見てるというより、感じてるという方が、非常に

安定するんじゃないかと思うんですね。今、お産の話が出ましたけど、お産の時でも、割合自分の身体の感じを感じてる。僕は経験はありませんけど、胎児が出てくるのがわかる。だから自分で協力して、できる。だから、身体の感じはわからないことはないんで、詳しく体験できることがいい。それには言葉で語られるとか、そういったことが必要じゃないか、と。そこのところは、ちょっと残しておいてもいい ── 。(沈黙)

増井 あの［村瀬］先生は、さっき「『つき合い壺』と思うんですか?」と言われましたけど、村瀬先生は違う考えをおもちなんですか?

村瀬 うん、さっき田嶌君が言ったように、『つき合い壺』的な面もあるんだろうけど、なんかもっと彼自身なり、あるいはお父さんとの関係なりね、そういうものを壊したいって感じがしたね ── 。『つき合い壺』を壊したいっていう気持ちは、この場合はそんなに強いのかなーって。

中井 増井先生の場合もお父さんである神田橋先生と先生との関係なんだから(爆笑)、同じだからね(笑い)。それを『つき合い壺』と呼んでその壺の重みをちょっと軽くしてるわけね。(笑い)

増井 でも僕の場合は、もっと重症やったですからね。あの先生はお父さんやなしに、僕にとって一時期悪いお母さんの象徴のかたまりやったですからね。(笑い)

成瀬 じゃ、このへんで。

〔休憩時の会話から〕

村瀬 フォーカシングっていう技法がありますが、翻訳通りの技法をやりますと、日本人はついていけないですね。例えば、「今、問題を思い浮かべて下さい」なんて言うと、もうそれでダメになってしまう。知的になってしまうんですね。それでね、非常に日本的なおばちゃんたちが、「今、どんな気分で生きてますか?」っていうふうに教示をなおしたんですね。そうすると、わりとスーッと入っていけるんですね。アメリカの方は構造化してきちっと捉えたところから入っていくけど、日本のはすごく漠然としたところから何となく入っていく。

第8章

壺イメージ療法を適用した夜尿症児の事例

1．はじめに

　夜尿症の成因と治療をめぐる議論は、古くからなされてきた（カハネ Kahane, M., 1955）。

　治療については、遊戯療法、行動療法、薬物療法、催眠療法等が行なわれている。遊戯療法が夜尿症児の精神的緊張の緩和や自我の確立を目標にしているのに対し、行動療法は、膀胱緊張刺激と覚醒反応の獲得を目標にしていると考えられる。

　また、催眠療法に関しては、膀胱緊張刺激と覚醒反応を催眠暗示により獲得させる方法（成瀬，1956；大野，1966）と催眠トランスそれ自体も治療に効果的だとする考えがある（エドワーズとスパイ Edwards & Spuy, 1985）。

　本事例は、中学1年生男子の生来型の夜尿症児に壺イメージを中心とした心理療法を行ない、その治療過程を報告したものである。

　約1年半にわたるこの事例経過を述べた後、壺イメージ法のもつ特質を治療者の問題を含め考察したい。

2．事例の概要

　(1)　クライエント：12歳の中学1年男子

　(2)　主訴：夜尿（幼稚園に入る前1カ月位を除いてほとんど毎日）

　(3)　家族構成：両親（父親：会社員、母親：専業主婦、共に43歳）と弟2人（小学5年、小学3年）の5人家族である。弟2人は成績もよく、ハンサム。

(4) 既往歴・生育歴：小学4年時、1カ月ほど円形脱毛があったが治療せずに治癒している。また、小学5年時、針治療に喜んで行っていたが金額が高く1カ月でやめているが、夜尿に変化はなかった。その他特記すべきことなし。成績は中の下である。

(5) 他の治療者による母親面接から：母親の来訪動機は、夜尿もさることながら、本児との関係の気まずさからであった。「気を遣って、本児と話せない。話さないで済むなら話さない方がいい。夜尿のこともあるが、将来家庭内暴力を振るう子になるのではと、心配で来談した」（1回）。また、「夫は2番目の子が、私は3番目の子が気にいっている」（2回）。このような本児に対する関係は、治療が進むにつれて改善されていった。「普通の会話がスムーズになり、ほめることもできた」（21回）。そして、本児の出産時の経過がしみじみと語れるようになっていった。「結婚前に身ごもった子で、田舎だったのでとても恥ずかしく、みじめな感じがした」（31、32回）。

(6) 筆者の初回面接時の印象：本児は、母親に対して攻撃的であり、ブスッとして言い返す。（母親はこんなこと聞いたのは初めてと面接の最後に言われる）また面接終了時、本児は自ら進んで椅子を片付けるなど気が利いたところがあり、その姿に治療に対する本児の意欲を感じた。本児の風貌は、坊主頭、色黒。

(7) 治療形態：初回面接と第9回は、親との合同面接で、それ以外は本児を筆者が、母親を他の治療者が原則として週に1回、約1時間面接を行なった。（母親面接の経過は、山中［1985］によって報告されている）

3.治療過程

治療過程は、導入期、治療者混乱期、壺イメージ期、終結期の4期に分けられる。夜尿の頻度の変化と、各面接で筆者が印象深いと感じたクライエントのせりふと、イメージ内容とを表8-1に示した。

1．導入期（初回面接と 1 ～ 8 回）

初回面接以外は、クライエントは、寡黙がちであり、話の糸口をどのように見つければよいのか、治療者も戸惑いながら面接が経過していった。しかし、夜尿の頻度は著しく減少していった。

初回面接［X 年 5 月］（父、母、本児と合同面接）

父親は、勉強の話などから、論理的に本児を問いつめてゆき、気持ちを聞こうとしない。母親は、修学旅行や親戚の家では夜尿はないから、それは心理的なことだと思うと語る。また、幼少時、抱っこしたりあやしたりしない方が脳の発達に良いと育児書に書いてあったので、そういうことをあまりしなかった。最近それがよくなかったのではないかと思っている、と語り、知識が優先するタイプのように見えた。

Th〈どんなことで困っとるの？〉　Cl「おねしょ」　Th〈どんな時あるの？しない時もあるの？〉　Cl「わからない」（夜尿には、触れたくない様子なので、親子関係に話題を向けた）　Th〈お父さんやお母さんに思っていることあったら言ってみて？〉　Cl「ちょっとしたことですぐ怒る」　Cl「怒られていることと別なこと持ち出して怒る」　Th〈そんな時どうするの？〉　Cl「言うひまないもん、すぐ手が飛んでくる」

筆者は、個別にクライエントと面接することも考えたが、本児が両親に対しかなり表現できると感じたので、この面接は合同で終えた。

1 回

（学校で、いたずらされる）　Cl「机に墨を塗られたり、上履きを隠されたりする。一人いたずらする人がいる。先生に出す日記帳にその人のこと書いてみようか、それとも自分の実力でやるか、決まらない」（いたずらのこと、日記帳に書いてみることを話し合う）Th〈迷っている時、からだの感じに聞いてみるとすっきりすることがあるけど、やってみる？〉　Cl「はい」　Th〈自分の実力でやるというの心の中に入れてみて？〉　Cl「何も感じない」　Th〈じゃ、日記帳に書くというの入れてみて？〉　Cl「どきどきする。この辺（胸）あたり、頭がじーんとする」（7 月下旬にその子とけんかし、負けたが、その後仲よくなったことを 9 月に報告する）

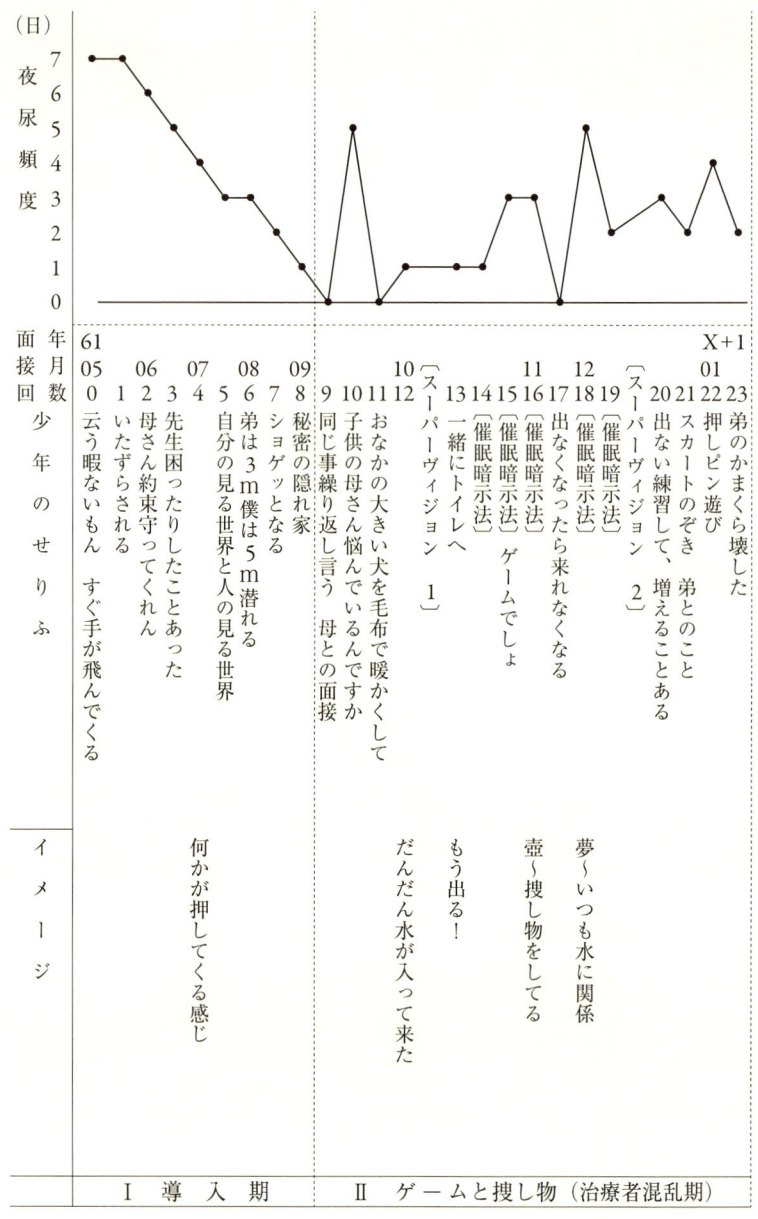

表8-1　治療過程における夜尿

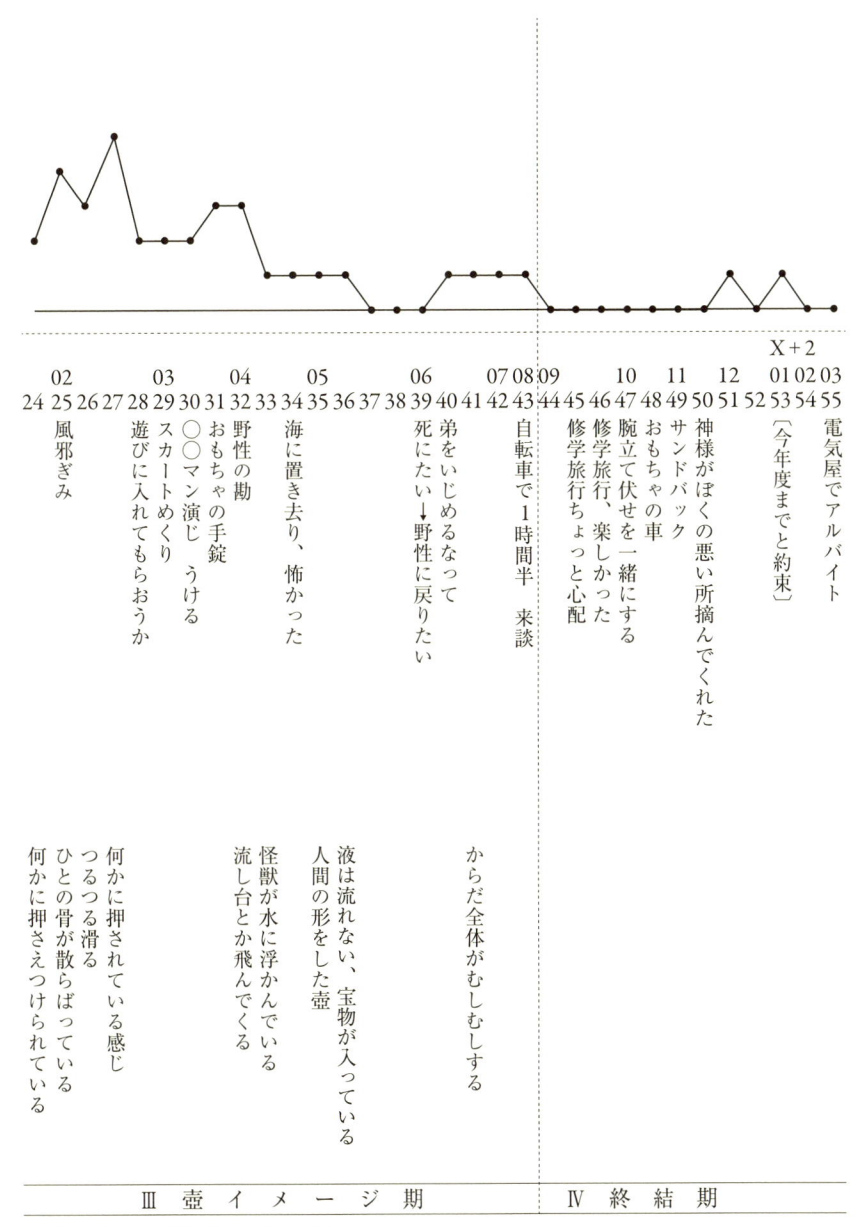

X+2

| 02 | 03 | 04 | 05 | 06 | 07 | 08 | 09 | 10 | 11 | 12 | 01 | 02 | 03 |

24　25　26　27　28　29　30　31　32　33　34　35　36　37　38　39　40　41　42　43　44　45　46　47　48　49　50　51　52　53　54　55

風邪ぎみ

遊びに入れてもらおうか
スカートめくり
○○マン演じうける
おもちゃの手錠
野性の勘

海に置き去り、怖かった

死にたい→野性に戻りたい
弟をいじめるなって

自転車で1時間半　来談

修学旅行ちょっと心配
修学旅行、楽しかった
腕立て伏せを一緒にする
おもちゃの車
サンドバック
神様がぼくの悪い所摘んでくれた

〔今年度までと約束〕

電気屋でアルバイト

何かに押さえつけられている
ひとの骨が散らばっている
つるつる滑る
何かに押されている感じ

流し台とか飛んでくる
怪獣が水に浮かんでいる

液は流れない、宝物が入っている
人間の形をした壺

からだ全体がむしむしする

| Ⅲ　壺　イ　メ　ー　ジ　期 | Ⅳ　終　結　期 |

頻度と少年のせりふ、イメージ

2回 [*X*年6月]

（前回来談されず）Cl「かあさん約束守ってくれん」（前回母親とどこかで待ち合わせし、来談予定であったが、母親とのずれから来られなかったことをあやまる）

3回

（学校のことや家のことをきいても沈黙がち）Cl「別に……」（Thが夜尿のことをもちだす）Cl「おねしょは治したい。小4～5年の時父と母と話し合って、『おねしょはしない』と寝る前に言ってみたが変わらんかった、だから気持ちのもち方で変わることはないと思う。だけど、ここに来だしておねしょが減った。週に2、3日ないことがある」Th〈どんなことで減ったんやろか？〉Cl「わからん」Th〈気持ちとおねしょが関係しているかどうかわからんけど、気持ちがもやもやしてたり、そんな時ぐっすり眠って起きられなくておねしょすることあるんよね。もしそうやったら、気持ちを整理したり眺めたりするやりかたがあるんやけどね……。何か先生に聞いてみたいことある？〉Cl「先生も困ったりしたことあったですか？」Th〈もちろんあったよ〉（Clニコッと笑う）

4回 [*X*年7月]

（沈黙がち）Th〈からだの感じとかイメージとか何か役立ちそうだったらやってもいいし、そうでなかったらやめてもいいし、ちょっとやってみる？〉（運動催眠［後倒法→右腕重感］）Th〈こんどは力を抜いて、楽にしている時の○○君のからだの感じを眺めてみて？〉……（30秒ほどして）Th〈どんな感じ？〉Cl「軽い………重たくなっていく……」Th〈どこが？〉（Cl腕や上体を指さす）Th〈重たくなっていく感じもう少しながめてみる？　やめる？〉Cl「もう少しする……」Th〈どんな感じ？〉Cl「からだが右の方へ押されてゆく感じ……何かが押している感じ……」Th〈何かって、見てみる？ほうっておく？〉Cl「ほうっておく」Th〈どんな気持ち？〉Cl「しんどい」Th〈もう少しする？　からだの外に出す？〉Cl「出す」Th〈深呼吸をしてごらん、からだの外に押されてゆく感じが出ていくよ……〉（外に出す）Th〈出したの近くにある？　遠くにある？〉Cl「近くにある」Th〈箱か何かに入れる？〉（Cl茶色の密封びんに入れる）Th〈いまどんな気持ち？〉Cl「楽になった」Th〈こういうこと何か役立ちそう？〉Cl「わからない」

　＊この頃フォーカシングの実習を村山正治先生のゼミで行なっていた。その当時のフォーカシングはからだの感じを味わうことが第一ステップであった。確かにからだの感じを味わうことは、問題解決に役立つ。からだの感じから「問題」が浮かび、問題がいっそう明確になることがあった。しかし、からだの感じだけで終わったり、それから抜け出すことが困難であったり、急に深い問題が浮かんだりすることが多く、面接後不快感が残ったりすることがあった。そこで、この面接では深呼吸で残っているからだの感じを容器に入れる方法をとった。この当時、筆者は壺イメージ法を知らなかったが、この終わり方は、壺イメージ法ととても類似していた。

5回

　（友達と海に行ったことが楽しかったと話す。ここに来ると、すごーく気分が楽になると話す。その後、自分の見る世界と他の人の見る世界が違うのではないかと一生懸命話す）Cl「自分の見る世界と他の人が見る世界と違うことがあるんですか？……（机の木目を指しながら）例えば、ぼくが『これ楕円やね』と言うと、先生が『そうやね長四角やね』と。でもぼくにはそれが楕円と聞こえる……サルが人間を見るとサルに見えて、弟にはぼくが、ブタに見えてたり、かあさんはぼくが、ゴリラに見えてたり、そういうことがあると思う（いくつかの例をあげ一生懸命話す）……そういうことを考えると、勉強もできなくなる。不吉な感じでもあるし、いい感じでもある。何か複雑な気持ち」（小1の時から考えていたこと、小4〜5に強かったことなどを話す）

6、7回［X年8月］

　（夏休み海に家族で行ったこと）Cl「弟は3mしか潜れないけど、ぼくは5m潜れる。自分の周りの人はみんな大きな仕事をしているし、弟もそういう人になると思うけど、ぼくには手が届かない、それでショゲッとなる」（頭を垂れるジェスチャーを交えながら）

　＊（母親の面接から）夜尿は週1回位になった。本児が夜尿について母親に「自分でも治したいと思っている。もう少ししたらなんでかわかるような気がする。それまでそっとしておいてほしい」と語り、母親は「真剣に話せた。治したいと言ってくれたのが、嬉しかった」と語っている。

8回［X年9月］

（夏休みあけ）Cl「また嫌いな学校が始まった」（笑いながら）（テレビのアンテナを修理したこと、秘密の隠れ家のことを元気に話す）

2．治療者混乱期（9〜23回）

この時期は、筆者の面接の方針がぐらつき、壺イメージや催眠覚醒暗示法を試みた。クライエントは、催眠を「ゲーム」と呼び、壺イメージを捜し物をしているみたいで面白いと語った。夜尿は、週に2、3回と変化がなく、最終的にはクライエントに助けられ、治療者の混乱が終わった。

9回

（1週間夜尿がなかった）（前回母親から一緒に話してみたいとの希望があり他のThと相談し、本児に聞いてみて決めることにした）Th〈今日終わりの20分位かあさんと一緒に話してみる？〉 Cl「うん」（沈黙がち） Th〈かあさんと一緒に話そうと言ったけど？〉 Cl「一緒にしてもいいけど、ちょっと気乗りがしない」 Th〈じゃやめようか？〉 Cl「いや、いいですよ」

（4人で面接）（母親に）Cl「同じこと繰り返し言うのがうるさい、1時間も同じこと言って」母親「1時間も言ってないよ」etc.（Clが母親を責めるように激しく言う）

10回

（＊1週間ずっと夜尿あり）ケンカして仲よくなった友達のことを話す。Th〈今までケンカしたことよくあったの？〉 Cl「なかった」（帰り際）Cl「ここには、小さい子も来てるんですか？……そんな子供のおかあさんやっぱり悩んでるんですかね」

11回

（飼っている犬のこと、おなかが大きく、寒くなるので毛布でくるんで暖かくしてやろうと思っていると話す）

12回［X年10月］

（沈黙ぎみ）Th〈何かいろいろ考えているけど、どれを話していいかわからない感じ？ それとも何も浮かんで来ない？〉 Cl「何か話したいけど、何を話していいかわからない。もやもやした感じ」（【壺イメージ】を導入）リラッ

クス、(深呼吸)……壺教示……Cl「3つある」　Th〈中に何が入っているか
わからないのでちょっとだけ入ってすぐ出てみようか?〉　Cl「周りで何か
走り回ったり、動いたりしている①」　Th〈自分は?　どんな感じ?〉　Cl
「しゃがんでいる。重たい感じ……ころがされるような感じ」②暗い、③光
が差し込んでいるような感じ。手前から奥へ①②③と並べる。(一度覚醒、感
想を聞くともう一度やりたいとのことで再び【壺イメージ】)今度は、ひょうたん
の形の壺が三つ浮かぶ。①籠の中に入れられている感じ、②あっけない感じ、
③びっくりしたような感じ。①にゆっくり入る。Th〈どんな感じ?〉　Cl「……
なんかむずむずする感じ……あ、だんだん水が入って来た……自分はプカン
と浮かんでいく……もうやめていいですか?」(出る)　イメージ終了後　Cl「出
る時足がつるっとすべりそうだったけど、ギザギザがあったので出れた。出
たら楽になった」　Th〈こういうこと何か役に立ちそうかな?〉　Cl「立つ
と思う」

　＊ここで成瀬先生にスーパーヴィジョンを受けたところ、「従来の研究から、
夜尿については、催眠(暗示)療法がかなり効果をあげうるということがわかっ
ているのに、それをやってみもせずに、壺イメージをやるのはおかしい」と
指摘された。筆者自身は今のまま、つまり壺イメージ法でよいのではないか
と思いつつも、第13－19回の間、催眠暗示による治療を試みた。

13回

【壺イメージ】Cl「ドアが三つ浮かんで来た」　Th〈あけて入ってみる?〉
①自分が小さくなる感じ、②首をしめられている感じ、③暗い感じ。(休憩
して) Cl「ボールとバットが浮かんできた、バットの先に穴があいていてそ
こから入れる」　Th〈入ってみる?〉　Cl「はい」　Th〈入ってどんな感じ?〉
……(Cl沈黙……股間をもじもじする)……(腰をガクガクさせながら)　Cl「先生、
シッコ!」　Th〈そこから出るとシッコに行きたい感じ、だんだんなくなっ
ていくよ〉　Cl「……あーなくなった」(イメージ終了後、夜尿について聞き、目
を覚ます練習があるのでやってみないかと提案、催眠暗示導入)　Th〈深呼吸をゆっ
くりするとだんだん力が抜けてとても楽ないい気分になるよ……今、ふとん
の中に入ったところ思い浮かべて……どんな感じ?〉　Cl「あったかい」
Th〈だんだん、おなかの下あたりがふくらんで、トイレに行きたくなるよ(カ

ウントダウン）〉（Clからだをがたがたさせる）Th〈そうするとパッと目を覚ましますよ〉（Clピタッとまぶたが動く）Th〈そう今、目を覚ましたね〉（イメージの中でトイレに行く、からだの動きも止まる）解催眠後、もう一度催眠暗示法、2度目はカウントダウンしている途中にCl「もう出る！」と叫び、一緒にトイレに行くと、たくさん出る。

  ＊Thは、壺イメージでよいのではと思いつつ、催眠暗示法を導入してしまった。それは、催眠暗示法を夜尿症児に適用した経験がない治療者にとっての不安の現われであったと思われる。

14回

（＊母親面接から、「夜尿は1回あったが自分ではじめて洗濯したとのこと」）Th〈前やったのする？〉 Cl「はい」（催眠暗示法［後倒＋合掌硬直＋幻味］……膀胱がはった感じが強くなるよ……尿意→覚醒）

15回

  Th〈以前やったのする？〉 Cl「ゲームでしょ」第14回と同じ催眠暗示法。解催眠後、Cl「原住民は何で色が黒いんですか？　生まれた時は皆同じ人間なのに」

16回［X年11月］

（催眠暗示法後、催眠暗示法は「ゲームで、楽しい」、壺イメージは「何か、捜しものをしてるみたい、ぼくそういうの好きなんです」と語る）　Th〈おねしょは何か、気持ちがもやもやしていたり、気にかかっていることがあったりするときにあることがあるんよね？〉 Cl「そんな気もする」 Th〈そうでなかったら、一度お医者さんにみてもらってもいいかもね〉 Cl「先生と話してたら、出なくなると思うから」

17回

  Cl「まだ練習を続けたい」 Th〈布団に入る時とか、次の日のこととか、何か出る時の感じが思い出せると、先生もきっちり手伝えるんやけど〉（Cl困惑した顔）Cl「布団に入ってちょっとボーとして、不安な感じになって、それが段々強くなって、眠っちゃって、目が覚めたら出てる」 Th〈不安な感じって？〉 Cl「うーん……よくわからない」 Th〈今、キチッと止めたい？〉 Cl「出なくなったらここに来れない気がするから」 Th〈あーそう、出なく

なったらここに来れない気がするの！〉（Thは夜尿がなくなってもここに来ていいこと、そういう気持ちを先生に教えてくれることはとてもいいことだと説明する）Th〈今まで色んなこと話して来たけど、どんなことがあったかな？〉　Cl「自分の見る世界と人の見る世界が違って見えるってこと」　Th〈そうだったね〉Cl「今は考えてみようと思った時だけ考える、前は頭にいつもつきまとっていたけど」（ニコッと笑う）　Th〈どう、出なくなったらここに来れない気がする？〉　Cl「そんな気なくなった」

　（催眠暗示法）Th〈ぐっすり眠っていたらだんだん、膀胱がふくらんでくる感じがしてくるよ〉　Cl「……チンコがむずむずしてきた」　Th〈もういいなーと思ったら目をパチッと開けるんですよ〉

18回［X年12月］

　Th〈ある感じはっきりすれば……〉　Cl「ちょっと思い出した、布団に入って、しめった感じがする時に出ることがある。背中のあたり、粘着性の汗、ちょっとべとべとした感じ」　Cl「いつもパンツ一枚で寝る。かあさんから風邪ひくからと言われ、パジャマとかシャツ着せられ、そんなときいやな夢を見て気がついたら出ている」　Th〈どんな夢？〉　Cl「いつも水に関係してる、背中が燃えて、それに水をかけているとか、砂漠の中で暑くて苦しい時に、雨が降って来るとか、何かに追いかけられて、水に飛び込むとか」→催眠暗示法。

19回

　Th〈どうだった？〉　Cl「今日の朝だけあった」　Th〈昨日、布団に入る時どんな感じだった？〉　Cl「背中が冷たいべとべとした感じ」→催眠暗示法。

　＊催眠暗示を試みたものの、夜尿は逆に増えてしまったため、第19回の面接後再度スーパーヴィジョンを受けたところ、「催眠をやるにはタイミングを逸してしまったようだ。また、治療者が以前試みた壺イメージ法に心を残したままで催眠に気乗りがしないまま行なっている印象がある。治療者自身が気乗りしないことをやってクライエントが治るはずがない」と指摘された。そこで、催眠暗示を中止し、クライエントとこれまでのやり方を話し合い、第23回から壺イメージを再開した。

20回

Th〈いままで練習してきたけど、ぼくにあった方法なんやろか？〉　Cl「あのー、先生質問していいですか？　おねしょ出ない練習して、おねしょ増えるってことあるんですか？」　Th〈ぼくはどうだった？〉　Cl「ここに来だして、初めは急に減ったけど、最近、ペースダウンしてきた」　Th〈練習しだして？〉　Cl「うん、すこし増えたみたい」（それぞれ、その人に合った方法があること、今のように教えてくれることが大切だということを伝えると、Cl「今は話をする方がいいと思う」と語り、友達とのことを話す）

21回

（目覚し時計を買ってもらった、弟のより優れているとの話、学校での遊び、鏡を靴につけてスカートをのぞく、自分が鏡を割って皆にくばった話）

22・23回　[$X + 1$年1月]

（学校での遊びの話、押しピンを椅子のうえに置く、ぼくも何度かやられたので自分もやっている。雪が降って、弟とかまくらを作った、そのかまくらをなんとなしに壊した、弟は泣いてたけど、ぼくが壊したって知らない）

3．壺イメージ期（24〜43回）と終結期（44〜55回）

壺イメージを再開し、その中でクライエントは、母の象徴と思われる流し台や怪獣をイメージに浮かべた。また、学校ではクラスの人気者となり、家庭では自転車旅行を一人でするなど徐々に逞しくなっていった。その自転車旅行を契機に夜尿はほとんど全く消失し、終結を迎えた。

24回

（これまでのことを聞く。壺イメージはCl「何か宝捜しをするみたいで面白い」）壺イメージを再開。【壺イメージ】——三つ浮かぶ。①左にある大きな壺：入りたくない、大きな石の蓋をする。②真ん中の壺：何かに見られている感じ。縄でしばって蓋をする。③右の壺：何も感じない。ネジで締め蓋をする。②の壺にゆっくり入る。Cl「何かいるようだ、何かわからないけど……うすくなってゆく」　Th〈からだの感じは？〉　Cl「軽い感じ（首を前後に動かす）首をまっすぐにすると重たい感じ……何かに押さえつけられている感じ……何かわからない……出る」　イメージ終了後、Cl「おしっこ行っていいで

すか？」（二人でおしっこに行く）　Cl「壺が出てきたら、おしっこに行きたく
なってきた、右の壺から出たらその感じが消えたけど、左の壺はどうするか
と言われたら、また出てきて、真ん中の壺に入ったらだんだん強くなった」
Cl「最近、授業の終わり10分前ごろになると、おしっこに行きたくなる。
あと15分と言い聞かせるとがまんできる、失敗したことはない」

25回［$X+1$年2月］

（風邪ぎみ、これまでほとんど風邪をひいたことはなかったらしい）Th〈どう、
学校でおしっこに行きたくなるのは？〉　Cl「よくなった。ちょうど授業が
終わる頃に行きたくなる」【壺イメージ】　①緑の蓋のある壺：Cl「ひとの
骨がたくさん散らばっている、怖い感じ」　Th〈からだの感じは？〉　Cl「別
にない……もう出る」②白い蓋のある壺：Cl「何かあるみたいだけど、何
もない、真っ暗（すぐ出て縄で縛って蓋をする）」　イメージ終了後、Cl「弟が
ぼくの学生服をストーブに落とした」　Th〈ぼく、なんて言ったの？〉　Cl「い
いよ、もうひとつあるからって」　Th〈そう言いたかったの？〉　Cl「いや、
なぐりたかった。でも、かあさんが怒るからせんかった。腹が立った」　Th
〈どうしたの？〉　Cl「寝つきが悪かった。……腹が立った時、柱に手をバ
ンバンと痛くなるまで打つ、そうすると痛みで忘れてしまう。それとか畳に
太い釘を打ちつける。雪の降った日あったでしょ。あのとき弟のことで腹が
立つことがあって、はだしで雪の中を歩いた、そしたらちょっとは、腹が立
つのがおさまった」　Th〈腹が立った時、柱をたたいたりすることでいい？
それとも、もっと他の方法見つけたい？〉　Cl「見つけたい」（時間が来たが
もう少し話したいとのこと、今、思い出したら、腹が立ってる）　Th〈ひとまず、空っ
ぽの壺にそんな感じ入れとこうか？〉　Cl「うん」（空っぽの壺に　Cl「ことば
とか感じを立方体にして、投げ込んだ。もう全部入った」蓋に針金を巻いてペンチで
締める）

26回

（おねしょは3回あった）　【壺イメージ】　①左、蓋はある。つるつるすべる
感じ、Cl「氷よりもっとすべる感じ、うつぶせになって起き上がろうとす
るけど、すべる……もう出る」（深呼吸をしながら出る）②真ん中、何もない
感じ、③「何も感じない」。

27回

Cl「何かあるみたいだけど、浮かばない」【壺イメージ】全部蓋がない ①左、何かに押されている感じ、②真ん中、軽くなったり重くなったりする感じ、③右、何かに押されている。②の壺が入りやすい　Cl「さっきと同じ感じ……だんだん重たくなってゆく……何かに押されている感じ」　Th〈何かってどんなものかな？〉　Cl「わからない」　Th〈見てみる？〉　Cl「見ない……もうきつい」(外に出て蓋をする、ジャンパーの背中の部分で蓋をして、ロープで縛る、他の二つの壺にも蓋をする)

28回

Th〈どうですか？〉　Cl「前半は良かったけど、後半出た」　Th〈他にない？〉　Cl「ありそうだけど浮かばない」【壺イメージ】　Cl「浮かばない」(休憩をいれる)　Th〈どんな感じだった？〉　Cl「何か後ろに引っ張られるような感じだった」　Th〈もう一度やってみる？　どうする？〉　Cl「もう一度やってみる」(壺は浮かばず、イメージが浮かぶ)　Cl「人がたくさんいる。針金を配っている人と何かわからないけど、卵型の白い何かいやなものを配っている人がいる。中学か高校生みたいな男の人。自分はいない、一度見に行ったけどいやな感じがするからもう見に行かない……みんな帰って行く……」　Th〈どんな感じ？〉　Cl「寂しい感じ、自分は何もしてないなって」イメージ終了後、Cl「皆が昼休み遊んでいるとき、入れてもらおうかどうしようかって思っているときの感じに似ていた」

29回 [$X + 1$ 年 3 月]

Cl「スカートめくりがはやっている、針金があったんで皆が○○やれ、言うんでやったら、4〜5人の女の子から追いかけられて、足をけたぐられた」　Th〈今日は、壺イメージする？〉　Cl「今日はいいです」　Th〈壺の確認は？〉　Cl「それはします」【壺イメージ】Cl「金庫があって、その周りにたくさん壺がある、スイングしててはっきりわからない」　Th〈よく見てごらん？〉　Cl「三つ蓋のない壺があるみたい」(ネジを締めたら簡単に蓋ができた、揺れてるのがとまった)

30回

Cl「送別会で(自分が)○○マンやったら、バカうけした、先生も笑いこ

ろげて、それまでしんみりしていた雰囲気がそれから明るくなった」（自分から進んでしたこと、タンパンに上を脱いで、ジャンプしながらやったことを嬉しそうに話す）【壺イメージ】　Cl「1個ある、ぼんやりしてるけど、ビニールの蓋がある、大きい蓋で透明」　Th〈中のことわかる？〉　Cl「わからない」　Th〈中に入ってみる？　どうする？〉　Cl「入ってみる。ビニールの蓋を破って入った」　Th〈どんな感じ？〉　Cl「そわそわする感じ……もう出る」（イメージ終了後、最近おねしょが少なくなったと自ら言う）

31回

（左腕におもちゃの手錠をして来談。弟が鍵のない手錠をしてはずれなくなったと言う）Cl「弟のやつ、はずれたらこづきまわしてやる」【壺イメージ】は蓋だけ確認、三ついずれも蓋がある。

32回［$X+1$年4月］

Cl「1週間に1回ぐらいになった」　Th〈なんで減ったんやろか？〉　Cl「先生のやり方が良かったんやないですか？」　Th〈壺イメージする？〉　Cl「はい」（ニコッと笑って）【壺イメージ】　Cl「何か、壺は浮かんでこないけど、いろんなものが……」　Th〈どんなもの？〉　Cl「冷蔵庫とか、皿とか、流し台とか……たくさん、向こうから、こっちに向かってくる、頭をかすめて通り過ぎてゆく（眉をしかめながら）」　Th〈ちょっと、2〜3歩後ろにさがってみる？〉　Cl「さがった」　Th〈どうなってる？〉　Cl「手前のほうで止まって、振動している」　Th〈どうしようかな？……空っぽの壺に入れる？〉　Cl「はい」（空の壺指定、大きな壺が浮かぶ。冷蔵庫、流し台、皿を入れる。最後にもやもやした何かわからない黒いものが入ってゆく。鉄の蓋をする）　Th〈壺を遠くから眺めてごらん？　どんなになってる？〉　Cl「真ん中に今の大きい壺、左右に紙の蓋のある小さな壺がある」　Th〈どれくらい離れてる？〉　Cl「8mぐらい」　Th〈ちょっと近づいてみる？〉　Cl「いや。中に何が入っているかわからないから、いや」（それ以上は近づかないこと、壺イメージは先生と一緒の時だけすることを確認。イメージ終了後、何が入っているかわからない壺の中には、どろどろしたいやなものが入っている気がすると語る）面接の終わり頃、Cl「親犬は子犬がどこか悪い時すぐわかるけど、人間はそうはいかない。ぼくは、野性の勘を身につけたい。弟より夜目がきく…」

33回

Cl「今日の朝だけ出た」 Th〈減ってきたのかな？〉 Cl「はい」 Th〈なんでかな？〉 Cl「色々やったけど、結局今のやり方がいいみたいです。話したり、イメージしたりが」【壺イメージ】 Cl「浮かんだ」 Th〈どれくらい離れてる？〉 Cl「ちょっと動けば、額にぶつかりそう、蓋がない」 Th〈2、3歩さがってみる？〉 Cl「はい」 Th〈その壺どんな色？〉 Cl「赤から緑、青に変わってゆく……形が変わってゆく……先が細い壺になってゆく……」 Th〈近づいてみる？〉（Clうなずく） Th〈入ってみる？〉 Cl「口が小さくて入れない」 Th〈手を入れてみる？〉 Cl「はい……ちょっと入れたら、水が吹き出してきた」（すぐ蓋をして、もう一度離れて見る） Cl「フラスコみたいになってきた……中に、怪獣が水に浮かんでいる、カエルの顔をして、しっぽにとげがある、水に浮かんで口をパクパクさせている、周りにめだかの頭だけとか、死骸の一部がたくさんある」

34回

（幼稚園に行く前の頃、とうさんが海に連れて行ってくれた時、海に置き去りにされて、ワーワー泣いたこと、とても怖かったことを覚えている、としんみり話す。今日は壺はしなくていいと話す）

35回 ［$X+1$年5月］

【壺イメージ】 Cl「①左に人間の形をした壺、②右上にリンゴの形をした壺、③真ん中下に普通の壺」。Cl「人間の形をした壺を見てみる。髪は短く、目がつりあがって、髪をふりみだして、胴から上で、右腕を振り上げ、左腕を降ろしている、顔は黒、赤、白で塗られている。首に入り口があるけど、とても怖くて中に入りたくない」③普通の壺には入れる、Cl「自分が水に入って浮かんで顔を出している、からだが軽い感じ……（しばらくいた後）……もうきつい……」（壺から出る）

36回

（日に焼けて来談）Cl「一度も失敗なかった」（いとこと自転車遊びしたことをアクションを交えながら話す）（壺イメージは蓋の確認だけする） Cl「①左に、たまねぎ型の壺、②右に、青色の壺、両方とも白い布で覆われてる」 Cl「①左の方、上からじゃないと近づけない、こっちに動いてきそうだから……蓋

が二つあるような気がする、（上の蓋を開ける）蓋の隅に鉄パイプがあり、その中から入れそうだけど、入ると怖いので入らない、鉄パイプには蓋があり、ちょうつがいで開くようになっている、その蓋には鍵がかかっていて、キーはその鉄パイプにぶらさがっている。スペアが下に置いてある。鉄パイプは黒色で、蓋はピンクのような灰色のようなよくわからない」（蓋をして、壺から出て眺める）Cl「その壺が逆さになっている、でも液は流れない、大丈夫」Th〈液流れない？〉　Cl「いや、何が入っているかわからないけど、宝物が入っていると思う。②は2、3歩離れた所にある。とても怖い感じなので見ない」

　＊鉄パイプはペニスを、壺は膀胱を象徴的に表現していると思われる。

37、38回
（学校での遊びのこと、壺イメージの確認はいずれもしなくてよいとのこと）

39回［$X + 1$ 年6月］
【壺イメージ】（蓋の確認は随分やっていないので、開いているような気がするのでやってみたい）①ネジで締まっていて透明、②布の蓋のあるいつもの壺、③コルクの栓がある。「あ、全然締まっていない」と言って締める。イメージ終了後（屋上をみて）、Cl「気が狂った人、あそこから飛び降りるんじゃないですか？」　Th〈ぼく、死にたいと思ったことある？〉　Cl「ある。小学校の頃、死にたいと思っていたら、いつのまにか、野性に戻りたい、戻りたい、と変わっていた」

40回
　Cl「今週は3度あった（しょんぼりと）」　Th〈いつもと比べると少し多いのかな？〉　Cl「はい」　Th〈何か、すっきりしないことあったんじゃない？〉　Cl「……弟、漢字の書き取り、汚いんですよ。僕だったら、母さんに2ページ追加されるのに、母さんは弟には何も言わない。それで弟に言ったら、母さんがきて、弟をいじめるなって。母さんが他の人だったら、なぐってる、でもなぐったら、父さんがいる。父さんには勝てないから……なんか悲しくなってきた」（目に少し涙を浮かべて話す）

42回［$X + 1$ 年7月］
　Th〈どんなこと話そうか？〉　Cl「イメージをやってみたい」【壺イメー

ジ】Cl「ひょうたんの形した壺、色はわからない、白い布の蓋、縄でしばってる。（中に入って）ガサガサした壁、もう少し降りてみる……水が足首の所まである」　Th〈どんな感じ〉　Cl「冷たい」　Th〈その感じ、味わってみて、何か変化があったら言ってみて〉　Cl「……頭があつくなってきた……肩の所まで（あつい感じが）降りて来た……あつい……（苦しそう、鼻の頭に汗）……もう出たい……（上の壺に上がる）……からだ全体がむしむしする……」（出る）　Th〈他は？　捜してみる？〉　Cl「これを消して、他のを浮かべる」　Cl「『？』の箱が浮かんで来た、各面にすべてが書かれている、黒い地に赤い『？』」　Th〈入ってみる？〉（左の面を開けて入る）　Cl「……からだがあつい……もう出る」　イメージ終了後　Cl「イメージしたら、すっきりした」

43回［$X+1$ 年8月］

（1時間前に来談）（自転車で1時間30分かけて自宅から来たこと、天気図を見て雨が降らないことを確認して来たこと、これから1時間かけて親戚の家に行くことを話す。こんな長い距離は初めてと元気に話す。剣道のキャンプで、おじさんからビールを飲ませてもらったこと、家でも父さんが時々ちょっとだけ飲ませてくれる、自分はビールが一番好きと話す）

44回［$X+1$ 年9月］

（弟とプラモデルで遊んでいることを話す）　**45回**（修学旅行がある。ちょっと心配だけど、たぶん大丈夫と思うと話す）　**46回**（修学旅行のこと、楽しかったこと、おみやげに300円のぽっくり下駄を持ってくる）

47〜52回［$X+1$ 年10、11、12月］

小さなおもちゃの車を持って来て遊ぶ、また、先生と腕立て伏せを競争したいと言う。（Thが）くたびれるまで一緒にやる。サンドバックを作り、からだを鍛えていると話す。（随分たくましくなる）（夜尿がなくなったことについて）Cl「神様が、ぼくの悪い所を摘んでくれたんですよ！」（終結の時期について）Cl「父さんが夜尿もなくなったし、今年までにしたらと言っているけど、自分は学期末までここに来たい。だけど、それを父さんに言えない」　Thから言ってあげようかと提案するも、自分で話すと言う。

53回［$X+2$ 年1月］

（日曜日におじさんの家にアルバイトに行くことを話す。学期末までここに来たいが、

2週間に1回でいいと話す。面接後、母親の担当治療者を、「先生の頭は天然そりこみやね」と明るくひやかす。次回予定日は、Clが風邪で休み、次々回はThが風邪で休む）

54、55回 [X + 2 年 2、3 月]

（アルバイトのことを得意げに話す、自分は頭を使う仕事よりからだを使う仕事の方が性にあってると話す。最後は「もういいよ」とカラッと言って終結となる）

　＊（1年後、フォローアップ）今年、高校に入学、夜尿は1回もなく、元気に楽しく毎日を過ごしているとのこと。

4．考察

　治療過程を4期に分け報告したが、ここでは導入期と治療者混乱期を、「治療者の述懐」という視点で考察し、壺イメージ期と終結期を「少年の心的変容」という視点から考察したい。最後に、本事例を通して、夜尿症の一般的な考察を行ないたい。

1．導入期と治療者混乱期のまとめ ── 治療者の述懐 ──

　父母との合同面接という初回面接に始まる少年との出会いは、治療者である筆者にとって印象深いものであった。それは、父母に対しての不満表明「言う暇ないもん、すぐ手が飛んでくる」もさることながら、面接の終了時に自ら進んで椅子を片付ける仕種に、連れられて来談したにもかかわらず、少年の治療への意欲を強く感じたからである。

　しかし、初回時の少年の態度と違って、導入期初期の面接は、寡黙がちであり、どのような話の糸口を見つければいいのかわからない、戸惑いと一種の緊張感に包まれていた。遊戯療法や箱庭療法からの導入の方が適しているのではないかとも思った。

　その頃、筆者は、フォーカシングについて実習を行なっていた時期であり、その方法が内的発見に効果的だと感じつつも、ワンセッションの終わり方や、核心の迫り方の急さ（つまり、フォーカシングでは、今抱えている問題の核心が強

い勢いで迫ってくるという印象があった）に疑問を感じていた。第4回のフォーカシング的な面接での「何かが押してくる感じ」は、少年にとって最も大きな問題が浮かんできたのではないかと考えられる。（面接の終わり方として、ある感じを感じたまま終わるのでは、面接後不快感等〔後遺症〕が残ると考え、箱にその感じを入れる方法をとった。少年は密封瓶にその感じを入れた。）次の第5回の「自分の見える世界と人が見える世界が違うのでは」との話は、それが強迫観念なのか妄想なのかという点で、筆者をかなり驚かせた。今考えれば、それは、「何かが押してくる感じ」の「何か」の断片であり、両親から注がれる歪んだ愛情に伴う葛藤としての自我の芽生えだったように思われる。

　カウンセリング経験の浅い筆者の不安定な面接態度にもかかわらず、夜尿の頻度は導入期に急激に減少していった。しかし、第9回の母親の提案による合同面接後一週間、夜尿が顕著に増大した。夜尿の機能的意味を頭では考えながらも、その頃、筆者は、母親から報告される夜尿の頻度に、一喜一憂していたように思う。そして、この合同面接による夜尿の増大は、少年の心の葛藤の整理と統合の作業の必要性を筆者に痛感させた。

　その頃、田嶌さんと同じ病院で心理臨床を行ない、壺イメージを教わっていた。ワンセッションの終わり方や心的問題の整理の仕方など、筆者にとって、とても共感するものがあった。そして、第12回に壺イメージを導入した。壺の中に入ると「むずむずする感じ、水が入ってきた」と夜尿を連想させるイメージが現れた。ここで、スーパーヴィジョンを受けたところ、先述のように、「従来の研究では、夜尿には催眠療法がかなり効果をあげうるということがわかっているのに、それをやってみもしないで壺イメージをやるのはおかしい」と指摘された。この時、おそらくスーパーヴァイザーから支持されることを期待していたためであろう。筆者はたちまち混乱に陥った。今思えば、このコメントは「君は夜尿に関する従来の治療法をどれくらいちゃんと勉強しているのかね」という叱責であったものと思われる。

　治療者の混乱の中で、続く第13〜19回では、催眠暗示による治療が試みられた。第13回では、壺イメージはペニスを連想させる「穴のあいたバット」が現れ、その中に入ると、少年は腰をがくがく動かし強く尿意を感じた。そこで、筆者は催眠暗示法を導入、第19回までそれが続けられたが、それは

逆に夜尿の回数を増やすという結果になった。おそらく、この頃の少年にとって必要なことは、（催眠暗示等による）訓練や練習をすることではなく、心の中に渦巻く『自分を押さえつける“何か”』を明らかにすることであったものと考えられる。

しかし、このことから、少年に催眠暗示がもともと効果をあげうるものではなかったのだと結論を下すのは早計かもしれない。なぜならば、このケースでは催眠暗示は壺イメージの導入以後に急遽唐突な形で試みられたものであり、その導入のタイミングは決して適切なものであったとは考えられないし、しかもスーパーヴァイザーの指摘のごとく、「治療者が信じてないものをやっても治るはずがない」からである。第19回の面接の後のスーパーヴィジョンでスーパーヴァイザーにこう指摘され、治療者の混乱は終わった。（討論で、中井先生は「治療者もクライエントも同じ『独立』がテーマだったんですね」と語られた。筆者は、その頃他の研究面でも、指導教官である成瀬先生と心理的な距離がとれない状態であった。今思うと、この『独立』という言葉はまさに適切で、この事例から筆者が学んだ最大のことであった。）

治療者の混乱が終わり、筆者はゆったりと腰を落ち着かせて面接に臨めるようになった。そして、学校での遊びや弟の話題で数回の面接が進んだ後、再び壺イメージを再開した。次に、少年の内的過程に焦点をあてながら、「壺イメージ期」と「終結期」を考察したい。

２．壺イメージ期と終結期 ── 少年の心的変容 ──

少年の心的変容を考察する時、その核となることばは、討論でも論じられたように「野性」ではないかと思われる。つらい時、はがゆい時、少年はいつも「野性に戻りたい」と感じていた。この野性に戻りたい少年が治療の経過とともにどのような心の変遷をたどったのかを考察したい。

(1) 少年の「野性」への戻り方

少年は、来談当初、学校では仲間に入れない寂しい少年、家では弟に対し劣等感をもっており、感情の吐け口は、柱を叩く、畳を釘で刺す、雪のうえを裸足で歩く（第25回）といった内罰的な傾向をもっていた。両親の来談動機は、将来家庭内暴力を振るう子になるのではとの危惧によるものであった

から、その内罰的な攻撃性が社会や家族に向けられることを両親は恐れていたに違いない。この両親と少年の心のずれは、両親にとっては「話しづらい子」であり、少年にとっては「かあさんには僕がゴリラに見えている」（第5回）という表現に見られる。この関係は、心のずれという以上に深刻であったと想像できる。少年は小さい頃、「死にたいと思っていたら、野性に戻りたいと変わっていた」（第39回）と感じている。

　少年にとっては、「野性に戻る」ことが唯一の成長への手がかりだったのではなかろうか。「親犬は子犬がどこか悪い時すぐわかるが、人間はそうはいかない。僕は野性の勘を身につけたい」（第32回）と語った。それは、動物が生まれつきもっている本能的愛を、自分も両親から受けたいとの訴えであり、野性を身につけることとは、そのような愛を自分ももちたいとの願いであったと思われる。

　少年は○○マンを演ずること（第30回）で、クラスの人気者になってゆく。筆者は、それが悲しいピエロというより、少年が自分の中にある「野性」を認め、それをうまく社会に適応させている姿ではないかと考えたい。大爆笑にクラスが包まれたのは、少年が飾り気なく「野性」を演じたためだと思われる。

　さらに、2時間半かけての自転車による来談（第43回）は、少年にとって大冒険であり、野性の行為であったように思える。また、終結期に見られたサンドバックによって体を鍛えることも野性に戻る行為と考えられる。来談時に見られた暗さや寂しさは影をひそめ、少年は徐々に逞しくなっていった。しかし、少年を野性に戻す援助が治療者にはやや不足していたことは否めない。治療者はその当時、少年の心の鍵が「野性」であることに気づいてなかった。

　しかし、この○○マンから自転車冒険に至る過程を創り出し、援助したのは、壺イメージでの体験それ自体であったと思われる。次に、壺イメージの体験内容を整理し、少年が野性に戻るために、壺イメージがどのような役割を果たしたかを考察したい。

(2) 壺イメージの展開

　少年は、催眠暗示法をゲームと言う一方、壺イメージは、「宝捜しをして

いるみたいで面白い」と述べている。24回目に再開した壺イメージでは、やはり、尿意を感じる壺が現れている。そして、自分を押さえつけている"何か"が徐々に明瞭となってゆく。

　24　（壺の中で）何かいるようだ→25　人の骨が散らばっている、怖い感じ→32　冷蔵庫……何かわからない黒いもの→33　怪獣が水に浮かんで……→35　目がつり上がって、髪を振り乱した壺→36　液は流れない、宝物が入っている。

　冷蔵庫や流し台、カエルの顔をした怪獣（治療者から見れば母親ととてもフィットする）、人間の形をした壺へ変化しているが、それらイメージに共通していることは、少年の心の中の母親であると思われる。また、壺の中に入ることは、"何か"を明瞭にするためには少年にはつらすぎるのか、透明な壺に変わりその中身が視覚化されていった（33、35回）。そして、第36回に膀胱とペニス（鉄パイプ）を連想する壺が現れている。そして、（壺の中に）「何が入っているかわからないけど、宝物が入っていると思う」と語った。その中に入っている宝物とは、「おしっこ」であり「お母さん」であると筆者は想像する。

　その間、小さい頃の思い出がしみじみと語られた。（海に置き去りにされた小さい頃の思い出〔第34回〕や、小学校の時死にたいと思っていたら……〔第39回〕など）

　夜尿の頻度も、イメージが明確化するにつれ、週1回と減少し、自転車冒険を契機に数カ月間夜尿は消失した。終結期の最後に見られた夜尿は、終結をめぐる決定に基づいていたと思われる。（12月終結という父親の提案に対し、少年は学年末までとの希望をもっていたが、それがなかなか言えなかったためと思われる。）

3．まとめ ── 夜尿症の成因と治療論をめぐって ──

　夜尿症の治療法について、条件づけ法が顕著な治療効果を示すのに対し、サイコセラピィは、自然治癒に比べ効果がないとの報告がある（デリオンとマンデル De Leon & Mandell, 1966）。また、三好（1981）も、種々の条件づけ手法（マウラー法 Mowrer 法、キンメル法 Kimmel 法等）による多くの治癒例を報告している。その中で、三好は、わずかであるが、条件づけ法の効果が見られ

ない症例を報告している。それは、条件づけ法や薬物療法では全く効果がなく、患児の母が病気になった途端に夜尿が消失した症例である。それ故、高いストレスにさらされている患児には条件づけ手法は充分な効果をもたないと述べている。

本事例は、「自分の見える世界と人が見える世界が違うのでは」と語ったように、母親との関係での葛藤が顕著であり、その葛藤を整理・統合する必要があった事例と思われる。本事例にとって、夜尿の消失もさることながら、母親との葛藤の解決が重要な課題であったと思われるのである。そして、その葛藤の処理は壺イメージの変容から窺うことができる。すなわち、自分を押さえる"何か"の明瞭化であり、明瞭化に伴いその"何か"との体験的距離がとれるようになっていった。この治癒過程は、他の患者についての治癒過程と類似しており、一般的な過程であると考えられる（田嶌, 1983）。

また、浪花（1969）は、箱庭療法により夜尿の消失が見られた小学 3 年生の事例を報告し、箱庭で自己を表現できるようになる過程に言及している。

このように、夜尿症の治療には種々の方法があり、なかでも尿意 ― 覚醒の連合を獲得する条件づけ法や催眠暗示法が有効であるが、その背景に心理的要因が強く認められる事例にはイメージ療法や箱庭療法が適しているのではないかと考えられる。

（冨永　良喜）

参 考 文 献

De Leon G & Mandell W 1966 A comparison of conditioning and psychotherapy in the treatment of functional neurosis. Journal of clinical psychology. 22, 326-330.

Edwards, SD & Spuy HJ 1985 Hypnotherapy as a treatment for enuresis. Journal of child psychology & psychiatry. 26, 16, 1-170.

Kahane, M. 1955 An experimental investigation of a conditioning treatment and a preliminary study of the psychoanalytic theory of the etiology of nocturnal neures is. American Psychologist. 10, 369-379.

大野清志　1966　夜尿癖児の指導　Pp. 257-278　成瀬悟策編「教育催眠学」　誠信

書房

田嶌誠一　1983　"壺"イメージ療法　広島修道大論集，24，1，Pp. 71-93.

浪花　博　1969　夜尿症小学 3 年生男子　「箱庭療法入門」　Pp. 63-70　誠信書房

成瀬悟策　1956　夜尿癖の心理療法　教育評価，2，11.

三好邦雄　1981　「夜尿症」　医歯薬出版

山中　寛　1985　夜尿症の少年を持つ母親の事例　九州大学教育学部心理臨床研
　　究　第 4 巻　Pp. 51-58.

討　論　(6)

成瀬　どうぞディスカッションを ── 。

中井　終結というのは、「2 週間に 1 回でいい」って言ったら、それが終結になっ
　　ちゃったわけ？

冨永　えーっと、55回目で終わっています。

中井　ふーん。約束 ── じゃなくて、終わっちゃったってわけね。

冨永　12月に父親から今年一杯でという提案があったんですけど、本人が学期
　　末までと言ったんで、それで終結しました。

増井　お母さんは別のセラピストがカウンセリングしてるわけ？（冨永：はい）
　　事実関連から言うと、結局この子は、「にんじん」みたいな、「みにくいアヒ
　　ルの子」みたいな子なんですね。長男で、あとの子供は問題ないわけだから、
　　この両親は、最初の子の時、お母さんになる準備ができてなかったわけで、
　　両方そう悪くないんですよね、夫婦としても、両親としてもね。

冨永　結婚する前にできた子で、そのことで迷ってた。

中井　母親になる気持ちの準備ができなかったわけですね。夫婦だけ、という
　　二人きりの期間がないわけだし、抱っこしないとか何とかいうの、これは合
　　理化のためにちょうどかっこうの育児書があったということでねぇ。あるの
　　かしら本当に？（笑い）ひょっとしたら、このお母さん、自分の都合のいいよ
　　うに読み違っているかもしれない。

伊藤　わりとあるみたいです。

中井　ほー！［そうすると］育児書批評というのが要るねー。そういうのは、
　　書評される対象にあんまりならんけど。ま、これは余談ですが ── 、出だしが、
　　僕はかなり強い方だと思うねー。「言う暇がないもん。手がすぐ飛んでくる」っ
　　て言ってるのがね。「待つ暇がないもん。すぐ［おねしょが］出てしまう」（笑

い）と釣り合ってる感じで。——ここまで［はっきり］言うから、僕は、合同面接じゃないのかと思ってたけど、合同面接でいってるんだよね。（沈黙）

冨永 そこ（＝合同面接）で、子供があまり話せなさそうだったら、分けようと思ってたんですけど、かなり自由に話せるので——。

中井 強さをどっか認めたわけね。この子は希死念慮なんかをもってて、それを野性に戻ることで解消したわけ。夜尿はずーっと続いてるんですか？野性に戻ろうと思った時から始まったのかな？

冨永 ええ、ずっと続いています。ただ幼稚園に入る前、1ヵ月間だけ無かったんですが、後ずっとあって——。（沈黙）

中井 ああ、そぉ。この人の、最初の強迫観念みたいなもの、これは自我の目覚めでもあるわけね。他人の中に入ったら、どう世界が見えるだろうというのは、具体的には兄弟、親、弟の中に入ってみたいとか。不吉な感じもあるし、いい感じもあるわけですね。この自我の目覚めから、円形脱毛症ってのは、そのへんにでも起こったのかな。

冨永 そうですね、小学4年生の時ですね。

中井 うーん。しかし、この子は、当然だけど、攻撃的なこと言ったら、後で、打ち消すようなことを言っている。「僕5ｍ潜れる」と言った後は、「弟は大きな人になる」とかね。打ち消している。例えば——、「子犬がどこか悪いというとすぐわかるけど、人間はそうはいかない」というのは、お母さんのことでしょ、多分。お母さんの話が出てくるわけ、お母さん壺のこと。ところが、「僕は、野性のカンを身につけたい。弟より夜目がきく」ということを熱心に話すのは、ここで言っちゃったことを打ち消している。そらしてるんだ。そらしてる方が聞こえるから、こっちにポイントがあるみたいだけど、ちょっと言ったところの方にウエイトがある。うん！（沈黙）これ、3兄弟だけど、壺もよく3個出てくるね。本当にまたかっていうぐらい3個なんだね。それがひとつと、あと、夢の中は乾いてるわけで、本人は濡れたいのよね、いわば、潤いたいわけで、やむなく自分の身体で潤してるっていう面もあるのかもしれない。（笑い）だんだん話が濡れてくるのよね。風邪ぎみになって、少し濡れてるね、身体が。（笑い）風邪ひかなかったわけだから乾いてるわけ。そして壺も、すごい蓋がしてあったのが、蓋がいい加減になってきて、そして、鼻の頭に汗かいたり——、それから水、——水の壺に入るよね。（冨永：はい）で、その水の壺に入った後、今度逆さまになっている壺というのが出てきて、これは、僕は膀胱を連想しちゃうわけね。しかも、「もれないんだ」と、液が落ちないんだと［言ってる］。そうすると、おしっこっていうのは、この子にとっ

ては宝物みたいな面もあって、――（レジュメをめくる音）うーん、――僕の面接で――「おしっこって皆に汚ながられる」っていうようなふうに水を向けたら、「それは非常に大事なもんでもある」と［言った人がいた］。人は本当に皆、排泄してるもんだからね。それが非常に貴重なものになる。実際、このおしっこがなかったら、先生と会うことはなかったわけだ。「もし、おしっこ出なくなったら、会えなくなるのか？」というのはこれ、非常にいい患者で、治療者に教えてくれてるのね、うーん。先生もわりといい感じでつきあってるでしょ。（冨永：ええ）ということを本人は感じてる。つまり、例えば、スーパーヴァイザーの成瀬先生に対する気持ちなんて、この子が代弁しているところあるね。（笑い）（増井：沢山代弁している）うん、すごいね。やっぱり、この子が同一視してるのか、「あれ、何が変わったのかな」って思ったんでしょうね、スーパーヴァイズ受けてるということを知らんでしょ、子供は。

増井　何かこの、治療者の「野性」の部分を、ものすごく受け入れてる。

中井　治療者の「野性」の部分？　うむ、なるほど。

増井　この子にとって壺は何だろうか、という話はちょっと置いといて、軽薄な技法を二つ思いついたんよね。この人はわりと自我は、健康的な人だと思う。こういう人に会えば、僕ならばホッとするんだけどね。合同面接の時にお母さんに、「一応今日は言いますよ」と言ってね、「これから言い続けますから」と言ってね。河合先生は「代理戦争」というけど、お母さんに、子供が言いたいようなことを代弁してどんどん言っちゃうわけ。子供の前でお母さんを罵倒するわけよ、治療者が。（冨永：治療者が、――はあ）ある時期みつけて、それを3回4回、ばーっとするとね、急に治療者との関係がよくなってきたり、それだけでチックなんかばーっと取れたりする。もちろん小さい子供［の場合］だけどね。そういうことをしてみたり、それから、こういう子供にとって治療者の役割というのは、いかに治療的に悪い子供にしていくか、ということなんよね。だから、僕はそういう時例えば、子供が「スカートの下、見たい」と言ってるとする。「どんな方法でするんや？」ていうふうに［きく］。（笑い）そして、「ガラスでする」って言ったら、「そんな、まずいことせんでも、こうしたらどう」（笑い）「もっとこうすりゃよく見える」とかね、実際悪い部分を必ず共有するわけ。そうすると、実際、ちょっと悪くなるんだけど、そのぐらいのつけは社会にまわっていい、と思ってるわけ。だから、例えば壺［イメージをやる］よりね、「野性」に早く戻してやる［のがいい］っていうか。野性に戻りたいけど、戻れば何か大変だという感じを歯止めしてあげて何かすればいいと思うんだけど。この子にとって壺というのはお母さんの感情を

処理するのに非常に役立った、ということなのかな？

冨永　イメージの流れからすると、お母さんを想像させるものが ―― （増井：多かった？）はい。（増井：ふーん）最初は、流し台とかですね、蛙の顔をした怪獣になり、人間の形をした壺になってゆく。

増井　壺でなくても［この子の治療は］やれたんじゃないかな？

中井　うーん、やはり「水を入れる」っていう、『水シリーズ』があるから ―― それは壺の方がいいんじゃない。

増井　ああ、そうですね。容器が要るから。

中井　だいたい、このテーマがね、「適当なときまで容器に水をたたえておく」という治療でしょ。（笑い）壺的ですよ、そもそもがね。（笑い）最後に、「悪いところを摘んでくれた」というのがちょっと気になるなぁ。ちょっとcastrativeな表現だね。（増井：神様だしね）神様 ―― だって言うんだけど。

増井　何か入っている壺という壺の設定の仕方があれば、何かを入れる壺という設定の仕方もあるんね。例えば、怒りを入れてしまうとか、そういうのは何かある感情に距離をもとうとする時に、いいことかもわからないですね。

冨永　一回、そういうことをやりました。弟に対して腹が立ったとかいう時に。

増井　したおしっこを壺の中にイメージで入れて、ちゃんと蓋をして置いておくというのはどうやろうかね。（笑い）

中井　どうかなー、それは。（笑い）「逆さまにして液が流れ出ない」というところまでもってきたというのは、こりゃ非常にいい感じだよね。（沈黙）「悪いところを摘んでくれた」というのは、［増井］先生の意味から言うと、いい子ちゃんになっちゃったわけで、いささか無理してるでしょ、そうでもないの？

増井　いえ、あんまり無理のかからないいい子になりなおすために必要な ―― （中井：うんうん）セッションの積み重ねであれば、それはそれでいいんじゃないですかねー。

村瀬　「なんでよくなったのか？」って何度も聞いているでしょ。これはやっぱり、この子には言えない面があるでしょ。「どう変わったと思うか」みたいな聞き方だともっといろんなことが出たかもしれないね、最後の所で。（中井：うーん、なるほどね）夜尿にだけ絞って聞いたからちょっと答えようがなかった、という面もある。この頃は関心が無くなってきた頃だから、まだ振り返るほど自我ができてないというか ―― 。

増井　それは難しいよ！　絶対もう！（村瀬：そりゃ無理だね）登校拒否の人に「何で行かないの？」って聞いたら、十中八九が「わからない」って言いますね。ものすごく難しい。「どんなふうに感じてきた？」「どんな気分ですか？」とか、

そのくらいならかろうじて答えられるけどね。何でよくなってきたかは治療者が自分に対して聞くべきことであって、患者さんに聞いてもわからんよ。絶対わからん。

中井　スーパーヴァイザーから離れたために［不安になって］――。（笑い）

冨永　「何で」っていうよりもですね、「何があったからそうなったのか」ということを――。

増井　その因果関係もつかみにくいと思うよ、すごく。

中井　治療者もわからない。治療者がわからんことってなかなか患者にはわからん。わかることもあるけども、まあ、わからんと考えた方がいい。

村瀬　ものすごい体験して来たんですからね、彼は。とても一言じゃ言えないでしょうね。（沈黙）

中井　今までのケースで初めて、いわゆる「欠損家庭」じゃないのが出ましたね。（村瀬・増井：そうですね）ほんとに「欠損家庭」が多いんで、僕びっくりしてた。これ、意識せずに皆さん、［この会での発表］症例選んでるけれども、これ聞いてもらいたいっていうような、今日皆さんが出したのはどこか味のある壺の治療でしょう――。それが「欠損家庭」だというのは――？

村瀬　壺になじむのかな。

中井　「欠損家庭」と壺との問題ね。（増井：『壺なじみ症例』）うーん、あるのかもしれない。婚前に身籠ったっていう子供で、あやうくこの子は留まっていて、一番、治療がよろしいですなー、スラッといってて。確かにこれは患者の方がスーパーヴァイザーみたいで、色々教えてくれてる。夜尿ってのは、大体話が単調になりがちですよね。治療がなかなかふくらまないんだけど、この子はふくらませているし、治療者がやる気を出すようなところでやる気を出すようなことを言っている。やる気を出してもらわなきゃという時にそういう話をしたり、（笑い）非常にサービスがいいというか――。（沈黙）確かに成瀬先生の言われる通りで、あまり信じてないのにやっても治らない。（爆笑）

成瀬　催眠をやるんなら、最初にやらなくちゃだめですね。（中井：ああー！）けど、もうある程度［壺イメージを］使ったから、それでということで。

中井　私が［教授］回診ということをやる羽目になりましてね、最初は熱心にやってたんだけども、「こういう薬使ったらどう？」って言っても、［言われた］医者本人が信じてないと、充分な量は出さないですね。（笑い）そして、ちょっと遅れて出して早目に切り上げるもんだから、さっぱり効かなくて、「やっぱり効きませんでした」というふうになるのね。それで僕はもう、あまり――直接には言わないようになったんですね。シニア［の医師］に言うことにして。

冨永　一番勉強になったのは、その辺のことです。（笑い）その頃まったく心理的距離がとれませんでした。

中井　スーパーヴァイザーとの間で。（冨永：はい）すると、このケースは［治療者の］独立宣言みたいね。ある意味での。（爆笑）分離というか——。この子もそうなのね。治療者と患者とテーマが同じなんだ、これ、うん。

増井　とっても相性がよかったと思うんよね。（数人：うん、うん）

中井　つれしょんべんも、2回してるし。（爆笑）

田嶌　すごく生き生きと浮かんでくるね、治療の様子が。

倉戸　技法的なことになるかもわかんないんですけど、おねしょが26回目ぐらいに3回あった、と。そこのところで壺のイメージが三つ出てきたんでしょ。そのうちのひとつについてですが、起き上がろうとするけど、すべるというところがありましたね。それでも出るわけですけども、「もう出る」とか言ってさ。で、どんなふうに［して出ました］？

冨永　深呼吸を使った。深呼吸をしながら、自分の身体がフワッと上に浮かぶという教示でやりました。

倉戸　そういう方法で。（沈黙）

村瀬　最初の時はギザギザがあって、［そのため］ひとりで出られたですね。

増井　母さんの怪獣が出てきた時、僕なら話をするねー。対話をして、むこうの怪獣は何を言うとるか。あんたはそれに対して何を言いたいか。もっとしっかり言うてみなさい、と。ちょっとゲシュタルト的ですけど。（笑い）そういうのがてっとり早いもわからん。その後、aggression がバーッと出ると思うけどね。

倉戸　もうひとつ、あの○○マンをやりますねぇ。これ、学校の先生がほんとに笑いころげて雰囲気がものすごくいいね。○○マンやったことが、この子供さんにとてもいい経験になったっていうかな。これ、へたすると、また笑われて、恥ずかしい経験っていうか、そんな経験になったかもわからない。（増井：どつぼって）（笑い）幸いな人。

中井　これは、ひとつの、本当に偶然の幸いでしょう。というのは、これは、始めた頃はね、悲しいピエロみたいになってるんですね、本人は。（数人：そうね）どっか、一抹の哀感がありますよ。だから元来は「つき合い壺」であって、だけどそれが成功した。すると、パッと雰囲気が変わるわけで、そういう対人関係の変化を経験してるってことね。というのは、その後、『つき合い壺』をやってるわけ。「なんで［夜尿が］減ったんやろか？」と先生、［本人に］聞いとる。そんなの絶対困るわけよ。［だから］「先生のやり方が良かったんじゃ

　　ないんですか」（笑い）と［答えてる］。これは絶対『つき合い壺』だ。（笑い）

増井　サポートされとるわけ。（笑い）

村瀬　で、これで野性を卒業したみたいなところもあるいはあったのかなと思っ
　　たんですけどね。（中井：あ、○○マンね、たまたまねぇ。うーん）野性という
　　ものにあこがれてんだけど、だんだん、むしろ風邪ひいたりなんかして、全
　　身にかえってきたっていう――。

中井　ま、そう、結果的にはねぇ。（村瀬：結果的に――）この子、○○マンみ
　　たいな子だって、［冨永］先生言ってたんじゃない？　色が黒くて、なんだか――。

村瀬　で、来たでしょ。アフリカから。

中井　来た、来た！　来たですね。

村瀬　あれは、この頃じゃないかと――。

中井　一応、歓迎されるというか、なんかして帰っていったよね。ちょっと見
　　せ物的ではあるけれど。やや悲哀を感ずる面もあるけど。

増井　ある種の人はひょうきん者になるというつき合い方に変わることで、い
　　い子ちゃんをちょっとmodifyしてadaptateすることで、ずーっとよくなるんじゃ
　　ないかと思う。簡単なタイプの登校拒否の子供さんなんか、ちょっと挨拶を
　　するということだけを課題にして、その挨拶の仕方をひょうきんにするよう
　　に努力して、たったひとつの挨拶がうまくできた。ただそれだけで、もう学
　　校へ戻ってしまった。そういうことがある。

中井　転校生が、転校という試練に対してはね、まずおどけることね。それか、
　　威力を示すかね、これは大変だけどね、正面攻撃ですから。それか、目立た
　　ないようにする。その三つね。

増井　この子はじょうずにおどけられるようになって、うまく適応していった
　　という感じもしないでもない。「神様が僕の悪いところを摘んでくれた」なんちゅ
　　うのは。

中井　校庭をじっと、死のうかと思って眺めてる子だったわけだから、［以前は］
　　ひょうきん者じゃなかっただろうなぁ。（増井：でしょうね）野性に戻ること
　　が必要だったわけでしょ。

増井　ええ、戻ってみて、またおどけてみて。

中井　野性の中には、おねしょっていうのも当然入っているから。その間［夜
　　尿が］続くのは当り前かなぁー。

村瀬　まだ、○○マンで終わってないですね。そのあとで「野性のカンを身に
　　つけたい」ってまだ言ってます。

中井　ただ、これは、親への攻撃の（村瀬：ああ）あとの取り消しみたいなのが

ありますね。(村瀬：そうですね) まあ、その前に —— 、冷蔵庫、お母さん関連のもの全部入れちゃうわけだから、これは大仕事なんですね、このセッションはねー。大仕事だな。(村瀬：ええ、そうですね)「飛んでくる」なんていうのは、プレッシャーがあるんだな、このお母さん。(村瀬：すごいですね) ただ、お母さん、どこか恐いんですよ。この子がoutgrowしたらね、家庭で自分に仕返しされるんじゃないか、家庭内暴力を将来振るうんじゃないかっていう恐怖があるのね。これがお母さんの来談動機でしょ。お母さん主導型でしょ、多分。この子が中学1年生で、2次性徴なんか出てくると、恐くなってくるのね。母—子分離が非常にできてない時にね、髭をはやすと、距離ができますね。登校拒否の子が治る途中で［そういうことがあります］ね。ただ、だいたい「汚い」とか言って剃られちゃうんですけどね。僕はこれ『剃毛圧力』と呼んでましてね。(笑い) 髭はやした時から『剃毛圧力』にさらされるわけですけど、アルコール症の人でも髭たてたら、奥さんがもうそろそろ、というわけでしょ。髭たててる間は飲まないですね。僕は髭ってとても大事だと思います。人類の半分が適用できないけど、この『髭たて療法』っていうのは。(笑い) まあ、大体、結婚の時に剃られることが (笑い) 多いですけど —— 。

倉戸　(平野氏をさして) 髭はやしてる人が［いる］ —— 。(笑い)

平野　素顔を見せるなと言われまして。(笑い)

中井　確かに、髭をはやすと表情は読めなくなりますね。19世紀の政治家がこうやっていたのは、何かわかるような気がする。マルクスとか。急に表情が読めなくなりますよ。枠をはめ、枠ができちゃうから。

中井　『剃毛圧力』？ —— あれは本当にあるなあ！　実によく経験する。

倉戸　半分の女性の方はどうなんでしょうか？

中井　女性はどうしましょう？　僕はね、どっちかというとアルコール症が多いのね。アルコール症で、髭をはやすと、奥さんとの関係が変わるんですよね。家庭内暴力の場合は、ひとり、髭をはやして急に母親と距離ができたのがありましたねぇ。逆に言うと、お母さんに［対して］拒絶能力がなければ髭をはやし続けられないでしょう。—— 女性の場合、どうしましょう？

倉戸　どうしましょう？　(笑い)

村瀬　髪の形っていうのは微妙に使いわけますよねぇ。

中井　あれはー、表現ですね。

村瀬　あれは、ね。

中井　切るっていうのは、居直るんですねー、逆に言うと離婚の前に切ったりね、折角長い髪が素敵だと思っているのに切ったり、それから夫婦といえども私

は私というふうな気持ちで切ったりするみたいね。

成瀬　じゃあ、そのくらいにしましょうか。

〔休憩時の会話から〕

中井　1930年代にサリヴァンが患者に期待できることというのを三つあげている。第一番目に、自分のmarginalな身体感覚を意識にのぼらせること。それは一番最初に期待できる、と。marginalというのは、五感とかじゃなくて漠然とした感じ、漠然とした疲労感とかくつろいでる感じとかのこと。要するに、緊張してるかどうかってことを一番聞くわけです。二番目は、自分のmarginalなフィーリングを意識にのぼらせること。三番目には、彼のいうパラタクシックなものをひとつでも意識できること。

第9章

自己臭体験を訴えた女子学生の事例
── 壺イメージ療法を通じて考えた治療の意味 ──

1. はじめに

　ここで報告する事例は、「人とすれちがうとき、その人に臭いといわれる」「臭いといわれないか、においうのではないかと心配で、人中に入るのが恐くなる」等の自己臭体験を訴えて、某大学の学生相談室を訪れた女子学生Aさんである。一年ほどの壺イメージ療法を中心とした週一回の心理療法とそれに引き続く一年半ほどの不定期の面接により、症状の軽快と対人関係の改善をみた。

　自己臭恐怖の精神病理については笠原ら（1972）の論文があり、精神療法過程については山中（1977）の優れた症例研究がある。ただ山中の指摘するように、従来病理学的考察は充分なされてきたが、治療過程を詳述したものは少ない。本論文ではそこで、学生相談という場で行なわれたAさんとの共同作業をたどりなおし、そこから学び考えた若干の事柄について述べてみたい。

2. 事例の概要

　Aさん　20歳（大学2年生）
　(1)主訴
　人に臭いと言われる。道で人にいやな顔をされる。電車の中で、においのためにいやな顔をされる。
　(2)来室経過

　談話室（学生相談室の一部で、学生が自由に出入りして休憩、読書、話などができる、いわば学生のたまり場）でハンカチで口を押さえて泣いているＡさんをインテーカーがみつけ個人面接室で話を聴く。そこで、①高校3年のとき男子生徒から「臭いぞ」と言われたが、そのときは自分が元気で気にならなかった、②浪人中、見知らぬ人がすれ違いざま、「あいつ臭えな」と言っているのを自分のことと思い、以来気になりだした、③鼻が悪いからかと思い総合病院の耳鼻科を受診したが、「神経症」と言われ神経科にまわされた。以来月に2回ほど投薬を受けるために二年弱通院しているが、症状が改善しない。インテーカーから、話を聴いてもらい気を楽にする場として個人面接を勧められ、承知する。

3．治療過程

1．初回面接（X年5月）

　治療者は前述のインテーカーの話から自我漏洩症候群（藤縄, 1972）を疑い、Ａさんの病態水準が神経症レベルか精神病レベルかを見極めることを初回面接のひとつの目標と考えていた。

　現われたＡさんは愛嬌のあるポッチャリとした容姿。ジーンズの上着とスカートという服装。年齢より幼い感じを強く感じる。自己紹介の言葉を交わした後、治療者がインテーカーから聞いている情報をかいつまんで話すと「えっ。それでいいんです」と言い、照れ笑いのようなしぐさを見せる。しかし「自分が気にしているとにおうよう」「におわないように毎日入浴し、毎食後歯磨きをしている。ただ不思議に歯磨き直後が一番においが気になる」「よくわからないがにおうのは口臭のよう」等と話し始めると泣き顔になり涙がとまらず、しきりに鼻をかむ。治療者が〈今はにおいが気になる？〉（以下、Ａさんの言葉を「　」で、治療者の言葉を〈　〉で表わす）と聞くと、「泣いてるときは泣いてることに集中しちゃうから。といって一日中泣いてるわけにいかないし」と笑みがこぼれる。ここで治療者はやや落ち着いたと判断し家族関係、生育歴を聞く。

〔家族〕

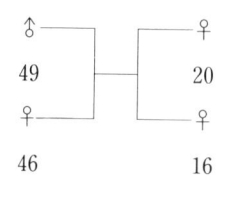

父親：消防署勤務。努力家で厳格な一方、Ａさんが
　　　帰ってくると頭をなでたり猫かわいがりする。
母親：主婦。神経質。しつけ厳しく、Ａさんが悪い
　　　ことをしたとき、ひどく嫌な顔をしてにらむ。Ａ
　　　さんは小さい頃いつも顔色をうかがって暮らして
　　　いた。そのくせ家事なんかは手伝わせてくれない。
妹：高校生。ズケズケ物を言う。気まま。

〔生育歴〕

　幼い頃は病気がち、一度結核じゃないかと心配したこともある。でも活発
で、遊びまわっては発熱を繰り返していた。幼稚園のときは楽しかった。妹
が生まれたときは、かわいいと思わなかった。

　小学校は楽しかったが、中学時代は孤立して勉強ばかりしていた。学級委
員をずいぶんやらされた。

　高校時代は仲良しのグループができ活発だった。

　浪人時代ににおいが気になりだし、口臭がしてはいけないと、ため息もつ
けなくなった。

　大学に入って、友達は「臭くない」というが、授業中うしろの人が「何か
臭い」というので、「やはり臭いのだ」と思い、辛くなって教室を出てしま
うことがある。

　通院当初は母親が一緒に病院に行ってくれたが、今では「まだ薬飲んでる
の？」と、イヤな顔をする。

　以上の内容を治療者の求めに応じてしっかりと話す。治療者は自我漏洩症
候群のうちでも比較的軽症の神経症圏に入るのだろうと判断する。

　Ａさんには〈においが気になるのは困ると思う。でも今気になるというこ
とには、あなたの生き方にかかわる大事な意味があるかもしれない。それを
二人で考えたり感じたりすることが解決の糸口になると思う。それをここで
やってみる気があれば協力できる〉と伝える。すると「ハイ」という生徒が
教師に答えるときのようなやけにはきはきした返事がかえってきて、何か場

にそぐわない感じを覚える。

　また必要に応じて医師や家族への連絡の可否を問うと「お医者さんには私から聞いてみます。親には心配かけたくないので内緒にしてほしい」とのこと。治療者はＡさんの意志を尊重しようと思い了承。

　より感覚的なレベルでの自己紹介の意味で交互スクリブルを施行。治療者は、ゆっくり着実にの意をこめて蟻。Ａさんは、土星、月、地球（図9-1）。
〔この時点でのおよその問題把握・方針〕

　妙に子供扱いする父親と甘えさせない母親のもとで、女性としての自分を受け入れられない。思春期後期の発症であることから、「におい」は性的問題とのつながりを連想させる。スクリブルに描かれた星の世界は、ストレスの多い人中を離れた安らぎをＡさんに与えてくれる世界と治療者には受け取れた。面接の中で葛藤を意識化していくことが課題か。

２．第１期：気づきの始まり（X年５月～６月）

第２回

　「電車の中で人がしかめつらをしたり、鼻に手をやるのは私が臭いせい」「恐くて混んでる電車には乗れない」「食品店にはにおうと迷惑がかかるから行けない」など症状のことだけ涙ながらに語り、それが一区切りすると照れ笑いをしたり居心地悪そうなＡさんに、「臭い」と言われたときの感じを治療者が問うと、「普段は広がっている雰囲気がギュッと縮まる」と手で泥だんごを固めるようなジェスチャーを示す。身体感覚に結びついたイメージの的確な表現力があることに治療者は気づき、壺イメージ療法（田嶌，1983）の適用を考えた。〈においが気になるときの心の動きを感じてみることが役に立つかもしれない。そのための方法として〉壺イメージ療法を提案する。すんなりＡさんは承諾。第１回の壺イメージ（以下壺イメージ１というふうに記すこととする）は図9-2のごとくであった。（壺イメージの図はすべてＡさんの語ったことやジェスチャーをもとに筆者が描いたものである）

第３回（６月）

　前回の壺イメージの感想を聞くと「面白かった。目を開けるとアレッて感じ。別の世界に行ってたみたい」壺イメージ施行。（以後面接は大体、壺イメー

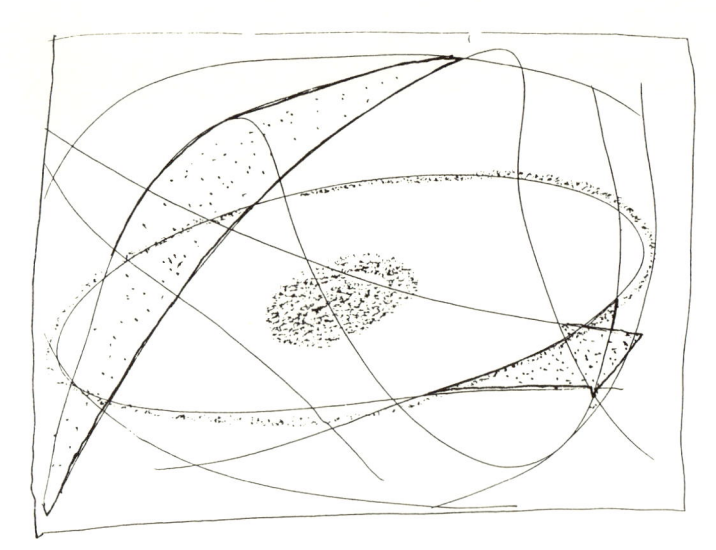

<本人；月、土星、星>

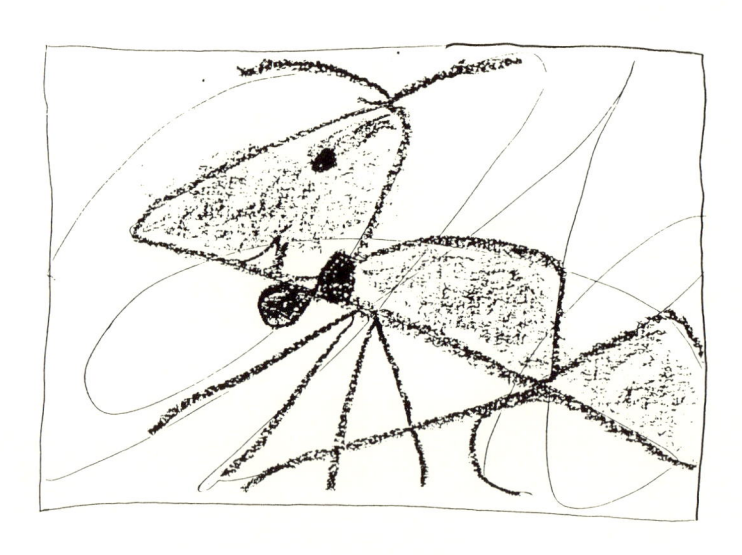

<治療者；蟻>

図9-1

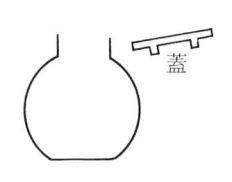 

「憂鬱な感じ」(味わって)　　　　「水がある。あったかい」
「出たくなる」→出る　　　　　　「水にサヨナラをいう感じ」
　　　　　　　　　　　　　　　　　　→出る

図9-2　壺イメージ1（第2回面接）

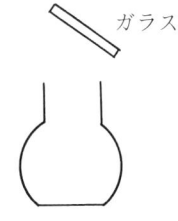  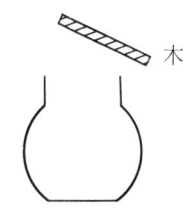

「入りにくい」「えっ変なの！　　　「ざらざら，砂」　　　「きゅうくつ」
　高校の先生でてきちゃった」　　　「あったかい」　　　　「ひんやり」
「話してる。先生結婚したって」

図9-3　壺イメージ2（第3回面接）

ジ30分＋他の話という形で進む）壺イメージ2は図9-3のごとくであった。

　（壺に出てきた「先生」について）「好きだった」「冗談で友達に『もし奥さん
に何かあったら私がお世話する』と言ったことある」

　Aさんは次回の約束日との間に急に来談してきた。「ちょっと気がついた
ことあったんで」やや涙ぐみつつ「人とすれ違うとき、その人が私のこと『臭
い』と言う方に心の中で賭けててみたい」「『臭い』と言われたらショックだ
けど、あ、当たったと思う」〈そのことハッと気がついたって感じ？〉「そう。
そう気がついたら、においがあまり気にならなくなった」とうれしそう。治
療者はこの気づきを壺イメージの効果の現れと受け取った。

3．第2期：症状の軽減と現実行動の広がり（X年6月～X＋1年6月）

第4回

「自分でも気づかずにずいぶん人を傷つけてたかもしれない。『臭い』という人が私が傷ついたの知らないように」壺イメージ3は図9-4のごとくであった。

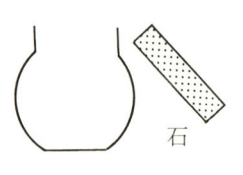 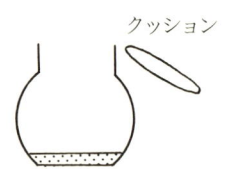 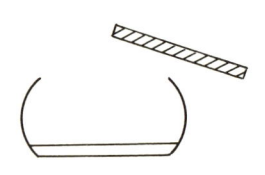

「黄土色」「ザラザラ」
「病院」「医者と看護婦がまじめ
じゃない話。笑っている」「もう
いい」

「泥が下にある。埋まり
ながら歩く」

「ひんやり」
「海」

図9-4　壺イメージ3（第4回面接）

第5回

「父は私のことものすごく心配。男性から電話が来るだけで怒る。私自身男の子とつきあうの恐い。何かの力に引きとめられるよう」壺イメージ4は図9-5のごとくであった。

 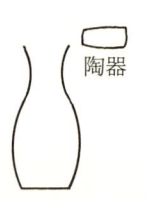 

「ずだ袋」「暗い」「眠い。
ボーッとする」

「トンネルがあって入っ
ていく。光が照らす。心
の中まで。中に堅い四分
円みたいなのに光が当る。
手応えみたいなの感じる」
→暗くなる。

「涼しい」「明るい」

図9-5　壺イメージ4（第5回面接）

第6回（7月）

「この前、病院に薬もらいに行ってきた。『カウンセリング受けている』と言ったら『人に話できるようになっただけで半分よくなったようなもの』と言われ、うれしくて涙が出た」「ただ、病院でのことは秘密だから、ここと連絡とりあうことはできないと言われた」壺イメージ5は図9-6のごとくであった。

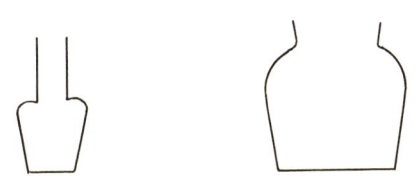

「おちつく」「ひんやり」　　「部屋の中。父が咳。結核？」人にうつったら困る。

図9-6　壺イメージ5（第6回面接）

第7回

「昔、従兄弟がノイローゼで高校やめてブラブラ遊んでた。しばらくして消防士の試験受けたけど、父が『こんなやつが入っては困る』と手を回して不合格にした。従兄弟はそれを恨んで荒れた。私が小6の頃。親から『あいつに誘拐でもされたら何をされるかわからんぞ』と言われビクビクしていた」〈辛かったね〉「ええ」（涙）治療者は、この小6の頃の事件が大人の男性への恐怖、ひいては自分を成熟した女性として受け入れることのむずかしさとつながっていると考えた。

第8回

壺イメージを試みるが、乗らない雰囲気なので中止する。「私はすぐ逃げてしまう。自分を守ろうとする。高校のとき友達と数人で歩いていたら変な人が来た。私だけパッと逃げた。あとで友達が『どうして逃げたの？』って不思議がってた。痴漢じゃなかったみたい」〈自分を守ろうとするのは悪いことじゃない。自然に身についたものと思う。ただ、いまはそれが窮屈に感じられるのかもしれないね〉「はい」

第9回

面接室の隅にある箱庭をみつけ「こういうの好き。やりたい。心理テスト

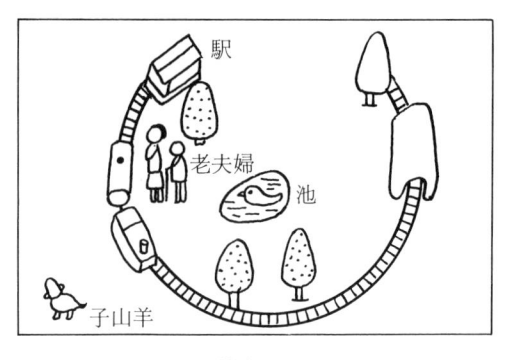

図9-7　箱庭（第9回面接）

されるみたいでこわくもあるけど」〈作ってどう感じるかが大事〉作り終わって（図9-7）〈どんな感じ？〉「のどかな」〈落ち着く？〉「ええ」治療者は、喜んで作ったわりに寂しい心もとない感じを覚える。

第11回（8月）

髪にパーマをかけてくる。「自分は病気の人をお見舞いするのは得意。得意というか」〈気が楽？〉「そうそう」と何度も頷く。「逆は苦手。せつなくなる。自分では自然じゃない」と内面を見つめるように話す。治療者は、Aさんがはじめの頃に比べて自分自身のことを考え味わいつつ話すようになってきたと思いつつ聴く。

第12回（9月）

「クラブの合宿に思い切って参加。においは気にならなかった」〈壺やりますか？〉「はい」そろそろ核心に触れられたらと、〈症状に関連した壺を探すつもりで〉と示唆する。

壺イメージ6：「なにか壺自体がドロドロ。液体みたい。黒とか緑」〈入れそう？〉「いえ」と強く否定。〈足とか手だけとか。それとも自分の分身とかなら？〉しばらく考えて「分身なら」と入る気になる。「冷たい」「固い」〈気持ちよくない？〉「そうでもない」〈充分味わって〉「歩いていくと自分の部屋」「明るくて気持ちいい」〈そこに居たいだけ居て〉→出る。治療者はこの頃、入った後の「壺」の「処理」をその人なりに工夫することが治療上意味があるという感触をもっていたので、〈壺はそのままで落ち着く？〉とあえて尋ねた。「落ち着かない」〈どうする？〉「土に埋めたい。土に埋めるときれいになりそう」→埋める。〈落ち着いた？〉「あまり落ち着かない」〈まだ何かできそう？〉「落ち着かないけどいまはそっとしておきたい」〈どんな感じ？〉「土に埋めると肥やしになって、いい土になりそう。土って汚いものも栄養にしちゃう。すごい」

第14回

〈壺やってどう？〉「最初はずいぶん楽になった。このごろはあまり。ただやっているという感じ」ということから〈気になっていることそのものに少し触れてみる？〉「はい」フォーカシングを導入する。「体中ちぢこまっている」「おこられた感じ」「両隣の人と手をつないでいて自分の体だけどんどん重くなって、手を放されそう」等の感じが出てくるが、治療者の不慣れのせいか、「においで嫌な顔をされること」という一番辛いことを選んだせいか、それ以上は「こうだからこう」というような理屈づけが出てきたりして進まず、疲れのみ大。

第17回 （10月）

「この頃においも気になることあるけど、どうでもいいという気も一方である」

治療者の個人的事情で 2 カ月間あく。

第18回 （X + 1 年 1 月）

「今日来なくてもいいかなと思った。あまり気にならなくなった」「アルバイト始めた。アルバイト先の上司の父親ぐらいの年齢の人に二人きりで食事に誘われた。はじめは行くつもりだったけど、その話を両親が聞いて嫌な顔をした。そしたら私も嫌になって断った。こういうの嫌だな。新しい世界に行きたいのに」「夢を見た」〈どんな？〉「夜、空を飛ぶ。ビルの上の方の明るい窓のところに、下にいる人たちを包みにくるんで飛んで持ち上げる。一番目、二番目は持っていける。三番目はだめ。開けると中に太った人がいた」〈夢はどんな感じ？〉「知っている人がいたみたいで。小さい頃の友達。いい感じ」「器楽クラブやめてボランティア・サークルに入ろうかと思っている。社会に結びつくし」

壺イメージ 7 （第20回面接）は図9-8のごとくで、三つとも押し入れに入れる。イメージ終わって〈危険な感じって？〉と問うと「男の人に一対一で誘われた時の感じ」。スクリブルは、本人がめん鶏、治療者は新体操を踊る女性であった。

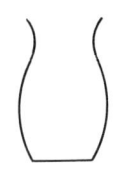

「ガラスでできてる」
「腕だけ入る。冷たい」
「鳥肌がたつ」

「中に桜さいてる」
「うれしい感じ」（充分
　感じて）

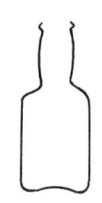

「ビールびんみたい」
「なかなか入れない」
「どぶのようなにおい。
　中にいると危険な感
　じ」

図9-8　壺イメージ7（第20回面接）

≪春休み、アルバイトのため一カ月休み≫

第21回（4月）

「このままでいい。これ以上いいことあったら罰があたりそう。保守的なのかしら」スクリブルは、本人が蝶、偶然治療者も海を渡る蝶。もうひとつは、本人、かたつむり、治療者、遊ぶ女児であった（図9-9）。

第22回

ボランティア・サークルの合宿に行ったけど、においは気にならなかった。壺イメージ8は図9-10のごとくであった。

この後から来室がまちまちになり「友達と夜遅くまでお酒を飲んで話をした」等の話やアルバイト、ボランティアの話が多くなる。症状が全くなくなったわけではないが、自分で何とか乗り切ろうとする姿勢が強くなったため、治療者は多少の不安感と物足りなさをもちつつも様子を見守る気になり、X＋1年6月の時点で一応の終結とする。

この間に症例検討会に提出する。（討論(7)参照）

4．第3期：現実的課題による不安の再燃とその解決（X＋1年11月～X＋3年3月）

教育実習、就職のことなどでストレスが増えたときなどまた、においの問題が出てきた。治療者は内面の問題を直視する方向よりは、その都度Aさんとその場面を乗り切る工夫を考えたり、ホッと一息ついて安心できる場とし

<本人：蝶>

<治療者：海を渡る蝶>

図9-9A

<本人：かたつむり＞

<治療者：遊ぶ女の子＞

図9-9B

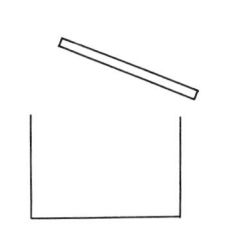
「ガラス」「直方体」「ひんやり」

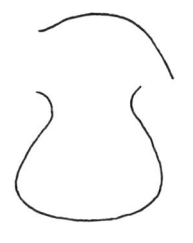
「麻の風呂敷」「中に土」「ズブズブ」

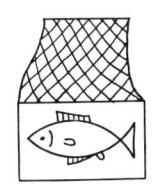
「魚がいる」「ジトジト」「生ぐさい」
終了後すべて押入れにしまう。

図9-10　壺イメージ8（第22回面接）

ての面接を心がけた。印象的なやりとりは以下のようである。

第24回（X＋1年11月）

「来年の教育実習、不安。子供って残酷だからこっちの気にしていること言わないか心配」〈恐い？〉「ええ。でもグアム島にも友達と行けたし、不安だったけど」〈グアム‼〉とその積極さに驚くと「そうなんです！」と誇らしげ。〈また面接する？〉には「考えてみます」と。

第27回（X＋2年4月）

「教育実習やはり不安。におうと子供に迷惑」〈迷惑ってAさんは気にするけど。相当な犯罪犯しても平気な人いるんだし〉「そうですね。それから比べたら」〈人は自分が思うほど他人のこと気にしない〉「そうですね。その精神でやってみます」

第29回（5月）

「いま不安でつらいけど、浪人のときもっとつらかった。つらくても何とかいままで生きていると思うと、人間てよくできてる」〈つらいときはそのつらさが永遠に続くように思えるけどね〉「そうなんです」「相談室にくるとホッとするけど、友達なんかは『どうして相談室なんかに』っていやな顔したりするし、親にも隠しごとしてるようで」〈隠しごとって大事じゃない？秘密もてることが大人〉「そうですよね」と力強く答える。

「新聞の人生相談で、甘えたいけど甘えたくないという人の例があった。

私にもあてはまる」「何かつかえてて、もっと出そうなのにおさえてる」（涙）〈自分が本当に感じていること？〉「触れたいけどイヤ。涙が出て止まらない」〈ずっと泣いてても構わないけど〉「とめどなく疲れそう」「わたしどこか中途半端。親には心配させたくないと思っているのに、『ニンニクはイヤ』とか、それとなくまだ私が気にしていることを知らせている」〈そうしたい？〉「ていうか」〈そうしないではいられない〉「そう」と頷く。

　教育実習前、混乱したときのために治療者の自宅の電話番号を教える。一度だけ電話があったが、「なんとかやっている」というものだった。

第35回（8月）

　教育実習は無事終わるが教員採用試験には落ちてしまう。「臨時採用の教員やるか、OLか。教えることは面白かったけど、臨時という不安定な身分は浪人のときの苦しみを思い起こさせる。試験落ちて教員あまりやる気もなくなったし」治療者は、親の思惑からはずれることを恐れていたAさんが自分で迷いながらも選択することの重要さを考え、〈急いで結論出すより、他の職業のこと調べたり、自分にとってのその職業の魅力や逆に職についたときの大変さを考えてみたら？〉と提案。「考えてみます」

　その後、実際Aさんは就職課に何度か話を聴きに行き、自分で検討する。

第36回（10月）

　「いろいろ考えたけど、やはり教師やりたくて。いま個人的なつてで私立の教師の職探してもらっている」と報告。

第37回（12月）

　「ゼミの帰り際、においが急に気になりだして息苦しくなった」「その日夢見た。『お茶を人に入れてあげようと思って入れに行くが茶わんが熱くなって持てない』胃が痛くなって目が覚めた」治療者は面接時に感じていたAさんの気遣い、緊張といった雰囲気の本質が的確にイメージ化されたと感じた。同時にAさんが小さい頃から身につけざるをえなかった生き方と寿命の縮むような辛さが治療者にも鮮明に感じられ腑に落ちる。〈すごく人に気を遣って何とかしようとするのにできない〉「そう。気を利かせるように育てられてきてそれができないと」〈困っちゃうね〉箱庭に誘うと喜んで作る（図9-11）。ダイナミックとはいえないが、以前のものと比べて、老夫婦は背景

に退き、子供たちが遊び、
自動車が右回りに走り、
家畜もいるという豊かさ
とエネルギーの萌芽、開
放性を感じさせるものに
思えた。

第39回

「小さい頃住んでいた
ところに祖母と行ってき
た。そこで祖母が話して
くれた。西瓜割りを母親

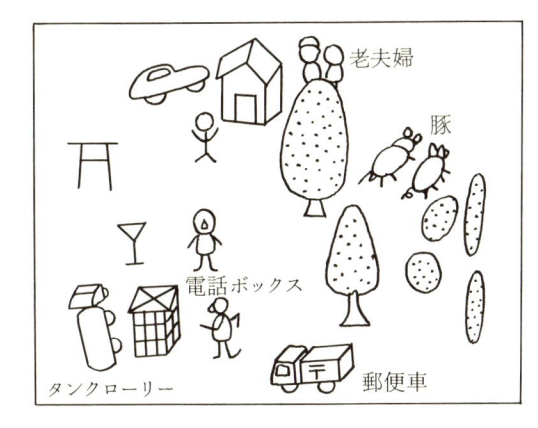

図9-11　箱庭（第37回面接）

と見に行ったこと。私たちが行ったときはもう終わってたけど、せっかく来
たのだからと母が頼んでくれて、もう一回やらせてもらえたんだって。ずい
ぶん大切にされていたんだと思ったら泣けてきた」〈うれしくて〉「ええ。自
分ではそのときのこと覚えていないのだけど」と涙ぐむ。「そうしたら、に
おい気にならなくなって。おどおどした感じになるのが関係あったように思
う」〈背のびしないですむ〉「ええ」

第40回（X＋3年3月）

「また少しにおい気になった。口臭しないようにと思うと、息が浅く速くなっ
て気持ち悪くなる。気にしだすとだめ」「でも考えてみると、今まで何だか
んだいってやってきたし」〈そう。何とか切り抜けてこられたね〉「以前より
出かけるの好きになったし」「就職するのは不安だけど」治療者はここでふと、
Aさんにとって、におうのではという不安が辛いものであると同時に、それ
以上の危険からAさんを守っているのではと思った。〈不安で用心していれ
ば危ない目にも遭いにくいのじゃない？〉Aさんは深くうなずいて「そうな
んです。ただあまり臆病になってもいけないのかなと思う」〈いけないとい
うより損しちゃうことあるかも〉「そうですね。最近、もっとその時思った
こと言っとけばよかったと感じることがよくあって。ケンカ腰になりそうな
ときなんか、黙ってしまって。妹はズバズバなんでも言う。でも私よりいい
性格。『おねえちゃんはイジワル』と言う」治療者は驚き、〈えっ！他人は意

図9-12　箱庭（第40回面接）

地悪でも自分はとんでもないって感じじゃない？〉Aさんはいたずらっぽく笑って「いえ、意地悪です」「私立の教師の職80％決まりました」「箱庭やりたい」と自ら言い作る（**図9-12**）。作りながら「卒業式のシーズン。もっと学校にいたいなあ」治療者は、学校にとどまりたいと言いつつ、胸中では卒業、そして就職への心の準備をしているAさんを感じる。

第41回（3月）

「就職確定しました」〈よかったね〉「ええ。4年間よくやってきた。これから少し心配だけど。入学の時もそうだったし」〈案じるより団子汁〉「え!?」と言って笑う。〈先々心配するより身になるもの食べて、ということらしい〉「そうですね。やってみて壁にぶつかったらまた伊藤さんに」〈その時は遠慮なく〉

その後、8月に「無事に1学期も終わりました。教頭先生や校長先生にとても大事にしてもらっています」という葉書が届いた。

4．考察

1．事例について

本事例は、その自己臭体験の発症が大学浪人時代の19歳であり、以来現在でも症状が背景に退いたものの続いていることから、笠原らの分類では早発群の持続型に属すると思われる。また現在まで休学などの社会生活からの離脱を一度も経験していないところから、比較的予後の良いタイプといえる。

生育歴から考えると、Aさんは対人関係のそもそもの基本となるべき母親

との関係において強い緊張を感じていることが注目される。Ａさんに叱責を示す母親の視線は、ことばによる叱責より露(あらわ)な形に残らないだけよけいＡさんは敏感にならざるを得ず、母親に縛られることになると思われる。ここにＡさんが現在も保持している「他者中心性」の原形が見られる。さらに思春期という第二の分離固体化期ともいわれる時期に、従兄弟に誘拐され何かされるのではという恐怖を抱きながら暮らすことになる。このことと父親が妙に子供扱いすることは、Ａさんの女性性の発達や、親に批判的になり独自の個性を発展させていくことを妨げたのではないか。

　この対人恐怖的心性と他者中心性の基盤に、浪人というストレスが加わり発症したのであろう。すなわち浪人生活の親への負担はＡさんにとっていかんともしがたいもので、彼女にとってみれば「気を遣いたくとも遣えない」状況を作りだしていたわけである。

　しかしこの「他者中心性」はあくまでも本人にとっての他者中心性であって、客観的にみれば様相を異にする。つまり一般的には、自然な程度以上にする気遣い（沈黙は相手に悪いと感じて照れ笑いをしたりして居心地悪そうな様子を示す）に対して気遣われる側が感じる気疲れと、自己臭体験の訴えに対して、疑わしい素振り（鼻に手をやる等）をしないように努力することからくる緊張を治療者は感じている。これはまさにＡさんがこういう形で自分の気苦労を「それとなく」示し、相手に一矢報いていると受け取れる。言い換えれば屈折してはいるが、自己主張の一種と見られよう。

　一方、Ａさんは、初回面接で「一日中泣いているわけにはいかないから」というような、自分や症状を距離を置いてながめるゆとり、力をもっていることは見逃せない。このことが壺イメージの導入やその後の治療展開に大きく意味をもっている。

２．治療過程について

(1)壺イメージ療法

　(a) 内的世界探索のきっかけと促進──➤気づき

　「別の世界に行ってたみたい」（第3回）「人とすれ違うとき『臭い』と言われる方に賭けてた」等のＡさんの言葉からわかるように、日常的現実的空

間とは別の、いわばＡさんの心の世界に壺イメージは照明をあてたようである。

　治療者には、①症状の訴え以外は黙ってしまうＡさんとの面接の緊張をやわらげる、②自己臭体験自体は共有できないが、壺イメージは視覚化でき共有しやすい、③安全性（「蓋」等）、④次第に核心部分に直面できるのでは、という考えがあった。

　④については内面的探索が進んでいく当然の結果として予測していたのであるが、第14回あたりから面接で実際起こっていることとはズレていく。すなわち対人緊張の低減によってＡさんの目は、友人やサークルの仲間との交わりなどの現実志向に向かっていくのである。

　(b) 現実適応力の増加（葛藤に直面して乗りこえるのではない解決の方向）

　壺イメージを始めてからまもなく、Ａさんは症状の軽減を報告している。さらにサークルを変えたり、酒を飲みながら夜遅くまで話をするなど、友人関係も次第に広がり深まっていく。

　この変化を促進した要因として、①壺イメージという課題を与えられたことにより、面接における緊張が低減され、人といて安心できる場面が経験されたこと、②壺イメージのなかで暖かく快適な壺が出現したことで①の要因をさらに強めた、③壺イメージで体験された内的世界の新鮮さ（「別の世界に行ってたみたい」）が現在の生活パターンを固守するだけでない別の生きかたへの魅力につながった（「新しい世界へ行きたい」）、④「蓋をする」「処理する」などのイメージ操作が症状から距離をとる手助けとなった、などが推測されよう。

　いわば数種の自我支持的ベクトルをもっていたと考えられるわけだが、これが１で考察したＡさんのもともとの自我の強さとあいまって比較的早期の改善をもたらしたのではないか。

　(c) 秘密の世界の展開と育成

　本症例の属する自我漏洩症候群（藤縄, 1972）の体験様式は、「自分のなかのなにものかが自分から漏れて他人に知られ、あるいは他人に影響をおよぼす」である。（これは患者に限らず、強度のストレスのもとでわれわれも同様の体験をし得るが）したがってＡさんにとっては秘密をもちにくいことが容易に察

せられる。実際Aさんは相談室に来ていることまで友人に語り、そのことで友人に非難されている。治療者は秘密をもつことを支持しているが、実は壺イメージ体験自体が、①治療者以外とは共有しにくく（事実Aさんは壺イメージのことは友人に話していない）、②自分でも意外と思われるイメージや気がかりな内容（高校の時のあこがれの先生が登場する、医者と看護師の不真面目な話等）が出現し展開することなどによって、Aさんにとっての秘密の世界を育て定着する働きを助けたと思われる。

(2)治療者の姿勢について

症状の軽減や社会的行動の改善を認めつつも、一方で治療者は不全感を抱いていた。

内的探索の深化──➤苦痛な問題への直面と解決といった図式が治療者の方向づけとしてあった。「症状に関係する壺を探して」という教示やフォーカシングの導入に多分にそれが影響している。一応の終結をみたときも物足りなさを感じていた。

しかし再来するようになり、しかもそれが①実習や就職などの極めて現実的な問題への反応としての不安や混乱を訴えてのことであること、②週一回というような面接でなく困ったときに来るという形式になったことから、治療者のほうは必然的にとにかくその面接一回で落ち着き、具体的対処法が見出せる方向を目指さざるを得なくなった。

実際には、単純な励ましや問題から距離をとってみる見方（比喩やユーモアを交えて）、スクリブルや箱庭など、Aさんが楽しみながらそれによってまず一息つける方法、自分ではもちこたえられないときの対処法などをAさんと試み検討した。

それらによってAさんはなんとか事態を切り抜けられる自分を発見し、自信をつけていき、治療者はAさんとの相互関係がはっきりして、咬み合っている感触を得られることが増えた。さらにAさんが自分の気遣いのありかたに関する適切なイメージ化（「お茶を持っていこうとしているのに茶わんが熱くて持っていけない」）を得たことと、母親から大事にされた経験を人伝てではありながら感動をもって想起できたことは、治療的に大きな意味をもっていると考えられる。これらはむしろ治療者が探索的な姿勢をとっていたときに期待し

ていたことで、その姿勢を変えてからＡさんの中に生じてきたことがまた興味深く思われる。

(3)今後の問題

現在Ａさんは私立校で特に問題なく勤務している。しかし治療過程を振り返ってみると、山中（前出）の事例で報告されているような影（受け入れがたい自分）との対決と統合といった様相は見られない。治療経過では「ドロドロの壺」（第12回）「危険な感じ」（第20回）「つかえてて出てこない」（第32回）「お茶を持っていけない自分の夢と胃の痛み」（第37回）「イジワルな自分」（第40回）等、Ａさんの影の問題が比喩、イメージあるいは身体感覚として現れている。いわば喉もとまできていながら意識化にまで至っていない感を筆者は抱く。Ａさんの自我の健康さからすればここまでで充分であり、社会生活のなかで身につけていく自信が傷を覆っていくと考え、Ａさんの内なる支えがこれからも見失われないことを祈りたい。

※本報告においては事例の秘密保持の必要上、本質にかかわらない程度に事実を改変してあることをご了承ください。

（伊藤　研一）

参 考 文 献

藤縄　昭　1972　自我漏洩症候群について「分裂病の精神病理１」所収　東京大学出版会

ジェンドリン　1982　「フォーカシング」（村山正治・都留春夫・村瀬孝雄訳）福村出版

笠原　嘉他　1972　「正視恐怖・体臭恐怖」　医学書院

田嶌誠一　1983　"壺"イメージ療法　広島修道大学論集　第24巻　第１号

山中康裕　1977　自己臭体験を中核とした対人恐怖症，あるいは境界例の精神療法過程と女性の《内空間》の形成についての試論「分裂病の精神病理６」所収　東京大学出版会

討　論　(7)（＊本討論は治療過程の第 2 期と第 3 期
　　　　　　　　の間に行なわれたものである。）

成瀬　それじゃ、どうぞディスカッションを。

吉良（安）　ちょっと質問してもいいですか？（成瀬：はい）［面接の］約束の間に急に来談して、気づいたことがあって、「人とすれちがうと『臭い』という方に賭けをしていたみたい」というのは ── ？　これちょっと意味がよくわかんなかったんだけども、彼女が自分の中で、（伊藤：ええ自分の中で ──）そういうことを言うだろうとか、言わないだろうとかいうこと？

中井　これは、かすかな幻聴みたいなもの？　すれちがう時に相手が「［彼女が］臭い」って言うのは。

伊藤　臭いって言うのは ──。（中井：瞬間的な幻の声？）いや、幻ではないですね。

中井　じゃ、こういうことは時々あるわけ？　実際に。（伊藤：そうです、ええ）はあー！　これは実際に言われるのねー。「あなた臭いわね」って。

伊藤　──で、自分とは別の人や物事に対して言ってるのかもしれないんだけども、「臭い」っていう言葉を聞いただけで、これは自分のことだって強く確信する。

中井　これ、自己臭かもしれないんですけどね。口臭はですねー、無論、肝臓が悪かったりして出ることもあるけれども、昔、分裂病（以下、統合失調症）の患者さんのいる病院が臭いって言いました。不潔にしてるからあんなにおいがするのかということだったんだけれども、ある患者さんと面接しててね、突然においがしたことがあるのね。それ、口からのにおいなんだよ。それは不安になった時にばーっと出るんです。統合失調症に限らず、面接してて、非常に不安になったら出ますね。生臭いようなにおいですよ。深く息すいこんで、深くはき出すことと関係あるんじゃないかしら。そして、おそらくフェロモンみたいな意味、「不安だからあっち行け」という意味をもってるのかもしれませんね。不安に非常に特有のにおいですね。不安のにおいについては、リルケの『マルテの手記』の初めの方に出てきますけどね。

村瀬　実際ありますね。私の経験からも。

中井　そうですか、面接なすってて ──。このケースの場合も、非常に怯えているわけでしょ、この人。（伊藤：ええ）公式的に言えば、性的なものうんぬんということがあるけど、ひょっとしたら、これは攻撃されるという不安、あるいは、自分の中に起こる攻撃衝動の不安ね、そういうものと関連しているのかもしれない。

伊藤　レジュメには書かなかったんですけど、喧嘩するのがすごく嫌だったと。

中井　ふーん、それもあると思うね。だから実際攻撃されそうという——。それと、これは診断にはなさらないでほしいんですけど、自己臭の人の絵というのはね、だいたい下等動物が多いんです。ケムシとかゲジゲジとかね。下等でイヤラシイ、そういうものが多くて。[だけど] この人の絵はちょっと違うんですね。それに、ポジティブなイメージがあるでしょう。自己臭といえば自己臭なんだけど、それに、自分のにおいに敏感になってるんだけど、それを幻臭かどうかというのは、ちょっと保留した方がいいと思うね。そういう不安との関連と、もうひとつはお父さんとの関係でね、無色無臭でいたいというのかな。自己臭の人は、人間というのは臭いものだと言うとビックリすることがあってね。身体のにおいまでは我々あまりボディ・イメージでもやらないでしょうけども、「あなた、人間というもの無味無臭と思う？」と言ったら、「いや、やっぱりそうだろうと思う」と言うので、「へーっ！」って言ってね、「人間って意外と生臭いもんだよ」っていう話になっていくんだけど。最後に魚の生臭さが出てくるけど。臨床の精神科医から言えるのはそんな所かなー。あとは壺と他のノンバーバル・アプローチの組み合わせという問題になってきますね。このケースは、そういう側面がありますね。

田嶌　あのー、技法的なことですがね、——ま、僕の好みですからわかりませんけども、少し気になるところは、例えば——壺6でね、そういうドロドロしたのが出てきて、それを埋めちゃったよね。その後、フォーカシングやったでしょ。これはやらない方がよかったんじゃないか、むしろそっとしときたいと言っているんでしょ？　このそっとしときたいっていう気持ちの方を充分に汲む必要があるんじゃないかってことですね。

吉良（安）［フォーカシングをやったのは］同じ回ですか？（伊藤：いや、違う回）

田嶌　あー、違うセッション、そうですか。

中井　これがフォーカシングを次にやるキーになったのね。土の中で縮こまっているという——。

田嶌　むしろね、壺6でそっと入れたことについての話を、次のセッションで扱う方がいいんじゃないかと思う。その上でフォーカシングをやるかどうかという判断をするのがいいんじゃないのかなあ？

増井　これ、どうして次のセッションでフォーカシングやる気になったんですか？　そっとしておくことを補完するためですか？

田嶌　なんか、僕はさっきあなたが言った、「ちょっと深みに欠ける」と言った所とつながっているのかなと思って聞いていたんだけど。

伊藤　なんかこう――、核心をもうちょっと明らかにしてみたいという――。

増井　なんか上滑りしているような感じ？

田嶌　逆に言うとねぇ、それがむこうに伝わったんだと思う。そうするとね、そういう感情が伝わっていくと、どうしてもそれがフォーカシングでシフトが起こらないということとつながる。そういうのがどうもクライエントに伝わっちゃってるんじゃないかと思う。治療者はもう少し掘り下げたがってるし、しかし、私はそんなに掘りおこしたいと思ってはいないという感じね――というのがひとつと。それから、こういうケースの場合は、途中で切れたっていいんですよ。うまい切れ方をすればね。つまり、次につなげられるようなつなぎ方、切り方っていうか。（増井：それは言えてるね）それが――例えばそういうそっとしときたいという部分を汲んでその上で、「あなた、いずれこれを開かないといけなくなる時がくるかもしれない。そういう時が来なければ来ない方がいいけれども、ひょっとして来たらまたいらっしゃいよ」という感じで終われればいい。そうすると、しばらく間あけて、また来ることがあるわけですよ。そういう感じの方がいいじゃないかなーという印象があるね。

中井　うーん、そうね。深まりたいっていう治療者の気持ちが伝わって他の人と深まりかけてるもんね（笑い）。治療者と深まったら大変だという――。まぁー、この人の場合、埋めるって意味ね、この人の埋めるというのはね、必ずしも抑圧するということじゃなくて、変身という意味があって、それはまず蝶々でしょ、それからカタツムリ。土に埋めて花束になるのも変身ですね――花が咲いて――。この人は変身の予感をもっているね。変身の予感をもっているし、この人は変身するんじゃないですか。一方ではカタツムリがツノを出してるしね。社会的にも歩き出したっていう感じで。――で、初回のはものすごく距離をとってるわけでしょ。「宇宙」っていうのはだいたい距離をとりたい時でね。統合失調症の人はよく宇宙の絵を書くなんてものの本には書いてあるけども、患者さんが「これだけ距離をとったら自分の悩みも時には小さく見えます」ということを言ったことがありまして、なるほどと思ったんですけどもね、そこから始まっていく。土星から始まって蝶とカタツムリで終わるというのは決して悪くない。こういう時には終結をキレイにしようという、おそらくサイコロジストでも、一部の精神科医でもね、そういう終結の美学にこだわることがあるけども（笑い）、それをバネにしてよくなっていく患者さんもあるんだろうけど、やはりある程度支持的にやってきた患者さんでは、むしろ治療者がふられた方がいい。終結の美学の中ではね、ふった方が気持ちいいんですよ。［その方が］治療者、楽なんだ（笑い）。ごく一部

に、ふられたようにしてふるとか（笑い）、そんなのもあるのかもしれないけど。あまり終結の美学に凝らない方がいいんじゃないかな。議論でね、しばしば終結をどうしましたかと聞かれてね、ちゃんとやっていないと言うと、なんか恥ずかしいような気がしてきてねー。

田嶌 僕も以前は心理療法はキチッと終わらないとダメなんだという感じがしてて —— そういう考えを改めるのに、とても時間がかかりましたけど。特に１サイクルで済ませなきゃいけないという —— 例えば、ある面接が始まって、あるひとつの起承転結というか（中井：フム、フム）——。本当はそれを軸にして、それから１年、２年あいてまた来るというパターンとか時々ありますよね。そういうふうな長いスパンで考えればいいんだとかね。切れるものは切れてもよいとか ——、気分的にそんな感じになれるのにちょっと時間はかかる ——。

中井 でも、統合失調症をベースにやっているとね、とにかく患者が来なくなったら、—— 悪くなってるんじゃないかと思うことがあって ——。

田嶌 僕らはサイコロジストですから、別に主治医との面接なり診察なりがあるわけですから、僕らとの面接については必ずしもそうとは限らない。精神科あたりの外来とかですねー、そういった感じの人たちの面接をやっていると、そういう感じがわりと身についてくる。

中井 僕が精神科医駆け出しの頃にですね、ある先生がね、自分は１度だけ —— これはよかろうと思って、統合失調症の終結宣言をした —— というの。そしたら目の前で再発したというの。喜びすぎて ——。以来、私は慎重になっている、と。僕は大体において統合失調症の場合には、「しばらく自分で歩いてみてごらん」というふうに言う。僕は、患者さんが「もう来なくってもいいでしょうか」と言っても、「僕の方は扉開けておくけどね」って言うね。

田嶌 そういう意味ではこのケースは、[学生相談室に] 部屋をひとつとってあってねぇー、いいことだと思うねぇ。（増井：そりゃあ、いい）すごくいい機能を果たしているねー。

倉戸 伊藤さんが、終わって少し不全感が残っているとおっしゃったけど、そのことについてもう少し聞かせてくれませんか。

伊藤 変身の予感でいうなら、もう少し変身してから終わりたかった（笑い）——。

増井 あー、蝶々になってから ——。

中井 蝶々を自分の所に残しておきたいという、このお父さんみたいな、（笑い）そういう感じになってんじゃないだろうねぇ。（爆笑）いや、このお父さんて [子供が外へ] 出にくい人なんだろうと思うね。そうでしょう、いとこのことで

も ——、試問する人が落とすかどうか決めればいいわけであって、手を回して通すようにするのは聞くけど、手を回して落とすようにというのは、（笑い）なかなか珍しいことだなぁ。非常に出にくいかなと思っていたら、案外と出られそうなんだね。

村瀬　この壺6の肥やしというのはこの通りにとっていい？　意味あることというわけね？

中井　そうなんじゃないかとこの絵を見て思ったわけ。だから立体的にやるのも道具に振りまわされなきゃいいんじゃないかと思う。

増井　こういう終わり方ってのが、実際に何回もあり得ているような感じがするんですよねー。（中井：いいんじゃないかなー）患者さんが若干不安の強い時にね、治療者があまりに迫り過ぎてね、これは治療者とつきあっているよりも社会とつきあってる方がましだと ——。そんな気持ちになって、［症状が］なくなってしまうような、そんなケースがわりと多いですね。

中井　治療者が迫り過ぎたために ——？　これ、迫り過ぎてんのかなー？

増井　［治療者が］迫り過ぎてるという感じじゃなしに、この人が感じ過ぎているというかね、治療者が迫ったという実感がなければ ——。

中井　あーそうか。（増井：ものすごく近く感じてるんじゃなかろうか）うん、わかった。これ、交互スクリブルだからね、普通のスクリブルよりも距離が近いね。要するになぐり書きして、それを相手に渡して、それを相手が投影して、完成するわけよね。逆に、相手のなぐり書きをもらって同じようにするわけ。だから、非常に相互的ですよ。例えば、テニスにたとえてね、僕がサーブするよというような、ちょっとプレイフルネス（playfulness）を出さないとね、距離が近くなりすぎることがあって ——。僕はわりとプレイフルにやるのね。君がサーブだよとかね。一般にはその方がいいと思う。

増井　治療者は迫っているというふうには、意識的には思ってないでしょうけど、この人はかなり迫られてるという実感をもってしまって困る人ですもんね。

中井　常にひとつのテーマになっていて。（増井：はい）—— で、それが不安でにおいになっているのかもしれないね。だけど、それでも治療者に不全感が残った方がいいのね、治療者に完全感が残ったら患者の方が（笑い）——。

増井　常に治療者は不全感を充分に残すのに耐える仕事じゃないですかね。

中井　そうね。剣道の『残心』とかね、心を残すとかね、そういうのあるでしょ。

増井　治療者が燃焼してるケースなんて患者さんが悪くなるか、極端に入りこんでるか、その二つにひとつですものねー。

中井　ちょっと残すという日本の美学ね、—— 例えば、落葉を少し残しとくと

かね。あれは――、我々取り入れてもいいんじゃないだろうか？（笑い）西洋から日本に入れる時に――。

増井　確かに、治療者が燃焼し尽くすケースなんて、僕は、到底不可能だと思いますよ。残る商売なんじゃないですかね？

中井　そうね、『残心』ありと――。

増井　『残心』がないようなエンディングなんかないと思いますけどねー。（中井：そうね）コンプリートな――そういうことってありえるんやろうか。

中井　「ああ、これはもう満足だ！　これはひとつ症例報告しよう」というようなperfect・gameは、perfect・failureに一転することがあるよね。

増井　[治療者が] 勝手にそう思ってると、実際は、患者さんによっぽど迷惑かけてるというかねー。

中井　学会なんかで [発表すると] ね、そのケース、自分が診ておりまして、今、入院しております、というのあるね（爆笑）――。

増井　ま、レベルによりますけどね、エンカウンターしようなんて、僕、到底思いませんけどねー。それこそ僕の投影性同一視かもしれないけど――。こういう人はエンカウンターをすればおおごとだという感じがしますけどね。

中井　そうねー、この人秘密をもてない人だから。それにね、秘密もってませんよと言えてることねー。

村瀬　田嶌さんに聞きたいんですけど、この患者さんは壺の中の温度のことを何度も言ってますねー。他のケースでもこういうのあるけど――「暖かい」とか「冷たい」とか、これは壺にかなり特有のもの？

田嶌　ええ、僕もそうじゃないかと思って聞いていたんですけど――。「暖かい」とか「冷たい」とかいうのは非常によく出てきますね。

増井　それとねー、必ずと言っていいほど、「悪い壺」と「いい壺」が出るね。僕、これは壺の [イメージも含めて]、イメージの自己軌道修正能力といえると思う。イメージの場合、バランスとるというか非常にネガティブなものに対してポジティブなものをイメージでクリエイトできるんですよね。それで、やっていきやすい部分がある。それこそgoodイメージとbadイメージの両方があって、それをバランスよく出す。こういうのはイメージのメディアとしてのひとつのメリットみたい――。

田嶌　安定した [治療] 関係があって、その上で壺 [イメージ] をやっているという前提に立つならばですね、重い人ほどgoodな壺が出てきますね。（増井：必ず出てくるね。それを補完するように）安定した治療関係の中でなおかつbadな壺しか出てこない人っていうのは、ある程度自我が強い人だって考えてい

いと思う。

増井　でしょうね、そう言えるね。ニューロティックなレベルの人ほど悪い壺だけで耐えられる。そういう強さをもっているね。（田嶌：はいはい）だからね、学生なんかにやるとさ、とってもびっくりするような壺で出られなくなったりね。そういう人って強いと思うんよね。いい壺と悪い壺、悪い壺に見合うようないい壺があって、それがイメージに自然に出てくる。これはイメージだからできることでね——。

田嶌　ちょっと話がそれますが、おもしろいのは例えば、［行動療法でいう］系統的脱感作でも、以前はそういう苦痛な場面ばかりイメージしていたんだけども、最近はgoodなイメージも使ってね、goodなイメージを一方でやりながら苦痛なイメージを使うといったやり方が、アメリカで出てきた——。ところが壺の場合は、［goodイメージを指定しなくても］それが自然な形で患者さん自身がつくっていくという部分があって——。

柴山　それと、症状に関連した壺がですね。他のケースを聞いていると、自然と症状に関連した壺が出てきている。そして、これをじっくりと体験させると、その晩ぐらいから、ころっと症状がなくなっちゃったりするでしょう。そういうことから考えると、症状に関連した壺を導入することのタイミングというか、——そういうのはどう考えていますか？

田嶌　ある程度、わりと自然に出てきます。例えば、松木さんのケースだと喘息なら喘息が壺の中で出てきそうなんてことがありましたねぇー。それと、僕の［ケース］だと不眠だとか、中に入ったら急に痛みが出てくる場合だとかいろいろあるんですが、そういうものがある程度はっきりしてきちゃうと次から、「じゃ今度症状に関連のある壺を捜しましょ」というと、すぐ［そういう壺が］出てきちゃいますね。だけど、そういうことがないうちにやるというのはタイミングが難しいだろうなぁと思います。だから、うすうす本人がある程度少ししぼりきれはじめている時にならないと、はっきり出てこないんじゃないかと思います。この［ケースの］場合は出てますね。

中井　夢の場合は逆で、統合失調症の夢の中でね、症状の内容が出ると、例えば幻聴が夢の中に出てくると、まず数日のうちに幻聴が消えますな。昼間に、しょっちゅう幻聴に悩まされているというでしょう。それで、「寝ているときはどう？　それで昼じゅう悩んでいるんだから」と言ったら、「夜は出てませんなー」と言う。それが、そのうち「先生、夢で見た」って言うのね。ちょっと間をおいて、「ところで——昼は？」って言うと「弱まってますねぇ」と、これまた気づく。それは非常に特徴的みたいですな。僕は予言したこともある。

「もし夢に出てきたら、それは消えることへの前兆だよ」って言ってる。予告は不必要な不安を減らすかもしれないね。

田嶌 逆にですね、僕はちょっと似たことですが、はっきりわかんないですけど、壺の中で、例えば夢の中で感じるような、いわゆる悪いものを感じちゃう。そうすると、夢の中の悪い夢っていうか、そっちの方が減少していくってことがありますね。

数人 あー、ありますね。そういえば報告の中にもありましたね。

増井 そういうことあるね。(田嶌：ありますねー) 壺の中で症状に似たような体験ないしそのような気分が出てくると、つまり、悪い壺を体験すればする程、より適応的になっているという、そういうパラドックスは必ずあるねー。原理的に考えてもそれはあると思います。

中井 ただね、縦断的に見るとね、これはやはり肝心だと思うのは悪い壺の中が良くなってるでしょう。昨日聞いたサイコシスの —— 悪くなっていくと、中がよかったんだけど、だんだん冷たくなっていったりね。箱庭でもちょっとあぶない人、これは止めないかんという人はね、いい所までいってたんだけど、そこにインディアンが入ってきて壊しちゃうとかね、台風が吹いてきて全部荒らしたり、砂に埋まっちゃったり、上から砂を降らして、これ雨だとかね。—— で、その人たちはね、その時軽くても長期的には悪いですな、10年のスパンでみると。

増井 結局、「どつぼ」になってくるんですね。(笑い)

中井 壺の場合は、中身がね ——。『悪夢』っていうのはだんだん悪くなる —— でしょ。当り前の話だなー。(笑い) 悪夢の定義としてね、内容が悪いっ てだけじゃなくて、だんだん悪くなって、とうとう眠りから放り出されるのが悪夢で、たいていは、はじめ悪くても良くなっていくというのが、安永先生の命名だと『妥協夢』ってことになるわけだけどね。どっか都合が悪いことが抜けていって ——。

増井 普通の悪夢は妥協夢なんでしょう？　—— でもない？

中井 非常に恐い夢と悪夢というのは、区別すべきだと思うんですよ。だんだん、だんだん、破局に近づいて、最後は自律系まで巻き込んで寝てられなくなって目が覚める、あるいは覚める寸前までいくというのが悪夢だろうと思うんですね。それが僕の定義で、そういう夢であるかどうかを頭において聞いていく。統合失調症になる前と治り始める直前にあるから。もっとルーズに使われているわけかー、悪夢って言葉は。

増井 妥協夢、つまり一時的にはワーッと出て、[覚醒せずに] ひっこむものが

悪夢だと思ってました。

中井　それは、辛うじて妥協が成立しているわけだから［悪夢ではない］——恐い夢ではあるだろうけど。

吉良（文）　今、いい箱庭っていうか、ちゃんとしたのができそうなのにインディアンをおいたり、砂をばらまいたりして——。これは、ロールシャッハの鑑別の見方を教わっている時に、統合失調症の人はP反応になりそうなのにならないものがあると、統合失調症の特徴のひとつとして見ていいんですよって言われて、——「えーっ」と思った。例えば、3カードで人間っていうんですね。ところが人間が出る所じゃなくて、そうじゃない所で人間を見たりする。今、その話を聞いて、あー、これは同じことがいえるのかなと思った。ロールシャッハで、もうちょっといったらP反応になるのにっていうのがそうはならない。

中井　あのね、箱庭の場合は厳密にはちょっと違っていて、［一旦］ちゃんとなったのが壊れている。いい線までいったなーと思ったら砂嵐になったりね、全部崩れちゃったり、長い間都市を築きあげていったのに、それが砂嵐で崩れていくとかね。いっぺん実現しかけるのよ。それが、崩れていくわけね。箱庭はロールシャッハよりダイナミックだから。ひとつのドラマだから、箱庭は。スタティックじゃない。

吉良（文）　でも、なんとなく似たとこはあると思いますね。

中井　どこか、共通点はあるね、底にはね。この頃はベックも見直されてるわけ？日本はクロッパー1色だったからねー。

吉良（文）　その先生はベックなんです。私も始めたてですけど。

中井　ヨーロッパはベックなんですよねー。（吉良〈文〉：あーそうですか）ベックが強いということ、僕は細木先生に聞いたことがある。クラシックだけど、ベックはいいよなんて聞いたことがある。（吉良〈文〉：そうですか）クロッパーはユンギアンでしょ？（吉良〈文〉：そうみたいですね）ユンギアンがアメリカで生きていくために——という感じがないわけでもない（笑い）。ちょっと雑談になっちゃうけど、TATもそうですね。船の中で考えたんですね。（吉良〈文〉：そうですか）アメリカへ行ったら、なんか統計がとれるようなものでないと教授にしてくれんだろうというわけで、一生懸命船の中で考えたんですけど——。だから、あの絵にはすごく気迫がこもっているのかな（笑い）——。

成瀬　それじゃ、ありがとうございました。

第3部
コメント篇

ここでは、討論者として御参加いただいた先生方から頂載した壺イメージについてのコメントを掲載している。いずれも著名な方々なので特に紹介の必要はないだろう。私とは古くからのなじみの方もおられれば、また会の時が初対面であった先生もおられるが、学派は異なっていても、いずれも豊富な臨床経験をもっておられ、しかもイメージについての造詣の深い先生方である。私のように壺の中にどっぷりとつかりこんでいる者からは見えないことを、きっと教えて下さることだろう。

　さて、どんなコメントがとび出すことやら。

（編者）

壺イメージ療法について

鳴門教育大学　倉戸 ヨシヤ

　最初に、２日間にわたるこのシンポジュウムに参加させていただいた筆者の感想から述べてみたい。それは、一言でいえば、かなり大きい壺のなかで、居心地がよいせいか、あるいは馴染みやすさのせいか、なんとなく安堵感に満たされながら大きくからだを動かし、やがて時が満ちて新鮮な外界へ出ることを楽しみにしているというイメージに例えられる。とにかく壺イメージ療法は心理療法としての発展的可能性を多々秘めているという感じでいっぱいである。その感じを若干のコメントをまじえて以下に述べさせていただこうと思う。「壺」をおさえた話ができれば幸いであるが、さてどうなることであろうか。

　まず、この壺イメージ療法が、日本での臨床をふまえて、日本人の手で開発されたことに筆者は深い感動を覚える。なかにはジェンドリンのフォーカシングの系列に入れる者もあるが、考案者田嶌自身が述べているように、壺イメージ療法は直接フォーカシングをモデルとして考案されたものではない。筆者も米国において心理療法の訓練を受けて帰ってきたひとりであり、なにも欧米で開発されたものを嫌うつもりはない。ただ文化やものの見方が違う日本において、また多くの臨床経験からの知見が蓄積されつつあるとき、それらを踏まえた独自の発想による心理療法が日本の土壌のなかにも、もうそろそろ出てきてもよいものと思っていたやさきなので、筆者には、ことのほか心を動かされるものがあった。

　さて、壺は、洋の東西を問わず、古代より生活の必需品として用いられてきた。水がめや油壺などがそれであるが、これら馴染みある壺は、人類ときっても切れない関係にあったと思われる。それゆえにか、現代でも、「壺を心得ている」「壺を得ている」「壺にはまる」「壺を押さえる」あるいは少し展開して「身も蓋もない」「臭いものには蓋をする」などの言語的表現や用法

が存在する。これらは、ユング流にいえば、アーキタイプ（元型）を想定させる。事実、ユング派のフォン・フランツによれば、「つぐみ髪」のおとぎ話に出てくる「容れ物」は女性の象徴と解釈されている。

　また筆者のゲシュタルト療法の臨床のなかでも、いわゆる退行現象がみられるときに、洞窟、湖、沼、子宮などの壺を連想させるイメージがクライエントによって、しばしば語られることがある。このことも、なにか、人類と深い関わりがあることを示唆しているように思われてならない。なぜならば、これらのイメージは極度の不安や恐怖を経験しているときや、それゆえにか、安心したいときに、また「死と再生」を想わせる経験をするときに、出現しているからである。

　このように、なにか、根源的なものに関わる壺に着眼した点に、この療法の心理療法としての発展的可能性を感じる。換言すれば、心理療法は、一つには抑圧されたものを意識化することだといわれることがあるが、仮にそうだとすれば、この療法の場合、壺という、上述のような人類にとって根源的な、あるいは馴染み深い壺という媒介を得て、抑圧されたものが容易に投射され、したがって意識化の過程がスムーズに進展しやすいということがいえそうである。

　今回のシンポジュウムの症例発表によれば、導入にさえ成功すれば、壺イメージ療法は、かなりの効果がみられるという。とくに境界例をはじめ、精神病圏のケースにも適用の可能性が示唆されている。このことは、従来、禁忌とされていたか、あるいは消極的にしか関わらなかった領域に新たな展開をみせるものと期待されるが、それは、田嶌によれば、壺というイメージを媒介として自己と体験との距離をコントロールしうる点、身体感覚的なものに結びつき実感しやすい点、壺というイメージが内包的でかつ安心感を与える点、さらに患者のペースで進行できる点などによるとされている（文献1）。

　壺というイメージを媒介として自己と体験との距離をコントロールしうる点については、自己の内界を直接セラピストに吐露するのではなくイメージに投射することによって、いわば抵抗を弱めている点が、ことのほか心理療法として有効となっていると思われる。

　この点については、他の多くのイメージ法もそうであるのだが、この壺イ

メージ療法の場合は、壺という形態の上からも、また機能の上からも、絶妙の媒介を得ているので、田嶌のいう自己と体験との距離を患者自らがコントロールすることが可能になっているのであろう。しかし、どの患者も必ず、しかもいつもコントロールできるとは限らないと思われるので、その場合どうするのか、田嶌も指摘しているごとく、重篤な場合などとあわせて今後の課題となろう。この場合、患者側の自我境界のあいまいさの程度が問題となろうが、また同時に、セラピスト側の力量もあわせて問題になろう。

　身体感覚的なものに結びつき、実感しやすい点については、壺に入るということ自体が視覚的イメージから出発はしているが、身体感覚的である。この身体感覚的である点について田嶌は「身体感覚的なものを利用した方が実感として感じられやすい」としているが、まったく同感である。ただ、この実感として感じられやすいということは、「治療者にとっても、患者自身にとっても、操作的に取り扱いやすいという利点がある」ばかりでなく、筆者の立場からいえば、どのような感情をもちあわせているかの気づき（意識化）の惹起へと志向しやすいといえる。そして、この感情の気づきこそが、境界例をはじめ、精神的不健康なものを、生き生き（活性化）させる原動力となると思われる。ここで、精神的不健康というのは、自己の身体や気持ち、感情を自己のものとして所有（Own）しえていなく、二分割（Split）されている状況をいう。たとえば、「……心臓がドキドキしてね。震えて、口が……何いうてるか分からんしね……ほんで言葉かてね。誰かの、あの、真似しているみたいで……自分の言葉やないしね。自分の言葉やないで他人の言葉を伝えてるだけみたいで、自分の考えがないでね。なんかいつも、何してるんや分からへんでね」（文献3）などは、その例。それゆえ精神的健康を志向する心理療法は、これら二分割されたものを統合していくプロセスとなるが、それは、とりわけ、経験した感情を自己のものとして再所有（Re-own）していくプロセスといえる。

　壺というイメージが内包的で安心感を与える点についても、この療法の有効性を示唆していると思われる。とくに、「精神病圏にも適用できる」とあるが、まさにそれは壺というイメージがもつ機能と関係があると思われる。なぜなら自我境界のあいまいなものにも、壺はその境界を意識させてくれや

すいからである。また筆者の立場からいえば、心理療法の目的とは、ひとつには、クライエントの視野（Perspective）を広げるとか、違った見方ができるようになることをめざすことといえるが、一般的にいって、ただ保護的すぎる場合は安全ではあるが何も起こらなく、上述の心理療法が目的とする視野を広げることにはならない。一方逆に、過度に挑戦的あるいは刺激的すぎる場合も、何かは起こるかもしれないが、荒療法すぎ、危険すぎるといえよう。したがって、心理療法は、上のような両極端を志向するのではなく、基本的にはセラピストと共にいるという安心感のなかでの自己との対決、そして自己洞察ということになろう。このことは、イメージ開始前の強い不快感や感情を「空の壺」に入れたり、「壺」が脅威で危機的な場合、鍵のかかる「金庫の利用」をすすめる試みなど「補助的技法」により、一層強化されているといえる。そして、増井のいう、いままで整理や処理が出来ていなかったもの、また終われていなかったものに「蓋をする経験」という指摘とあわせて、精神病圏に適用できうることにつながってくる。この点で、壺イメージ療法は、実に「壺」を得て妙といえる。

　患者のペースをつかみつつスローペースで進められる点については、クライエントの側に自己理解なり自己洞察なりが育成されることを大切な心理療法のポイントと考える筆者の立場からは、大いにうなずける。もちろん、いかなる心理療法においても、これは大切なポイントではあると思われるが、壺イメージ療法においては、とくにこの点が、「注文がつけられる」ことや「壺に入るのにも徐々に入れるよう、いくつかのステップ」が考えられていたり、「患者の意志決定を尊重」する点とともに、特徴となっていることに、筆者は安心できるものを感じる。

　以上の田嶌があげる特徴のなかには顕在的にはとりあげられていないが、筆者の立場からは、この壺イメージ療法が、「今―ここ（Here and now）」での体験を惹起する点も心理療法として有効であることを特筆しておきたい。なぜなら、まず過去の体験にまつわる心残りの感情を「今―ここ」という心理療法の現象学的場において再体験を可能にしているし、そしてそれら心残りをとる機会を与え、さらにそれをふまえて、今後どうしたらよいかの洞察をより可能にしていると思われるからである。

　ところで壺イメージ療法を、ゲシュタルト療法でいう「図」と「地」の観点からみると、どういうことになるであろうか。ここで「図」と「地」の観点というのは、ひとつにはクライエントの現在の生きざま、あるいは症状は、現在、観察可能であるという意味においても、またなにかのクライエントの内面の象徴されたものが形になっているという意味においても、ゲシュタルト心理学流にいえば「図」ということができ、一方、現在に至るまでの過程や気づかれていないクライエントの内面は、未だ形になっていない（あるいは背景にあって、未だ意識化されていない）という意味において「地」ということができる。

　このような観点からみてみると、患者のイメージする壺は、まさに患者の「図」といえる。たとえば、田嶌の症例（事例1：文献2［編者注 —— 本書第3章境界例の事例］）における「さみしい壺」「恐い、悪魔のいる壺」「真っ暗な壺」「先生（治療者）がいる壺」（No.1—3）など、患者が最初にイメージしたこれらの壺は、患者の「図」としてみることができよう。すなわち、「今―ここ」という心理療法の場において観察可能な、しかも患者自身の意識にのぼってきた、あるいはひとつの形をとって表現された患者の内面の象徴化とみてとることができよう。

　ここでゲシュタルト療法的には、心理療法の目的は、前述のごとく、視野を広げることであるが、この視野を広げることとは、ここで問題としている「図」と「地」の観点からは、「図地反転」を惹起することといえる。そして、このためには、「図」を「図」として充分に感情のレベルを中心に全人的な認知のレベルで気づくこととされる。そうしないと、抑圧など、いろいろの心のメカニズムのために、意識の背景にあってくすぶっている「地」は、反転して「図」にのぼってこないからである。

　上述のことは、基本的には、「ルビンの盃」の反転図形の実験で明らかなことである。すなわち、「図」として知覚されるところの、たとえば「二人の顔」なら「二人の顔」を充分に形として認知して、その後はじめて、いままで「地」にあった、たとえば「盃」が、今度は「図」として知覚される。その際、いままでの「図」であった「二人の顔」は、「盃」とみるための「地」になっている。

われわれの心理状態についても同様のことがいえると、ゲシュタルト療法では考えるのである。われわれの欲求や感情、また、いろいろの心の状態を充足したり、安定させるためには、すなわち「図地反転」させるためには、現在経験しつつある、それらのものを充分に「図」として形に表わして認知することが、基本的には、鍵となるとするのである。しかし、鍵となるといっても、この基本的に「図」として形に表わすことを、そのまま現実の生活の場において実行することを、いきなり意味してはいない。とりあえずは、心理療法という守られた場において経験してみるということになる。

　これらの心の状態の「図地反転」のプロセスは、たとえば、先にあげた田嶌の症例にもみることができよう。すなわち、最初「さみしい」「恐い、悪魔のいる」「真っ暗な」「先生（治療者）がいる」など、患者の心の状態や生きざまを象徴していた壺を、心理療法という現象学的場におけるイメージ（象徴）の世界のなかで、充分に体験して、「図」とすることができると、こんどは、たとえば「［治療者のいる壺の中で］とても穏やかな気持ち、おんぶしてもらったり、抱っこしてもらっている、いい気持ち」(No. 2) などと、いままで「地」にあった患者の生きられなかった、いわば本音の部分、それらは患者にとっては重要な意味をもってはいたが意識下に押しやられてないがしろにされていた部分、が表出されてくる。これら、いわば本音の部分が表出されてくると、それまで近づきたくなかった「死にたい壺」(No. 11) や「恐い壺」(No. 10) にも入れるようになる。一旦、入れるようになると、不思議なことに、これらの「死にたい壺」や「恐い壺」は消失してしまうのである。すなわち、「図」と「地」の反転がみられて、ひとつの段階が完結している。そして、やがて治療者との「分離不安」と受け取れる「去っていく先生の壺」が出てきて、その次の段階ともいえる治療者からの独立が課題になっていることが象徴的に暗示される。そして、何回かの「強くなりたい壺」(No. 20以後) の出現をみて、患者の「独立―依存の葛藤の顕在化」がみられるようになる。この「独立―依存の葛藤の顕在化」、すなわち意識化は、とりもなおさず患者の現在の在り方に対する洞察（まだ願望の段階に近い）が出てきたことを物語っていると思われる。

　ところで、この「強くなりたい壺」のなかで、「これ以上感じたら狂って

しまいそう」「死んでしまうかもしれない」、また「心の奥深くの恐い」感じが出てきて、「先生にあずけて」しまう。このあたりは、実のところ、説明を聞き漏らしたためか、筆者には、もうひとつ合点がいかなく、それら患者が「図」としつつあるものをはっきり「図」としていくか、あるいは背景となっている「地」との関わりのなかで見出す必要性を感じるのではあるが、それはそれとして、とにかく心理療法そのものは「先生にあずけたから」「気持ちよく終われます」と終結へと導かれている。

さて、導入の方法であるが、この壺イメージ療法の場合は、「あなたの目の前にいくつかの壺が出てくると思って下さい……」と教示して、壺をイメージするように導入する。一方、筆者の立場からは、やはり「バラになってみて下さい」と、イメージするテーマや媒介を指定する場合もあるが、また「ご自分の人生や最近の状況を何かに譬えてみることができますか」などと、媒介を指定しない場合もある。

ここでは後者をとりあげてみたい。たとえば、ある境界例と診断された方は、「自動車の運転者」に自己を譬えて、「車をもて余している運転者」「ちゃんと自動車の性能を引き出せていない」「どこか悪いところが出てきても、それがどこか、なんの故障なのかがわからない」運転者と、筆者に語ったことがあった。この場合、たしかにイメージ自体が「内包的」で「安全」とは、必ずしもいえないかもしれないが、しかし惹起されたイメージは、まさに患者の自ら語った心の状態、生きざまを、劇的なまでに鮮明に象徴しているといえよう。

ここで「内包的」とか「安全」とかの問題は、イメージ法そのものやイメージの媒介にあるのではなく、むしろセラピストと患者との共働の関係（working alliance）のなかに求められている。この共働の関係という問題になると、もちろん、患者側のファクターにも関係するが、「心理療法を引き受ける」「共に在る」「心の状態やダイナミックスに気づける」「どう関わればよいかが洞察できる」など、セラピスト側の力量にも大いに関係してくる。

そこで、このセラピスト側の力量について壺イメージ療法ではどう考えるかという問題になる。このあたりを、この療法のセラピストの育成や訓練とも関連して、さらに掘り下げることを期待したい。

また、上記と関連があるが、この療法のキー・コンセプトというか、キー・ワードというか、いわば、この療法の「壺」であるが、たとえば、この療法における人格の考え方、治療理論、治療過程、また、そこから統合されて導かれる技法などを、より明らかにして、臨床時にうまく関われなかったときなどにフィードバックすることができるよう、いわば登山でいう「地図」にたとえられるものを明らかにしていくことを期待したい。これは、なにも理論を優先したり、理論で武装するということではない。また理論を固定化することを意味してもいない。臨床経験から蓄積されたものを概念化する作業のことを意味しているのである。この概念化することについては、もちろん、問題もあろう。しかし、経験に開かれつつ、またフレキシブルでありつつ、これから学ぶもののために、また、セラピストの自己制御のために供することのできる「地図」がほしいと感じるのである。

参 考 文 献

1　田嶌誠一　"壺"イメージ療法　広島修大論集　第24巻第 1 号，1983，71-93.
2　田嶌誠一　「精神病圏のケースの壺イメージ療法　事例 1 」　シンポジュウ
　　　ム壺イメージ療法ハンドアウト，1984.
3　倉戸ヨシヤ　「ゲシュタルト・セラピーの人格論」　関西カウンセリングセ
　　　ンター，1982.

自発イメージと壺イメージ

栗山医院　栗山　一八

　私はケース発表の時に言いましたように三つあげましたが、非常にこれで助かっているんです。時間がきて、イメージの途中でも〈ちょっと、それじゃ、今日はもう壺にしまっておきましょうね〉ということで、よく納得してくれます。何例かにやりましたけど、だいたいそういうことです。それから、私のところではたいていが心身症で、身体では果敢に訴えてるけれども、それ以上のものといいますか、心とのつながりということがなかなか理解しにくい方、納得しない方が多いんです。それが、壺の中で「ドロドロしたもの」とか「べたべたしたもの」とか「不快なもの」とかそういうものを身体に感じると、「ああ、自分の症状はこんなもの、こんなべたべたしたものと関係があるんですね」ということを理解する患者さんが、何名か出てきましたね。それから倉戸先生もおっしゃいましたように、そういうものは自発イメージの中でもよく出てきます。例えば、霧の中に、べたべたした霧があったり、泥の中を歩いたりするのがあります。けれども、壺をやりだしてからそういうものが出る回数といいますか、頻度が、普通のイメージでやるよりも、心身症の場合非常に多くなるという印象を受けています。これは壺というような形をしたために出やすくなったのではないかと思っています。特に、箱とか引き出しとかいったものよりも、壺というものは味噌を入れたり醤油を入れたり、ドロドロしたものを連想しやすいのではないでしょうか。

　以上のような点で、「壺イメージというものは非常にいいんじゃないかなあ」と、心身症に関する限りはそのような印象を受けております。それから、症状があるのをとにかく〈壺に入れてしばらくしまってしっかり蓋をしましょうね〉と言っておけば、その次の面接までの期間の身体の訴えが非常に軽いということですね。それで、これはいい方法だなと思って、喜んで使わせてもらっています。（談）

「壺イメージ療法」について

神戸大学　中井　久夫

　私は、氏の「壺イメージ療法」が発表された頃から、ある程度注目していた。

　いわゆるイメージ療法の多くが、私のように最近まで主に精神病圏の人を診てきた者からは、侵襲性がありすぎるように思っていたせいもある。アンリ・エランベルジェが「精神療法爆発」と呼んだ一時代には、雨後のタケノコのようにありとあらゆる療法が出現し、消えて行ったけれども、これはそういうものか、どうか。

　私が、この研究会（注——1984年11月3、4日両日、広島・法華クラブで開かれた本法の合宿研究会、少人数でクローズドであった）に参加した理由は、いくつかある。一つは、日本の土壌から生まれたものだということである。第二は、少し文献を読んで治療に柔軟性を感じた。これは、私のような診療体験からは恐ろしく見えるいくつかの心理療法とは違うかもしれないと思った。実際の話を聞きたいと思った。第三は、こういう治療を見つけて展開している人は、どういう人だろう、という人間的興味である。

　結果をいうと、私の好奇心は、ほぼ満足された。

　一つの症例に一時間以上とってゆっくりと検討できたのはありがたかった。

　それでも症例発表者は、ずいぶん切り捨てざるを得ないものがあったはずである。そういう不全感が、発表者からの感想にあった。一方、聞くほうからすれば、一般に症例検討会では、見たこともない症例を、数枚のプリントと発表者の補足から虚空に描き、それを維持・変形し、ほうぼうに疑問符を付け、ところによっては感嘆符をつける。ひとつのゲシュタルトとして次第にまとまるように、ひとつの「ストーリー」（土居）として次第に流れ出すようにしていく。想像力を酷使する作業で、年齢とともに骨身にこたえる。ふつうの学会では三例も聞けば、私の頭はホワイト・アウトになる。

ところが、今回は、症例を聞く疲労が少なかった。治療の中で生まれる「壺」を虚空に想像しなければならなかったにもかかわらず、である。あるいは、それがかえって良かったのかもしれない。精神病圏の症例報告では、さすがに疲労と緊張をおぼえた。しかし「壺」がなければ、もっと感じたかも知れないと思った。逆に、神経症や心身症の症例では、あるのびやかささえ感じた。これは、多くの参加者も、どうやらそうであったらしい。これは私の主観ではグッド・サインである。一般の症例検討会でも、時々、笑い声が聞かれることがあるが、一般に失笑であり、辛らつさと苦さがこもる。これを場に対してディストニックな（違和的な）笑いとすれば、こんどの会合の笑いは、陽性で、患者あるいは治療者に対する穏やかな好意を基盤とした、場に対してシントニックな（同調的な）笑いであったように感じた。

＊　　　　　＊　　　　　＊

　私の好奇心の第一点は、患者から「壺」のイメージが出てきた、患者に教えられた、ということで納得がいった。患者からヒントを得れば何でも良いものだと安易にいうつもりはないが、多くの優れた療法は、ピュイゼギュール、メスメルの昔から、患者よりの贈り物である。この治療法が「発明」されたというより「発見」されたという感覚を私に与えた根拠であろう。私は、デゾワーユの「誘導覚醒夢」（p.42表1-1参照 —— 編者注）から出てきたかと思っていた。しかし、あそこでは、女性は「壺」をまずイメージさせられるが、男性は「剣」である。いくら男に生まれても剣ばかりイメージさせられていてはたまらない。

　また、九州大学の「治療文化」から出てきたものだという感を深くした。私は、この文化圏との接触は比較的日が浅いし、力動精神医学の方々に偏っているが、それは前提としていただくとして、この治療法は神田橋條治氏の存在なしでは考えにくいのではないか、と思っていた。私の予想は当たった。しかし、神田橋氏の「拒絶能力」を「注文をつける能力」と広げ和らげたのは田嶌氏の発明性（インヴェンティヴネス）を物語る。彼の発表を聞いていると、この「注文をつける能力」を初めとして、充分な準備性の患者に即しての確認の上に「壺」が導入されたことが分かる。この好ましいが、しばしば忘れ

られる慎重さ（アンオブストルーシヴネス）は、田嶌氏の、この方法の発表に対する漸進的な態度にすでに見られるところであるから本物であろう。ふつうならば、こういうシンポジウムが開かれるのは、まず大向こうを狙った発表が相次いでからだが、私は、それをいいとは思わない。

＊　　　　＊　　　　＊

　田嶌氏は、理論化を迫られているのだが、自分はそういうことは苦手だといって頭を掻いておられる。

　たしかに、エランベルジェのいう「精神療法爆発」の時代 —— それはほんの昨日である —— においては、特にアメリカでの療法の発表は必ずもっともらしい（時にはもっともらしすぎる）理論がついていた。しかし、あれはあの国のあの時代の特殊事情であったと考えるほうがよい。研究者として生き残るために止むを得なかったことである。しかし、それが、いかに多くの治療法の「ふくらみ」（プレグナンシー）を失わせたことか。

　よい治療法ならば、自然に理論はにじみでる。森田療法は、ある比較的狭い適応範囲をもっているけれども、森田的英知とでもいうべきものは日本の精神療法家に、流派を問わず浸透している。

　一般に、創始者はそんなに理論化がうまくない。一人で何でもやるのは「ツー・マッチ」なのだろう。理論化は次の人がやってよいことである。理論化まで創始者がしてしまうと、創始者が偉大であっても、彼に見えなかったものは必ずある。後を承ける者に仮りにそれが見えたとしても、エピゴーネンであるという意識がつきまとう。それに教条主義者が必ず現れて邪魔をする。ロールシャッハについてエクスナーが書いているように、もし、ロールシャッハが、三十八歳かそこらで唯一の著書『精神診断学』すら未完のままに残して虫垂炎であっけなく死ななかったとしたら、ロールシャッハ学はどうなっていたかと設問するとよい。なるほど、今日のように六つか七つのシステムが並立することはなくて、統一されていたかもしれないが、異端・正統の争う場となっていたかもしれない。マルクスやフロイトは、そういう意味では長生きしすぎた。彼らの体系は形成されたものの、長生きしなければ充分展開されなかったかもしれないが、厄介な副作用も生んだわけだ。ロー

ルシャッハ学の『精神診断学』にはある意味ではロールシャッハのすべてがあるといわれるが、萌芽形態であるのはもちろんだ。エランベルジェによれば、あれは彼の計画していた壮大な体系の一部であるという。それをわれわれは知りたいと思うが、もしそれが存在していれば、それに賛同できない者にはロールシャッハを使いにくいという心理的状況が生まれたかも知れない。メンデルと同じく、ロールシャッハの再発見者が一人もロールシャッハに会っていないところに、遺伝学およびロールシャッハ学の発展があるのではないか。

　こういうことは、個人の配慮を超えたものであるけれども、さいわい、これだけ友人たち、あるいは支持者、注目者がいるのであるから —— ロールシャッハにはその条件はなかった —— 、田嶌氏は、早世などしないでよいから、まず、わりと標準的なインストラクションを書いておいてもらいたい。こういうものは創始者の頭の中でも次第に変形される。世に出ると、識者に賛成されたことは強化され、あまり注目されなかったことは意識から退場するものだ。世に出るということは、そういうオペラント条件付けの場に曝されることである。芥川賞受賞作と受賞第一作を比較すれば分かることだ。マルクスは仕事の出来る条件として「若く貧しく無名であること」を挙げているが、今もその意味は失われていない。

　次に、症例をいくつか書いておいてもらいたい。あまり批判、検閲を経ないものを。「壺」の使い方には、いうにいわれぬ氏の臨床的センスがある。この香りが失せない間にだ。フロイトは五つの症例なしに今日ほど理解されたであろうか。彼の説が自己矛盾を含むことをバリントなどが原典に即して明らかにした今でも、フロイトの近しさは変わらない。一方、アドラーやユングは症例を残していないために、われわれにはどこか希薄な感銘しか与えない。おそらくアドラーは、三人の中でもっとも優れた臨床眼を持っていた。私は、彼の理論を超えたものが彼の臨床にあったのではないかと思う。そういう人でかえって症例報告を書けない人がある。ユングは、患者の秘密を死ぬまで治療者が守ること自体が治療的だと考えていたそうだ。それは一つの見事な見識である。何も治療体系を世に残すことが治療者の最終目的ではない。患者を「売って」いる気がする時は症例報告など書かないほうが、精神

衛生によい。しかし、一人のやれることは限られている。われわれの対象の巨大さと多さを思う時、乏しい英知をわかちあわなければ、とうていことに当たれない。

　自身の症例でなくとも、他の発表へのコメントでもよい。まとまった「講評」ばかりでなく、経過の側に書き添える「ランニング・コメンタリー」がよいのではないか。

　臨床メモのようなものでもよい。断片的でもよい。アフォリズムでもよい。フロイトでもサリヴァンでも、その著作の系統的に読まれる以上に片言隻句が口伝えで流布し、それに啓発される点が多かった人が少なくないはずである。

＊　　　　　＊　　　　　＊

　私がかつて書いたことだが、新しい治療法が世に出ると、おおよそ、四段階を経過する。

　第一期は、少数の人が厳選した対象に慎重に用いる。彼が問題性を大いに感じている対象だ。だから、それ以前の準備性も、意識されなくとも、高い。この成功が次第に世にひろまると、多くの人が使おうとする。そしてほどほどの成功を収める。標準化の過程が急速に進むからである。一方、患者を問題として出発した第一期と異なり、技法それ自体が関心の焦点になり、患者はそれを適用する素材の位置に下げられる。これが、おそらく風化の始まりであろう。これが第二期である。適用範囲は次第に拡大する。一部は、治療的冒険に乗り出す。

　第三期は、第二期のツケがどっと廻ってくる時期である。一部は、そもそも治療者適性のない者が使用するせいもあろう。（こういう人の一部に新しい治療法から治療法へと蝶を追うようにめぐっている人がいる。）適用範囲あるいはタイミングを誤った場合もあろう。準備性の吟味が簡略化されるためもあろう。奇跡的成功例と並んで「ホームランと紛う大ファウル」が出る。治療法の「株価」が乱高下しはじめる。次第に人は実施を敬遠する。論客が現れて、この方法の限界を云々する。そこで、第四期がどうなるかということだ。忘れられるか、精神療法の技法の星座のどこかに位置を占めるか、あるいは更新の

契機を待って冬眠状態に入るか。私は、これを個々の精神科病院に箱庭療法が導入された1970年代前半に充分観察した。

こういう過程は必然的なものではない。しかし、自然の勾配に従えば実現する可能性の高い、パーキンソンの法則のような、おそらく社会学的原理である。

＊　　　　　＊　　　　　＊

こういう過程に逆らう軌道保持過程は何々だろうか。

第一は、徹底的にひとつの技法を追求しないことである。私が感銘して繰り返し引用する言葉だが、あの直接的アプローチの権化のように考えられている戦略家クラウゼヴィッツが、「ある目的を徹底的に追求しようとすると追求の過程で生ずる反作用のために目的の実現がかえって妨げられる」と言っている。日本の現在では貿易黒字追求が、まさにそういう事態を生んでいる。第一段階から第二段階への移行の過程において熱烈な支持者の果たす役割は大きい。創始者自身は、あまり啓蒙普及の努力が出来ないものである。あるいは、することが好ましいかどうかという問題さえある。しかし、支持者による普及の過程で何かが失われる。これは、ダーウィンとその熱烈な紹介者ハクスリ、ヘッケルとの間にみられたことである。一時の「壺酔い」は止むを得ないであろう。しかし、貿易黒字政策同様、それが一過性であることを、特に支持者に望む。

第二は、技法を無媒介的に、あるいは無意識的に、戦術（オペレーションあるいはタクティックス）や戦略（グランド・デザインあるいはストラテジー）と混同しないことである。これは「戦艦大和があるから太平洋戦争に勝てる」「核ミサイルを持てばアラブ（あるいはイスラエル）に勝てる」というのと同じことであるが、どうも我が文化はこの混同を起こしやすい気がする。「竹槍で原爆に歯向かって負けた」「アメリカの物量に負けた」という感想が戦後すぐに生まれ、充分反駁されていないからである。

技法は、一つの戦術を、戦略すらも開くことがある。フロイトの自由連想法がそうである。そうであることは、すべての場合に自由連想法を用いるべきで、そうでないのは異端だということにならない。また、戦術あるいは戦

略にさえも高められることがある。しかし、それは例外的であり、そうなるにはその条件がある。もっとも、本法は「注文をつける能力」技法から含めれば少なくとも「戦術」に高められている。

＊　　　　　　＊　　　　　　＊

　よい治療法の条件の一般論を展開する場ではないと思うが、この方法が（分析のことばを使えば）、転移・逆転移を穏やかなものにし、治療に余裕を生みだし、患者の不安その他の感情の治療者による認知を助け、穏やかな相互作用を作りだしうるのは、症例報告から感じ取れるところである。デゾワーユの方法が「壺」を女性に対して自己の女性性をめぐるものとして使うように、どこか、ここには母性的なものがあるが、症例を聞く限り、それはあまり恐ろしい「呑みこむ母」ではなく、暗闇を恐れる子どもに向かって「こわがらなくてもいいよ、暗いのはお母さんだからね」（リルケ『マルテの手記』）とささやく母性であろう。田嶌氏が「壺」の内包的・保護的な点を指摘されるように。

　しかし、それは傾向であって、本法自身の正体は、けっして支持的・被覆的（カヴァリング）な治療法でなく、探索的・暴露的（エクスプロラティヴ・ディスカヴァリング）な技法である。この技法を採用している人は、例外なしに、15分くらいの田嶌氏の発表を聞いて「これだ！」と思ったそうであるが、それだけに、この本性を忘れてはなるまい。実際、私は、非常に疲れている時に自分に実施したら、強迫的イメージになりかけて、あわててやめた。イメージを虚空に浮かべるエネルギー消耗だけでも相当のものである。報告でも、「出産の苦痛」そのものの表現としか思えないものが出現した。この技法は安定した保護的な治療の場の構造化が当然ながら前提であって、万一、自己治療法として喧伝されたりしたら不幸な運命をたどりそうだ。実施する人もこの技法も。

　従って、田嶌氏が、同時に治療の場の準備性を強調されるのは実に正当である。「壺」の力は、おのずと、治療の場あるいは治療者を「内包的・保護的」に志向するであろうし、エクスプロラティヴな方法のあやうさ —— そう、ある場合には「綱渡り性」とでもいうべきもの —— を「壺に入れる」「ふた

をする」「あずける」「さらに別の容器にしまう」などのイメージ操作で救っているところがよさであるけれども、しかし、壺の力に頼りすぎて「壺だのみ」になっては、場が、あるいは患者がもたないであろう。

　その前提のもとで「壺」はその力を発揮する。実際、安定した治療関係においては、患者は、まるで器械体操の美技のように「壺」をたくみに、そうしていろいろなものとして使いこなす。無定型なものの容器として、「壺中の天地」として、壺をめぐる風景として、一時保留するものとして、治療者に預けるものとして、時には「壺」の縁語を使用して幻想的なものを多少凝固させ、分かる言葉にして語る。「壺言語」とでもいうべきか。

＊　　　　　＊　　　　　＊

　一体、壺は「どこにあるのだろう」と考えてみた。患者の中だろうか。外だろうか。どちらでもあるような気もするし、そうでないような気もする。治療者の中にもあるような気がする。報告の中に描かれた壺は、患者のスケッチでなく、治療者が描いたものだという。夢治療なら治療者がここまでできるだろうか。壺は、患者とほとんど同時に治療者にも発生するようだ。では2個の壺があるのか。それとも確実に共有しているのか。交互絵画療法と違って、そうではないような気がする。このあいまいさが「壺」の良い味であろう。「限定されればすなわち死」だから、無理に決めずに、しばらく「壺空間」にあるとでもいっておくのがよかろう。あるいはノブロフ（『統合精神療法』,星和書店, 1983年）のように、われわれの内面外面の二分法は擬似概念に過ぎないのかもしれない。考えれば、エクスプロラティヴ対サポーティヴという精神療法の二分法も、ノブロフのいう内外の擬似二分法と関連している。技法的二分法も、別の形で考察しなおすべきであると思うが、しばらくおこう。

＊　　　　　＊　　　　　＊

　むろん、あらゆる方法は万能でないから、以上と関連して、この方法を補完するものを考想しておくべきであろう。いわゆる非言語的療法の範囲でいおう。

もっとも、この区別はさして大きいものではない。サリヴァンは、面接を論じて、「言語的面接」（ヴァーバル・インタヴュー）ではない、「音声的面接」（ヴォーカル・インタヴュー）だと言っている。音調が重要だというのである。ロジャースの無指示法は、音声次第で、反響言語（エコラリア）になってしまう。この辺の機微については神田橋氏が近著『精神科診断面接のコツ』（岩崎学術出版社，1984年）で明快に説いているところだ。逆に非言語療法は、言葉のための小道具、言葉が育つための支柱ともいえる。実際、一切無言のまで進行する非言語療法はあるか。われわれは、言語療法の非言語的側面を、非言語療法の言語的側面を正当に重視する必要がある。治療の成否を決定するバロメーターはそちらではないかとさえ思う。

　非常に卑近な例をあげれば、この治療法は「壺」という言葉で呼ばれなければならなかった。「瓶」でも「かめ」でも「いれもの」でも、全く別物になったであろう。「つぼ」という言葉の連想。縁語、たとえば「つぼむ」「つぼみ」。個人的壺体験。それから、「壺」という象形文字の印象。そしてその音調。〔ts〕という強い抑制あるいは強い静摩擦を破って発せられる無気歯舌音がくぐもった〔u〕、正確には唇を尖らさない〔ɯ〕によって和らげられ、濁って柔らかく、ややとぼけた有気唇音の〔b〕に続き、比較的明快な、譬えれば潜水していた者がぽっかり水面に顔を出して息をつくような〔o〕（日本語であるからやはり唇を尖らさないでほっと息を吐き出す）で終わる。「瓶」では固く、「かめ」では入ったら出にくそうであり、「容れ物」ではあじけない。英訳に苦心してcontainerとしている田嶌氏の気持ちが分かる。語感からいうと、potのほうがよいだろうが。

　さて、この方法を補完する方法については、本技法を実施したわけではないから、仮の提案であるが、柔らかさへの感受性、ロールシャッハでいえば「テクスチャー・センシティヴィティ」、あるいは「甘え」の感受性といおうか、それを触発することは特に統合失調症の治療で重要なポイントであるが、重症の人には「粘土」を用いる技法、軽い人には「スクリブル」が適当であると思う。

　劇的展開の側面は、箱庭などが補完性をもっているだろう。

　実際、報告の中でも、併用が生きていた。途中で「壺の中のどろどろした

ものを、壺を土に埋めれば、こやしになって、やがて花が咲くでしょう、私
はそれを花束にする」という話は、最後の「スクリブル」が「蝶」と「カタ
ツムリ」であることによって、抑圧というより変容あるいは変身の予感であ
ることが理解されてくる。そして始まりのスクリブル「太陽系」から、この
うら若い自己臭女性患者がいかに長い道程を歩んできたかが分かる。宇宙的
なものは、一般に距離の象徴であり、宇宙から見れば自分の悩みも些細なも
のかも知れないという自己慰謝であるだろうから。

＊　　　　　　＊　　　　　　＊

　これは、適応範囲の問題になるが、あまりよい方法のないアルコール症や
ある種の非行に用いるとどうだろうと考えてしまう。内観が、かなり準備性
のある患者に限られるのを少し広げないだろうか。

＊　　　　　　＊　　　　　　＊

　ふしぎと思ったのは、今回の発表症例のほとんどがいわゆる「欠損家族」だっ
たことだ。そういうものが、こういう会で話したくなる症例であるというの
は、どういうことだろうか。

「描^{なぞ}り言葉」としてのイメージと壺イメージ法

壺イメージ法にみられる苦慮論とその技法的特色

産業医科大学　増井　武士

I）はじめに

　患者の「心の中のことが」入っている壺がイメージに現われてくる。それは何の問題かは、治療者にも患者にも判らない構造になっている。そしてその壺の中に入り、まず少しその中の感じを感じてみる。そして患者の居心地のよい順に並べかえたりしながら、壺に充分入ってみる。後はその壺に蓋をしてどこかに置いておく。

　そこでは、壺の中身は一体何だったのかは患者が報告する限りにしか、あえて問題としない。

　何が普通かを問わないとしても、いわば普通の心理臨床のオリエンテーションを受けてきた治療者には、少し奇妙に思われるかも知れないこの壺イメージ法とその臨床、およびその治療基盤をめぐってごく少人数のシンポジアムがもたれた。

　心のどこかでは、患者がもつ問題に直面することを暗々裡に求めていることが多い我々であるが、その反面、あたかも動物の親子の如く、インプリントされたあるオリエンテーションの枠組からさほど離れられず、その枠組と自分との関係自体をあまり見つめようとしない妙な習癖をもつ我々にとって、壺イメージ法が提示した臨床的事実は、我々が得意とするdenialという防衛を作動させかねない。

　また、時として我々は語り、かつ聞く。いわく「もう借り物かも知れない立場や論理の枠組を越え、ないし少し離れ、心理臨床における、広い事実に立脚した臨床の要件に耐えられる独自なものを形造っていかねばならない時である」と……。しかし、これらの言葉の大半は、あたかも五月晴れの透明な大空の空気に吸収されてしまうが如くであり、語っても聞いてもどこか空々しい。そのような折も折、実に具体性をもち、多くの症例により洗練されて

きたであろう壺イメージ法なるものが出現した。

このような時、我々の示す態度はおおよそ三型に分かれるかも知れない。

ひとつは、具体的なものは思想性に欠けるものとしてしまうか、あるいは自らのオリエンテーションと異なる異物として初めから受けつけないことであり、二つは、その具体性に一時期、しがみつくことであり、三つは、その事実が示していることが何であるのかについて思いをめぐらすことであろう。

このシンポジアムは、多分、非常に成功したと思う。その一要因は、とりもなおさず、この第三型的発想を大切にしようとする人たちの集まりであったためかもしれない。

本論は多分、そのシンポジアムで得た色々な種子の発芽過程の一様相であるに違いないと思う。

Ⅱ）壺イメージ療法における、壺―イメージ療法と壺イメージ―療法との一応の区分け

イメージ療法に多少とも関係してきた筆者のような者には壺イメージ療法には、壺―イメージ療法としての側面、即ちイメージ療法ないし治療メディアとしてのイメージのメリットへの充分な配慮を土台、基礎にした上で、治療メディアとして壺イメージを選択している側面と、壺イメージ―療法として、即ち文字通り、壺イメージをめぐる治療技法としての側面があり、現実にはそれらが渾然となっているのであるが、一応物事の整理のためここでは区別してみたい。

とくに、本論においては壺イメージ療法の特異性や斬新性のため、おそらく、背後に退き、表面に出た壺イメージ―療法の部分だけが単なる技法として眺められやすいかも知れないとの想定も容易であるため、壺イメージ療法の土台を形成していると考えられる前者、即ちイメージ療法ないし、治療メディアとしてのイメージのもつ特性ないし、特徴からまず考察してみたい。何故なら、壺イメージ療法の臨床において、壺―イメージ療法を理解しておくことは、その実践における基本的な臨床感覚に多少なりとも関係してくる要件とも考えられるからであり、加えて、壺イメージ療法の提案者である田嶌氏が辿った足跡でもあると推定するからでもある。

Ⅲ）「心の中のこと」の「描り言葉」としてのイメージとその伝達メディアとしての言語とイメージのもつデジタル・アナログ的様相

　我々は、「そこにあるのは何ですか？」「それは机です」という対話で何となく判りながら生活している。しかしそれがどのような机なのかにこだわると、実際には数えきれない色々な机があるという当然の事実に気づく。

　言語は、伝達メディアとして発展し、その限りにおいて少なからざる公共性を要され、多義性を除外しているが故に一義化志向的な極めて抽象性の高い象徴であり（増井, 1976）、言語化とはその象徴化への心的努力を伴う活動であるとさえいえる。しかし我々が扱う「心の中のこと」とその感知のされ方は、どこかで何か感じているというごく単純な意味においてさえも、極めて具体的であり、時には、具体性の凝固体のようなものとでもいえ、その輪郭があいまいで、時として、または患者によれば、それはカオスそのもので混沌としてほとんどある形態にさえ至っていないが、それを体験している患者にとっては極めて多義的で相反的であることもある。

　それ故、我々は言語で語られた「心の中のこと」の抽象性に歯止めをかけ、それがその患者固有の体験としてふさわしい具体性をもつ助力を行ない、結果的に、時として患者の訴える問題をある意味で明確にできることもある。

　例えば、患者は「何となく落ち着けない」と訴える。その時の落ち着けなさは、人により、時により千差万別であることは常識である。「何の具体性もなく多義性もない、公共的で一義的な落ち着けないこと」など、ほぼ概念的な形でしかあり得ない。そして、その時、治療者が、患者の訴えを、自らの広いイメージ空間の中で、その患者にとっての落ち着けなさかげんを形造っていったとする。そしてそれは何だかひどくぎくしゃくして、バネが外れ、かつ止まる所なく、不規則にしか動けない振子のようでもあり、また熱い大地に足の置き場所もないようでもあるが、何だか、患者の中で2人の自分がおり、別の自分が今語っている自分を常に裏切り、ののしり、そしりあっているようでもある、といった思いが浮かんだとする。これらの作業は、具体的で多義的なイメージでもって、これも具体的で多義的な患者の落ち着けなさを幾重にも描る作業であるともいえる。

　そして、時と場合により、これらすべて、ないし一部、あるいはこれらす

べてを含んでいるようなより全体的なイメージなりを患者に伝えた時、患者が「……そう言われてみれば」と、しばし時をおき、「舞台の上にとぼけたような役者がおり、下の方で頭に青筋を立てた監督のような者が、がみがみ言っているが何の言葉をも聞いていないようでもあるし……」といった形で、自己の落ち着けなさについての具体的な素描が可能となった時、それ自体患者にとり、ある治療的、援助的体験の１コマを形成する類のものである。

このような時、これらのイメージは、患者にとっても、自らの苦慮の「描り言葉」のような機能をもっている。そして、この患者の自らの苦慮についてのイメージでの描り作業は、このような場合に限らず、喩え話やいわゆる比喩や童話の類から、絵画や箱庭、粘土や身振り動作などに至るいわゆる非言語的治療活動においても、重要な治療的作業であろうと推定できうる。また、この作業は、従来から使用されている明確化という、患者にとり問題の意味の一義化的志向性をもちかねない作業とも基本的に異なるし、後に触れるが、いわば、何かを単純に「表現する」こととも異なる。明確化という概念の下では、この描り言葉としてのイメージは、いわばあいまいさ、ないしあいまいさかげんの明確化とでもいえよう。

このように患者の苦慮する世界を適切に描るメディアとして、患者、治療者に浮かぶイメージは重要な機能を秘めており、このような観点から眺めれば、イメージとは、元来誰にでも多少は備わっている人の心の自然さが創り出す、誠に巧妙な喩え話や比喩であるともいえる。

このようなイメージへの視点から言語ないし言語化を考えると、それらはいわば、一種の割り切り作業とでもいえ、文字通り、ふんぎり的労力を多少とも前提とする心の活動であり、意味のあいまいさをあいまいなものと保存し保管するには、多少とも「あのー」「そのー」「えーっと」の類の、言葉にならないいわばつなぎ言葉とか沈黙という非言語的介添えを必要とする。

このような時、本論で述べたイメージとは、つなぎ言葉や沈黙の中で動いている言葉にならない部分のいわば描り言葉として、または言葉にならない言葉、ないし非言語的言語とでもいえる活動として位置づけられる。

言語ないし言語化作業は、イメージないしイメージ化作業に比較して、あいまいなものをあいまいなものとして保存し、あいまいなもののあいまいさ

を多様な意味で描り、適切にそのあいまいさを示しうる機能が貧しいとでもいえよう。

　我々の面接治療においては、いかに、あいまいなものの背後にあるものを明確にするかという工夫と同様、いかにあいまいなものをあいまいなものとして確認するか。どう、そのあいまいさが定住できる空間を保証するか。どう、そのあいまいさを描りながら、あいまいな姿それ自体を明確にするかの工夫も大切である。この点、イメージは優れたメディアであろう。

　このような側面から言語とイメージのメディアとしての特徴を探ると、言語はいわばデジタル的であるといえ、イメージはアナログ的であると特徴づけられうる。

　言語ないし言語化作業において、提示されるものと、するものとの関係は、イメージに比し、一義的であり、瞬間的であり、その意味の輪郭は明瞭であり、直線的である。加えて、言語はそれを発するものに対し、自己完結性を求め、基本的に言語化する主体に対し、ある種の規定性を要求する。言葉とは元来、文字通り、口に出してしまうと最後のものである特徴をその基本にもっているともいえる。この基本的傾向に拍車をかけているのは、言語の発生から考えられる言語のもつ「語りかけ性」（増井，1978）ないし「他者志向性」（田嶌・成瀬，1978）であり、言語は場合によれば言語の原型を形成する発音ないし発声それ自体、それを発する人の心の「ありか」を明示し、それ自体がある種の患者にとってはあまりにも露出的で暴露的で「知られ体験」をつのらせる結果になりかねない代物かも知れず、そこでは、「雉も鳴かずば撃たれまい」という諺は、患者の体験の中では生きているかも知れない類の代物とも考えられる。

　このように、言語のもつデジタル的側面を考えると、我々はこのようなメディアを「心の中のこと」の伝達のために日常生活で自明のものとして受け入れ、それを使用し、それほどの傷害もなく生きていること自体、ある種の患者の眼から見れば、どこか奇跡的であり、曲芸師的なまやかしに満ちているようなメディアかも知れない。確かに、多少の思い入れをこめて考えると、このような言語を心の中のことを伝える主なメディアにしている我々は、それ自体、それほど幸福であるとはいえない側面もある。これは、「これ」「そ

れ」とか、「あれ」「それ」とかの対話があまり通じない事態を想定してみて
もある程度は判る。こうした言語や言語化に対し、イメージないしイメージ
化作業の特徴は、いわばアナログ的である。

　現われたイメージないしイメージ化作業は言語のそれに比し多義的であり、
持続的であり、かつ、その意味輪郭はそれほど明瞭でなく、また曲線的であ
る。加えて、それを示す主体にとりイメージは自己保存的であり、現われた
イメージについて語ることはそれほど語る主体に規定性を要求しない。また、
どのようなイメージであれ、それがイメージであるという意識をもち得る限
り、口外しなければ判らないという自覚が患者にもて、かつ口外しても確実
にその人の体験としてイメージが保存できうる点などにおいて、言語ないし
言語化作業ほどそれを語る人の心を裸体化しない。

　言語に比しイメージは、いわば、法則性が少なく、あいまいで、かつ秘や
かなものであり、曲線的で意味する輪郭が明瞭でなく、その表現の場は無限
に近い拡がりをもつヌエ的なイメージ空間でもある。このアナログ的なイメー
ジのもつ機能は単にイメージ療法のみでなく、いわゆる非言語療法一般に認
められる機能であるとも推定されうる。

　我々が扱う患者ないし人間の「心の中のこと」とその感知のされ方は多分
にこのアナログ性を帯びている。

　イメージ、とくに視覚イメージにおいては、人の幻覚や偽幻覚という異常
体験との対比としてでなく、我々の日常的な心の中のこととの親和性におい
て改めて見直される必要があり、かつこの観点が従来からのイメージ療法に
欠けていたひとつの視点でもあろう。

　自由にイメージが浮かぶ場面が展開するというイメージ技法においては、
元来イメージのもつ多義性があまりにも多義的に拡散し、過度にその意味が
希薄なものになりかねない。壺イメージの提案者の田嶌氏（以下氏と略記させ
て頂く）には、おそらく上述のような治療メディアとしてのイメージのもつ
メリットを崩さず、患者の「心の中のこと」のあいまいさをあいまいなもの
としていかに確認し、それを描らえていける方法はどのようなものだろうか
という思念や志向が意識、非意識的に常に働いていたと思う。

　その多年の思念と治療的吟味の結果、提唱されたのが、いわゆる壺イメー

ジ療法であるともいえる。いってみれば、氏の臨床におけるイメージ観を氏なりのイメージ感で描られ続け、ある形態をもってきたものが、いわば壺イメージ療法であるとでもいえるかも知れない。

Ⅳ）壺イメージ療法の特徴

1）患者、治療者、双方にとってのとっかかりやすさと、その確かさについて

先に、言語に比較し、イメージのもつアナログ的特性を述べた。また、この特性は別の表現をすれば、イメージとは、それを産みだす個体の「心の中のこと」を示す自然で巧妙な喩え話であるとも述べた。

壺イメージ法では、このようなイメージの中でも、特に壺という素材に着眼している。また、その壺の中に入り、多少なりとも、中の感じを感じてみる作業とつき合わして考えれば、壺イメージ法とは、患者が苦慮する自らの世界の実感を伴う、膨大な壺イメージによる比喩ないし喩え話であるともいえる。

壺イメージ法においては、壺という素材のもつさまざまな属性そのものと治療技法との融和がみられるが、本論では、①元来それは容器としての機能を果たしていることと、②それは静的なものであり、古来より、人の生活になじみの深いものである点に注目したい。この二つの素材としての壺のもつ属性は、さまざまな意味で、壺イメージ法の治療技法としての完成度の高さ、即ち、着実な治療的効用が認められる施行対象の広さ。患者、治療者双方におけるとっかかりやすさと副作用、反作用の低下。方法としての簡便さなどという治療技法としての完成度の高さを保証していると考えられるからである。

2）切り出しの妙……「心の中のことが入っている壺がイメージに現われてくる」ということ

改めて考えてみると、〈心の中のことが入っている壺がイメージに現われてくる〉という切り出し、ないし、ある意味での枠付けは、実に巧妙で、ある意味では、それについて真面目に考えること自体、どこかで笑ってしまいそうな滑稽さもある。そしてその滑稽さは、そのような絶妙な壺を発見した

時の田嶌氏の顔は、ほぼ丸い壺様の形態をしていたにちがいないという妙に確信めいた想定に繋がってゆくが、この切り出しが単に、〈心の中のことが何かイメージに現われる〉のであれば、その類の技法は今まで幾度となく拝見してきたし[※1]、また、それでは患者にとり、とっかかり難い作業にもなりかねない。また、単に〈何かの壺がイメージに現われる〉のであっても、その後の治療的展開がとっかかり難くなるかも知れない。

　壺イメージ法では、患者、治療者双方にとり、相反しかねない、技法におけるとっかかりやすさの接点に心の中のことが入っている壺、という壺を設定する。それは、単に心の中のことを明示するイメージでもなく、単なる壺のイメージでもない。文字通り、心の中のことが入っている壺なのであり、この導入はその後の治療展開においても、患者、治療者にとり、色々な意味でとっかかりやすい配慮がこめられている。それは、まず、心の中のことなら何でもよい点であり、その中身は患者にすべて任されていることに加え、なかんずく、心の中のことが既に入っている壺である故、その中身は当初より、患者が治療者を含め誰にも判らないということの前提を患者が自覚しうる点にあり、また、その内容は、壺という容器の中に入っている限り、露わにならず、外にも現われず、漏れ出る心配がまずない構造として患者、治療者に認知されやすくなっているためでもある。このことは、容器としての壺がもつ属性をその治療に最大限に近く生かせている壺イメージ法のもつ特徴のひとつであろう。

　また、心の中のことが入っている壺とすることで、イメージのもついわゆる心の中のことの投影性が適当に枠付けられていることも、とっかかりよさの一因ともなっていよう。

　また、壺のもつ静的で、古来より生活になじんできている属性も重要な機能を果たしている。壺という静的な素材をイメージ化することは動的なものに比し、患者の様々な「思い」がこめられやすい。ある意味で動的なイメージは、一見、ダイナミックに見えるが、患者の様々な「思い」は拡散しやすいのではなかろうか。それは、何よりも、いわば、混沌としたアナログの世界の中で、何の予告もなく、ひらめきのように立ち現われるデジタル様体験の中に引きこもっているような、いわば自閉、退行状態にある患者にとって

は、壺のように、時によれば、何の人目も触れずひっそりと片隅で静かにたたずんでいる素材に、多少とも親和感を覚えるだろうことは共感的に理解できうる。

　加えて、壺イメージにおけるとっかかりやすさは、実際に臨床の用に付せば即座に判明することだが、その壺が現われるイメージ空間は単に絵画的な2次元的平面空間でなく、3次元、ないし4次元的な奥行きをもち、時の経過によりどのようにでも変転できうる、無限ともいえる膨大な空間であり、それは摑み所のない、しかしここ、そことは示し得る、いわばヌエ的空間において現われる。この空間の広さは、患者にとり極めて都合の良い形で壺が現われてくる空間を保証している。これはイメージ自身がもっている、それを体験する者に対する軌道修正能力（増井, 1984）の中の重要な要因でもある。

　筆者は、「心の中のことが入っている壺」のイメージだけを細かく絵画にする作業を挿入し、充分に治療的効用が認められたケースを数名体験した。壺の現われ方はその時々により微妙に異なるが、そうした壺を細かく絵画的平面にプロットし、絵画という形にそのイメージをまとめあげていくこと自体、心の中のことを整理し、まとめあげていくこととほぼパラレルな作業と考えてみてもそれほど不自然ではなかった。

　心の中のことが入った壺は、壺イメージ法では次にその中に入ってみて何かを感じてみるという、これも奇想天外な手続きへと続くが、その作業を省略して、単に現われた壺を細かく観察し、必要なら蓋をしめてどこか患者の好きな所に置いておかせたり、それが不可能なら、そっと人目のつかない所に、布状のもので被いをかけておき、次回は、置いた壺にあまり触れずに、新たな壺に対し同じ作業を繰り返す、といったバリエーションがあってもよい。[※2]時と場合と症例によれば、心の中のことが入っている壺に入ることは、文字通り、ドツボと化することは明らかであり、心の中のドツボさ加減を確認し、その輪郭を確認することは、省略した方がよい場合も充分想定されうるからである。

　また、壺イメージ法の経験をつみ、習熟した治療者は、この心の中のことが入った壺の現われ方やイメージ空間での定位の仕方、壺の色つやや形の特性、など細かく知ることにより、その中身の内容にほぼ正確な思いをはせる

ことが可能であろう。しかし、そのような類の感覚を必要としないこと自体、壺イメージ法のとっかかりやすさのひとつの特徴であることも確かなようである。

Ⅴ〕壺イメージにおける苦慮論、人の苦慮における感覚性への着目 —— 壺の中に入って感じてみること ——

筆者はかつて、患者により語られた苦慮は仮りの、ないし偽りの苦慮でしかあり得ないとの想定は、あながち我々の仕事において、無駄ではないことを述べた（増井, 1987 b）。

また、患者の苦慮の核は、「かのように」語られた苦慮より、語り難い苦慮感（増井, 1987 a）に近いことを述べ、加えてその苦慮の原発的様相を原苦慮とし、その特徴を言語化に対する（絶対）不能感を伴うあまりにも単純で極端な感覚的事実の凝固体とかと述べ、またそれは超言語的で絶対感覚的で、それ自体、患者にとり、圧倒的なある種の意味をねじこんでくるという形で、通常の意味付与関係が逆転している特徴を感覚の絶対意味化現象などとし、文字通り、言語にならない基本的特徴を述べた[※3]。また、それは、それ自体、患者にとり、あまりにも露呈的で自明的である故に、かろうじて、ここ、そこと示し得ても、それ自体を露わにしようとする諸々の「表現」を意図する内・外的活動とは親和性をもたない可能性についても触れ、かつ表現することと示すことの基本的な相異についても述べた（増井, 1987 b）。

この苦慮における感覚的側面に対する理解は、とくに統合失調症圏における精神療法にとり、重要な要件であると考えるが、壺イメージにおける苦慮論が仮りにあるなら、患者における苦慮の内容 —— 壺の中身のこと —— でなく、壺に入り、感じてみるというその作業の重視に如実に現われている。このシンポジアムで提示された治療過程でも明らかなように、壺イメージ法では、壺の中の感じを中心に展開し、その内容や事柄が時々顔を出す程度である。そこでは、「心の中のこと」 —— 当然、意味的には何らかの事柄、内容 —— が入っている壺という形で常に導入されてはいるが、徹底して、壺の中の事柄、内容には執着しないし、着目さえしていない。そこでは、「語られた苦慮はその指標にはならない、少なくとも感じられた苦慮の水準まで

治療者の眼と感性と具体的な治療的配慮が届いていない」とでも主張したげでもある。そして、「その想定の是非は、どう、こう、論を立てる前に事実を見て考えてもらいたい」とでも主張したげでもある。患者の苦慮感は壺という容器的属性のためもあり、人間性とか人間関係という漠たる容器では、なかなか扱えないと思われる類の苦慮感まで比較的短期の間で扱われており、その副作用も少ない。また提示された事実を見る限り、その適用範囲もかなり広い。これらはなによりも壺という素材のもつ妙味を生かしているこの方法の巧妙さであろう。

　〈何か心の中のことが入っている壺が現われてくる〉という壺イメージ法の導入部自体のもつ奇想天外さの後に、〈その壺の中に入って少しその中の感じを感じてみよう〉である。〈壺の中身を少し調べてみよう〉ならまだしも、この切り替えの巧妙さは、まじめに、ないし論理的に考えると一種の詐欺かも知れないと氏に訴えたことがあった。しかし「事」から「感じ」に壺の中で変質、変換させようとするこの治療的試みは、「一体何が出てくるのか？ひょっとして治療的『金』が産出するかも知れない」という、臨床の場でのとっかかりにおけるある種のスリルを筆者は覚える。それは、まさに錬金術師的試みのようなスリルにも通じる。また少なくとも筆者が経験する限り、真金術とまではいわないが、多くの場合、「事」から「感じ」、ないし「事柄を感じられること」による治療的質の変容が生じるようである。このような臨床的な体験の後初めて、多くの壺イメージに関する症例の事実がある種の重みをもって訴えかけてくる。

　これらの質の変容を素早く着実に行なえること自体、この方法における事実でもあり特徴でもある。多分、田嶌氏が壺イメージの報告で最も述べたかった事柄は、その特異な技法でもなく、特殊な理論でもなく、ひたすら壺イメージにおけるこれらの事実それ自体であることは筆者には充分理解しうる。また氏の、心理臨床における事実主義とでもいえる患者理解や技法化におけるこの態度は、常に症例に戻って、可能な限り患者の体験の側にそった事実の見方を第一義的に重んじてきた九州大学の学問的な風土とも密接不可離の関係にあると考える。

Ⅵ〕壺イメージ法における苦慮論；苦慮における「非論理の論理」的パラダイムとその「描り」としての壺イメージ法

　苦慮論という学問的分野の有無は筆者は知らない。だが、苦慮とか苦しみとか、どうしようもないこととかその感じとかは、患者にとり判りやすい言葉であり、そのような言葉を大切にという治療的原則が常々臨床の場で患者が要求しているにもかかわらず、我々が文章を書く時、そのような言葉に寄りそわず、特有の治療者用語や既成の学術用語により妙な化粧をほどこそうとすることは一体どうしたことだろうかと、筆者は時々考える。様々な異論も当然あるだろうが、患者に判りやすい言葉で事実を考えることやその習慣はどうやら大切なことらしい。このような意味での苦慮論とか患者にとっての事情論とかはあってよいと思う。

　我々の仕事は、平たく表現すると、患者ないしクライエントのどうしようもない世界の理解と、そのどうしようもなさ加減の見積もりおよびその対処であるといえる。このような観点から、壺イメージ法を大まかに位置づける時、その対極にあるのは、患者のどうしようもない世界は、何らかの理論により「かの如く」説明し（時として説明し尽し）得る、ないし、何らかの論理で辻褄が合う、ないし合わせ得るという、治療者における患者苦慮の理解における暗々裡の前提なり、姿勢なり、動向である。これはいわば、苦慮論における主知主義ないし、合理主義、論理主義、ないし「かの如く」の説明主義的観点ともいえる。また、そうした治療者の暗々裡の前提なり姿勢がもたらす、雑多な治療的弊害が仮りに存在するなら、それは、苦慮の理解における論理的非論理の部分であるともいえる。つまり、辻褄が合う、ないし合わせる、ないし、合わせ得ると考えることによって、現実にはどこかで、辻褄が合っていない現象とでもいえる。

　これに対し、患者のどうしようもない世界の理解において、どうしようもないことは、患者にとり、とにかく、どうしようもないと思われている、という前提をゆるがせにせず、むろん、この前提に立たない精神療法というものは、多分、ありえないだろうが、その前提それ自体を事実ないし患者の人格の核の部分として大幅に受け入れ、どうしようもないことはどうしようもないこととして最大限重視し、患者にとりどうしようもないことは、とりあ

えずどうしようもないこととして治療を開始し、それは説明されるにふさわしい事象としてでなく、多少とも「かの如く」記述されるにふさわしい事象として捉え、どうしようもない世界のどうしようもなさ加減を輪郭づけ、どうどうしようもないのかという作業を重視する観点がある。

　いわば、患者の苦慮論における非主知主義、非合理、非論理ないし「かの如く」的な記述主義的な観点とでもいえる。それは、患者の苦慮の非論理の論理的側面に注目した立場でもある。「仮空の論理より明確な事実を」などが、この立場の標語のひとつになるかも知れない。

　現実の臨床作業は、このようにクリアーカットに区別され得るものではなく、いわば相補的なものだろうが、後者の立場においては患者の苦慮への「描り」が重要な作業となってくる。

　即ち、混沌とした患者の苦慮ないし苦慮感に対し、どのように大まかな、ないしは細かな輪郭を患者にとり判りやすい形で形づけ、患者、治療者双方で描っていくかである。

　そこでは、アナログ的な、患者と治療者に浮かぶイメージないしイメージへの感性が治療の要件のひとつに浮かんでくると思われる。またそこでは、いわゆる共感、受容、苦慮の汲みとり、喩え話や比喩、絵画や粘土、動作や箱庭といった言語、非言語的治療活動も、この苦慮の世界の描りに関するある技法として改めて位置づけられるかも知れない。

　このような思い入れで壺イメージ法を眺めると、そこには、患者の苦慮とは、基本的に「描り」的接近にはある程度の親和性をもち得ても、「説明的」接近にはそれほど親和性をもち得ないという、壺イメージがもつ暗々裡の前提なり苦慮論を想定してみたくなる。

　心の中のことが入った壺がイメージに現われる、これもひとつの患者の心の中の「描り」である。このように壺イメージに描りながら、その壺の中に少し入ってみる、すると「外から見た」壺とは全然異なる「感じ」が明確になってくる。

　壺イメージにおいては、入ればドツボでも、出て眺めてみれば、ただの壺という現象が起きる。そこでは、患者にとり触れれば危険なイメージに対するいわば脱感作的効用や解離（dissociation）を解離ごっこにしたり（増井,

1985)、氏のいうイメージ体験の主体のコントロールという治療的要因（田嶌,
1983）ももろん認められる。しかし、壺を眺めてはその中に入り、また次に
現れる壺を眺めてはまた入りという一見単純に繰り返される作業を通じて、
患者が文字通り混沌としている苦慮の世界のその混沌さ加減を徐々に描り易
くし、感じながら描らえ、描らえながら感じていく過程を通じて、その患者
特有の、壺に変容していく。いわば、壺イメージ療法に共通して見られる壺
の個性化現象とでもいえる形で、その患者ただ一人にしかあり得ない独自の
苦慮の世界を、よりきめ細かく描らえるようになってゆく。その過程におい
て重要な現象は、通常想定される一般的ないし普遍的なものへの象徴化では
なく、むしろ逆の、より個人的、個性的なものへの象徴化である。いわばそ
の患者一人の独自性に向かっての象徴化過程であるともいえる。またその象
徴化は、患者が自らの苦慮それ自体を露わにするという言語的な象徴過程と
は別の、いわば苦慮感をイメージにより保管しながらの象徴化とでもいえる、
それまでの患者にはなかった患者にとっての新しい象徴過程である。患者は
そうした新しい象徴過程を徐々に獲得することにより患者自らが苦慮の描り
という、それまでに停止ないし放棄してきた心的活動を徐々に発動し、患者
がその新しい象徴過程をより適確に身につけてゆくこと、それ自体のもつ治
療的効用も見逃せない。

Ⅶ）壺イメージ法における人と作品・学問的風土などについて

　氏の持論であるが、治療者とその技法との関係は、「自己促進的」と「自
己補充的」な関係の二つに大別しうるという。前者はある技法により既に備
わっている治療者の、ある治療的感性なりがより促進される関係であり、後
者はその適用により、それまであまり備わっていない治療者の感性が補充さ
れていくものであると述べる。また氏は、自らのイメージ療法への接近は後
者であり、言語ないし対話で扱い難いものがその技法により扱えるようにな
るのだと述べていた時期があった。壺イメージは多分、そのような自覚の細
かさとほぼパラレルに形作られた技法に相違ないと推定する。また、氏のこ
の人と技法との関係の自覚は、便利の不便利という諦めいた自戒の言ともと
れる。交通の便が良くなると人の脚力が退化する類のものであり、心の扱い

に便利さが高じると、逆に心を扱う感性自体は低下していくという警告の言とも受けとれる。

　人と技法の関係においては、いずれの技法においても、それを使う人としての治療者が問われるのは、人を相手にする仕事、なかんずく人の心を相手とする仕事には避けられ得ぬ現実でもある。壺イメージによる苦慮の描り作業の背後と前後には、人の心の扱われ方においてはこれもプロともいえる患者の眼と感性があり、またそれに照準をあてた治療者の眼と感性が存在しているはずである。こうした、いわば治療者の人としての壺のようなものの中でしか、壺イメージ法を含めた多くの技法は棲息し得ないのかも知れない。

　また壺イメージ法において、分析的な意味でシンボルとしての壺イメージについて何ら記述してはいない。いないということは思考の中にないことではない。むしろ、あるイメージをかたくなにsymbolとして想定する治療作業自体のもつ不毛性に対する指摘は随分あるのだろうと推定する。少なくとも、我々が臨床においてイメージを取り入れた時の基本的姿勢は、とりあえず、患者によりその時点、時点で体験され、理解されたイメージがsymbolであるという、患者側にとってのsymbolとしてのイメージに照準を合わせ、外さないことであった。

　イメージを、徒らにあるsymbolとして位置づけることは、時によっては患者にとってのイメージ体験における重大な、「今、ここ」の部分の理解と感受性を低下させ、元来生きものであるイメージを形骸化させかねない。あるイメージはとりあえずその患者にとって体験されたもの以上のものでもないし、以下のものでもないというイメージ体験の事実主義的接近とその治療体験を通じて文字通り、描られ続けてきたひとつのマイル・ストーンが壺イメージ法であると思われる。

　氏のいう、「イメージの体験的距離とそのコントロール」とか、「観察イメージ」とか「体験イメージ」などの概念は、イメージ体験のいま、ここの部分の治療技法化に要される必要最少限の概念化であり、壺イメージ法とはそのようなイメージへの接近を通じた氏のイメージ臨床観によって形成されたものであろう。またそうした接近は、常に事実と症例に戻り続け患者側に想定される事実と離脱しそうな治療者側の概念化や容易な既製の概念の持ち込み

による一時しのぎは何であれ、かつ誰であれ手厳しくチェックするという、九州大学の学問的風土に育まれてきていることは、教え、また教えられ、共に心理臨床を学んできた筆者にとって、充分判るような気がする。

Ⅷ〕 おわりに

壺イメージについてのこのシンポジウムに参加して、いっときではとても食べきれないたわわに実る木の種を頂いたように思う。それは今なお消化中かも知れない。

また、中井先生のような方に色々我々の話を聞いて頂くことなど、私のような者には到底考えられないことであった。溢れるような治療的感性と知性が見事に、そしてかくも、素敵な水準で調和されている姿は、そこに参加した、九州大学関係の、いわば、中堅にとって、語りぐさのようになってしまっていた。これは時により、先生には迷惑な話だったかも知れない。慎むべき要件であるとも考えられる。

しかし、その人と作品の間で、ゲンメツが多発する最近、心のどこかで願望していたあるひとつの典型を見、その傍らにいて、その人となりに多少とも触れられたことは、我々にとり誠に幸運でかつ豊かな体験であったことは明確に述べてよい。それは私にとり、何も語らずに傍らにおることのもつ治療的体験とは、患者においてかくもあるかやとの思いが出ては消え、消えてはまたふと現われる類のものであった。また、その体験は、あたかも鏡のように木々の緑を映し出す水辺を改まった思いで見つめ、和み、いっときの思いに身をゆだねている柔らかく、そして静かな時の流れのようであった。そしてその体験は、臨床家とは一体何であったのだろうかという改まった疑問を発生さすような静かな問いかけにも通じていた。そしてそのような問いかけや見直しが発生しただけでも、ある臨床活動への入口近く位まではひょっとして案内して頂いたかも知れないと思えるからでもある。

しかし素敵なことは心の大事な箱の中にそっとしまいこんでおくことも、肝要な作業かも知れない。

最後に、世の中に分別とかいう作業があるなら、分別の無分別とでもいえるカッコつきの「分別」の世界で右往左往している我々が、時として完全に

忘れてしまっている無分別の分別ともいえる貴重な分別をなし、それを遂行された広島修道大学の関係各位に御礼を述べたい。

　考えればこの無分別の分別とは、田嶌氏の人となりの基底に常に流れているひとつの基調律のような部分でもあり、氏の人格の核のような部分でもあるようで、それはどことなく壺イメージ法のもつある特有の個性の部分に通じているようでもある。

　本論中に壺イメージ法は氏にとってのマイルストーンとかと、ややくどく表現した。多くの人がそうであるように、氏にとっても、ある技法なりそれに付随する理論なりが、一定の文章をとり活字になった時は、対社会的には、それがごくささやかな開始の時であっても、記述した本人にとっては既に終わってしまっていることが多く、かつその結末は同時に次の課題に向けられていることも多い。

　またある場合は、次に向けられた課題に対する情念のようなものが実は主役であり、既に述べられたことはその情念に体裁よく躍らされている人形のようなものでしかない場合も多々ある。

　壺の中にひたっていた氏が壺から出ると、壺の世界と出た世界との弁別は余人より、もっと細かであり、壺に入った人しか見ることのできない事象がくっきりと眺められ得るに違いないと思う。

　友人のことはいち早く知りたがるのは世の常であるが、場合によればそれがせっかちにもなる。氏にとって私のせっかちはとうに気質として無罪となっているが、ささやかでも壺イメージ法が何かの形でまとまるのを喜ぶと同等に、それが別の形で新たな展開を遂げることを希望して止まない。

（注）
※１．例えば、"意味イメージ"を適用した一治療面接について —— 震えと妄想気分が強かった一症例 ——，心理臨床ケース研究Vol.1. p85-105，誠信書房（増井 1977）などにおけるイメージの取り扱いなど、それに相当するものと思う。
※２．壺イメージ法を視覚イメージとしてでなく、例えば絵画として、心の中のことが入っている壺などを患者に描いてもらい、その中の感じを輪郭が明瞭ではないぬり絵状に示し、その後蓋を描くなどの方法を筆者は行なっているが、これも壺イメージのひとつのバリエーションであろう。
※３．この原苦慮の考察においては、中井久夫，1982,「分裂病」岩崎学術出版社，に多

くの示唆を受けたので、ここに示させて頂く。

参 考 文 献

増井武士　1976　イメージ・セラピー　教育と医学Vol.4，No.8，慶応通信，p86-93.

増井武士　1978　ドラマ・イメージ　成瀬悟策編　催眠シンポジアムIX「心理療法におけるイメージ」誠信書房，p270-287.

増井武士　1984　イメージ・セラピー　村山正治他著「フォーカシングの理論と実際」福村出版，p126-133.

増井武士　1985　「間を置くこと」への誘い　九州大学心理臨床研究，Vol.3，p28-31.

増井武士　1987 a　症状に対する患者の適切な努力 —— 心理臨床の常識への2，3の問いかけ ——　心理臨床学研究Vol.4，No.2，p18-34.

増井武士　1987 b　患者の苦慮と苦慮感，そして身振り動作翔門会編「動作療法（仮題）」出版予定

田嶌誠一・成瀬悟策　1978　イメージ療法の一事例　九州大学教育学部紀要，Vol.22，No.2，p31-40.

田嶌誠一　1983　"壺"イメージ療法　広島修大論集Vol.24，No.1，p71-93.

壺イメージ療法の危険な副作用とそれへの対処に関する一考察

東京大学　村瀬　孝雄

　壺イメージ療法の話をその開発者の田嶌氏からはじめて聞いたときから、私はその魅力と豊かな潜在可能性に強く引きつけられてきた。未だ自験例は少ないが、しかし直接間接に経験を積んでいくにつれて、この思いはますます確かになってきている。ところで、この方法は、もともと精神科領域での適用から生まれてきたという事情もあり、これを実施するに当たっては、患者の内面での安全感を保つことに周到な配慮が払われている点が一つの特徴をなしているといってもよいと、私は考えている。それゆえ、田嶌が示した教示通りにこの方法を実施するかぎりでは、他のイメージ療法などと比べてもかなり安全性の高い方法だといえるであろう。しかし、ここでわざわざ「教示通り」と断わったことから大体お分かりのように、強力な影響力をもつ方法であるが故に、その力が正しく用いられない場合には様々な危険が生じる可能性もまた小さくないのである。「壺」の効果にだけ幻惑されて教示をおろそかにするなどの安易な用い方をしないように、我々は充分すぎるくらいに慎重であるべきだと思う。

　また臨床家であれば当然のことなので田嶌もあえて言及していないのだが、この療法の教示者と実施する本人（患者）との間に、ある程度以上の相互的な信頼感と安定感を伴った関係が出来ているかどうかは、成否を決める最も根本的な前提条件である。このことは、「壺」をイメージする本人が、顕在的な不安に支配されているときなどはとりわけ重要である。「壺」は一面では、確かにそれをイメージする人のもつ不安や苦しみから当人を保護する働きを秘めており、教示は特にこれを効果的に引き出すように工夫されている。しかしながら、壺イメージのこうした積極的な側面は、もともと盾の一面であって、「壺」は本来的及び二次的にきわめて危険な否定的作用をも潜在させていることに私は次第に気づくようになってきた。そして「壺」について二、

三の苦い経験を経て少しずつ考えていくにつれて、「壺」を可能ならしめている基本的な諸条件は、決して本来的に積極的なものではなく、事情如何によってはいつでも否定的な影響を及ぼしうるのはごく当然のことだという理解に遅まきながら達したのである。例えば「壺」の内壁を例にとって考えてみよう。すべて「囲み」は人にとって、外の世界から「守ってくれる」という働きをする反面、その人を「閉じ込め、拘束する」働きをもっていることはあえて説明を要しないだろう。同じ石壁が、城壁にも牢獄の塀にもなりうるのである。そしてこの「壁」が、肯定否定どちらの働きを発揮するかによって、その壁の内なる空間を生きる人の運命には、実に天地雲泥の相違が生ずることになる。ここで実際例を一つ紹介したうえで、もう少し考察を進めてみたい。

　イメージの教示者は臨床心理学専攻の大学院生H（女子）、イメージを浮かべるほうの人物は、大学の学部で心理学を専攻して卒業し、このときはある福祉施設で働いている同年齢の女性M。二人は、学んだ大学は異なっているが、どちらも筆者の指導を受けた同士であり、かつヴォランティア活動で知り合った仲であった。MはHと話し合ううちに筆者が主催するHの大学院の合宿に自分も参加できたら、という気持ちになり、Hからの勧めもあって、この合宿にいわば飛び入り参加して「壺」の実習を行なうことになったものである。HとMはわりと気が合うほうであり、だからこそMもHに勧められるままに合宿に参加したのであろうが、しかしやはりこうした状況から推察するに、必ずしもゆったりと安定した気持ちではなかったと判断してよいだろう。以下、できるだけ読者の方々が直接の素材に基づいてそれぞれに考察できるように、逐語記録をそのまま載せることにした。

〔教　示〕
　H「じゃあ、軽くそれじゃ目を閉じて……で今ね、あなたの目の前に、壺が出て
　　くると、思ってください。その壺の中には、心の中のことがね、少しずつ、入っ
　　ていると思ってください。で、その壺の中に入っているものっていうのは、
　　あなたにとって楽しいものかも知れないし、苦しいものが入っているかも知
　　れない。嬉しいものが入っているかも知れないし、悲しいものが入っている

かも……それで、自分でよくわかっているものが入っているかも知れないし、とにかくわけのわからないものが入っているかも知れない。そういう壺が、出てくると思ってください。……出てくるまで、しばらくいて、浮かんできたら教えてください。数はいくつでもいいですし、どんな壺でもかまわない」

（数秒沈黙）

H「じゃあまた……もういっぺん、じゃあリラックスして。……そんなに急ぐことはないから、気持を落ち着けてみて」

（一分ほど沈黙）

H「あんまり、無理してやろうと思わなくていい……あんまり焦らなくていいから…」

（数分沈黙）

形が変わる「変な壺」

M「六つぐらい、あるんですけど」

H「六つぐらい？」

M「何か変なの。（笑）ひとつ大きな壺があって、それだけ何かこう、形が変化するっていうか、ぐにゃぐにゃ……」

H「固形じゃないの？」

M「うん、やわらかい壺」

H「やわらかい壺」（笑）

M「こう、ふやふや、してて」

H「大きいってどのくらい大きい形？」

M「うーん、他のに比べて大きい、かな。あと三つあるんだけど、小さくて……堅い感じかな」

H「では、一番大きい壺っていうのが、材質は、やわらかいもの……」

形固まってくる

M「……そう、でも、だんだん固まってきているような気がするんだけど…」

H「色は？」

M「……色は白っぽい」

H「白っぽい？……で、あとの三つの壺も少し説明してもらいたいんだけど……どう？　みんな色や形は同じなの？」

M「あとの三つの形が同じで、こう、固まって置いてあって、色は茶色っぽく……その大きな壺より茶色っぽくて…」

H「どういう形？」

M「形は丸い感じ」

H「丸いの？……で、大きな壺だけ少し離れて置いてあるわけ？」

M「そう」

H「ふうん……まだ形が少し動いてます？」

形ぼやける

M「……何か話しているうちにだんだんこう……ぼやけて…」

H「ぼやけてきた？」

M「ぼやけてきたっていうか……」

H「うんうん、…浮かべようと思うと、浮かんでくる感じ？」

M「うん……」

〔教　示〕

H「それじゃ、今度はね、出てきた壺を、入りやすい順に並べたいと思うのね、
　壺を…四つの壺をね。で、どんな壺なのかわからないと並べられないでしょ」

M「ええ」

H「だからちょっと中に入ってみようと思うんだけど」

M「はあ……」

H「入れそうかしら？」

M「……」

H「一番大きい壺……順番はどれでも好きな順でいいんだけど。…ちょっとだけ
　入って、あの…ほんとにね、ちょっと入って、すぐ外に出てもいいと、いう
　ことなんだけど、やっぱり、いったん入っても、すぐ外に出てこれるし、そ
　れから…入れなければ無理に入ることはありませんから、それはもう入れないっ
　て、言ってくれればいいですからね。……どうする、初め大きい方に…入っ
　てみます？」

M「ええ、何か入口のところまで、来ちゃったし…」

H「あ、本当？　じゃ、ちょっと入ってみてください」

（数秒沈黙）

「壺」に入る

H「入った？」

M「うーん……」

H「入りにくい？」

M「……半分くらい行ったかな……」

H「あせらないでいい。ゆっくり……」

（数秒沈黙）

M「入ったんだけど、何かね…」

H「どういう感じかしら？」

足がしびれる

M「何か足がしびれる感じ」

H「しびれる感じ？」

M「何かこうね…高いところにいて、下を覗くような感じ」

H「……で、底は…見えないの？　…まわりは…壺の壁はありますか？」

（数秒沈黙）

H「どんな感じですか？」

M「……」

H「辛い？」

M「……」

H「中にいるのが苦しいですか？」

（数秒沈黙）

出られない！

M「なかなか出られないな……」

H「出られない？」

M「……すべる……」

H「そんなにすべる？　じゃあ、梯子みたいなものをかけてみるとか…何かしたらどうかしら…私が上から……手を出しましょうか？」

手助けを求める

M「……（蚊の鳴くような声で）手を出して欲しい」

H「……じゃ、手をのばしますから……つかまってみて……つかまりました？……大丈夫？……しっかりつかまって……つかまれますか？　出てこれそうかな…出た？…」

M「…出た出た…つかまりました…」

H「…体全部出ましたか？　まだ少し残ってる感じ、ある？」

M「出ました」

H「出ました？……手、離してもいいかな？」

M「はい」

H「確かめる前に急に、入り過ぎてしまったかも知れない。大丈夫ですか？」

M「はい」

H「壺の中に入ったときの感じは、体に残っていたり…してない？」

M「……少し足が動かせない…」

H「足がまだしびれている気がする？　大丈夫？」

M「……（すすり泣き）」

H「壺は今、すぐそばにありますか？」

M「……何か……遠くにある、少し」

H「遠くにある？」

M「はい」

　（数秒沈黙）

H「入るときに…入りにくかった？…そうでもない？」

M「そうでもないんですよね。するっと入ったんだけど…」

H「入ってしまったら、なかなか出られなくなっちゃった。中がつるつるしてたんだ」

M「うん…暗くって…何かこう…湿ってて…っていうか…」

H「で、足がしびれちゃったのよね」

M「そう、高いところに立つと、爪先が…とか体が…しびれていく感じとか」

H「で、出ようと思ったら、ずるずる引きずられて」

M「うん、でも、ほんとは出ようと思ったら出られたような気もするんだけれども…やっぱり助けを求めたかったっていう感じで…」

H「うんうん、そういう感じも…わりとちょっと、不安なところなんかもね」

M「はい」

H「……靴のしびれは、はっきり感じますか？　まだ…」

M「大丈夫」

H「大丈夫？」

M「はい」

　壺

H「じゃあ、今入っていた壺にね、蓋を…しといた方がいいかしら。そのままで大丈夫かしら」

M「…どうしようかな……何かね、壺の入り口が波打ってて、何かそれがこうね、誘うような感じがあるのよね」

H「ああ、そう……まだ変形してるの？　壺は」

M「変…形してるんだけど、入り口のこう、波打ったところが、少しこう揺れるような感じなの」

H「揺れるような感じ。ああそう。そのままにしといて心配じゃない？」

M「どうしようかな…うーん、大丈夫かな、そのままで」

H「ああそう。あの、そこにね、蓋をしといてもいいんだけど、蓋をするほうが、こう、自然な場合もあるでしょう？」

M「うーん、何かそういう感じ」

H「波打ってるから蓋がしにくいんでしょう？」

M「そうそう、しにくいんですよ」

H「ただそのままで不安だったら、やっぱり…何か、ね、蓋をするとか、封印するとか、した方がいいけど、そのままで大丈夫そうだったら…」

M「そのままの方がいいのかなあ…」

H「どう思います？」

M「…私やっぱり何かしよう」

H「何かする？　…どういうのがいい？　蓋っていっても、あの、カパっていくんじゃなくても、茶のみにするような感じでも、何でもいい」

M「すぐ外れるような、あの、ビニールっていうか、布みたいなものをかぶせるだけにする」

H「大きい布をかぶせるのね」

M「そうそう、かぶせて、ちょっと紐で結ぶ」

H「口の方をね」

M「そうそうそう…すぐとれるように」

H「じゃあ、そういうことで…大丈夫？」

M「はい」

H「…どうしよ…あと三つあるんだけど…」

M「もういいや」

H「もういい？　ほんと？　じゃあ…（聴取不能）」

M「はい。……あとの三つはどんどん小さくなっちゃって…何か、四つになったり六つになったりしてる」

H「うーん、じゃあ、あとの三つに蓋しておかなくても別に構わない？」

M「いいです」

H「いい？　覗いてみなくても大丈夫？」

M「うん」

H「じゃあ、そのように、しときましょう。…で、結構、大きいのに入るの、ねえ、大変だったし、とてもちょっと、もう一回入ってみようって気にはならないでしょう？」

M「あー、もうない」

壺を置く

H「ねえ。……ただ…終わりにしてもいいんだけど、…どうしますか、大きな壺をね、どこかにしまっておきます？」

M「はい」

H「次に出てくるときまで、どこか…どこがいいかなあ…しまっておくなり、消してしまうといっても、難しいですよね。どういうところにしまっておきたいですか？」

M「うーん……」

H「そのままどこか遠くに置いておくっていうので大丈夫かしら」

M「…そうですね」

H「大丈夫？　では遠くに…やってみましょうか」

M「ええ、ええ」

H「遠くに置いた？」

M「うん、うん……」

（数秒沈黙）

H「遠くに置いた？」

M「…はい」

H「大丈夫になった？　小さいのは？」

M「小さいのもまとめて…」

H「まとめて置いちゃった？」

M「置いちゃった（笑）」

H「大丈夫？」

M「はい、はい」

H「もう、それで…ずっと大丈夫よね」

M「大丈夫です」

H「そしたら…静かに、目を開けて…（M、目を開ける）まだある？　壺が」

M「ううん、大丈夫」

H「大丈夫？」

M「うん、うん」

H「……大丈夫ですか？」

M「大丈夫です（笑）」

終了後の対談

H「いや、私もちょっと悪かったものね、今。ちょっと入ってみようと思ったんだけど、入ってみないで覗いてみるくらいにしておけばよかったわね」

M「で、何か、気がついたら入口のところにいて」

H「入ってたの？　私もね、入りにくいのかなと思って、だったら入らないでおこうと思ったら」

M「でも何か入りやすいんですよ」

M「いきなり入れちゃったのよね……初めちょっと、初め変形してたでしょ？」

M「そうそうそう」

H「だからちょっとね、心配っていうか…で、入ってからそれがまた変形したら嫌でしょ（笑）。だからなるべく早くと思ったんだけど。結構そのうち形になってきたんだよね」

次に、上記の実習後ほぼ一年を経た時点で、本論の主題を解明する手がかりを得るべく筆者がMと面談した記録を要約して示そう。

Mが自ら述べたところによれば、彼女は元来非常に緊張しやすいたち（性質）であったうえに、前記のような事情もあり、この実習場面でも相当に緊張していたことはたしかであったようだ。さてこうした状況下で行われた「壺」イメージで出現した問題の「壺」について聞いてみると、まず始めの段階からなかなか興味深い事実が明らかになった。（以下、『　』でくくられた部分は、彼女の発言をそのまま引用した箇所。〈　〉内は筆者の発言）

彼女が言うには、ごく最初にパッと「壺」を思い浮かべたときには、『普通の』壺しか思い浮かばなかったのだが、しかし今の時点で『想像すると』［多分、正確には「今になってなんとなく気づいてきたのだが」とでも言うべきところを『想像』という表現で言おうとしたようだ］『何かでも、［問題の］あの壺はいつもあるような気がするんですよね』ということであった。この発言の意味は色々に解釈できるが、いずれにしても相当以上に重要な意味の込められた言葉ではないかと思われる。つまり、「問題の壺」は、決して壺イメージ療法の結果はじめて出現したわけではなく、むしろ彼女自身、あの、形が刻々と変転していくような定まらない、そしていったん中に入るや足がしびれたようになって外になかなか出られないという恐ろしい「壺」を自分のなかのどこかに、漠然とではあっても感じ続けていたこと、そして今やそのことにかなりはっきりと気づいた、という点が大事なポイントではなかろうか。自我心理学的に言えば、はじめ「療法」以前には非常に自我異和的であった壺が、後では自我親和的と言うには程遠いにしても、心持ちそれに近いものに変化したということもできようか。推測するに、あの「壺」は、彼女のなかにあってきわめて触れたくない否定的な分身のような存在だと考え

て大体間違いはなさそうである。

　もう少し、彼女の説明を聞こう。

　『壺は、上がこう、ひらひら波打つようで、……形がわりと定まってなくて……。大きさは、そのときは、すごく大きい壺でした。体ぐらいの大きさですね。色は、白っぽい肌色っていうか、人の肌みたいな感じでいろんな色がこう……。きれいな感じじゃないですね、汚いかもしれない。

　最初からあまりいい感じはしなかった。壺っていうとやっぱり暗いイメージ。

　最初、壺が出てくる前に……わーって、こう下から包まれるような感じがした。何かある感情……感情っていうのか、わかんないんですけど…でも…言うと変な（おかしな）気もするし……。包まれるというのは……いい感じじゃなくって……包むじゃないのかなー……ひたるじゃないし……何か、黒い気持ちっていうか、黒い気分、黒い感情っていうか、何かそれがわーっと下から……。自分が沈むっていうか、下から包まれるっていうか』〈自分以外のものが包むんじゃなくて、自分の中のようなものが包む？〉『そう、そうです』

　『そういう感じのあとで……闇に浮かぶっていう感じで、こう…壺が出てきた。最初は、遠くにあるっていう感じでやっていた。そういう現われ方全体は、なんとなくＨさんには言いづらいような気がして話していない。言葉で言うと何かこう……ありふれたっていうか何かちょっと違うような感じがしてしまって……言えなかった。』〈黒い気持ちっていうのは、イメージじゃーなくてもっと直接的な感情でしょう〉

　『そうそうそう。……でも時間的には短い。それと言えなかったのは、言ってしまうと馬鹿にされるっていうか……本気にしてもらえないっていうか、何かそういう気持ちがあった』

　〈壺に入るまえに、これはちょっと私にとって危険だから止めておこうとか思わなかったみたいだね〉『あー、全然そういう感じなかったですね、もうどんどん……』〈一方的に動いちゃう〉『そう、それ不思議だった』〈最初、少しはためらいのようなものがあったんじゃないかという気もするんですが？〉『そう……でも……全く新しくそこで出会ったものっていう感じじゃない……っていうか何かこう……どこか親しさっていうか……そういうものを感じた……やっぱり嫌な感じなんだけれども、どこか親しさがあるっていうかそんな気持ちだったみたいです。……だから絶対その壺に近寄りたくないっていう感じではないわけですよ。……それと、私もう、なんか入るものだって決めてたっていうところがありますね、やっぱり』

H『私もやっぱり、多少強引に……入るものだって言ってたような気がします』

M『それで私、何だか「壺」のほうにどんどん吸い寄せられたようになって、気がつくともうのぞいている姿勢になっていた……それが何か印象的で……で、入りましょうかとか言われたときには、もうのぞいていたっていうか』

〈それで、中に入ってしまってからはどんな感じでしたか？〉

M『わりとすんなり足から入ったんですけれども、そしたら、もう、暗くなるっていうか……そして、ぐるぐるするような、目が回るような感じがあった……もう、気分的にすごい不安というか、悲しいような気持ち……うまく表現できないけれど……。気持ちとしては、すごくこう、不安と悲しみに押し潰されるような気持ち……わーってこういっぱいになってしまうというか、わーっとこみあげてくる感じでした。で涙が出てきて、でも足はすごくこう震えるっていうか……ちょうど高いところから下を見下ろしたときに足が震えるのに似た感じでした』

H『彼女がそういう風に［中で感じていた気持ちが外に］現われてくるまで私も気がつかないで、今どうしているんだろう、どうしているんだろうって思っていたら、今の話のような具合になったわけですね。で、私、どうしていいかわかんなくなっちゃって、ああどうしよう、どうしようか、がーっと思いながら「どうしたの？」とか「辛いの？」とか聞いたと思うんですけど、返事がなくて……』［前掲の記録によると、Hが「中に居るのが苦しいですか？」とMに尋ねたのにたいしては返事がなく、数秒の沈黙のあとでMは『なかなか出られないな……滑る……』と答えている。これだけ聞くと、いかにも深刻な、せっぱ詰った状況のようにも取れるが、後で本人に聞いたところでは、彼女の内面はこれとはいささか異なっていたようである。］

M『出られない！　どうしよう！　ってすごく怖かった瞬間は確かにあったけど、そのあと、私が自分で「出られない」って言った時にはもう何か無理すれば出られるってどっかで感じてたから、恐怖感があったのはごく短い間だったんだと思います。本当は無理をすれば、無理をして、こう力まかせに出れば、出られそうな感じだったんです。だからそれほど怖くはなかった。ただまわりが滑る感じだった。絶対出られないっていう危機感っていうかそういうのはなかったんですが、何か……助けてほしいっていうか、何か甘えたいような気持ちで、そのとき居た。それもあって出られないってことになったんだと思います』『それでHさんから「手を出しましょうか？」って言われて、実際に手にさわったんですね。そしたら何か、すごく……もう、すぐに出られるっていうか、かなり現実感があるっていうか、やっぱりこう……柔らかくて暖

かいし、気持ちが良くて、すごい、ほっとするような気持ち』『で、そのやがて気持ちはすごく楽になって、始めの黒いイメージとはすっかり違って明るい、白いイメージになった』

〈蓋はしなくてもいいような気がするって言っていましたねぇ〉

『ええ何か、蓋したくないような気もしたっていうか……』『入ったときに戻りますけど、あのとき不安や悲しさのような気持ちが激しくしてきて、目を開きそうになってしまったけど、もし開いてこのままになったらたまらない、すごく怖いっていう感じで……』

考察

さて筆者は、本論の始めのところで、このMさんの「壺」経験が彼女にとってかなりきついものになってしまった背景的な要因として、合宿という場そのものが、彼女に相当の緊張をもたらしていたらしいことを指摘した。また面接者もしくは導き手のHさんが、この方法のみならず治療的面接一般の経験も皆無に近い同年齢の若い人であったことも、無関係とは言えないと考えられる。しかしながら、ここまで読んでこられた皆さんが既にお気づきのように、何といっても決定的な要因は、彼女が格別の関心を寄せ、もっぱら関わることとなったある特定の「壺」のイメージの特質、もしくはそのイメージと彼女との特徴的な関係のうちに求められるであろう。

筆者なりにとらえた問題の「壺」の特質を、以下に列挙してみよう。

１．黒い気分

まず「壺」が登場してくるに先立ち、いわば序曲のように彼女が特徴的なある感情、気分、雰囲気を経験していたという事実は、この例の場合とりわけ重要な意味をもつことは明らかであろう。初めに、彼女の内側から、「黒い気分」と彼女が呼ぶ、ある独特の気体にも例えられるようなものが、彼女自身をあたかも下のほうから包み込むが如くに「わーっと下の方から」沸いてきたのである。この下から包まれる感覚は、どうも察するに、彼女が地面にしっかり立っていて経験されたものというよりも、彼女自身がどこか「沈み込んで」いくのに近いような性質のものであったようである。即ち、はやくもこの時点で彼女の安定性や主体性といった条件はかなりはっきりと脅かされ、弱まっていたと判断できるだろう。

これにからんでもう一つきわめて重要なことは、彼女がこのときの経験を本当は相手に伝えたかったにもかかわらず、的確な表現が見つからなかったためもあって、言いづらく、結局言葉にできなかったことである。これは多分二重の意味で彼女にとって不幸なことであったと考えられる。一つには、この嫌な経験をもしも言葉で表現できていたら、それだけで彼女は相当に楽になったであろうし、それはひいてはこのあとの経過がもっときつくなく進行するのに役立ったろうと推察される。もう一つどうしても見逃せないことは、彼女がこのときの自分についてはＨさんに何も言えなかったため、彼女の不安や恐怖がこの時点では、全く相手のＨさんには伝わっていなかったことである。もしもＨさんが、経験豊かで敏感な心理療法家であったとしたら、あるいはＭさんももっと自由に自分の中で感じていたいわく言い難い微妙な感覚を出せていたのかもしれない。

ともあれ、我々は「壺」にだけ目を奪われることなく、その立たずまい、置かれている「座」のあり様、さらには「壺」を囲む「場」全体の雰囲気と「壺」が現われてくるに至る状況の「流れ」などにも充分な「目配り」を忘れてはならないことを、この事例は教えてくれる。

2．特異な壺

「壺」療法家としての経験を積めば積むほど、多分千差万別、様々の「壺」イメージにお目にかかることになるであろう。しかし例えば色や形や大きさなどはどんなに特異であっても、壺が壺であることの本質を決定的に損なうことはごく稀であろう。ところが本例のように、「壺」の形が「ぐにゃぐにゃと変化」して定まらず、あるいは上部が「ひらひら波打つよう」だったりするというのは、現実にはありえないことで、例えば筆者がこれを聞いて連想するのは、南洋に生えていると聞く巨大な捕虫植物の花かもしくは〈いそぎんちゃく〉である。このような「不気味さ」を備えた、非現実的でしかも不安定な「壺」の出現はそれだけで要注意であろう。本例の面接官も、始めは多少の警戒心が働かないわけではなかったようだが、間を置かずして形が定まってしまったので気を許したのがいけなかったように思える。

3．「壺」に吸い寄せられる

Ｍさんの「壺」のイメージで最もややこしく、またそれゆえに適切な介

入を困難たらしめたのは、彼女が「壺」を恐れつつも、それにある種の「親しみ」を感じて、壺のほうへと引き込まれていってしまった点にある。彼女自身の表現を交えながらこの間の事情を描写してみると、『危険だから入るのを止めておこうなどという感じは全然無く、もうどんどん一方的に身体が動いちゃうような具合だったのが、自分でもそのとき不思議だった』というわけである。

　当のご本人に警戒心がないのだから、面接官が警戒しなかったのも無理はないとも言えるかもしれない。しかしもしもＭさんが、自分の「吸い寄せられていく」状態をＨさんに伝えることができていたら、Ｈさんももう少し警戒心をもって対処したかもしれない。「自然な主体性」とでも言うべき態度を保ちながら「壺」に入っていけるかどうかが、この療法の成否を決めるかなり肝腎な条件らしいことを、このケースは示唆してくれている。

４．助けてほしい！　甘えたい！

　最後に、「壺」にかかわるときの本人の気持ちがいかに複雑というか、表面や一面のみ見ていては分からないことがありうるか、をこの例は如実に示しているといえよう。とりわけ女性の場合、と付け加えたい。「本当は無理をすれば『壺』から出られたのだが、自力で頑張って苦しむよりは助けを得てもう少し楽に出たい」というあたりが、Ｍさんの本音だったようである。もっとも、彼女がここまでに受けた痛手や消費した相当量の精神的エネルギーを考慮すると、彼女が助けを求めた気持ちをあながち甘えにだけ帰するには及ばない気がするのは、私だけではなかろう。

　色々なことを述べてきたが、最後に、壺イメージ療法は確かに危険性も少なくまた誰にでもあまり訓練無しにできそうに見えるが、必ずしもそうとは言えず、やはり壺を押さえたやり方を身につけるためには、多様な事例について、経験と思索を積むことが不可欠、という言葉を付け加えて終わりとしたい。

（1987．9．27）

人 名 索 引

事 項 索 引

〔各章執筆者紹介〕

田嶋誠一（編者）〔第1章〜第4章担当〕【奥付参照】

冨永良喜（とみなが　よしき）〔第5章、第8章担当〕

　1952年生まれ。鹿児島大学卒業、九州大学大学院修了。博士(心理学)、臨床心理士。兵庫教育大学学校教育学部附属発達心理臨床研究センター教授、同大学大学院連合学校教育学研究科教授を経て、兵庫県立大学大学院減災復興政策研究科教授。主著『災害・事件後の子どもの心理支援』『大災害と子どもの心』ほか。

栗山一八（くりやま　かずや）〔第6章、第3部コメント担当〕

　1913年生まれ。九州大学医学部卒業。元栗山医院（内科・小児科）院長。佐賀女子短期大学教授、日本心身医学会・日本催眠医学心理学会評議委員などを歴任。主著『催眠面接の臨床』『イメージ』『自己制御・自己治療』『イメージ療法』『催眠療法』ほか。

松木　繁（まつき　しげる）〔第7章担当〕

　1952年生まれ。花園大学社会福祉学部臨床心理学科教授。鹿児島大学名誉教授。松木心理学研究所所長。臨床心理士。京都府臨床心理士会SC部会スーパーバイザー、京都市地域女性会「温もりの電話」スーパーバイザー。主著『無意識に届くコミュニケーション・ツールを使う』『催眠トランス空間論』ほか。

伊藤研一（いとう　けんいち）〔第9章担当〕

　1954年生まれ。東京大学大学院教育心理学専攻博士課程単位取得修了。大正大学カウンセリング研究所講師、文教大学人間科学部臨床心理学科教授などを経て、学習院大学文学部心理学科教授。主著『心理臨床への道しるべ』『フォーカシングの原点と臨床的展開』『遊戯療法』ほか。

倉戸ヨシヤ（くらと　よしや）〔第3部コメント担当〕

　1936年生まれ。マサチューセッツ大学大学院教育学部博士課程修了。福島学院大学大学院教授。大阪市立大学名誉教授。日本心理臨床学会名誉会員。主著『心理臨床の視座の転換をめざして』『ゲシュタルト療法』『ゲシュタルト療法入門』『臨床教育心理学』『人格の心理と病理』ほか。

中井久夫（なかい　ひさお）〔第3部コメント担当〕

　1934年生まれ。京都大学医学部卒業。神戸大学名誉教授。精神科医。文化功労者（2013年度）。主著『分裂病と人類』『精神科治療の覚書』『治療文化論』『看護のための精神医学』『いじめのある世界に生きる君たちへ』『中井久夫著作集』『中井久夫集』『中井久夫と考える患者シリーズ』ほか。

増井武士（ますい　たけし）〔第3部コメント担当〕

　1945年生まれ。九州大学教育学部大学院博士課程修了。産業医科大学医学部準教授（教育学博士）、同大学病院精神・神経科および産業医実務研修センターを併任。日本心理臨床学会常任理事、同学会倫理委員長などを歴任。現在、東亜大学大学院客員教授。主著『治療的面接への探求Vol.1〜4』『こころの整理学』『不登校児から見た世界』ほか。

村瀬孝雄（むらせ　たかお）〔第3部コメント担当〕

　1930年生まれ。東京大学文学部卒業。東京大学教育学部助手、国立国府台病院、国立精神衛生研究所、立教大学教授、東京大学教育学部教授、学習院大学文学部教授、日本心理臨床学会理事長、日本内観学会会長などを歴任。主著『中学生の心とからだ』『内観法入門』『フォーカシング事始め』ほか。

〈監修者略歴〉

成瀬悟策（なるせ・ごさく）
1924年生まれ。東京文理科大学心理学科卒業。九州大学名誉教授。日本催眠医学心理学会理事長、日本心理臨床学会理事長、日本リハビリテイション心理学会理事長などを歴任。医学博士、臨床心理士。著書・共編著書に『催眠面接法』『自己催眠』『催眠療法』『動作訓練の理論』『動作療法』『動作のこころ』『臨床動作学基礎』『臨床動作法』『心理リハビリテイション』ほか多数。

〈編著者略歴〉

田嶌誠一（たじま・せいいち）
1951年生まれ。九州大学大学院教育学研究科（心理学専攻）博士課程修了。九州大学名誉教授。臨床心理士。著書・共編著書に『イメージ体験の心理学』『現実に介入しつつ心に関わる』『不登校』『児童福祉施設における暴力問題の理解と対応』『心の営みとしての病むこと』『その場で関わる心理臨床』『臨床心理行為』『臨床心理面接技法2』『心理臨床の奥行き』ほか多数。

本書は1987年に創元社から刊行した書籍を新装のうえ、全面的に組み替えしたものです。

創元
アーカイブス

壺イメージ療法——その生いたちと事例研究

2019年6月10日　第1版第1刷発行

編著者　田嶌誠一
発行者　矢部敬一
発行所　株式会社 創元社
　〈本　　社〉〒541-0047 大阪市中央区淡路町4-3-6
　　　　　　　電話（06）6231-9010㈹
　〈東京支店〉〒101-0051 東京都千代田区神田神保町1-2 田辺ビル
　　　　　　　電話（03）6811-0662㈹
　〈ホームページ〉https://www.sogensha.co.jp/

印刷　太洋社

本書の感想をお寄せください

投稿フォームはこちらから ▶ ▶ ▶ ▶